新编应用写作教程

XINBIAN YINGYONG XIEZUO JIAOCHENG

（第七版）

夏京春 编著

首都经济贸易大学出版社
Capital University of Economics and Business Press
·北京·

图书在版编目(CIP)数据

新编应用写作教程 / 夏京春编著. -- 7 版. -- 北京：首都经济贸易大学出版社，2023.7

ISBN 978-7-5638-3539-3

Ⅰ. ①新…　Ⅱ. ①夏…　Ⅲ. ①汉语—应用文—写作—教材　Ⅳ. ①H152.3

中国国家版本馆 CIP 数据核字(2023)第 113221 号

新编应用写作教程(第七版)
夏京春　编著

责任编辑　彭伽佳
封面设计　风得信·阿东 FondesyDesign
出版发行　首都经济贸易大学出版社
地　　址　北京市朝阳区红庙（邮编 100026）
电　　话　(010)65976483　65065761　65071505(传真)
网　　址　http://www.sjmcb.com
E-mail　publish@cueb.edu.cn
经　　销　全国新华书店
照　　排　北京砚祥志远激光照排技术有限公司
印　　刷　北京市泰锐印刷有限责任公司
成品尺寸　170 毫米×240 毫米　1/16
字　　数　370 千字
印　　张　21.75
版　　次　2002 年 7 月第 1 版　2007 年 1 月第 2 版　2010 年 7 月第 3 版
　　　　　2013 年 7 月第 4 版　2016 年 7 月第 5 版　2019 年 7 月第 6 版
　　　　　2023 年 7 月第 7 版　2023 年 7 月总第 23 次印刷
书　　号　ISBN 978-7-5638-3539-3
定　　价　42.00 元

第7版说明

随着社会主义市场经济的迅速发展,应用写作越来越受到人们的重视。各高校纷纷开设了“应用写作”必修课或选修课。为便于应用写作课的开设,培养和提高大学生的应用写作能力,我们编写了这本教材。

本着知识性、实用性和可教性的原则,本教程概括介绍了应用写作的基础知识,较系统地讲授了公务文书、事务文书、财经文书、司法文书、公关文书、学术论文和申论等的写作知识,要求学生掌握在实际工作中使用频率较高的近40种应用文体的概念、作用、特点、结构和写法。

本教材自2002年出版以来,受到广大读者喜爱,销量达16万多册。为进一步突出以应用写作能力培养为本位的教学理念,吸收新的教学成果,体现“新编”的特点,本版在第6版的基础上对以下内容做了修订:

一、增加二维码,链接网络,扩充内容。书籍的容量是有限的,而网上的信息是海量的。此次修订,我们与时俱进,将“互联网+”的概念运用到了本次修订中,读者可以通过手机扫描书中二维码,浏览相关网页。

二、更换例文。在文体规范的前提下,大部分的例文更换为近年写的,便于将写作知识与当前的客观实际结合起来,有利于学生理解与学习。

三、增加练习。应用写作是一门技能性、实践性很强的课程,光讲写作知识并不能解决“写”的问题,要想收到实效,非“精讲多练”不可。因此,在“思考与练习”环节特别设计了简答题、比较题、改错题、评析题、给材料作文题、给情境作文题、命题作文题等多种题型,供教学时选用。

秉持“教师为主导,学生为主体”的教学理念,任课教师要精心组织教学,改变满堂灌、注入式的教学方法,倡导和实施学生主动参与、乐于探究、勤于动手的学习方式。课堂上可以请学生朗读“例文”,老师结合例文讲授知识点;可以请学生自学“知识部分”,或扫描二维码上网阅读,然后回答“思考题”;可以请学生当堂做练习,然后组织学生讨论,并讲评学生的练习;也可以布置课后练习,请学生交书面作业。总之,教师应发挥主导作用,充分调动学生学习的积极性、主动性和创造性,让教学“活”起来,让学生“动”起来,才会收到良好的教学效果。

本书的例文和小笑话大多选自报刊和网络,引用时略有删改,在此对原作者表示衷心的感谢。本书的原责任编辑赵颖君主任已经退休了,在此向赵老师表示特别的敬意。本版的编写得到了出版社杨玲社长的支持，责任编辑彭伽佳做了大量工作，在此一并表示诚挚的感谢。

由于水平所限，书中难免有不妥之处，恳请专家、同行和学生提出宝贵意见。

为便于教师授课，按照本教材的章节制作了可修改的 PPT，任课教师可通过出版社微信号“首都经贸教材服务”索要。使用本教材的任课老师也可以给我发电子邮件(xiajingchun@126.com)或微信(实名)，商讨教学中的有关问题，索取部分“思考与练习”题的参考答案。

祝大家学有所获，心想事成！

夏京春

2023年3月21日

目录

第一章 应用写作概说

第一节 应用写作的概念、特点和作用

一、应用写作的概念

应用写作是研究应用文写作方法和规律的一门学科。应用文是党政机关、企事业单位、社会团体以及公民个人在日常工作和生活中办理公务或个人事务时所使用的、具有约定俗成的惯用体式的文书。相对于小说、诗歌、散文、戏剧等文学作品而言,应用文具有直接的实用价值,它是国家机器得以运转,单位与单位之间、个人与个人之间进行联系和沟通的重要书面工具。

二、应用写作的特点

(一)实用性

实用性是应用文最大的特点。应该说,任何文章都有其实用性,但在各种文体中,最能体现实用性的则是应用文,因为它和具体的工作、具体的事务、人们的日常生活结合得最为紧密。内容上,应用文不尚空谈,就事说事,针对现实工作、生活中迫切需要解决的问题,缘事而发,有的放矢;在形式上,不求新奇,只求得体,使用社会约定俗成的文种和格式,量体裁衣,一事一文。比较而言,文学创作更关注人的精神与灵魂,形式上不拘一格,它并不直接解决某一现实问题,而是以它特有的审美魅力潜移默化地陶冶人、感染人;而应用文是为公务活动的迫切需要而制发的,要求有关人员必须阅读知晓并贯彻执行。

(二)真实性

文学作品可以虚构,追求艺术上的真实,即反映出一定社会的生活本质;而应用写作则要求事实上的真实。一切从实际出发,按照客观规律行文,事实确凿可信,统计数据准确无误,这是应用文写作的基本要求。所有的应用文都不允许丝毫的想象

和虚构。谎报"军情",伪造数字,不仅反映了作者的人品和文品不良,而且作者本人还将承担相应的行政和法律责任。

（三）条理性

应用文的条理性是和它的实用性紧密相连的。要进行管理工作,要使错综复杂的各项工作有条不紊地进行,应用文写作就必须条理清楚,观点鲜明,要做什么、不要做什么、先做什么、后做什么、采取哪些措施、什么时间完成,都必须交代得清清楚楚,让人一目了然。为使应用文富有条理性,在内容上常采用"一文一事"的写法;在结构上常采用序数分条列项、篇头提要、段落中心句、小标题引领等方法;在语言上则言简意赅,不枝不蔓,没有废话。

（四）规范性

与其他文体相比,应用文的体式和结构,包括用纸、格式、书写方法、装订方法等,都有特定的规范要求,不能我行我素,随心所欲。文学作品的创作贵在创新求变,应用文的写作则要求得体规范。如果将调查报告写成记叙文,将请示写成报告,将公函写成私人信件,那就会贻笑大方了。

三、应用写作的作用

不同的文体,因其社会职能不同而有不同的社会作用。文学作品以对人性的独到认识、形象化的表现手法以及娱乐与美感功能受到人们的普遍青睐;消息、通讯、专访等新闻体裁以其真实性、时效性和新闻性而得到人们的每日关注。那么,应用写作的社会作用是什么呢?概括地讲,主要有以下几个方面:

（一）规范和准绳作用

公文是应用文的重要组成部分。凡经过国家最高权力机关或最高管理机关颁发的公文,均为法规文件。具体地说,凡经过全国人民代表大会通过的文件,为法律文件;经过全国或地方人民代表大会常务委员会通过的文件,为法令文件;经过国务院和地方政府通过的文件,为行政法规。这三种文件总称法规文件。法规文件是依据宪法和各种法律条文的要求制定的,对所涉及的单位和个人都具有规范和准绳作用。法规文件使国家的各项管理活动有法可依、有章可循,从而做到令行禁止,步调一致。国家以法律手段或行政手段来保证法规文件的实施,这是由公文的法定权威性所决定的。

（二）领导与指导作用

为使各行各业的工作有组织、有领导、有条不紊地进行,大量的下行公文都发挥着领导与指导作用。公文是传达贯彻党和国家的方针政策、施行行政措施、布置工作的重要工具。同其他传播手段相比,运用公文传达领导指示、履行领导职能更为

庄重、严肃。领导与指导作用是党政公文最基本的作用。

(三)宣传和教育作用

传达贯彻党和国家的方针政策是公文所担负的重要任务。很多公文在发布行政法规和规章、指导布置工作时,都要阐明指导思想、客观依据、工作性质和意义,以使干部群众提高认识,统一思想。如通报这个文种,不论是表彰性通报,还是批评性通报,其宣传教育作用都是十分明显的。

(四)联系和知照作用

社会是一个网络系统,上下左右都要发生各种公务联系。党政公文、事务文书和公关文书等应用文是各种政务、业务信息的主要载体。下情上知,上情下达,横向沟通,协作共事,这些都需要应用文书的往来。正确、及时、全面、完整的信息,有利于沟通全局情况,推动工作的开展;有利于领导做出科学决策,解决实际问题。应用写作的联系和知照作用使得全社会这个网络系统成为协调运转的有机整体。

(五)依据和凭证作用

党政机关处理公务所需的各种信息通过应用写作得以记载并存储,因而各种应用文成为各级机关行使职能的依据与凭证。一份公文,既是制发机关意图的凭证,也是收文机关贯彻执行、开展工作的依据。各种应用文在完成其现行效用之后,还可以转化为档案,供后人取证查阅,成为专家、学者研究某一时期社会政治、经济、文化现象的可靠资料。

应用写作的五大作用是互相联系的。一种应用文的作用并不是单一的,也不是同时兼有各种作用的。

思考与练习

1. 什么是应用文?它的最大特点是什么?
2. 阅读下面的两篇文章,指出它们各自的文体特点。

曙光中的祷告

程乃珊

祖母于清晨去世,曙光中我默默祷告。我的祷告没有文字,只有思想。人们来到世界时,都是热热闹闹挥舞着拳头,准备大干一场;但是,我们离开这个世界时,却安安静静的,摊开一双手,这世界上“物”的东西,我们一样都带不走。当我们的灵魂通过那窄长漆黑的生命通道向另一个未知之处飞去时,人世折磨得我们痛苦不堪的一切恩怨是非都释然超脱了。我想起有这么一句歌词：昨天的太阳，照不到今天的树叶。每一个属于我们生命的太阳是多么好呀！珍惜生命，不在乎得多少钱财和权势，而是生命有没有充分燃烧。爱我们的人总有一日要离去，为了令这份爱在人世永不消失，我们要爱他人。

中华人民共和国主席令

第三号

《全国人民代表大会关于修改〈中华人民共和国立法法〉的决定》已由中华人民共和国第十四届全国人民代表大会第一次会议于 2023 年 3 月 13 日通过，现予公布，自 2023 年 3 月 15 日起施行。

中华人民共和国主席　习近平

2023 年 3 月 13 日

全国人民代表大会关于修改《中华人民共和国立法法》的决定

3. 阅读下面这篇应用文，指出它具有哪些方面的作用。

文化和旅游部　中华全国总工会　共青团中央　全国妇联
关于举办第五届全国导游大赛的通知

文旅市场发〔2023〕42 号

各省、自治区、直辖市文化和旅游厅（局）、总工会、团委、妇联，新疆生产建设兵团文化体育广电和旅游局、总工会、团委、妇联：

为全面贯彻落实党的二十大精神，进一步加强对行业恢复发展的人才支持，文化和旅游部、中华全国总工会、共青团中央、全国妇联决定以“展行业风采 · 绘文旅新篇”为主题，共同举办第五届全国导游大赛，现将有关事项通知如下：

一、高度重视，扎实开展选拔工作。各地要充分认识举办第五届全国导游大赛

对于当前支持行业恢复发展、提振行业士气、坚定发展信心的重要意义。加强组织领导，充分发挥部门协同作用，扎实开展好省内选拔工作。请各省（区、市）和新疆生产建设兵团于 2023 年 6 月 30 日前分别选拔报送 2 名参赛导游至大赛组委会办公室。

二、精心组织，切实赛出行业水平。各地要紧紧围绕大赛主题，从导游一线工作实际需求出发，精心设计赛制，从思想政治、职业道德、专业能力、执业经历、行业形象等方面进行全方位考查，加强比赛过程监督，确保公平公正，让优秀导游脱颖而出。通过大赛，创作一批彰显当地文化和旅游特色的高质量导游词，真正发挥大赛以赛促培、以赛代训、共同提高的作用。

三、强化激励，积极做好服务保障。各地要努力为参赛导游提供充实的服务保障，激发广大导游的参赛热情。加强对获奖导游的奖励激励工作并在赛后进行跟踪培养，积极协调有关部门在人才引进、创新创业等方面予以支持。

四、加强宣传，不断扩大社会影响。各地要加大对大赛的宣传力度，充分利用广播、电视、报刊、网络、微信等各类媒体，全过程、多角度展现大赛主题和亮点，不断增强大赛的品牌效应和社会影响，促进导游职业道德、专业能力和服务水平的不断提升，树立行业良好形象。

本届大赛省内选拔赛阶段为 2023 年 4 月—6 月。全国总决赛的举办时间、举办地点等相关事宜另行通知。

特此通知。

文化和旅游部　中华全国总工会
共青团中央　全国妇联
2023 年 3 月 24 日

附件：（略）

4. 阅读与讨论。用手机扫描下边这个二维码，打开链接后阅读该文，并讨论：该文属于什么文体，文学作品、应用文，或者其他？

走进张江看“机器人+”

第二节　应用写作的基本要素

应用写作的基本要素有内容和形式两个方面。内容方面由主旨、材料构成,形式方面由结构、语言、表达方式、文面构成。只有把内容和形式有机地结合起来,才能写好应用文。

一、主旨

应用文的主旨是指撰写者在说明问题、反映情况、提出意见时通过文章的全部内容所要表达的意图、观点或态度。应用写作或对事物做出客观的说明,或通报情况、传递信息,或对公务提出处理意见,都有着明确的意图和态度。主旨是应用文的灵魂,是应用文内容的核心要素,它决定着该文质量的高低、价值的大小和社会作用的强弱。与应用文的其他要素相比较,主旨处于统帅的地位,材料的取舍、结构的安排、语言的运用和表达方式的选取都要围绕它来进行。

应用文主旨的表达涉及写作思路、语言、逻辑等诸方面要素,通常采用"直述不曲"的直陈法来表达,即用祈使或判断句式直截了当、简洁明了地写出来,这与文学作品主题的表现"贵曲忌直"是很不相同的。例如,《国务院办公厅关于建立疾病应急救助制度的指导意见》针对有极少数需要急救的患者因身份不明、无能力支付医疗费用等原因,得不到及时有效的治疗,造成了不良后果的状况,就建立疾病应急救助制度提出了指导意见,主旨就是以人为本、建立疾病应急救助制度、健全多层次医疗保障体系、构建和谐社会,观点是非常鲜明的。

对应用文主旨的要求有两条:一要正确,即言之有理,言之有据;二要明确,不能模棱两可,含糊其辞,更不能出现多个主旨。

二、材料

应用写作的材料是撰写者在表现应用文主旨时所搜集、摄取或写入文章之中的一系列事实、数据或论据。材料是应用写作的基础。如果说主旨是应用写作的灵魂,那么材料就是应用写作的血肉。没有材料,主旨就不能确立。应用写作的材料可分为直接写入的材料和非直接写入的材料两类。直接写入的材料是主旨赖以存在和体现的依附对象,非直接写入的材料和直接写入的材料一起对主旨的形成和确立有着重要作用。在应用写作过程中,对材料工作要抓好以下四个环节:

(一)搜集材料

根据特定的写作目的,搜集材料时要做到贪多求全。通过查阅或网上搜索有关的现成资料,如各种记录、报表、统计数字、报刊、书籍、部门或企业的档案等,占有大量的

间接材料;通过实地调查,运用观察、访问、问卷、开调查会等方法收集各种直接材料。

(二)分析材料

分析研究材料是材料工作中不可缺少的一环。对材料进行分析时,一要鉴别材料的真伪,不得有失实和浮夸现象,因为虚假和浮夸的材料必然导致错误的结论;二要鉴别材料是否符合国家的法律规章和方针政策,因为依法行文是应用写作的基本原则。分析材料的总原则是:去粗取精,去伪存真,由此及彼,由表及里。

(三)选择材料

选择材料是作者在搜集和分析材料的基础上对众多材料的一种"取舍"。取舍的原则应是根据表达主旨的需要,选择那些典型的材料、真实的材料、新颖的材料和必要的材料。典型的材料能够揭示事物的本质,具有广泛的代表性和强大说服力。真实的材料能为处理事务、解决问题提供强有力的依据。新颖的材料能够满足人们追异求新的心理,使应用文有新意,有价值。必要的材料是指应用文必须使用的材料,一旦缺少它们,文章就成了无米之炊、无源之水,空洞无物。

(四)使用材料

使用材料时要依据主旨的需要,恰当地安排材料的先后顺序,确定其详略程度,选择适宜的表达方式。使用材料时,常用的方法有列举法、综合法和列举综合结合法。列举法是按照主旨的要求,将材料分条列项地列举出来。综合法是将所使用的材料按照内在的逻辑关系综合加以运用。有的应用文常常是将列举法和综合法结合在一起使用。

三、结构

应用文的结构是指应用文内部的组织构造,也就是安排材料、谋篇布局的方式。结构是应用写作的"骨架"。"骨架"搭建得如何,直接影响到应用文的表达效果。写文章不仅要"言之有物",而且要"言之有序"。"言之有物"是材料要解决的问题,而"言之有序"则是结构要解决的问题。

应用文结构的基本内容与其他文体大致上是一样的,也包括层次和段落、过渡和照应、开头和结尾几个部分,只是在具体运用和要求上有自己的特点。

(一)层次和段落

1.层次。层次是指应用文主旨的表现次序,也称"部分"、"意义段"或"结构段",它主要体现应用文内容相互间的逻辑联系。一篇应用文的内容安排得是否符合逻辑,材料安排得是否妥当,主旨表达得是否清楚明白,主要看层次的安排如何。应用文中层次的安排方式主要有以下几种:

(1)总分式,即总述与分述的层次关系。具体运用此方式时,可以是先总后分,也可以是先分后总，或者是总—分—总。多数情况下是先总后分，“总结”“报告”“计划”“调查报告”“述职报告”等文体就常常采用这种方式。

(2)递进式，即各层次之间是“递进”关系，彼此互为因果，其顺序是不能颠倒的。例如，“意见”“报告”“通报”“议案”“经济活动分析报告”等文体就常常是按照提出问题、分析问题、解决问题这样的“递进”关系安排层次的。

(3)并列式，即层次与层次之间没有隶属或因果关系，彼此是相对独立的，顺序是可以互换的。这种方式多是按问题的性质加以分门别类，每一个层次即为一类。所以，它不仅可以用于整篇应用文的层次安排，也可以用于整篇文章某个层次内部的小层次安排。

(4)时间顺序式，即按照事件发生、发展、结局的时间顺序来安排层次。这种层次的安排方式一般多用于记叙文，在应用文中的层次内部也有运用。例如，对某个事件的通报、对某项工作进展的报告、对某些事物或事故的调查报告等就常常是按照时间顺序来安排层次的。

在一篇应用文中，以上几种层次的安排方式有时使用一种，有时则使用多种。例如，在大层次中使用“总分式”，在“分”的不同层次里面，又可以分别使用“递进式”“并列式”“时间顺序式”等。结构是为内容服务的，层次的安排方式也是灵活多样的。

2. 段落。段落是指应用文中以另起一行空两格为标志的自然段，它是应用文篇章的最小单位，是在表达应用文主旨时由于转换、强调、间歇等情况所造成的文章停顿。在应用文中，段落的形式主要有以下两种：

(1)规范段，即内容单一、意思完整的自然段，一般是小于或等于层次。规范段常常使用段旨撮要，即用段落的第一句话来概括全段的中心思想或主要内容。例如下面这个段落：

> 改进领导方式和工作方法。下决心精简会议和文件，改进会风和文风。从中央做起，压缩会议费用，控制会议规模，提高会议质量，减少文件简报。党政领导干部不参加各种名目的应酬性庆贺、剪彩和迎来送往活动。领导干部下基层要轻车简从，减少陪同，不准超标准接待。

在这一段里，第一句话“改进领导方式和工作方法”就是段旨撮要，下面四句话都是“改进领导方式和工作方法”的具体措施和要求。

(2)非规范段，即那些受文件格式、主旨要求以及某种语境的制约而形成的与规范段不同的段落形态，如多义段、过渡段、引用段等。

多义段，是指在一个自然段中，包含着两个以上的意思，实际上表达了几个层次，形成了段落大于层次的情形。这种情形一般文章中较少见，在行政公文中却屡见不鲜，如转发性通知、请示、批复、函等。

过渡段，即承上启下的段落，常用过渡词语或设问句领起下文。

引用段，即文章中显示引文的段落，通常换行后空四个格，再换行时空两个格，不用引号。需要用引用段来显示的引文，通常是比较重要的，或篇幅比较长的。一般的引文用引号表示，融会在规范段之中。

（二）过渡和照应

过渡，是指文章层次或段落之间表示衔接转换的结构形式。它的作用是承上启下，使文章脉络畅通，完整严谨。在应用文中，过渡主要用于两种情况：一是层次与层次之间由总到分或由分到总，中间一般需要过渡；二是段与段之间的对比转折处常常需要过渡。常见的过渡形式有：过渡词语、过渡句和过渡段。常见的过渡词语有："综上所述""总之""因此""另外""鉴于""总的看来""概括地说""实践证明""会议认为""会议希望"等。常见的过渡句有："现将有关事项通告（通知）如下""现请示（报告、批复）如下""现将有关问题函复如下""我们的主要做法是""今年下半年应做好以下几项工作"等。

照应，是指文章前后内容的关照呼应，它的作用是使所表达的内容首尾圆合，前后连贯，使文章成为一个有机整体。在应用文中，最常用的是首尾呼应、开头与标题呼应和前后内容呼应。

有些总结、报告等应用文，除了在开头部分概述文章的要点外，在结尾处也总结一下，这就是首尾呼应。

开头与标题呼应，即在开头部分就与标题的内容相合。例如，《关于治理商业贿赂专项工作进展情况的报告》的开头部分是这样写的：

> 根据《××省农村信用社治理商业贿赂专项工作实施方案》的通知精神，从4月29日开始，我县联社全面开展了治理商业贿赂专项工作，现将情况汇报如下：

这个开头就是和标题相呼应的，起到了进一步揭示报告内容的作用。

前后内容呼应，是为了使应用文的内容浑然一体，这在应用文写作中更是常见。

（三）开头与结尾

1. 开头。应用文的开头最常见的写法就是"开门见山"，它的作用主要就是统领全篇，展开下文。由于内容、文体、目的等方面的不同，应用文的开头方式也不尽相同。常用的开头方式有：

（1）概述式，即在开头部分用叙述的方法概括地写出对象的基本情况和问题，或写出工作的基本过程。这种开头多见于"报告""调查报告""总结""经济活动分析报告"等文种。

（2）目的式，即在开头部分以简明的语言说明行文的目的，常用"为了""为"等词做发端。"通知""条例""计划""报告"等文种常用这种方式。

(3)原因式,即在开头部分交代行文的缘由,或对文章内容的背景、基本情况做简要的介绍。这种开头方式有时用“因为”“由于”“鉴于”等表示原因的词语表达,有时用所阐述的情况予以表述。“调查报告”“经济活动分析报告”“总结”“通报”“通知”等文种常用这种方式。

(4)规定式,即那些有明文规定如何开头,或虽无明文规定,但大家习惯上用法比较一致的文体的开头方式。“合同”“协议书”等司法文书和规章制度的开头部分常用这种方式。

(5)提问式,即在开头部分提出问题,然后引起下文,回答问题。“调查报告”“学术论文”的开头有时用这种方式。

(6)引叙式,即在开头部分引用上级文件精神,或下级来文,或有关法令,以此作为撰写该文的根据。“报告”“批复”“公函”“通知”等文种常用这种方式开头。

在实际写作时,应用文的开头方式有时选用一种,有时同时选用几种。具体选用哪种方式,要根据主旨表达的需要、文种的要求和结构安排的整体需要来决定。

2. 结尾。结尾在应用文中也具有重要作用。好的结尾不仅能使文章结构完整严谨,还能突出文章主旨,加深读者印象。与开头一样,应用文的结尾方式也是多种多样的,常用的主要有以下几种:

(1)总结式,即在结尾部分对全文主旨进行简要的概括,使读者对全文有一个总的概念。“总结”“调查报告”“学术论文”等篇幅较长、内容较多的文种常用这种方式结尾。

(2)希望式,即在结尾部分提出希望,展望未来,鼓舞斗志。它常用于“决定”“计划”“总结”“报告”等文种的结尾。例如,《中共中央　国务院关于做好2023年全面推进乡村振兴重点工作的意见》(中发〔2023〕1号)的结尾部分是这样写的:

> 让我们紧密团结在以习近平同志为核心的党中央周围,坚定信心、踔厉奋发、埋头苦干,全面推进乡村振兴,加快建设农业强国,为全面建设社会主义现代化国家、全面推进中华民族伟大复兴作出新的贡献。

这个结尾,以号召的方式提出希望,重点突出,观点鲜明,语言质朴、庄重、有力。

(3)请求式,即在结尾处提出请求指示、请求批准、请求批复、请求给予解决等要求。“报告”“请示”“函”等文种常用这种结尾方式。例如:“以上意见当否,请批示。”“以上意见如无不妥,请批转有关单位执行。”

(4)说明式,即在结尾处交代说明一些与文件内容有关的问题,以提起读者的注意。例如,《党政机关公文处理工作条例》的结尾部分第八章附则(见附录一)都是说明的事项。

(5)规定式,即明文规定如何结尾,或虽无明文规定,但大家习惯上用法比较一

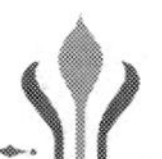

致的那些文体的结尾方式。例如,合同、行政公文、司法文书和规章制度的结尾写法就比较规范,不得随意更换其他内容。

在实际写作中,具体选用哪一种结尾的方式要根据具体情况而定。有的应用文在主要内容写完后,事尽言止,就不再写结尾了,这叫自然收结。这种无结尾的结尾方式在应用文中也很常见。应用文的结尾最忌讳当断不断、画蛇添足、拖泥带水。

四、语言

语言是人类最重要的交际工具。应用文的性质、特征和作用决定了应用文的语言具有自身的特点,即庄重得体、朴实平易、准确规范、言简意赅。这些特点是相对于文学语言、科技语言、政论语言、生活语言而言的。

(一)庄重得体

应用文,特别是应用文的主体行政公文,是国家行政机关的喉舌,具有鲜明的政治性和政策性,具有法定的强制性和行政的约束力,反映在语言特色上,就必须是庄严、郑重。只有庄重得体的用语,才能体现发文机关处理公务的严正立场和严肃态度。为使语言庄重得体,常用的手法有:

1. 使用规范化的书面语言。规范化的书面语言是应用文语言的主要表达形式,也是应用文语言庄重得体最主要的标志。一般来说,口语比较亲切、活泼,书面语比较庄重、严谨。应用文要体现内容的严肃性,就必须使用规范化的书面语言,而不宜用口语。例如,《中共中央　国务院关于做好2023年全面推进乡村振兴重点工作的意见》开头部分是这样写的:

> 党的二十大擘画了以中国式现代化全面推进中华民族伟大复兴的宏伟蓝图。全面建设社会主义现代化国家,最艰巨最繁重的任务仍然在农村。世界百年未有之大变局加速演进,我国发展进入战略机遇和风险挑战并存、不确定难预料因素增多的时期,守好“三农”基本盘至关重要、不容有失。党中央认为,必须坚持不懈把解决好“三农”问题作为全党工作重中之重,举全党全社会之力全面推进乡村振兴,加快农业农村现代化。强国必先强农,农强方能国强。要立足国情农情,体现中国特色,建设供给保障强、科技装备强、经营体系强、产业韧性强、竞争能力强的农业强国。

这段话使用的就是规范化的书面语言,选词多用双音节词和联合词组,造句使用多重定语和复句,句子较长,表意严谨、周密,郑重而又严肃。

2. 使用文言词语。文言词语是指古文中使用的词语。应用文以现代汉语为主,但恰当使用某些约定俗成的文言词语可以简洁地表达特殊意义,使应用文语言庄重严肃。例如,“兹有”“兹定于”“收悉”“知悉”“业经”“业已”“特此”“致以"“为荷”“拟请”“恳请”“届时”“鉴于”“光临”“迳与”等文言词语在应用文中经常使用。

3. 使用祈使句。在公文的种类上,下行文占绝大多数。下行文要传达贯彻党和国家的方针、政策,要发布行政法规和规章,要指导布置工作,因此,遣词造句必须庄严郑重、坚决肯定、斩钉截铁、不容置疑。祈使句是表示命令、请求或禁止时用的句子,正符合下行文的这些要求。表示肯定的祈使句常用“必须”“坚决”“要”“应该”等词语。表示否定的祈使句常用“严禁”“不得”“不准”“不能”“不要”“不许”等词语。例如,《中共中央关于加强和改进党风建设的决定》中的“八个坚持、八个反对”就是典型的祈使句。通过祈使句,公文赞成什么、反对什么、提倡什么、禁止什么的严正立场和郑重态度得到了鲜明的表现。

4. 使用全称和规范化简称、统称。应用文中涉及的机关、企事业单位的名称、人名、职务名称、时间名称、地点名称以及有关事物的名称,为了表示庄重,往往使用全称而不用简称。有些文种不宜用简称,如命令、决定等,如《中华人民共和国主席令》就不能简称《中国主席令》。而有些文种却可以使用规范化的简称、统称,如公文的主送单位名称就常常用规范化的简称、统称。例如,“贸促会”“发改委”“各省、自治区、直辖市人民政府,国务院各部委、各直属机构”等。这是从语言简练角度考虑的,而且规范化的简称、统称也不失庄重的基调。如果使用非规范化简称,应当先用全称并注明简称。例如,《国务院办公厅关于出国举办经济贸易展览会审批管理工作有关问题的函》一文中的“出国办展”就是非规范化简称,因此在第一次使用时用全称“出国举办经济贸易展览会”,并在后面用圆括号注明“以下简称‘出国办展’”。

5. 使用敬辞、谦辞。语言的运用总是受特定的内容、目的和对象限制,为特定的需要服务。应用文的撰写意图和行文关系不同,使用的词语也有所不同。下行文要体现领导机关的权威与政策水平,用词明确、具体、讲究分寸;上行文宜用词尊重、简要,体现下级机关对上级机关敬重负责的态度;平行文用词谦和、礼貌,要体现诚恳合作、协商共事的愿望。例如,“拜托”“烦交”“恭候”“敬请光临”“惠临”“恳请”“拟请”“为荷”“谨致谢忱”“致以亲切的问候”“表示最诚挚的感谢”等,都是应用文中常用的敬辞、谦辞。恰当地使用敬辞、谦辞不仅是应用文内容的需要,也使得应用文的语言庄重得体。

(二)朴实平易

应用文是为了解决工作中的实际问题而制发的,应用文语言的价值只有在社会活动的实际应用中才能体现出来,这与文学语言是截然不同的。应用文的语言自然朴实,通俗易懂,不矫揉造作,不堆砌辞藻,不需要言外之意、弦外之音。朴实平易的语言具体可通过以下方法做到。

1. 多用直笔，不用曲笔。应用文语言开门见山，观点鲜明突出。从句式上看，多用比较平和、率直、朴实的陈述句，有时用祈使句，有时用疑问句，但感叹句基本不用。从句子的组织来看，以常式句为主，成分易位、倒装的句式极少出现。文学作品讲究“曲径通幽处，禅房花木深”，忌显不忌隐，忌直不忌曲。应用文则不隐不曲，直截了当，绝不“弯弯绕”。

2. 叙述概括、说明客观、议论精辟。应用文中的叙事质朴而概括，绝不渲染铺陈；应用文中的说明客观而真实，绝不虚构加工；应用文中的议论也与一般的政论文和学术论文不同，它要求平正透彻，几句话就点破实质，而不必旁征博引，多方论证。

有些人不懂得应用文体的语言规范和表达要求，常将文学语言以及抒情、描写等艺术手法滥用到应用文写作之中，结果表达失体。例如，有一位学生写了一份“邓小平文选学习总结”，开头段是这样写的：

> 吃完晚饭，太阳已完全隐没在西方的地平线上，然而天还没有完全黑下来，晚霞那淡淡的红光仍然照射着疲劳了一天的大地。我来到校园，依偎着古老的紫藤萝，打开《邓小平文选》，一缕红黄色的光，穿过浓密的树叶照在书上，书上出现一个小小的光环，我精神一振，分明看到光环中央清楚地呈现出“依法治国”四个大字。随着阳光的移动，我想象的翅膀在高空翱翔，仿佛看到社会主义祖国四个现代化由于“依法治国”而早日实现的光辉前景。

可以看出，作者有一定的语言基础，描写手法也掌握得不错，如果是写散文，这样写还可以，但作为“总结”，就叫作表达失体。究其原因，除了没有把握总结的一般写法以外，语体也不对，不知道应用文的语言应质朴无华，一般不需要写景抒情，更不能“情景交融”。

(三)准确规范

准确是应用文的生命。应用文的政策性、实践性很强，一句话不准确，甚至一个字、一个词不稳妥，都有可能造成重大损失。规范地使用词语、准确地表达意图是应用文语言的最基本的要求。为使应用文的语言准确规范，常用的语法修辞手段有：

1. 使用限制性词语。应用文要准确如实地反映客观事实，就必须对反映客观事实的词语的外延和内涵做出精确的限定，使语义具有确定性。例如，北京市公安局发布的《关于加强北京地区“网吧”安全管理的通告》，文中涉及“网吧”这一流行语，由于其较为术语化，因此必须在文中对“网吧”的确切含义做出清楚的阐释。该通告第一条指出：

> “网吧”是指通过计算机与公众信息网络联网，向消费者提供上机学习、信息查询和交流等服务的经营性场所。

在“场所”前用了多重定语对“场所”的含义进行限制，这就使通告的受文对象对该

通告的适用范围有了确切了解,便于贯彻施行。

2. 使用模糊词语。应用文在反映情况、评析事物、表述决策时要掌握好分寸。分寸感是应用文语言准确的重要标志之一。讲分寸,就是不能把话说“绝”,而要留有余地。模糊语言正是一种外延不确定的、表义比较含糊、运用具有弹性的词语。例如,在一份文件中有这样一段文字:

> 由于企业管理混乱,产品质量长期低劣,用户意见很大的企业应限期改进;必要时停产整顿,并根据不同情况酌情减发领导干部的工资,停发职工奖金,直到产品质量达到合格为止。

文中加点词均为模糊词语,孤立地看,它们的含义是模糊的,但和相关词语联系起来,即把它们放在具体的语言环境中去看,其含义却是明确的。模糊词语不是含混不清、模棱两可,而是模糊之中有准确,模糊之中有智慧。例如,1972 年周恩来总理在欢迎美国总统尼克松宴会上的祝酒词中说过这样一段话:

> 美国人民是伟大的人民,中国人民是伟大的人民。我们两国人民一向是友好的。由于大家都知道的原因,两国人民之间的来往中断了二十多年。现在,经过中美双方的共同努力,友好往来的大门终于打开了。

周总理在这里成功地运用了模糊词语“由于大家都知道的原因……”,既顾及宴会的友好气氛,又高度概括了中美关系史上这段曲折历史的原因,坚持了原则立场。

3. 使用专业术语。应用文写作涉及各个部门、各种行业里面的各种问题,它总是和一定数量的专业术语联系在一起。例如:

> 新开设的便民连锁店、超级市场及配送中心,所需改造网点和购置设备资金,在企业自筹和上级主管部门支持的基础上,不足部分在符合贷款条件的前提下,由金融部门按基准利率优先贷款。经市有关部门审核批准,按照每个便民连锁店 20 万元,每个超级市场 200 万元的贷款额度,由市、区(县)财政各贴息 25%,按实际贷款月份计算,连续贴息 3 年。(《北京市人民政府关于加快连锁商业发展的通知》)

文中加点的词都是专业术语,这些具有特殊含义的专业术语一般是无法用别的词语代替的。为了语义上的准确性,使用专业术语是必不可少的。另外,应用文语言中的不少新词语往往也是从专业术语中借来的,如“反思”“覆盖”“网络”“反馈”“同步”“全方位”“多层次”“筛选”“出台”“梯队”等。因此,不断学习科学知识、专业知识,对增强应用文语言的表达力,与时俱进,体现时代特色是十分必要的。

4. 使用专用词语。长期以来,人们在应用文中沿用一些使用频率较高的专用词语。这些专用词语用途稳定,约定俗成,词义确定,有助于应用文语言的准确与简练。常见的专用词语有:

称谓词——本、我、贵、你、该等。

领叙词——根据、据、本着、奉、为……特、现……如下、兹介绍、兹定于、关于、为了、遵照、顷接等。

追叙词——经、业经、并经等。

承转词——为此、据此、对此、有鉴于此、综上所述、总之等。

告诫词——不得有误、以……为要、引以为戒等。

表态词——应、理应、应于、本应、同意、准予、拟于、缓议、暂缓、可行、不可行、以……为妥、以……为宜等。

询问词——当否、是否妥当、可否、是否可行、是否同意、意见如何等。

判定词——是、系、显系、以……论等。

时态词——兹、届时、行将、值此、如期、按期、展期、亟待等。

结尾词——此复、此令、此致敬礼、特此报告、特此公布、谨此、望……执行、自……起施行、请查收、请予批准等。

5. 造句符合语法与逻辑。要使应用文语言准确无误，经得起推敲，就必须合乎语法与逻辑。遣词造句时，主谓宾定状补，各种句子成分要应有尽有，不能残缺不全；该按什么顺序就按什么顺序，不能颠三倒四；该和谁搭配就和谁搭配，不能“乱点鸳鸯谱”。要使撰写的应用文概念明确，判断恰当，推理有据，没有语病。一般来说，语言合语法的就是合逻辑的，但有时也有合语法却不合逻辑的。例如，“即日起，未经批准的黄色录像片一律不准播放。”这句话显然有问题。难道还有“经过批准的黄色录像片”吗？难道“未经批准的非黄色录像片”就可以播放吗？这一句话，由于多用了一个限制词，造成了逻辑上的混乱。正确的表述应该是，根据本意删去其中一个限制词，改为“未经批准的录像片一律不准播放”，或者“黄色录像片一律不准播放”。可见，只有既合语法又合逻辑，才算是准确规范的语言。

为使应用文语言准确，还要使用规范的汉字，不写错别字，正确地使用数字和标点符号。关于这方面的内容，本章第三节“应用写作的文面规矩”中还要展开讲，这里不再赘述。

（四）言简意赅

应用文是用来解决实际问题的，为加快交流速度，提高办文效率，语言上必须平和利索，简明扼要。常用的语法、修辞手段有：

1. 使用介词结构。大量使用介词结构，将目的、根据、条件、范围、对象、方式、时间、地点等繁复内容纳入简单的介词结构之中的笔法，是应用文用语严密化、简练化的重要手段。例如，“为”“为了”“根据”“依据”“遵照”“在”“对”“对于”“除了”“于”等就是应用文中常见的介词。例如，《中国农业机械总公司关于召开全国农机公司商品流转统计工作会议的通知》的开头部分：

为了进一步加强农机公司系统商流统计工作的管理，不断提高统计报表和

统计分析的质量,更好地为企业经营决策服务,经研究,拟定于20××年10月中旬召开全国农机公司统计工作会议。现将有关事项通知如下:

文中加点的词都是介词,分别从目的、过程、时间、对象等方面表达内容,直截了当,言简意赅。其他文体造句时也用介词结构,但不像应用文这样大量地使用介词结构。

2. 使用单音节词。应用文语体中较多使用双音节词,但为了更庄重、更简练,有些文种,如命令(令)、公告、通告、批复、函等,也常常使用单音节词。例如,中华人民共和国财政部给东北财经大学的《关于同意你校成立高等职业技术学院的批复》(财人函字〔1999〕290号)的正文是这样写的:

你校《关于成立东北财经大学高等职业技术学院的请示》(东北财大发〔1999〕177号)悉。经研究并报部领导批准,同意你校成立"东北财经大学高等职业技术学院"。该院为你校二级学院,我部不再增加经费。

特此批复。

文中加点的词都使用了单音节词,如果都用双音节词,显然就有失庄重和简练。这正如做菜少不了调料,调料合适,菜的味道才鲜美。单音节词就如同公文中的"调料",适当地使用单音节词,"公文味"就出来了。

3. 使用简缩词组。简缩词组是指通过一定方式省略若干语素或词而简缩了的专用名称。恰当运用简缩词组,可以收到以少胜多、以简驭繁的效果。简缩词组大致有三种类型:

(1)数字概括式。例如,"五位一体""四个全面""五险一金""一带一路""三严三实""两学一做""一国两制""三农""四个意识""四个自信"等,都是把几种平列的事物、现象归纳概括起来,省略概括对象,保留共同词语,并在前边加上数词,形成数词加共同词的格式。

(2)分合式。例如,"进出口""离退休""中小学""节假日""出入境""停产半停产企业"等,都是两三个并列的词素同一个共用的词素结合而成的。

(3)缩合式。例如,"计生委""体改办""特困户""科技兴农""责权利""扫黄打非""打假""放管服"等,都是从一组词里取出几个词素缩合而成的。

运用简缩词组要以不产生歧义为前提,该简则简,不能乱简。例如,"开封刀具厂"就不能简称"开刀厂","上海吊车厂"也不能简称"上吊厂"。运用简缩词组必须遵循必要性和明确性原则。

4. 使用短句。句子有长有短,长句成分复杂,限制、修饰语多,显得烦冗,读起来比较费劲。因此,应用文中应当尽量多用短句。写了长句子,也可以化长为短,使语句简短明快。化长为短的方法很多,其中之一是把长句的限制、修饰成分抽出来,变为复句里的分句,或者单独成句。例如,《中共中央关于加强和改进党风建设的决定》一文中有这样一段话:

对党的作风状况要有清醒的全面的估计,看不到主流,悲观失望,是错误的;看不到问题的严重性,丧失警惕,不下大气力加紧解决,是危险的。

这段文字主要使用短句,抓住问题要害,一针见血,读起来振聋发聩,很有力量。

使应用文语言言简意赅的方法还有很多,如使用联合词组、的字词组、成语、删繁就简、节约用字、巧用文言等,都可以收到简洁、凝练的表达效果。

五、表达方式

表达方式,即对文章有关内容进行表现时所采用的表述角度与方法。在文学作品中,常用的表达方式主要有五种:叙述、描写、抒情、议论和说明。应用文作为一种实用性的文体,主要是为了解决实际问题,它的表达方式通常只用三种,即叙述、议论和说明,至于描写和抒情,除了在一些广告、演讲、私人信件等少部分应用文中适当使用外,大部分应用文中基本不用或很少使用。

(一)叙述

把人物的经历、行为或事情的发生、发展、变化的过程表达出来就是叙述。它的作用主要是写人记事。写人,就是介绍人物的经历和事迹;记事,就是揭示事情的来龙去脉、前因后果,以再现事情的状况及全貌。各种文体的写作几乎都要用到叙述方式,但具体写法有所不同。文学作品常用详叙,并辅以描写和抒情;应用文中的叙述则多用略叙,它不追求情节的起伏、细节的生动,而是抓住主要事实,直截了当,平铺直叙。概要精当是应用文中使用叙述方式的特点。例如,在《国务院安委会办公室关于近期几起事故情况的通报》(安委办明电〔2013〕1号)一文中,是这样叙述几起事故情况的:

2012年12月25日14时40分左右,中铁隧道集团二处有限公司承建的山西中南部铁路通道ZNTJ-6标南吕梁山隧道1号斜井发生爆炸事故,造成8人死亡。事故发生后该企业瞒报,12月30日经群众举报后核实,性质十分恶劣。

2012年12月28日22时左右,安徽八一化工股份有限公司氯苯车间主体装置西侧降膜吸收区域发生火灾,造成重建的年产6万吨氯苯生产装置部分设施受损,虽无人员伤亡,但因厂区邻近人口密集区,引起社会高度关注。

2012年12月31日21时左右,上海市浦东金桥地区由上海建工二建集团有限公司承建的轨道交通12号线金桥停车场在地面检修库房施工过程中浇筑平台发生坍塌,造成5人死亡。

2013年1月1日3时左右,浙江省杭州市萧山区瓜沥镇空港新城永成机械有限公司发生火灾,过火面积约6 000平方米。在灭火救援过程中,3名消防官兵牺牲。

这些文字主要运用的就是概括叙述,叙事简明、朴实,没有过多的描述。

（二）议论

对客观事物进行分析和评论，以此表明作者观点和态度的表达方式就是议论。议论运用的是抽象思维（又叫逻辑思维）。作者通过事实材料和逻辑推理，阐明观点，明确表示赞成什么，反对什么。议论的“三要素”是：论点、论据和论证。论点，即作者所要表达的观点；论据，即作者为了证明自己的观点而引用的各种材料；论证，则是作者用论据证明论点的过程。常用的论证方法有：举例法、分析法、引证法、对比法、类比法以及各种反驳的方法。

在应用文中，不少文种都离不开议论，如总结、调查报告、经济活动分析报告、学术论文以及公文中的通报、报告、议案等，都需要通过议论来分析原因，判断是非，发表见解，表明观点。值得注意的是，应用文中的议论与文学作品中的议论是有所不同的。文学作品中的议论可以采用各种形象化的手段，晓之以理，动之以情，纵横捭阖，自由发挥；而应用文中的议论则要以事实为依据，以法律为准绳，就事论理，简明扼要，除了学术论文以议论为主要表达方式外，一般应用文的议论都不是长篇大论的，不需要旁征博引，反复论证。例如，《民政部关于完善救灾捐赠导向机制的通知》是这样议论完善救灾捐赠导向机制的意义的：

> 应急和高效是救灾捐赠区别于其他社会捐赠活动的两个重要特征。灾害发生后，政府及时、准确地向公众告知灾区的需求和可以接收救灾捐赠的组织，引导公众有针对性地捐款捐物，可以使爱心与需求相结合、捐赠意愿与实际用途相一致、运输保障能力条件与满足灾区需求相衔接，减少救灾捐赠的盲目性，最大限度地避免资源浪费。在安排捐赠款物时，及时引导公益慈善组织将捐赠款物投向困难大、需求迫切的地区和领域，可以最大限度地发挥捐赠款物使用效益，同时也有利于引导公众共同监督捐赠款物的使用，保护好公民的慈善热情，形成政府、社会组织、公众之间良性互动的救灾合力。

这段文字就事论理，平和实在，阐明了完善救灾捐赠导向机制的意义和方向。

（三）说明

用简明的文字，把事物的形状、性质、特征、成因、关系、功用等说清楚，或把人物的经历、特点等表述明白，就是说明。应用文中常常使用说明这种方式，如商品介绍、产品说明书、商业广告、财务会计报表、司法文书、规章制度以及公文各文种中都离不开说明。可以说，说明是应用文的基本表达方式。应该看到，应用文中的说明方式和文学作品中的说明方式是有所区别的。文学作品中的说明常常采用拟人、比喻等修辞手法，进行生动形象地说明；而在应用文中则采用客观的、平实的说明方法，如定义法、表述法、分类法、比较法、数字法、图表法等。例如，《北京市人民政府关于在本市部分区域试鸣防空警报的通告》（京政发〔2022〕30 号）一文主要就是运

用说明的表达方式：

为增强市民的国防观念和防空防灾意识，提高对防空警报信号的识别和认知度，根据《中华人民共和国人民防空法》《中华人民共和国国防教育法》及《北京市人民防空条例》有关规定，市政府决定，2022 年 9 月 17 日（全民国防教育日）在本市部分区域试鸣防空警报。现就有关事项通告如下：

一、警报试鸣时间

2022 年 9 月 17 日（星期六）上午 10 时 00 分至 10 时 23 分。

二、警报试鸣范围

本市五环路以外区域。

三、警报试鸣形式

防空警报鸣放按照“预先警报”“空袭警报”“解除警报”的顺序进行，每种警报鸣放时间 3 分钟、间隔 7 分钟。

预先警报：10 时 00 分至 10 时 03 分，试鸣预先警报，鸣 36 秒、停 24 秒，反复 3 遍，时间 3 分钟。

空袭警报：10 时 10 分至 10 时 13 分，试鸣空袭警报，鸣 6 秒、停 6 秒，反复 15 遍，时间 3 分钟。

解除警报：10 时 20 分至 10 时 23 分，试鸣解除警报，连续鸣放，时间 3 分钟。

防空警报试鸣期间，请广大市民和临时来京人员在听到警报后保持正常的工作和生活秩序。

特此通告。

北京市人民政府

2022 年 9 月 6 日

以上文字清楚地说明了北京市于全民国防教育日在本市部分区域试鸣防空警报的有关事项，措辞精炼、恰当，言之有序。

思考与练习

1. 应用写作的基本要素有哪些？
2. 应用文中的“主旨”和“材料”两者之间是什么关系？
3. 应用文的结构包括哪些基本内容？

4. 相对于文学语言和生活语言而言，应用文语言具有哪些特点？

5. 应用文主要运用哪几种表达方式？

6. 阅读下文，指出其“主旨”和使用的“材料”。

学校是语言文字工作的基础阵地，高等学校在其中发挥着重要作用。长期以来特别是党的十八大以来，高等学校语言文字工作取得了长足进展，但也存在着从更高站位推广普及国家通用语言文字发挥作用不够充分，大学生语言文字应用能力不足，语言文字科学研究不能完全适应社会语言生活新发展，学校语言文字工作体制机制不够健全等问题。为贯彻落实党的二十大精神，深入贯彻《国务院办公厅关于全面加强新时代语言文字工作的意见》，进一步加强高等学校语言文字工作，充分发挥高等学校在服务国家通用语言文字高质量推广普及中的作用，现提出如下意见。

教育部　国家语委关于加强高等学校服务国家
通用语言文字高质量推广普及的若干意见

7. 下面的材料选自《国务院关于大力发展职业教育的决定》(国发〔2005〕35号)。请按照准确简练、突出重点的原则为每个段落拟制段落主句。

(一)坚持“以服务为宗旨、以就业为导向”的职业教育办学方针，积极推动职业教育从计划培养向市场驱动转变，从政府直接管理向宏观引导转变，从传统的升学导向向就业导向转变。促进职业教育教学与生产实践、技术推广、社会服务紧密结合，积极开展订单培养，加强职业指导和创业教育，建立和完善职业院校毕业生就业和创业服务体系，推动职业院校更好地面向社会、面向市场办学。

(二)根据市场和社会需要，不断更新教学内容，改进教学方法。合理调整专业结构，大力发展面向新兴产业和现代服务业的专业，大力推进精品专业、精品课程和教材建设。加快建立弹性学习制度，逐步推行学分制和选修制。加强职业教育信息化建设，推进现代教育技术在教育教学中的应用。把学生的职业道德、职业能力和就业率作为考核职业院校教育教学工作的重要指标。逐步建立有别于普通教育的，具有职业教育特点的人才培养、选拔与评价的标准和制度。

(三)高度重视实践和实训环节教学，继续实施职业教育实训基地建设计划，在重点专业领域建成2 000个专业门类齐全、装备水平较高、优质资源共享的职业教育

实训基地。中央财政职业教育专项资金,以奖励等方式支持市场需求大、机制灵活、效益突出的实训基地建设。进一步推进学生获取职业资格证书工作。取得职业院校学历证书的毕业生,参加与所学专业相关的中级职业技能鉴定时,免除理论考核,操作技能考核合格者可获得相应的职业资格证书。到2010年,省级以上重点中等职业学校和有条件的高等职业院校都要建立职业技能鉴定机构,开展职业技能鉴定工作,其学生考核合格后,可同时获得学历证书和相应的职业资格证书。

(四)与企业紧密联系,加强学生的生产实习和社会实践,改革以学校和课堂为中心的传统人才培养模式。中等职业学校在校学生最后一年要到企业等用人单位顶岗实习,高等职业院校学生实习实训时间不少于半年。建立企业接收职业院校学生实习的制度。实习期间,企业要与学校共同组织好学生的相关专业理论教学和技能实训工作,做好学生实习中的劳动保护、安全等工作,为顶岗实习的学生支付合理报酬。逐步建立和完善半工半读制度。在部分职业院校中开展学生通过半工半读实现免费接受职业教育的试点,取得经验后逐步推广。

(五)要把发展职业教育作为城市与农村、东部与西部对口支援工作的重要内容。各地区要加强统筹协调,把职业教育对口支援工作与农村劳动力转移、教育扶贫、促进就业紧密结合起来。要充分利用东部地区和城市优质职业教育资源与就业市场,进一步推进东西部之间、城乡之间职业院校的联合招生、合作办学。实行更加灵活的学制,有条件地方的职业学校可以采取分阶段、分地区的办学模式,学生前一至二年在西部地区和农村学习,其余时间在东部地区和城市学习。鼓励东部和城市对西部和农村的学生跨地区学习减免学费,并提供就业帮助。

(六)坚持育人为本,突出以诚信、敬业为重点的职业道德教育。确定一批职业教育德育工作基地,选聘一批劳动模范、技术能手作为德育辅导员。加强职业院校党团组织建设,积极发展学生党团员。要发挥学校教育、家庭教育和社会教育的作用,为学生健康成长创造良好的社会环境。

8. 某县山华塑料编织厂拟在报上发一声明。假定你是该厂办公室主任,请对这份声明进行审核,并指出其毛病所在:

最近,我厂未经南石合成氨厂同意,擅自把该厂与我厂签订的化肥编织包装袋商标转卖给下关农工商总公司。该公司下属某门店偷龙转凤,唯利是图,利用南石合成氨厂优质产品的信誉,到外地购进一批低劣化肥,冒牌该厂出产的产品就地出售,从中谋利,坑害用户。对下关农工商总公司下属某门店损害他人声誉的行为,为挽回不良影响,维护南石合成氨厂的信誉和用户利益,杜绝类似问题的重复发生,为此,凡今后与我厂签订编织包装袋的单位,我厂保证对其单位的商标专利和使用负责。

特此声明

第三节　应用写作的文面规矩

俗话说“人在衣裳马在鞍”，讲的是修饰的重要性。写文章也是如此，不仅要“言之有理”“言之有物”，还要按照社会通行和认可的规矩，“言之有序”“言之有矩”，讲究文面的修饰。古人说：“不以规矩，不能成方圆。”（《孟子·离娄上》）要想写好应用文，首先就要遵守社会上约定俗成的应用文的文面规矩。规矩具有明显的法规性，它是不以个人的好恶为转移的。了解文面规矩，遵守文面规矩，是写好应用文的前提和基础，也是作者具有良好写作素养的表现。应用文的文面规矩大体上包括行款格式、文字书写、标点符号和文章修改等内容。

一、行款格式

（一）标题

应用文标题的正确位置，应写在第一页稿纸的第二行的正中。公文的标题一般用 2 号小标宋体字，编排于红色分隔线下空二行位置，分一行或多行居中排布；回行时，要做到词意完整，排列对称，长短适宜，间距恰当。多行标题可使用上梯形、下梯形或菱形排列。公文标题中除法规、规章名称加书名号外，一般不用标点符号。如果需使用副标题，则应紧接正题下一行书写，其前用占两格的破折号表示，破折号不能比正题的第一个字突出。如果副题较长，回行时要同上行副题的第一个字对齐。标题写完后要空一行，以示醒目。

（二）署名

不同文种署名的位置往往是不同的。有的在文前署名，有的在文后落款。调查报告、经济活动分析报告、经验总结、学术论文等文种常常是文前署名，其正确位置是在标题空一行的下一行的正中或稍偏右的位置上写作者姓名或单位名称。署名后要再空出一行或两行，然后开始写正文。

（三）正文的结构层次

正文中的第一层次标题或序数（如一、二、三等）一般单独占一行，空两格开始写；有的为醒目，则居中书写，并上下各空一行。正文中的第二层次标题空两格写，如果下面还有第三层次，则要单独占一行，一般不必居中，不必上下空行；如果下面没有第三层次，可以单独占一行，也可以不单独占一行，空两格写完序数和小标题后，就接着写下文。正文中的第三层次标题，书写格式同第二层次标题。正文中如有第四层次的标题或段落主句，一般不单独占行，空两格写序数，序数后写标题或段落主句，标题或段落主句后就直接写下文了。

为使层次清楚，序数的使用是非常重要的。使用序数，分条列项，是应用文结构

方面的一大特点。序数的标注规则是：如果正文只有一个层次，就标大“一、二、三”；如果有两个层次，第一层标大“一、二、三”，第二层标加圆括号的大“（一）（二）（三）”；如果有三个层次，第一层标大“一、二、三”，第二层标加圆括号的大“（一）（二）（三）”，第三层标小“1、2、3”；如果有四个层次，第四层则标加圆括号的小“(1)(2)(3)”。需要注意的是，大“一、二、三”的后面要标顿号，小“1、2、3”的后面用一小点，加圆括号的序数后面不加标点。

具体图示如下：

一、×××××（第一层次标题）

（一）×××××（第二层次标题）

1. ×××××（第三层次小标题）

(1)×××××（第四层次小标题或段落主句）。××××（接写下文）

（四）段落

段落的标志就是另起一行空两格。段与段之间不空行。现在有些网络文章段与段之间空一行，这是为了电子阅读的方便，这种方式不可用在应用文中。

（五）引文

引文有段中随行引文和提行引文两种。较短的引文一般都是随行引用，如果引用的是原话，要核对准确，并在前后分别使用双引号。较长的或需要特别强调的引文，则须在冒号后单独设段，前后不必再用引号。为区别于正文，引文的两端应缩进两格（引文开头一行要缩进四格）。排版时，有的提行引文改变字体，有的上下各空出一行，以示强调。

（六）注释

需要注释的有两种情况：一是对内容的补充；二是对资料出处的注明。注释的表达方式有三种，即文中注（又称夹注）、页下注（又称脚注）和篇末注（又称尾注）。文中注要紧接被注文句，用圆括号标明。页下注要根据本页注目的多少，在本页下端留出适当空白，然后逐一注出有关内容。篇末注要在全文写完后空出两行再一一注释。采用页下注或篇末注，要将注码写在所注对象后面的右上角，占一方格，注释形式一般为①②③……如果注明的是资料出处，书写的顺序是：作者、书名或篇名（有时还要注明期数、卷数）、出版地、出版者、出版年、本引文页码。做好注释工作，可以方便读者查对，并体现作者严谨的工作作风与治学风格。

（七）落款

落款包括署名和写作时间两项。署名的位置应在正文结束后空若干行的右下方。写作时间的位置在署名之下，要用阿拉伯数字写明具体的年、月、日。

二、文字书写

随着计算机的日益普及，用电脑进行文字处理的人越来越多。使用印刷字体复印出来的文稿整洁美观,方便迅捷,其优越性是不言自明的。但由于条件的限制,不是任何时候都可以用电脑写作,手写汉字还是很普遍的,因此,练就一手漂亮的钢笔字就显得格外重要。字写得好,犹如给文章穿上漂亮的服饰,使人赏心悦目,给人以美感,字写得不好,七扭八歪,潦草不清,不仅使人看了费解,而且直接影响到文章的写作质量和预期的社会效果。现在,书店里有很多硬笔书法字帖,选择其一,下功夫练习,就会"功到自然成"。应用文的文字书写与书法艺术的要求是不同的,正如应用文讲究实用性一样,它的文字书写也要求实用,具体要求主要有以下两点。

(一)要写得正确

所谓正确,就是不写错别字,不写已经废除的旧形字、异体字和繁体字,不写社会上流行的非规范字,更不能想当然地自造字。第二批简化字,国家已明令撤销作废,不能再使用。一些人写错别字,多半出于懒惰和懈怠,这是对自己、对读者不负责任的表现。其实,只要勤问,勤查字典,消灭错别字是不难做到的。

(二)要写得清楚

所谓清楚,就是笔画分明、结构准确,让人一看就能认出。一个字写得好与不好,关键是看笔画是否到位,重心是否平稳,间架结构是否协调。稳妥、协调、工整、规范的字,才会让人一目了然,给人以美感。鲁迅先生曾语重心长地告诫青年朋友:"字不一定要写得好,但必须得使人一看了就认识。年轻人现在都太忙了……他们赶快胡乱写完了事,别人看了三遍五遍看不明白,这费了多少工夫,他不管。反正这工夫不是他的,这存心是不好的。"(引自萧红《回忆鲁迅先生》)可见,写不好字,不仅是个人习惯问题,在某种程度上还反映出一个人的素质、修养和文明程度。只要在思想上重视这个问题,心中有他人,认真书写每个字,把字写清楚是不难做到的。

三、标点符号

标点符号是辅助文字记录语言的符号,是书面语的有机组成部分,用来表示语句的停顿、语气以及标示某些成分(主要是词语)的特定性质和作用,具有正确、精细地表达文章内容的重要作用。郭沫若先生曾说:"标点之于语言文字有同等的重要,甚至有时还在其上,言而无标点,在现今等于人面无眉目。"现在有些人对标点符号的使用抱有十分随意的态度。例如:在行文时根本不考虑内容表达的需要,随便标点;有的"一逗到底";有的只是轻飘飘地点上那么一下,看不出是逗号、顿号还是句号;更有甚者,有的数句、数段根本不用标点,一味混沌下去,让人看得头昏目眩。这些现象都应加以克服。

标点符号的正确用法已有国家标准,即国家质量监督检验检疫总局、国家标

准化管理委员会2011年12月30日发布,于2012年6月1日实施的《标点符号用法》(见附录二)。这个标准规定了标点符号的名称、形式和用法,对汉语书写规范有重要的辅助作用。该标准规定,常用的标点符号有17种,分点号和标号两大类。

点号的作用在于点断,主要表示停顿和语气。点号又分为句末点号和句内点号。句末点号用在句末,有句号、问号、叹号3种,表示句末的停顿和句子的语气。句内点号用在句内,有逗号、顿号、分号、冒号4种,表示句内各种不同性质的停顿。

标号的作用在于标明,主要标示某些成分(主要是词语)的特定性质和作用。常用的标号有10种,即引号、括号、破折号、省略号、着重号、连接号、间隔号、书名号、专名号和分隔号。

标点符号的用法请看附录二《标点符号用法》。这里只强调标点符号的书写位置:

句号、问号、叹号、逗号、顿号、分号和冒号在使用时均占据一个字的位置(即一个方格),居左侧偏下,不出现在一行之首。

引号、括号、书名号前后两端各占一格。前一半不出现在一行之末,恰遇回行时,要移到下一行的开头;后一半不出现在一行之首,恰遇回行时,要写在上一行的末尾。

省略号和破折号都占两个字的位置,标在格子的中间线上,中间不能断开,不可分在两行书写。

连接号和间隔号写在需连接或间隔的词语的正中间,一般占一个字的位置。

着重号、专名号和浪线式书名号标在相应文字的下面,可以随字移行。

分隔号占半个字位置,不出现在一行之首或一行之末。

四、文章修改

应用文章稿拟就后,要认真进行修改。修改是应用文写作过程中必不可少的环节,也是提高应用文质量重要方法。古人讲:“善作不如善改”,“文章不厌百回改”。毛泽东在《反对党八股》中也谈到这个问题,他说:“现在的事情、问题很复杂,有些事情甚至想三四回还不够。鲁迅说‘至少看两遍’,至多呢?他没有说,我看重要的文章不妨看它十多遍,认真地加以删改,然后发表。文章是客观事物的反映,而事物是曲折复杂的,必须反复研究,才能反映恰当;在这里粗心大意,就是不懂得做文章的起码知识。”①这段话把修改文章的意义说得十分深刻。人们对客观事物的认识

① 《毛泽东选集》(第1卷),人民出版社1964年版,第801页.

有一个由不够深刻到比较深刻的过程,选择表现形式也有一个由不够恰当到比较恰当的过程。初学写作者有这个过程,作家、"笔杆子"也要经历这个过程。要把曲折的事物反映得准确、恰当,就要"反复研究",修改文章就是这"反复研究"中的重要一环,是作者对自己的产品仔细琢磨、认真加工、精益求精的过程。企图一次就把客观事物认识透彻,大笔一挥,文章就十全十美,这是违背人们的认识规律的,也是根本不可能的。

应用文的修改范围可以从内容和形式两个方面进行介绍。内容方面,主要看写作意图是否表达清楚,观点是否正确,主旨是否鲜明,材料是否妥当;形式方面,主要看材料的安排是否均衡、有条理,段的构成是否单一完整,段的连接是否连贯紧凑,遣词造句是否贴切简洁,书写、标点、文面是否合乎要求。

具体的修改方法可用"增、删、改、调"四个字来概括:

"增",是指当文字不足以表现要表达的内容时,就需要增字增词,增句增段,使表意更为全面、深刻。

"删",是指尽可能地删去一切多余的文字,使语言更为简洁、精练。

"改",是指改动、更换文字,使语言更为准确、妥帖。

"调",是指文字前后的调整与调度,即从语法的、逻辑的或语音的角度,将有些字词或句子调整到前面,将有些字词或句子调整到后面,以使文章更为通顺、流畅。

为提高写作效率,保持文面清晰明了,修改文章应使用修改符号。常用的修改符号与校对符号基本相同,具体用法见附录四《校对符号及其用法》。

思考与练习

1. 为什么要遵守应用写作的文面规矩?
2. 应用写作的文面规矩包括哪些方面?
3. 常见的修改文章的方法有哪些?
4. 改正下列成语中的错别字:

欢心鼓舞　污烟涨气　无地放失　惩前必后　烂芋充数　五彩宾分
责无旁代　歪风斜气　莫不关心　史无前列　情不自尽　再接再励
生死优关　略见一班　欲盖迷彰　矫往过正　一踏糊涂　一番风顺
置若往闻　认劳认愿　估名钓誉　竞竞业业　委迷不振　以逸代劳
雷历风行　五彩斑澜　好高鹜远　衣不敝体　开诚不公　文过是非
莫明其妙　走头无路　白壁无瑕　郑重其是　记忆尤新　步入正规

垂手可得　专心至志　草管人命　既往不纠　仗义直言　真知卓见
气喘嘘嘘　变本加利　原形必露　坐收鱼利　墨守陈规　近在只尺
汹酒滋事　别出心材　金壁辉煌　蜂涌而上　叹为观之　眼花撩乱
鬼鬼崇崇　心旷神移　病入膏盲　自立更生　一愁莫展　以偏盖全
名疆利锁　万事具备　人情事故　脍炙人口　按步就班　削足试履
相形见拙　阴谋鬼计

5. 用手机扫描旁边这个二维码，打开链接后，指出图片中的错别字。

指出错别字

6. 请给下文添加标点符号。

北京市人民政府关于2021年度北京市科学技术奖励的决定

京政发〔2022〕33号

各区人民政府市政府各委办局各市属机构

为深入贯彻落实习近平新时代中国特色社会主义思想认真学习贯彻党的二十大精神坚定实施创新驱动发展战略切实把创新作为引领发展的第一动力加快建设北京国际科技创新中心市政府决定对为科学技术进步科技创新中心建设首都经济社会发展作出突出贡献的科技人员和组织给予奖励

根据北京市科学技术奖励办法经市科学技术奖励评审委员会评审市科学技术奖励委员会审定市政府批准授予谢晓亮院士北京市突出贡献中关村奖授予肖云峰高扬等9位青年科学家北京市杰出青年中关村奖授予阿尔门谢尔盖耶夫教授等6位外国科学家北京市国际合作中关村奖授予黑洞搜寻与吸积物理研究等5项成果北京市自然科学奖一等奖授予高温超导体中压致超导再进入现象的发现与机理研究等25项成果北京市自然科学奖二等奖授予非结构光场智能成像关键技术与装备等3项成果北京市技术发明奖一等奖授予多光源可调节的面曝光3D打印关键技术及应用等9项成果北京市技术发明奖二等奖授予全系统全频北斗厘米级高精度定位芯片研发及产业化等37项成果北京市科学技术进步奖一等奖授予北斗高精度大气探测系统关键技术及应用等112项成果北京市科学技术进步奖二等奖

希望获奖者再接再厉勇攀高峰勇担重任再创佳绩希望首都科技工作者以获奖者为榜样大力弘扬科学家精神勇闯科技前沿无人区积极投身各领域科技创新大胆进行原创性引领性科技攻关着力实现原始创新重大突破攻克关键核心技术推动科

技成果转化应用为北京国际科技创新中心建设和首都高质量发展作出新的更大贡献

北京市人民政府

2022年11月9日

语文小笑话

第二首富

某记者向一位富豪提问："去年美国《福布斯》杂志把你排名为国内第二首富，称刘氏家族的资产为8亿美元，这个评估准确吗？""首富"即第一富，"第二首富"究竟是第二富，还是第一富？

怎样学好应用写作课

第二章 公务文书

第一节 概 说

一、公文的概念与特点

（一）公文的概念

公文即公务文书，是党政机关与组织在公务活动中，按照特定的体式，经过一定的处理程序形成和使用的书面文字材料。《党政机关公文处理工作条例》第一章第三条明确规定："党政机关公文是党政机关实施领导、履行职能、处理公务的具有特定效力和规范体式的文书，是传达贯彻党和国家方针政策，公布法规和规章，指导、布置和商洽工作，请示和答复问题，报告、通报和交流情况等的重要工具。"这段话从作者、形成、效力、体式、任务、性质等方面阐明了公文的概念。公文是在党政管理过程中形成和使用的文书材料，公文必须反映和处理公务活动，这是公文区别于私人文书的本质所在。

（二）公文的特点

公文作为一种独特的文体，它的主要特点是：

1. 具有法定的作者。公文的法定作者是依法成立并能以自己的名义行使职权及承担义务的组织。党政机关、社会团体、企事业单位等都是依据法律或行政法规成立的，它们都是公文的法定作者。公文就是这些法定作者根据自己的职能和权限制发的。有的公文以单位领导人的名义制发，是领导人行使自己法定职权的一种表现，但公文的法定作者仍是领导人所在的组织。公文的法定作者常常以文件版头、机关印章或领导人签署为凭证、取信的法定标志。

2. 具有法定的权威性。公文作为党政机关和社会组织的喉舌，可以传达制发机关的决策和意图，体现制发机关的意志与权力。下行公文，特别是法规文件，一经发布生效，就必须坚决执行，没有任何商量的余地，国家以法律手段或行政手段保证它的权威性、严肃性和有效性。这是公文区别于其他文章形式的重要特征,也正是由于这一重要特征,才使得公文具有其他文章形式所无法替代的社会功能。

3. 具有现实的执行效用。公文是党政机关、社会组织开展工作、沟通信息的一种工具。它是各机关单位在其职能活动中形成与使用的,尽管将来可能具有文献史料价值,但总体说来,它是为了指导和推动现实的公务活动而制发的,其内容有很强的针对性和明显的时间限度。这种实用性和时效性也是公文的显著特征之一。

4. 具有规范的体式。公文的体式包括文体、结构和格式,属于形式范畴,是为表现公文的内容服务的。统一严密、清晰鲜明的公文体式,从一个侧面可以体现出制发机关严肃庄重的精神面貌和严谨周密的工作作风。2012 年 4 月 16 日中共中央办公厅、国务院办公厅发布的《党政机关公文处理工作条例》(中办发〔2012〕14 号),2012 年 6 月 29 日国家质量监督检验检疫总局、国家标准化管理委员会发布的《党政机关公文格式》国家标准(GB/T 9704—2012),都对公文体式做出了明确规定。国家对公文制定统一的规范体式,不仅可以保证公文的严肃性、权威性、准确性和时效性,而且为公文的处理工作(包括文书立卷、归档)提供了便利条件。

5. 具有法定的拟制和办理程序。为了维护公文的权威性、严肃性,充分发挥公文特有的执行效用,公文在拟制和办理过程中有着严格的程序要求。公文拟制包括公文的起草、审核、签发等程序。公文办理包括收文办理、发文办理和整理归档。收文办理包括签收、登记、初审、承办、传阅、催办、答复等程序。发文办理是指以本机关名义制发公文的过程,包括复核、登记、印制、核发等程序。需要归档的公文及有关材料应当根据有关档案法律法规以及机关档案管理规定,及时收集齐全,整理归档。严格按程序办文,才能保证公文的质量和效用,做到及时、准确、安全。

二、公文的种类

公文的种类,按照行文关系、文件去向,可分为上行文、下行文和平行文。上行文是指下级机关向上级机关报送的公文,如报告、请示、函等。下行文是指上级机关向下级机关发送的公文,如决议、决定、命令(令)、公报、公告、通告、意见、通知、通报、批复、函、纪要等。平行文是平行机关或不相隶属的机关之间的往来公文,如议案、函、知照性通知等。

《党政机关公文处理工作条例》第二章"公文种类"规定,公文种类主要有 15 种。使用不同的文种和名称,体现了处理公务活动中不同的目的和要求,以及公文制发机关的职权范围和行文机关之间的关系。因此,撰写公文必须从实际需要出发,恰当地选择和使用公文文种。

(一)决议

决议适用于会议讨论通过的重大决策事项,具有权威性和指导性。决议的内容

事关重大决策事项，其表述的观点和对事项的评价具有重要指导意义，一经公布，全党、全国上下都必须坚决执行。

决议一般分为公布性决议、批准性决议和阐述性决议三种类型。公布性决议是为公布某种法规、提案而写作的文件；批准性决议是为肯定或否定某种议案而写作的文件；阐述性决议是对某些重大结论的具体内容加以展开阐述的文件。

决议通常由首部和正文两部分组成。首部包括标题和成文时间两个项目。标题由发文机关（或会议名称）、事由和文种构成。成文时间一般放在标题下，在小括号内注明会议名称及通过时间。决议的正文通常由决议缘由、决议事项和结语三部分组成。决议缘由，一般简要说明有关会议审议决议涉及事项的情况，陈述做出决议的原因、根据、背景、目的或意义。决议事项，写明会议通过的决议事项，或会议对有关文件、事项做出的评价、决定，或对有关工作做出的部署安排、要求和措施。结语，一般紧扣决议事项，有针对性地提出希望、号召和执行要求。有的决议也可不写结语。

（二）决定

决定适用于对重要事项做出决策和部署、奖惩有关单位和人员、变更或者撤销下级机关不适当的决定事项几种情况。对重要事项做出决策和部署，例如，《中共中央 国务院关于打击经济领域中严重犯罪活动的决定》《全国人民代表大会常务委员会关于批准〈联合国海洋法公约〉的决定》《国务院关于当前产业政策要点的决定》等。奖惩有关单位及人员，例如，《北京市工商管理局关于表彰模范个体工商户和文明私营企业的决定》《国务院关于大兴安岭特大森林火灾事故的处理决定》等。变更或者撤销下级机关不适当的决定事项，例如，《海南省工商行政管理局关于撤销海南京灏实业有限公司变更登记的决定》。

“决定”和“决议”的区别主要是：

1. 制作程序不同。决议须经某一级机关或组织机构的法定会议对某一议题进行集体讨论，由法定多数表决通过，然后形成正式文件，并以会议的名义公布。而决定既可以是某种会议讨论研究的成果，也可由各级领导机关直接制作并予以公布。因此，凡未经有关法定会议讨论通过这一程序，而是以领导机关的名义发布的议决性文件，就应使用决定。

国务院关于废止部分行政法规和文件的决定

2. 作用不同。决议一律要求下级机关执行，而决定只有“部署性决定”才要求下级机关执行，“宣告性决定”只起知照性作用。

3. 内容不同。在会议讨论通过的前提下，凡做出了具体的规定和要求，履行法定的权力，强制有关部门贯彻执行的，用决定。若只是简要地表示肯定或否定的意见，履行法律程序，指导有关部门遵照办理的，用决议。由会议或领导机关直接制定发布行政法规，用决定。由会议审议批准某项议案、重要报告、法规，用决议，所审议批准的条文作为决议的附件。

4. 写法不同。公布性决议、批准性决议一般写得比较简要、笼统；阐述性决议除指出指令性意见外，还要对决议事项本身的有关问题做若干必要的论述或说明，即做一些理论上的阐述。决定一般不多说理论，而往往着重提出开展某项工作的步骤、措施、要求等。决定要求写得明确、具体，措施切实可行，可以直接成为下级机关行动的准则。而决议往往写得比较概括，原则性条文多，下级机关在贯彻执行时，多数还要根据决议制定相应的办法或实施措施。

（三）命令（令）

令，是命令的简称，它是国家领导机关及其领导人颁发的具有强制性的公文，适用于公布行政法规和规章、宣布施行重大强制性措施、批准授予和晋升衔级、嘉奖有关单位和人员。例如，《中华人民共和国主席令》《国务院关于在我国统一实行法定计量单位的命令》《国务院 中央军委关于授予武警江西省总队吉安市支队井冈山市中队“井冈山爱民模范中队”荣誉称号的命令》等。命令一般属于公布性文件，内容概括，以说明为主，一经发布，必须坚决执行。

中华人民共和国教育部令

命令与决定均为指挥性的下行文，具有权威性和强制性，二者除适用的内容不同外，发文机关的级别也不同。命令的法定作者仅限于全国人大常委会委员长、国家主席、国务院总理、国务院及各部各委员会、县级与县级以上地方各级人民代表大会和人民政府，其他单位及其领导均无权发布命令。而决定的法定作者范围较宽，各级党政机关、团体和单位均可制发。

（四）公报

公报，也称新闻公报，是党政机关公布重要决定或者重大事项的报道性公文。公报可以分为会议公报、事项公报和联合公报三种类型。会议公报用以报道重要会议精神，公布重要决定，例如，《中国共产党第二十届中央委员会第二次全体会议公报》。事项公报用以公布重大事项，例如，国家统计局发布的《中华人民共和国 2022 年国民经济和社会发展统计公报》。联合公报用以公布国家之间、政党之间、团体之间经过会议达成的某种协议，例如，《中俄联合公报》《上海合作组织成员国政府首脑（总理）理事会会议联合公报》等。

（五）公告

公告是一种知照性下行文，主要用于向国内外宣布重要事项或者法定事项。

所谓重要事项，包括：国家主要领导人任职、出访，重要人物逝世，举行重要会议，形成重要决定，重大科技成果，答谢外国有关部门和人士对我国领导人任职、重大政治活动的祝贺，涉及国内外有关方面的重要法规和重大行动等。例如，《中国人民银行关于进一步改革外汇管理体制的公告》《最高人民法院、最高人民检察院关于不再追诉去台人员在中华人民共和国成立前的犯罪行为的公告》《教育部公开选拔10所直属高校总会计师公告》等。

所谓法定事项，包括：按《中华人民共和国专利法》的规定，公布申请专利的公告；按《中华人民共和国商标法》的规定，公布初步核准、正式批准或撤销初审申请注册商标的公告；按《中华人民共和国企业法人登记管理条例》的规定，公布公司开业、歇业和变更名称、地址的企业法人登记公告等。

公告具有公开性、庄重性的特点，往往通过新闻媒体传播，一般事项不宜用公告宣布。国家机关使用公告公布事项，只限于在自己的职权范围内。基层单位一般不能制发公告。

（六）通告

通告也是知照性的下行文，主要适用于在一定范围内公布应当遵守或者周知的事项。按内容的不同，通告可分为两类：一类是法规性通告，用于宣布有关规定，如《监察部关于有贪污贿赂行为的国家行政机关工作人员必须在限期内主动交代问题的通告》《国家教委关于维护中小学正常教学秩序的通告》等；另一类是事务性通告，用于告知有关事宜，如施工断路通告、交通管制通告、迁址通告、停电通告、招标通告、更换电话号码通告等。

公告与通告均属知照性文种，皆可公开发布，不同的是：

1. 告知范围不同。公告面向国内外，而通告则面向国内的某一方面或一定范围。

2. 公布内容不同。公告的内容都是国内外关注的重大事项或必须依法公布的事项；而通告是在一定范围内公布应当遵守或者周知的事项，如金融、税务、交通、公安等部门公布的事项，体现一定的专业性。

3. 发文机关不同。公告的发文机关级别较高，一般由国家的领导机关或法定的有关职能机关发布；通告则是各级机关、社会团体、企事业单位均可发布。

（七）意见

意见适用于对重要问题提出见解和处理办法，适用范围较宽，可用于上行文、下行文和平行文。作为上行文，应按请示性公文的程序和要求办理，所提意见如涉及其他部门职权范围内的事项，主办部门应当主动与有关部门协商，取得一致意见后方可行文；如果有分歧，主办部门的主要负责人应当出面协调，仍不能取得一致时，主办部门可以列明各方的理由和依据，提出建设性意见，并与有关部门会签后报请上级机关决定。上级机关应当对下级机关报送的意见做出处理或给予答复。作为下行文,意见对贯彻执行有明确要求的,下级机关应遵照执行;无明确要求的,下级机关可参照执行。作为平行文,提出的意见供对方参考。

中共中央　国务院关于做好二〇二三年全面推进乡村振兴重点工作的意见

例如,《中共中央 国务院关于做好二〇二三年全面推进乡村振兴重点工作的意见》就属下行文,它就粮食和重要农产品稳产保供、农业基础设施建设、农业科技和装备支撑、脱贫攻坚、乡村产业高质量发展、农民增收致富、宜居宜业和美乡村建设、党组织领导的乡村治理体系、政策保障和体制机制创新等问题都提出了明确的意见,不仅具有指导性,而且具有可操作性。

(八)通知

通知是公文中使用频率最高的一种,适用于发布、传达要求下级机关执行和有关单位周知或者执行的事项,批转、转发公文。按内容性质分,通知可分为指示性通知、批转性通知、转发性通知、发布性通知、知照性通知和会议通知几大类。通知在传达贯彻党和国家的方针、政策,发布行政法规和规章,施行行政措施,指导、布置、推动工作的开展等方面都具有重要作用。通知的写作知识详见本章第二节,这里不再赘述。

(九)通报

通报是告知性的下行文,适用于表彰先进、批评错误、传达重要精神和告知重要情况。通报在公文中是比较独特的一种,它虽是下行文,但又不是用来发号施令的。其主要特点是:政策性、知照性、典型性、针对性和教育性。通报通过具体的正、反典型事例和客观实际情况来表达发文机关的观点和意图,主要目的在于教育干部和群众,以先进为榜样,以错误为鉴戒,不断改进工作,规范行为。因此,通报具有较强的时效性和提倡、褒奖、告诫、提醒、启示等宣传教育作用。

通报与通告、通知都有告知事项的作用,但在一定范围内公布应当遵守或者周知的事项时,用通告;发布、传达要求下级机关执行和有关单位周知或者执行的事项,批转、转发公文时,用通知;而表彰先进、批评错误、传达重要精神和告知重要情况时,则用通报。通报的发文目的不仅仅是告知事项,更重要的在于树立典型、发扬正气、纠正不正之风、推动工作的开展。

通报与简报都有宣传教育作用,但表扬好人好事,批评一般性质的错误,发内部简报即可;而先进事迹非常典型,或者错误性质十分严重,影响面特别大,一般要发通报,以进行特别的嘉奖或告诫。

(十)报告

报告是下级机关向上级机关汇报工作、反映情况、回复上级机关的询问时使用

的陈述性公文。报告的特点主要有两点：一是汇报性。写报告的主要目的是向领导机关反馈本机关的工作信息或收集的有关信息，并从中提炼出经验、教训与建设性的意见和方案，争取领导机关对工作的指导。因此，在行文时限上，报告在事前、事中和事后都可以行文。二是陈述性。报告的内容是向上级陈述做了什么工作，怎么做的，工作中存在什么问题和情况，有什么意见和建议等。因此，行文时一般都用概括叙述的笔法，直陈其事，直述不曲。例如，全国人民代表大会财政经济委员会向全国人民代表大会常务委员会上报的《关于〈国务院关于提请审议财政部增发国债用于加快基础设施建设和今年中央财政预算调整方案（草案）的议案〉的审查报告》，审计署向国务院上报的《关于公路建设资金审计情况的报告》，都是下级机关向上级机关汇报工作，让上级机关掌握情况，为领导机关决策与指导工作提供依据。

（十一）请示

请示是下级机关向上级机关请求指示、批准的呈请性公文。例如，《建设部 国家文物局关于审批第三批国家历史文化名城和加强保护管理的请示》《国家计委关于改造农村电网改革农电管理体制实现城乡同网同价的请示》等。下级机关在工作中出现新情况、新问题，自身难以处理时，对上级的有关规定和精神因某些特殊情况难以执行时，对有关方针、政策、规定不甚明确难以开展工作时，对上级明文规定必须经请示批准后才能办理的事项，往往需要写请示。请示的作用在于它是各级机关开展工作、交流信息、上下沟通、履行程序的桥梁和纽带。下级机关向上级机关请求指示或批准，是开展工作的正常手续和步骤，也是争取得到上级机关支持、帮助的有效途径。

请示与报告都是上行文，却是两个不同的文种。其区别在于：

1. 性质不同。请示属于请求性公文，凡超过自身职权需经上级指示或批准后才能办理的事项，用请示。报告属于陈述性公文，它所陈述的是自己职权范围内的事项。

2. 目的要求不同。请示是为了解决问题而请求上级给予指示或批准，因此需要上级批复。呈报性报告的目的是让上级机关及时了解下情，沟通上下联系，因此，不需要上级批复。呈转性报告希望上级机关批转给有关单位执行，上级机关如同意批转，则用批转性通知，而不必给上报机关批复。

3. 行文时限不同。请示必须事前行文，不能“先斩后奏”；报告在事前、事后或工作进行中都可行文。

4. 构成内容不同。请示一文一事，结束语有期复要求；报告的内容则比较丰富，结束语没有期复内容。

（十二）批复

批复是具有一定指示性和决定性的下行文，主要适用于上级机关答复下级机关的请示事项。使用批复的先决条件是下级机关上报请示，因此，批复只主送上报请示的机关。例如，《国务院关于同意设立“全国交通安全日”的批复》（国函〔2012〕195号）是针对《公安部关于将12月2日设立为“全国交通安全日”的请示》（公部请〔2012〕83号）而制发的。批复的行文一般较简短。例如，上述《国务院关于同意设立“全国交通安全日”的批复》的正文只有三句话：你部《关于将12月2日设立为“全国交通安全日”的请示》（公部请〔2012〕83号）收悉。同意自2012年起，将每年12月2日设立为“全国交通安全日”。具体工作由你部商有关部门组织实施。该文态度明确，行文简要。当然，也有些批复篇幅长些，这是由批复的内容决定的。不论篇幅长短，批复都要针对请示中所提出的具体事项给予明确的答复，而且要批复及时，不能拖延，以免影响工作。

（十三）议案

议案主要适用于各级人民政府按照法律程序向同级人民代表大会或者人民代表大会常务委员会提请审议事项。议案的主送机关是国家权力机关，即全国和地方各级人民代表大会及其常务委员会。议案一般只限由具备议案提出权的机关和代表提出，其他机关和个人无权提出议案。议案内容只限于同级人民代表大会或人大常委会职权范围内的有关立法、任免、机构变动、批准条约、特定问题等重要事项。议案经同级人民代表大会讨论通过后具有法律约束力，承办机关必须坚决执行。例如，《国务院关于提请审议国务院机构改革的议案》《国务院关于提请审议邮政法修正草案的议案》等议案，经过全国人民代表大会讨论通过后，都具有高度的权威性和法律约束力。

（十四）函

函适用于不相隶属机关之间相互商洽工作、询问和答复问题、请求批准和答复审批事项。函使用广泛，多用于平行文，也可用于下行文和上行文。作为公文的主要文种之一，函具有沟通信息、商洽工作的桥梁与纽带作用，也具有机关行使职能的依据与凭证作用。例如，《国务院办公厅关于支持云南省发展花卉产业有关问题的函》《国务院办公厅关于四川大学和华西医科大学合并组建新的四川大学的复函》等。

请求批准函与请示的区别在于：凡是向自己的直接上级领导机关请求批准的，要用请示；而在向不相隶属的主管部门请求批准时，不管其级别与本单位平行还是高于本单位，一律用函。回答请示的公文文体是批复；回答请求批准函的文体则是复函。

(十五)纪要

纪要适用于记载会议主要情况和议定事项,它是在会议记录的基础上概括提炼、择要反映会议情况和精神的一种公文,具有纪实性、纪要性和指导性,可以上呈、平送和下发。纪要有两方面的作用:一方面是向上级机关汇报会议情况,以便使上级了解情况并得到上级领导的及时指导;另一方面是向下级传达会议的精神,以便贯彻执行会议的决议。例如,《全国农村工作纪要》《苹果购销工作座谈会纪要》《中国工业经济学会第一次常务理事会纪要》等。

纪要与记录有着十分密切的联系。记录是纪要写作的基础,纪要是对记录的概括和提炼。它们的区别主要是:

1. 性质作用不同。记录是一种未经加工整理的原始材料,不属于公文,也不外发,只是作为资料和凭证保存;纪要则是正式公文,具有指导性和行政约束力。

2. 写作时间不同。记录是在会议进行中当场记下的;纪要则是在会议结束后根据记录加工整理而成的。

3. 写作要求不同。凡属正式会议,都要做记录,但不一定都要写纪要。只有当会议结果需要正式行文外发时,才在记录的基础上整理成文。写法上,记录按会议进程依次写来,参加会议的人怎么说就怎么记;纪要则不受这个限制,可以加工、整理、综合、分类撰写。

三、公文的格式

公文格式是指公文的具体项目构成及具体项目在载体上排列的规定。《党政机关公文处理工作条例》(中办发〔2012〕14 号)(见附录一)、《党政机关公文格式》国家标准(GB/T 9704—2012),都对公文格式做出了明确规定。国家对公文制定统一的标准格式,其目的在于准确、有效地撰制、收集、传递和存储公文信息,体现公文的权威性和严肃性,提高各级党政机关公文制作水平和质量,推动党政机关公文处理工作实现科学化和规范化。公文的格式是公文撰制、处理的规范,必须严格遵守,不得标新立异,自行其是。

根据国家标准,公文的格式可分为版头、主体和版记三大部分。公文首页红色分隔线以上的部分称为版头;公文首页红色分隔线(不含)以下、公文末页首条分隔线(不含)以上的部分称为主体;公文末页首条分隔线以下、末条分隔线以上的部分称为版记。每一部分都有若干具体项目。公文格式简图见图 2-1 和图 2-2。

(一)版头部分

版头部分由份号、密级和保密期限、紧急程度、发文机关标志、发文字号、签发人和版头中的分隔线等要素组成。

<table>
<tr><td>版头：份号；秘密等级和保密期限；紧急程度；发文机关标志；发文字号；签发人(上行文有)</td><td>000001
机密★1 年
特急

×× 市人民政府文件

×府〔20××〕11 号</td></tr>
<tr><td>主体：标题；主送机关；正文；附件说明；发文机关署名；成文日期；印章；附注</td><td>××××关于××××××的通知

×××××××：
×××。

附件：1. ×××××
2. ××××××××

×××××(印章)
20××年 3 月 12 日

(×××××××)</td></tr>
<tr><td>版记：抄送机关；印发机关；印发日期</td><td>抄送：××××××，××××，×××××××，××××××
××××××。

××市人民政府办公厅　　××××年×月×日印发</td></tr>
</table>

图 2-1　公文格式(下行文)简图

1. 份号。份号是指公文印制份数的顺序号。涉密公文应当标注份号，一般用 6 位 3 号阿拉伯数字，顶格编排在版心左上角第一行。

2. 密级和保密期限。它是指公文的秘密等级和保密的期限。涉密公文应当根据涉密程度分别标注“绝密”、“机密”、“秘密”和保密期限，一般用 3 号黑体字，顶

000001
机密★1 年
特急

××市人民政府文件

签发人：×××　×××
×府〔20××〕10 号　　×××

××××关于××××××的请示

×××××××：
××。

附件：1. ×××××
2. ××××××××

×××××（印章）
20××年 3 月 12 日

（×××××××）

抄送：××××××，××××，×××××××，×××××××××××，×××××××。

××市人民政府办公厅　　××××年×月×日印发

图 2-2　公文格式（上行文）简图

格编排在版心左上角第二行；保密期限中的数字用阿拉伯数字标注。一般密级和保密期限之间可用"★"分隔，如"秘密★1 年""绝密★10 年"。

3. 紧急程度。它是指公文送达和办理的时限要求。根据紧急程度，紧急公文应

当分别标注“特急”“加急”,电报应当分别标注“特提”“特急”“加急”“平急”,一般用3号黑体字,顶格编排在版心左上角;如需同时标注份号、密级和保密期限、紧急程度,则按照份号、密级和保密期限、紧急程度的顺序自上而下分行排列。

4. 发文机关标志。发文机关标志由发文机关全称或者规范化简称加“文件”二字组成,也可以使用发文机关全称或者规范化简称。发文机关标志居中排布,上边缘至版心上边缘为35mm,推荐使用小标宋体字,颜色为红色,以醒目、美观、庄重为原则。例如,“国务院文件”“北京市人民政府文件”。联合行文时,发文机关标志可以并用联合发文机关名称,也可以单独用主办机关名称。如需同时标注联署发文机关名称,一般应当将主办机关名称排列在前;如有“文件”二字,应当置于发文机关名称右侧,以联署发文机关名称为准上下居中排布。

5. 发文字号。发文字号由发文机关代字、年份、发文顺序号组成。联合行文时,使用主办机关的发文字号。发文字号编排在发文机关标志下空二行位置,居中排布。年份、发文顺序号用阿拉伯数字标注;年份应标全称,用六角括号“〔 〕”括入;发文顺序号不加“第”字,不编虚位(即1不编为01),在阿拉伯数字后加“号”字。例如,“中办发〔2012〕14号”就是中共中央办公厅2012年第14号发文。上行文的发文字号居左空一字编排,与最后一个签发人姓名处在同一行。发文字号作为文件的代号,可以在查询与引用文件时使用,而且有助于文件的统计与管理。

6. 签发人。上行文应当标注签发人姓名,由“签发人”三字加全角冒号和签发人姓名组成,居右空一字,编排在发文机关标志下空二行位置。“签发人”三字用3号仿宋体字,签发人姓名用3号楷体字。如有多个签发人,签发人姓名按照发文机关的排列顺序从左到右、自上而下依次均匀编排,一般每行排两个姓名,回行时与上一行第一个签发人姓名对齐。

7. 版头中的分隔线。发文字号之下4mm处居中印一条与版心等宽的红色分隔线。

(二)主体部分

主体部分由标题、主送机关、正文、附件说明、发文机关署名、成文日期、印章、附注、附件等要素组成。

1. 标题。标题由发文机关名称、事由和文种组成。事由是公文主要内容准确简要的概括,常用介词“关于”引出。文种是根据行文目的、发文机关的职权和与主送机关的行文关系确定的。常见的公文标题形式主要有以下三种:

(1)标准式标题,即由发文机关名称、事由、文种三部分组成。例如,《国务院关于开展全国物价大检查的通知》《国家税务局关于铁路部门运输收入集中缴纳营业税问题的通知》。

(2)双项式标题,即由发文机关名称和文种两部分组成。例如,《中华人民共和

国主席令》《中华人民共和国全国人民代表大会公告》。

(3)转文式标题，即由发文机关、被批转(或转发、发布、印发)的文件的标题和文种组成。例如，《国务院办公厅转发科技部等部门关于推进县(市)科技进步意见的通知》等。

拟好公文标题的关键在于准确简要地概括公文的主要内容和正确地标明文种。标题中除法规、规章名称加书名号外，一般不用标点符号，一般用2号小标宋体字，编排于红色分隔线下空二行位置，分一行或多行居中排布；回行时，要做到词意完整、排列对称、长短适宜、间距恰当，标题排列应当使用梯形或菱形。

2. 主送机关。它是指公文的主要受理机关，应当使用机关全称、规范化简称或者同类型机关统称，编排于标题下空一行位置，居左顶格，回行时仍顶格，最后一个机关名称后标全角冒号。如果主送机关名称过多导致公文首页不能显示正文时，应当将主送机关名称移至版记。对于上行文，原则上只能有一个主送机关，以便公文的办理。有的公文，如公告、纪要等，不标注特定的主送机关。

3. 正文。正文是公文的主体，用来表述公文的内容。公文首页必须显示正文，一般用3号仿宋体字，编排于主送机关名称下一行，每个自然段左空二字，回行顶格。文中结构层次序数依次可以用“一、”“(一)”“1.”“(1)”标注；一般第一层用黑体字、第二层用楷体字、第三层和第四层用仿宋体字标注。公文起草的要求《党政机关公文处理工作条例》第五章第十九条有明确的表述(见附录一)。

公文中计量单位的用法应当符合国家标准GB 3100，GB 3101和GB 3102(所有部分)，标点符号的用法应当符合国家标准GB/T 15834(见附录二)，数字用法应当符合国家标准GB/T 15835(见附录三)。

4. 附件说明。它是指公文附件的顺序号和名称。在正文下空一行左空二字编排“附件”二字，后标全角冒号和附件名称。如果有多个附件，使用阿拉伯数字标注附件顺序号(如“附件：1. ×××××　2. ×××××”)；附件名称后不加标点符号。附件名称较长需回行时，应当与上一行附件名称的首字对齐。

5. 发文机关署名。它要求署发文机关全称或者规范化简称。

6. 成文日期。它是指公文的生效时间，署会议通过或者发文机关负责人签发的日期。一般情况下，会议通过的决议、决定、公报等以会议正式通过的日期为准；经发文机关负责人签发的公文以签发日期为准；联合行文的公文，以最后签发的机关负责人签发的日期为准。成文日期的标注位置有两种：一是在标题之下注明××××年×月×日××××会议通过或××××年×月×日××××会议上批准，外加圆括号，如会议通过的决议、决定等公文。二是在正文或附件说明的下面右空四字编排，用阿拉伯数字将年、月、日标全，年份应标全称，月、日不编虚位(即1不编为01)。

7. 印章。公文中有发文机关署名的，应当加盖发文机关印章，并与署名机关相符。

单一机关行文时,一般在成文日期之上、以成文日期为准居中编排发文机关署名,印章端正、居中下压发文机关署名和成文日期,使发文机关署名和成文日期居印章中心偏下位置,印章顶端应当上距正文(或附件说明)一行之内。联合行文时,一般将各发文机关署名按照发文机关顺序整齐排列在相应位置,并将印章一一对应、端正、居中下压发文机关署名,最后一个印章端正、居中下压发文机关署名和成文日期,印章之间排列整齐、互不相交或相切,每排印章两端不得超出版心,首排印章顶端应当上距正文(或附件说明)一行之内。有特定发文机关标志的普发性公文和电报可以不加盖印章。

8. 附注。它是指公文印发传达范围等需要说明的事项,居左空二字加圆括号编排在成文日期下一行。

9. 附件。附件是公文正文的说明、补充或者参考资料。附件应当另面编排,并在版记之前,与公文正文一起装订。"附件"二字及附件顺序号用3号黑体字顶格编排在版心左上角第一行。附件标题居中编排在版心第三行。附件顺序号和附件标题应当与附件说明的表述一致。附件格式要求同正文。如果附件与正文不能一起装订,应当在附件左上角第一行顶格编排公文的发文字号并在其后标注"附件"二字及附件顺序号。

(三)版记部分

版记部分由版记中的分隔线、抄送机关、印发机关和印发日期等要素组成。

1. 版记中的分隔线。版记中的分隔线与版心等宽,首条分隔线和末条分隔线用粗线(推荐高度为0.35mm),中间的分隔线用细线(推荐高度为0.25mm)。首条分隔线位于版记中第一个要素之上,末条分隔线与公文最后一面的版心下边缘重合。

2. 抄送机关。它是指除主送机关外需要执行或者知晓公文内容的其他机关,应当使用机关全称、规范化简称或者同类型机关统称。抄送机关一般用4号仿宋体字,在印发机关和印发日期之上一行、左右各空一字编排。"抄送"二字后加全角冒号和抄送机关名称,回行时与冒号后的首字对齐,最后一个抄送机关名称后标句号。如果需把主送机关移至版记,除将"抄送"二字改为"主送"外,编排方法同抄送机关。既有主送机关又有抄送机关时,应当将主送机关置于抄送机关之上一行,之间不加分隔线。

3. 印发机关和印发日期。它是指公文的送印机关和送印日期。其一般用4号仿宋体字,编排在末条分隔线之上,印发机关左空一字,印发日期右空一字,用阿拉伯数字将年、月、日标全,年份应标全称,月、日不编虚位(即1不编为01),后加"印发"二字。

(四)公文的特定格式

以上介绍的是公文的通用格式。在制作信函、命令和纪要等文种时,需要采用特定格式。

1. 信函格式。发文机关标志使用发文机关全称或者规范化简称,居中排布,上边缘至上页边为30mm,推荐使用红色小标宋体字。联合行文时,使用主办机关标志。发

文机关标志下 4mm 处印一条红色双线(上粗下细),距下页边 20mm 处印一条红色双线(上细下粗),线长均为 170mm,居中排布。如果需标注份号、密级和保密期限、紧急程度,应当顶格居版心左边缘编排在第一条红色双线下,按照份号、密级和保密期限、紧急程度的顺序自上而下分行排列,第一个要素与该线的距离为 3 号汉字高度的 7/8。发文字号顶格居版心右边缘编排在第一条红色双线下,与该线的距离为 3 号汉字高度的 7/8。标题居中编排,与其上最后一个要素相距二行。第二条红色双线上一行如有文字,与该线的距离为 3 号汉字高度的 7/8。首页不显示页码。版记不加印发机关和印发日期、分隔线,位于公文最后一面版心内最下方。信函格式首页简图见图 2-3。

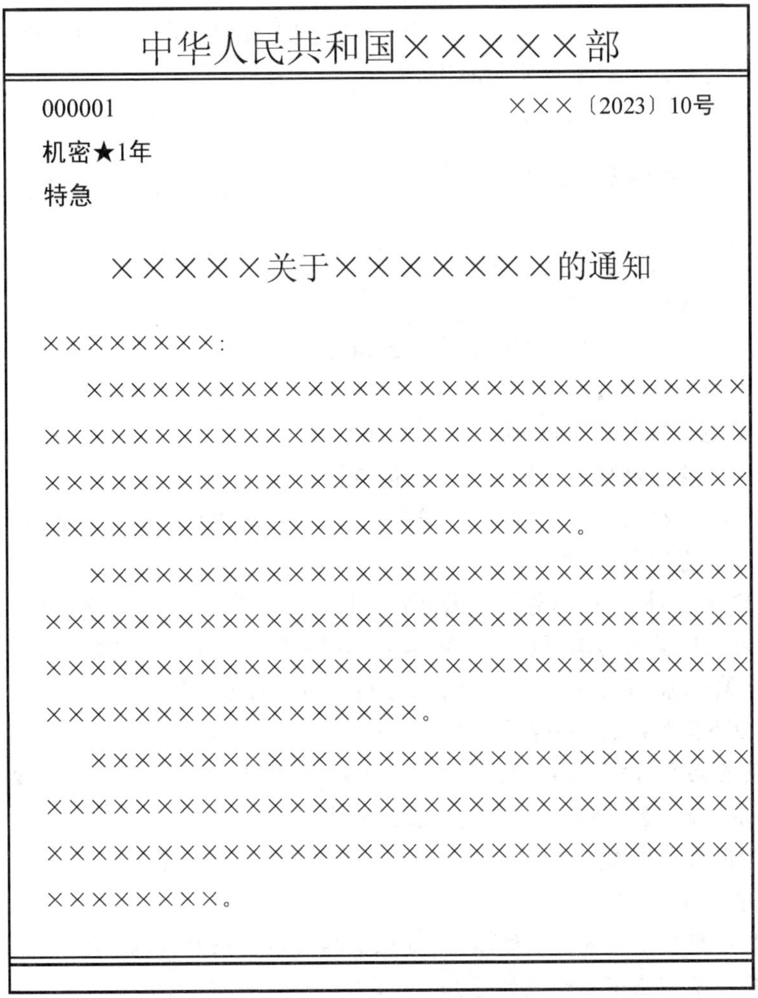

中华人民共和国×××××部

000001　　　　　　　　　　×××〔2023〕10号

机密★1年

特急

×××××关于×××××××的通知

××××××××:

　　××××××××××××××××××××××××××××××
××××××××××××××××××××××××××××××××
××××××××××××××××××××××××××××××××
××××××××××××××××××××××××。

　　××××××××××××××××××××××××××××××
××××××××××××××××××××××××××××××××
××××××××××××××××××××××××××××××××
×××××××××××××××××××。

　　××××××××××××××××××××××××××××××
××××××××××××××××××××××××××××××××
××××××××××××××××××××××××××××××××
×××××××××。

图 2-3　信函格式首页简图

2. 命令(令)格式。发文机关标志由发文机关全称加“命令”或“令”字组成,居中排布,上边缘至版心上边缘为20mm,推荐使用红色小标宋体字。发文机关标志下空二行居中编排令号,令号下空二行编排正文。在正文下空二行右空四字加盖签发人签名章,签名章左空二字标注签发人职务,以签名章为准上下居中排布。在签发人签名章下空一行右空四字编排成文日期。签名章一般用红色。

3. 纪要格式。纪要标志由“×××××纪要”组成,居中排布,上边缘至版心上边缘为35mm,推荐使用红色小标宋体字。标注出席人员名单,一般用3号黑体字,在正文或附件说明下空一行左空二字编排“出席”二字,后标全角冒号,冒号后用3号仿宋体字标注出席人单位、姓名,回行时与冒号后的首字对齐。标注请假和列席人员名单,除依次另起一行并将“出席”二字改为“请假”或“列席”外,编排方法同出席人员名单。纪要格式可以根据实际制定。

思考与练习

1. 什么是公文?公文的主要特点有哪些?

2. 公文的法定作者是谁?

3. 公文的种类有哪些?简述各文种的概念。

4. 通告和公告的区别是什么?

5. 根据公文的发文去向,画一张公文种类表。

6. 国家为什么要对公文制定统一的标准格式?

7. 根据《党政机关公文处理工作条例》第五章和第六章的有关内容,画出一张公文拟制办理的流程图。

8. 2023年3月5日,国务院向云南省人民政府下发了国函〔2023〕24号文件,同意将云南省剑川县列为国家历史文化名城,并提出工作要求。请根据以上情况,按照“发文机关名称+事由+文种”的模式,拟写这份文件的标题。

9. 修改下面的标题,并说明理由。

(1)某食品公司对产品检验工作做了几条规定,其发文标题为《××食品公司关于提高产品质量,造福人类,加强成品检验工作的通知》。

(2)某化工厂为本厂机构调整问题向上级请示,题为《关于××化工厂机构调整问题的请示报告》。

(3)某市商业局为贯彻上级指示,制止商品流通过程中的不正之风而发通知,题为《××市商业局制止不正之风的通知》。

(4)中国电子器件工业公司关于表彰声控工程开发部的嘉奖令。

(5)××省人民政府办公厅关于转发省林业厅等部门关于切实加强林地保护工作的报告的通知。

第二节　通　知

一、通知的分类

(一)指示性通知

传达上级机关的决定和指示,布置需要执行或办理的工作事项,需用具有指示性质的通知。这种通知要说明布置任务的原因和目的,并提出希望和要求。指示性通知具有决策性、规定性和安排性的特点。因此,写指示性通知要明确具体,切实可行,要把任务要求、基本措施、注意事项交代清楚,使下级机关一看通知就知道要求它们解决什么问题,为什么要解决这些问题,采取什么措施来解决这些问题。如本节例文1《教育部办公厅关于全面推进高校信息公开做好信息公开年度报告工作的通知》就属于指示性通知。

(二)批转性通知

上级机关批转下级机关的重要公文,要求有关单位执行或参照执行,用批转性通知。其特点在一个“批”字,也就是要对所批转的下级机关的公文做出“同意”或“原则同意”等批语,要求有关单位“遵照执行”、“研究执行”或“参照执行”。批转性通知仅限于上级机关对下级机关使用,下级机关对上级机关、同级机关和不相隶属机关的公文无权批转。这种通知的主要精神不在通知正文本身,而在被批转的公文中。如《乌鲁木齐市政府办公厅关于批转〈乌鲁木齐市流浪乞讨人员救助管理工作实施方案〉的通知》就属于批转性通知。

(三)转发性通知

将上级机关和不相隶属机关的公文发给下级单位,用转发性通知。其特点在一个“转”字,即对上级机关和不相隶属机关的公文只能转发,而不能“批转”,不能写“同意”或“原则同意”等批语。如例文2《上海市人民政府办公厅关于转发市发展改革委等七部门制订的〈上海市鼓励购买和使用新能源汽车实施办法〉的通知》就属于转发性通知。

(四)发布性通知

将本机关的法规性文件、事务文书、领导讲话等发给下级机关,用发布性通知。如《中共中央办公厅　国务院办公厅关于印发〈党政机关公文处理工作条例〉的通知》就是发布性通知。

（五）知照性通知

知照性通知用于告知有关单位需要周知而不需直接执行或办理的事项。例如，成立、调整或撤销机构，启用或废止公章，变更机构名称，调整组织成员，任免和聘用干部，变更地址与电话号码等事项，都可以用知照性通知。如例文3《商务部关于进一步优化对外贸易经营者备案登记工作的通知》就属于知照性通知。

（六）会议通知

由组织会议的单位在会前发给与会者，便于与会者准时而又有充分准备地参加会议，用会议通知。会议通知与知照性通知相比，除有知照作用外，还要求收文者办理有关事项。如例文4《体育总局办公厅关于召开2019年全国反兴奋剂工作会议的通知》就属于会议通知。

二、通知的文体格式

通知的主体格式由标题、主送机关、正文、附件、发文机关署名、成文时间和附注等要素组成。

（一）标题

通知的标题一般由发文机关名称、事由和文种组成。根据通知的不同内容和性质，在标题中应分别注明“批转”“转发”“颁发”“印发”“发布”“联合”“补充”“紧急”等字样。例如，《国务院办公厅转发〈中国人民银行整顿乱集资乱批设金融机构和乱办金融业务实施方案〉的通知》《国内贸易部 公安部关于发布〈旧货流通管理办法〉（试行）的通知》《国务院关于做好当前物价工作和稳定市场的紧急通知》。批转、转发、印发的文件标题一般应照写，但有时标题太长、层次太多，也可予以省略和概括。如《中共北京市委办公厅关于〈印发督促检查、信息、文件处理工作三个暂行规定〉的通知》对印发的三个文件标题（《北京市党委系统督促检查工作暂行规定》《北京市党委系统信息工作暂行规定》《北京市党的领导机关文件处理暂行规定》）做了概括处理，以避免标题太长。

（二）主送机关

通知的主送机关一般是发文机关的下级机关。知照性通知可主送有关不相隶属的机关。对上级机关不能发通知，如果需要上级机关知晓，可以采取抄送的形式。

（三）正文

通知的正文，不同性质的通知有不同的写法。

1. 指示性通知。指示性通知的开头部分一般写发文的原因和目的，接着用一句过渡语，如“现将有关事项通知如下”“现通知如下”“特作如下通知”等，转入主体部分。主体部分写通知的具体事项，即要求收文者办理、周知或者共同执行的事项。

内容多时，常采用分条列项的方法来写。每条或每项前面标上序数和小标题，使人一目了然。如例文1《国务院关于开展第五次全国经济普查的通知》，主体部分就是采用分条列项的写法，条理清楚，结构严谨，便于理解和执行。结尾部分一般写执行要求，如“以上通知，望认真执行”“本通知自下发之日起实行”等。有的通知也可没有结尾部分，而将执行要求写在具体事项中。

2. 批转性通知。批转性通知的正文写法有简式和繁式两种。简式采用篇段合一结构，先对批转的文件表明态度，然后提出执行要求，常用“××××（上级机关名称）同意××××（下级机关名称）《××××》（被批转的文件标题），现转发给你们，请遵照执行”这个模式。繁式写法在简式写法的基础上，还要针对批转文件的内容做进一步的阐述，指出意义、执行重点与执行要求。

3. 转发性通知。转发性通知的正文也有简式和繁式两种写法。简式常用“现将××××（机关名称）《××××》（文件标题）转发给你们，请贯彻执行”这个模式。繁式在简式的基础上，还要根据本机关、本系统、本地区的实际情况，提出具体要求，或做补充规定。结构上，或分段来写，或分条列项来写。例文2《国务院办公厅转发财政部、国家林草局（国家公园局）关于推进国家公园建设若干财政政策意见的通知》，采用的就是简式写法。

4. 发布性通知。发布性通知一般只需说明发出什么文件并提出执行要求即可，有时也可简要阐述文件的重要性，或提出如何贯彻执行的指示性意见。从《中共中央办公厅关于印发〈党政机关公文处理工作条例〉的通知》不难看出，发布性通知的重点是在被发布的文件上，通知正文的行文很简要。

5. 知照性通知。知照性通知的撰写要点是把要通知的事项交代清楚，用语平实客观。例如，招聘通知主要就是从招聘职位及人数、招聘资格要求、报名方式、招聘方法等方面进行说明，分条列项，言简意赅。任免和聘用干部的通知要写明批准任免、聘用的机关（会议）、日期与被任免、聘用人员的姓名与职务。例文3《商务部办公厅关于组织开展2023年“老字号嘉年华”活动的通知》是知照性通知，先写知照事项，然后逐条提出了执行要求。

6. 会议通知。会议通知其实也是知照性通知，只是它的内容独特，所以把它单列出来介绍。人数较少的一般性会议通知，只需简要写明会议的名称、目的、时间、地点、与会人员、准备事项（如准备材料、文件、论文等）即可。内容比较复杂、日期较长、与会人员较多的会议，会议通知要写清楚会议名称、目的、议题、期限、报到时间和地点、与会人员、准备事项与注意事项、食宿安排、差旅费报销方法以及筹办会议单位的名称、联系人、联系地址、E-mail地址、电话、传真、电挂、去会址路线等。会议通知应开门见山，直陈其事，与会议有关的项目不能错漏。当然，也有的会议通知在开会的具体时间、地点没有确定的情况下就制发了，目的是使与会单位做好会前准备工作，至于会议的具体时间、地点，则需另行通知。例如，例文4《体育总局竞体司关于召开第十四届全国冬季运动会代表团第二次联络员会议的通知》是一份会议通知，通知中将会议名称、会议时间和地点、参加人员、会议内容、日程安排、会议经费、会议报名等事项都交代得很清楚。

（四）附件

通知的附件是附属于通知正文的、为正文服务的、不宜放在正文中的有关文字或图表材料等。指示性通知、知照性通知、会议通知如果有附件，应放在正文之下、印章和成文时间之上加以说明。需要说明的是，批转性通知、转发性通知、发布性通知中的被批转、转发、发布、印发的文件，不必写附件说明，因为它们本身就是文件的主体。

（五）发文机关名称和成文时间

通知的最后必须署上发文机关名称并加盖发文机关印章，而且要注明成文时间，以保证结构的完整。

三、通知的写作要求

（一）明确目的，主题集中

通知的用途是多方面的，只有明确了行文目的，才能正确地选用通知的文种，有针对性地写好通知。通知的主旨要单一集中，绝不可多主题或喧宾夺主。

（二）重点突出，措施具体

通知是指导、布置和推动工作开展的主要公文文种之一，在写法上要把道理讲清楚，任务提明确，措施定具体，这样便于受文者正确理解并贯彻执行。

（三）表述周密，条理清楚

凡属应该说明的有关情况、应该执行的具体事项以及有关的时间、地点、要求等，都必须分条列项地交代清楚，不能泛泛而谈，含混笼统，不能出现差错或遗漏，以免贻误工作，造成损失。

【例文1】

国务院关于开展第五次全国经济普查的通知

国发〔2022〕22号

各省、自治区、直辖市人民政府，国务院各部委、各直属机构：

根据《全国经济普查条例》的规定，国务院决定于2023年开展第五次全国经济普查。现将有关事项通知如下：

一、总体要求

（一）指导思想。以习近平新时代中国特色社会主义思想为指导，深入贯彻党的

二十大精神,认真落实党中央、国务院决策部署,完整、准确、全面贯彻新发展理念,加快构建新发展格局,着力推动高质量发展,坚持依法普查、科学普查、为民普查,坚持实事求是、改革创新,确保普查数据真实准确,全面客观反映我国经济社会发展状况。

(二)普查目的。第五次全国经济普查是一项重大国情国力调查,将首次统筹开展投入产出调查,全面调查我国第二产业和第三产业发展规模、布局和效益,摸清各类单位基本情况,掌握国民经济行业间经济联系,客观反映推动高质量发展、构建新发展格局、建设现代化经济体系、深化供给侧结构性改革以及创新驱动发展、区域协调发展、生态文明建设、高水平对外开放、公共服务体系建设等方面的新进展。通过普查,进一步夯实统计基础,推进统计现代化改革,为加强和改善宏观经济治理、科学制定中长期发展规划、全面建设社会主义现代化国家,提供科学准确的统计信息支持。

二、普查对象和范围

普查的对象是在我国境内从事第二产业和第三产业活动的全部法人单位、产业活动单位和个体经营户。具体范围包括:采矿业,制造业,电力、热力、燃气及水生产和供应业,建筑业,批发和零售业,交通运输、仓储和邮政业,住宿和餐饮业,信息传输、软件和信息技术服务业,金融业,房地产业,租赁和商务服务业,科学研究和技术服务业,水利、环境和公共设施管理业,居民服务、修理和其他服务业,教育,卫生和社会工作,文化、体育和娱乐业,公共管理、社会保障和社会组织等。

三、普查内容和时间

普查的主要内容包括普查对象的基本情况、组织结构、人员工资、生产能力、财务状况、生产经营、能源生产和消费、研发活动、信息化建设和电子商务交易情况,以及投入结构、产品使用去向和固定资产投资构成情况等。

普查标准时点为 2023 年 12 月 31 日,普查时期资料为 2023 年年度资料。

四、普查组织实施

第五次全国经济普查调查内容增多、技术要求提高、工作难度加大,各地区、各部门要按照“全国统一领导、部门分工协作、地方分级负责、各方共同参与”的原则,统筹协调,优化方式,突出重点,创新手段,认真做好普查的宣传动员和组织实施工作。

为加强对普查工作的组织领导,国务院将成立第五次全国经济普查领导小组,负责普查组织实施中重大问题的研究和决策。普查领导小组由国务院领导同志任组长,成员单位包括国务院办公厅、国家统计局、国家发展改革委、中央宣传部、中央政法委、中央编办、民政部、财政部、税务总局、市场监管总局等部门(组成人员名单另发)。涉及普查经费方面的事项,由财政部负责和协调;涉及数据处理能力建设方

面的事项,由国家发展改革委负责和协调;涉及普查宣传动员方面的事项,由国家统计局、中央宣传部负责和协调;涉及企业和个体工商户名录方面的事项,由市场监管总局、税务总局负责和协调;涉及机关和事业单位名录方面的事项,由中央编办负责和协调;涉及社会团体、基金会、民办非企业单位及基层自治组织名录方面的事项,由民政部负责和协调;涉及统一社会信用代码信息共享方面的事项,由市场监管总局负责和协调;涉及城乡社区网格化服务管理工作的事项,由中央政法委协调。

国务院第五次全国经济普查领导小组办公室设在国家统计局,负责普查的具体组织实施和协调,各成员单位要按照各自职能,各负其责、通力协作、密切配合、信息共享。银行、证券、保险、铁路等部门和单位及有关方面,要按照普查方案统一要求,负责组织开展本系统的普查工作;海关总署负责组织开展普查工作中的进口货物使用去向调查任务。掌握普查有关基础资料的各级部门要及时准确提供部门行政记录和数据信息。

地方各级人民政府要设立相应的普查领导小组及其办公室,认真组织好本地区的普查实施工作,及时采取措施解决普查工作中遇到的困难和问题。要充分发挥街道办事处和居民委员会、乡镇人民政府和村民委员会的作用,广泛动员和组织社会力量积极参与、认真配合做好普查工作。地方普查机构根据工作需要,可聘用或者从有关单位商调符合条件的普查指导员和普查员,及时支付聘用人员的劳动报酬,保证商调人员在原单位的工资、福利及其他待遇不变,稳定普查工作队伍,确保普查工作顺利进行。

五、普查经费保障

第五次全国经济普查所需经费,按现行经费渠道由中央和地方各级人民政府共同负担,列入相应年度财政预算,按时拨付,确保到位,保障普查工作顺利开展。

六、普查工作要求

(一)坚持依法普查。所有普查工作人员和普查对象必须严格按照《中华人民共和国统计法》、《中华人民共和国统计法实施条例》和《全国经济普查条例》的规定,按时、如实填报普查表。任何单位和个人不得虚报、瞒报、拒报、迟报,不得伪造、篡改普查数据。普查取得的单位和个人资料,严格限定用于普查目的,不作为任何单位对普查对象实施奖惩的依据。各级普查机构及其工作人员,对在普查中所知悉的国家秘密和普查对象的商业秘密、个人信息,必须严格履行保密义务;未经批准,任何单位和个人不得对外发布普查数据。对在普查工作中的违纪违法等行为,依纪依法予以处理并加大通报曝光力度。

(二)确保数据质量。始终坚守数据质量第一原则,严格执行普查方案,规范普查工作流程,强化事前事中事后数据质量检查核查,切实防范和惩治统计造假、弄虚作假,确保普查数据真实准确、完整可信。各级普查机构要建立健全普查数据质量

控制体系和岗位责任制，完善普查数据质量追溯和问责机制，严肃普查纪律，坚决杜绝各种人为干预普查数据的行为。采用有效技术手段和管理措施，确保普查数据采集、传输、存储和使用的安全。适时将普查工作开展情况纳入统计督察。

（三）创新手段方式。广泛应用部门行政记录，推进电子证照信息等在普查中的应用，采取网上填报与手持电子终端现场采集数据相结合的方式开展普查，通过信息化手段提高普查数据处理效能。适应常态化疫情防控需要，组织开展线上线下业务培训，支持普查对象通过网络自主报送普查数据，科学、规范、高效推进普查工作。

（四）强化宣传引导。各级普查机构应会同宣传部门认真做好普查宣传的策划和组织工作。充分发挥各类新闻媒体以及有关部门服务平台等宣传渠道作用，广泛深入宣传经济普查的重要意义和要求，引导广大普查对象依法配合普查、全社会积极参与普查，为第五次全国经济普查顺利实施营造良好的社会氛围。

国　务　院

2022 年 11 月 17 日

【例文 2】

国务院办公厅转发财政部、国家林草局（国家公园局）关于推进国家公园建设若干财政政策意见的通知

国办函〔2022〕93 号

各省、自治区、直辖市人民政府，国务院各部委、各直属机构：

财政部、国家林草局（国家公园局）《关于推进国家公园建设若干财政政策的意见》已经国务院同意，现转发给你们，请认真贯彻落实。

国务院办公厅

2022 年 9 月 9 日

（附件略）

【例文 3】

商务部办公厅关于组织开展 2023 年“老字号嘉年华”活动的通知

各省、自治区、直辖市及计划单列市、新疆生产建设兵团商务主管部门，有关单位：

为贯彻落实商务部等 8 部门《关于促进老字号创新发展的意见》，充分发挥老字号在恢复和扩大消费、传承发展中华优秀传统文化等方面的积极作用，商务部决定

组织开展2023年“老字号嘉年华”活动。现将有关事项通知如下：

一、总体安排

全面贯彻党的二十大精神，深入落实中央经济工作会议部署，以“品味老字号 乐享新生活”为主题，以中华老字号和地方老字号为重点、兼顾地方特色产品，组织开展贯穿全年的“1+3+N”系列活动，提升老字号文化内涵和供给品质，为人民群众打造更多消费场景，推动老字号加快守正创新发展，更好融入现代生产生活，持续恢复和扩大消费。

二、主要内容

（一）1场启动仪式。商务部将联合山东省人民政府，在青岛台东路步行街举办全国“老字号嘉年华”启动仪式，发布全年活动安排，现场组织展示展销，全面启动“老字号嘉年华”系列活动。

（二）3大主题活动。商务部将调动政府部门、行业协会、新闻媒体、电商平台、专业机构等各界力量，统筹线上线下，集合优质资源，聚焦“节日消费”“掌门人直播”“老字号探店”3大主题，组织举办形式多样、内容丰富的主题活动（附件1），各地要结合实际积极组织老字号企业参与。

1.“节日消费”主题活动。聚焦元宵节、端午节、中秋节、重阳节等传统节日，五一、暑期、十一等重要假期，以及进博会、消博会、服贸会等大型展会和“618”“双11”等消费节点，组织地方和阿里、美团、京东等电商平台举办老字号专题促销活动，推动老字号进商场、进街区、进社区、进平台，加大节令商品供应，活跃节日消费市场。

2.“掌门人直播”主题活动。发挥山东、浙江等老字号直播基地、集聚区优势，提升老字号企业电商运营能力和供应链管理水平，带动更多老字号企业发展“直播电商”。指导阿里、抖音等电商平台和新媒体平台举办专题活动，组织老字号掌门人、传承人走进直播间讲述发展故事，展示传统技艺，让消费者通过镜头了解老字号、体验老字号，感受中华优秀传统文化魅力。

3.“老字号探店”主题活动。推广上海、山东、江苏等地老字号品牌馆、博物馆建设经验，会同相关部门支持具备条件的文化馆、博物馆打造老字号体验专区，开展老字号集中展示展销，吸引参观者、消费者互动参与。指导抖音、快手等新媒体平台举办老字号探店活动，组织知名专家、网络主播、探店达人前往老字号门店“打卡”，推广优质产品和消费场景，创新消费体验。

（三）N场特色活动。各地按照当地消费促进活动统一安排，结合民俗文化和风土人情，分别采用“华夏迎春 名品焕新”“清凉一夏 好品送爽”“绚丽金秋 优品畅享”“暖心冬日 臻品传承”等主题，因地制宜举办商品展销、技艺展示、文化体验等专题活动，帮助老字号企业建立长期稳定的销售渠道，升级营销模式，扩大消费群体。

相关活动组织方和参与方可规范使用“老字号嘉年华”标识，统一活动形象，形

成良好氛围，但不得滥用乱用（具体要求见附件2）。

三、工作要求

（一）加强组织领导。各地要结合老字号全年工作安排和当地消费促进活动总体规划，提前谋划、有序布局一批特色活动，持续促进老字号消费。各地和相关活动组织方要坚持企业自愿原则，广泛动员老字号企业参与，同时认真落实各项防疫和安全生产措施，切实做好反食品浪费工作，保障各项活动稳妥有序开展。

（二）强化政策支持。各地要结合当地实际，会同相关部门加强对有关活动、老字号企业的政策支持和服务保障，以老字号为抓手，持续活跃消费市场。商务部将联合相关金融机构加强对老字号集中营销活动的支持。

（三）加强宣传推广。各地要结合地域特色和活动特点，深入挖掘宣传素材，梳理提炼宣传亮点，充分调动和发挥各类媒体力量，加大宣传推广力度，持续营造良好氛围。

（四）认真做好总结。各地和相关活动组织方要认真做好总结，及时提炼好经验、好做法。全国性主题活动组织方要于活动结束后10个工作日内向商务部（流通发展司，下同）报送总结（附件3），各地要于每季度结束后10个工作日内向商务部报送工作情况（附件4）。

附件：1.“老字号嘉年华”主题活动表

2.“老字号嘉年华”标识使用要求

3.“老字号嘉年华”活动总结表

4.“老字号嘉年华”工作情况表

商务部办公厅

2023年2月1日

【例文4】

体育总局竞体司关于召开第十四届全国冬季运动会代表团第二次联络员会议的通知

体竞字〔2020〕20号

第十四届全国冬季运动会各代表团，内蒙古自治区体育局，冬运中心，中国滑冰协会、中国花样滑冰协会、中国冰球协会，有关单位：

根据十四冬整体工作安排，经与组委会商议，决定召开第十四届全国冬季运动会代表团第二次联络员会议，并在会议期间套开十四冬竞赛工作会，现就有关事项

通知如下：

一、会议时间和地点

2020 年 2 月 12 日(星期三)9:00,内蒙古自治区呼伦贝尔市海拉尔区天骄宾馆 2 号楼 4 楼报告厅。

二、参加人员

(一)十四冬各代表团联络员(1 人);

(二)内蒙古自治区体育局分管领导;

(三)体育总局竞体司领导;

(四)体育总局冬运中心领导、竞赛工作办公室有关同志;

(五)中国滑冰协会、中国花样滑冰协会、中国冰球协会负责人、竞赛干部;

(六)十四冬组委会竞赛部、信息技术部有关工作人员;

(七)呼伦贝尔各对口接待单位联络员。

三、会议内容

(一)联络员会

1. 通报代表团团部人员食宿、交通,代表团参加开闭幕式,代表团团部人员证件发放,代表团赛会期间相关活动安排等事宜;

2. 对赛会期间各项工作进行集中安排部署;

3. 答疑。

(二)竞赛工作会

部署开闭幕式期间项目竞赛组织工作。

四、日程安排

(一)2 月 11 日:全天报到;

(二)2 月 12 日上午:召开联络员会议(全体同志参加);

(三)2 月 12 日下午:召开竞赛工作会(竞体司,冬运中心,滑冰协会、花样滑冰协会、冰球协会,内蒙古自治区体育局,组委会竞赛部、信息技术部有关同志参加)。

五、会议经费

与会人员往返差旅费自理,食宿费、市内交通费由十四冬组委会负担。

六、会议报名

请各单位于 2 月 3 日前将《第十四届全国冬季运动会代表团第二次联络员会议报名表》盖章扫描后,发送至 57167789@qq.com 邮箱。

第十四届全国冬季运动会组委会

联系人:刘×× 联系电话:0470-277××××

体育总局竞体司

联系人:梁×× 联系电话:010-8718××××

附件：第十四届全国冬季运动会代表团第二次联络员会议报名表

体育总局竞体司
2020 年 1 月 20 日

【病文 1】

关于举行信息系统使用培训的通知

各单位：

为配合学校网站更新，了解信息发布系统的使用，网络中心定于 20××年 4 月 15 日（周一）8：30 到耕耘楼配楼 319 室举行信息系统使用培训，请各单位网络信息管理员准时参加。

谢谢合作！

网络中心
20××年 4 月 12 日

病文 1 评析：

这篇通知有一个字使用不当，就是"到"字。"网络中心定于 20××年 4 月 15 日（周一）8：30 到耕耘楼配楼 319 室举行信息系统使用培训"全句"网络中心"是主语，"定"是第一谓语，"于 20××年 4 月 15 日（周一）8：30"是表示时间的介词结构做"定"的补语。"到"是动词，做"网络中心"主语的谓语不合适。人可以到某个地方，"网络中心"作为组织如何到某个地方？显然，这里应该用介词"在"，"在耕耘楼配楼 319 室"是表示地点的介词结构，作为第二谓语"举行"的状语，这样写才符合现代汉语的语法规范。

【病文 2】

关于校医院搬迁的通知

校医院（阜成路校区）装修工程基本结束。拟于下周四、五（7 月 18 日、19 日）迁回原址。此间停正常门诊，只有一个值班医生，急诊取临时用药。由此给您造成的不便，请谅解。

校医院（印章）
20××年 7 月 12 日

病文2评析：

1. 标题问题。这份通知标题中的事由是“搬迁”，还是“迁回原址”，还是“停止正常门诊”？根据正文，应该是因迁回原址而停止正常门诊两天，所以改为“关于校医院迁回原址暂停两天正常门诊的通知”，事由清楚、明确。

2. 语言问题。“拟于下周四、五(7月18日、19日)迁回原址。”“拟于”是计划的意思，改为“定于”更为肯定、明确。“此间停正常门诊，只有一个值班医生，急诊取临时用药。”这句话也可以修改如下：单音节词“停”改为双音节词“暂停”较好；“只有一个值班医生”可改为“有值班医生”；“急诊取临时用药”，在“取”前加一“可”字，更为通顺。“由此给您造成的不便”中的“造成”改为“带来”似乎更好些。

3. 标点问题。第一句和第二句有因果关系，可以看作复句，而不是两个单句。因此，第一句后应该用逗号，而不是句号。

思考与练习

1. 按通知内容性质的不同，通知可分为哪几大类？
2. 转发性通知与批转性通知的区别是什么？
3. 会议通知一般要写清哪些事项？
4. 评析并修改下面这份通知：

北京市××工业公司文件

(20××)京××字第68号签发人：×××

转发“关于20××年质量管理奖和
先进质量管理小组评审工作的通知”的通知

各直属厂：

现将北京市经济委员会、北京市质量管理协会联合签发的“关于20××年质量管理奖和先进质量管理小组评审工作的通知”转发给你们贯彻执行。特别是今年有此项任务的单位的领导更要抓紧按文件规定程序办理申报。申报前必须报公司技术开发科一份审查。待征得总公司同意后，再按程序正式申报。

特此通知，望遵照执行。

北京市××工业公司(印章)

20××年×月×日

5. 请将下列词和词组填入下文的相应之处：

现将、度过、上班、通知、经、要、妥善、调休、放假、至

国务院办公厅关于2023年部分节假日安排的通知

国办发明电〔2022〕16号

各省、自治区、直辖市人民政府，国务院各部委、各直属机构：

______国务院批准，______2023年元旦、春节、清明节、劳动节、端午节、中秋节和国庆节放假调休日期的具体安排______如下。

一、元旦：2022年12月31日至2023年1月2日______调休，共3天。

二、春节：1月21日至27日放假______，共7天。1月28日（星期六）、1月29日（星期日）上班。

三、清明节：4月5日______，共1天。

四、劳动节：4月29日至5月3日放假调休，共5天。4月23日（星期日）、5月6日（星期六）______。

五、端午节：6月22日至24日______，共3天。6月25日（星期日）上班。

六、中秋节、国庆节：9月29日______10月6日放假调休，共8天。10月7日（星期六）、10月8日（星期日）上班。

节假日期间，各地区、各部门______安排好值班和安全、保卫、疫情防控等工作，遇有重大突发事件，要按规定及时报告并______处置，确保人民群众祥和平安______节日假期。

国务院办公厅

2022年12月8日

6. 课堂讨论，指出下面这份会议通知存在的问题。

关于召开县（市）、区教育工会主席会议的通知

各县（市）、区教育工会，大榭开发区、东钱湖旅游度假区教育工会：

经研究，决定于6月22日召开县（市）、区教育工会主席会议。现将有关事项通知如下：

一、会议地点：宁波市新兴大酒店5楼3号会议室（中山西路西门口）；

二、会议时间：6月22日上午9:00正式开始，会期一天；

三、参加对象：各县（市）、区教育工会主席或常务副主席一名；

四、会议内容：总结上半年工作经验，交流下半年工作思路，部署下阶段工作。

请安排好工作，准时与会。

7. 自拟事由，拟写一份会议通知。

8. 请按照公文的格式要求，根据下列材料，拟写一份通知。

(1)发文单位：北京市体育局。

(2)发文时间：20××年1月22日。

(3)发文字号：京体群字〔20××〕2号。

(4)主送单位：各区体育局、北京经济技术开发区社会发展局、燕山体育运动中心，各有关单位。

(5)发文目的：为满足人民日益增长的美好生活需要，推动本市全民健身活动蓬勃开展，弘扬中华传统民俗文化，丰富节日期间本市群众体育文化生活，经研究，定于2019年春节期间在全市广泛开展全民健身系列活动。

(6)工作要求：请各单位根据《20××年北京市春节期间全民健身系列活动方案》安排，认真做好组织工作。

(7)联系人：××；联系电话：831670××；传真：630106××

(8)附件：1. 20××年北京市春节期间全民健身系列活动方案

2. 20××年北京市春节期间全民健身系列活动情况计划表

第三节　通　报

一、通报的分类

(一)表彰性通报

表彰性通报用于表彰先进，树立榜样，介绍与推广典型经验，号召大家学习。例如，《国务院关于表彰国家科委等单位长年深入基层开展扶贫工作的通报》《湖南省人民政府关于表彰在抗洪救灾中有功人员的通报》。“命令”、“决定”和“通报”这三个文种都可用于奖励，各级行政机关应当依据法律的规定和职权，根据奖励的性质、种类、级别、公示范围等具体情况选择使用相应的文种。

(二)批评性通报

批评性通报用于批评错误、揭露不良倾向，指出原因，引以为戒。例如，《北京市人民政府办公厅关于市物价局值班人员擅离岗位贻误工作的通报》《证监会关于成都红光实业股份有限公司严重违法违规案件的通报》都是批评性通报。

(三)情况通报

情况通报用于传达重要精神或者情况，以引起人们的警觉和注意，对当前的工作起指导作用。例如，《公安部关于连续发生犯罪分子混入机关大楼办公室进行盗窃犯罪活动的情况通报》。情况通报的目的是使有关部门能够及时了解新情况、新

问题，以便统一认识，明确方向，推动工作深入地开展。

二、通报的文体格式

通报的主体格式由标题、主送机关（少数普发性通报可以不写主送机关）、正文、附件、署名、成文时间、附注等要素组成。这些要素的写法见附录一《党政机关公文处理工作条例》第三章“公文格式”中的有关部分，这里主要介绍正文的写法。通报的种类不同，正文的写法也有所不同。

（一）表彰性通报的写法

表彰性通报的正文一般先概述表彰的原因，即先进人物事迹；接着予以评价并宣布表彰决定，如授予荣誉称号、予以晋级、物质奖励等；最后有针对性地总结经验，指出向先进人物学习什么，并发出学习号召。

（二）批评性通报的写法

批评性通报的正文一般先简介批评对象的错误事实，如时间、地点、人物或单位、主要过程以及后果等，并写明批评处理决定，如予以通报、降级、记过、罚款、开除等；接着分析错误产生的主要原因，指出应该吸取的教训；最后，提出引以为戒或对照检查的要求，这种要求具有法规性，有关单位和人员必须照办。

（三）情况通报的写法

情况通报的正文有两种写法：分类式和分段式。分类式即将通报的情况按类划分，每一类用序数和小标题表明，逐项进行叙述、分析和评议，这适用于内容较多、情况较复杂的通报。分段式即按事情的发展过程、内在逻辑关系自然分段并加以叙述。

三、通报的写作要求

（一）选材要典型、真实

通报具宣传教育的特性，选择的人物、事例必须要有典型性、代表性和针对性，对当前工作有指导意义，对干部、群众有普遍的教育意义。通报的材料必须认真核对，保证其真实可靠，不能夸大和缩小，以免因失实而产生不良影响。

（二）定性要准确

表彰先进、批评错误的通报均属定性文件，遣词造句必须慎重严谨，合情入理，实事求是，体现政策。表彰性通报要善于从平凡中总结出不平凡之处；批评性通报要抓住问题的实质，指出问题的严重性和危害性。无论是表彰先进还是批评错误，都不应就事论事，而应当从感性认识上升到理性认识，掌握分寸，定性准确。要注意区别模范和先进、重大贡献和突出贡献、严重违纪和一般过失、违纪与违法等的差异性。如果对某一典型定性过宽或过严，会使事实与决定、要求不相吻合，从而影响通报的号召力和惩戒作用。

（三）发文要及时

通报具有较强的时效性，必须把握时机，适时而发。只有将正、反面典型及时通报，让人们学习或引以为戒，才能起到它应有的作用。情况通报也要掌握好时机，该发则发，否则时过境迁，通报将失去意义。

【例文 1】

关于表彰 2022 年度先进单位和先进个人的通报

长发〔2023〕02 号

各村、社区、部门单位、规模企业：

2022 年，全镇各村、社区、部门单位、规模企业和广大干部群众在市委、市政府的正确领导下，紧紧围绕"发展产业、彰显文化、优化环境、夯实基础"的工作思路，上下同心，攻坚克难，经济社会等各项事业呈现出良好的发展态势，涌现出一大批先进单位和先进工作者。经民主推荐、综合考核，镇党委政府决定对长乐街社区等 13 个先进单位和徐稳祥等 64 名先进个人给予通报表彰。

2023 年，全镇上下要以先进单位和先进个人为榜样，以"我要站头排，我要作贡献，我要做示范"的工作要求扛起发展责任，加速推进长乐各项事业发展。在砥砺求索、团结拼搏、负重奋进中，书写新业绩，展现新作为，为争创汨罗市一流乡镇、实现乡村振兴做出新的更大的贡献！

附件：2022 年度先进单位和先进个人名单

中共汨罗市长乐镇委员会
汨罗市长乐镇人民政府
2023 年 2 月 13 日

（附件略）

【例文 2】

国家矿山安全监察局关于近期矿山事故情况的通报

矿安〔2021〕160 号

各省、自治区、直辖市及新疆生产建设兵团矿山安全监管部门，国家矿山安全监察局各省级局，有关中央企业：

今年国庆节前后，全国共发生 10 起矿山生产安全事故，造成 18 人死亡，其中，

内蒙古、黑龙江、陕西接连发生3起较大矿山事故，共造成10人遇难，矿山安全生产形势严峻复杂。此外，陕西还发生1起泥石流引发的矿山灾害，造成4人死亡。现将有关情况通报如下：

9月24日，内蒙古自治区鄂尔多斯市汇能煤电集团巴隆图煤炭有限公司露天煤矿（以下简称“内蒙古巴隆图煤矿”）发生窒息事故，造成3人死亡。10月7日，黑龙江省七台河市茄子河区鹿山优质煤有限公司二井（以下简称“黑龙江鹿山二井”）发生冲击地压事故，造成7人被困，经57小时全力救援，4人获救、3人遇难。10月9日，陕西省宝鸡市太白黄金矿业有限公司因连日降雨，发生山体滑坡，致使巷道上方地表低洼处顶板塌陷，约800立方米泥石流涌入井下巷道，造成4人死亡。10月11日，陕西煤业化工集团彬长矿业胡家河矿业有限公司（以下简称“陕西胡家河煤矿”）综放工作面回风巷超前25米至90米段发生冲击地压事故，造成4人死亡、6人重伤、20人轻伤，事故原因正在调查中。

近期接连发生多起事故，充分暴露出一些矿山企业依然存在安全发展理念不牢固、吸取事故教训不深刻、安全风险隐患排查治理不到位、安全基础管理薄弱等突出问题。一是违章指挥。内蒙古巴隆图煤矿未按照废旧巷道安全技术措施作业，违章安排工人挖开已经填埋的塌陷口，查看废旧巷道走向。陕西胡家河煤矿明知综放工作面布置在冲击地压煤层，在没有卸压到位的情况下，违规安排6个区队、145人在该工作面平行作业，违规组织生产。二是安全风险研判和管控不到位。黑龙江鹿山二井在应力集中区进行设备回收回撤作业，未开展风险研判及辨识，未采取有针对性的管控措施。内蒙古巴隆图煤矿风险管控意识不强，对发现的废旧巷道未开展风险评估。三是现场安全管理薄弱。内蒙古巴隆图煤矿生产副矿长和作业人员在未佩戴自救器和防毒防护设备的情况下，到废旧巷道作业；发现人员在废弃巷道内遇险后，救援人员未佩戴任何防护设备盲目施救，造成伤亡扩大。四是吸取事故教训不深刻。陕西胡家河煤矿没有吸取该集团孟村煤矿2020年发生的“5·24”较大冲击地压事故教训，再次发生冲击地压事故。黑龙江鹿山二井没有吸取重庆永川吊水洞煤矿“12·4”重大火灾事故教训，再次因回撤设备引发事故。

为深刻吸取事故教训，坚决防范和遏制矿山安全事故发生，确保第四季度矿山安全生产形势稳定，现提出以下要求：

一、进一步牢固树立安全发展理念。各级矿山安全监管监察部门和各矿山企业要认真贯彻落实习近平总书记关于安全生产重要指示精神，提高政治站位，深刻汲取近期事故教训，坚持把保护人民群众生命安全作为牢记“国之大者”的实际行动，严阵以待、严防死守，牢牢守住不发生重特大事故的底线。认真贯彻落实近期国务院安委会、应急管理部和国家矿山安全监察局系列会议精神和部署要求，充分认识当前矿山安全生产工作的特殊性、复杂性和艰巨性，高度警惕部分矿山企业在高额利润驱动下，突破安全底线、非法违法生产、忽视灾害治理、采掘接续失调等各类重大安全风险，进一步增强做好矿山安全生产工作的责任感、使命感和紧迫感，扎实做好第四季度矿山安全各项工作。

二、在确保安全的前提下全力保供。各级矿山安全监管监察部门要牢固树立发展决不能以牺牲安全为代价的红线意识，深刻认识“不发生事故就是对保供的最大支持”，统筹发展和安全，正确处理安全与生产、安全与效益的关系。严格标准、严格审查，科学安全释放先进产能，严禁高瓦斯、煤与瓦斯突出、冲击地压、水文地质条件复杂极复杂等灾害严重煤矿，存在系统性风险、采掘工作面数量超标、井下人员超限煤矿，重大风险防控不到位、重大隐患不整改、不具备安全保障能力煤矿核增产能。强化服务指导，严格落实包保责任，对重点保供煤矿开展“一对一”上门安全服务，及时发现解决问题和隐患。在保障安全的前提下，简化核增程序，压缩办理时间，推动有关矿井尽快投产。对因事故或重大隐患停产整改的矿井，督促其依法依规整改，及时办理复产手续，不搞“一刀切”式停产。矿山企业要严格按照设计和核定产能，合理安排企业生产计划，均衡组织生产，严防接续紧张和采掘失调。

三、有效防控重大安全风险。各级矿山安全监管监察部门和各矿山企业要清醒认识第四季度历来是事故高发期，结合安全生产实际，强化风险分析研判，有针对性地采取防范措施。严防极端天气风险，继续保持秋汛防范不放松，遇雨雪冰冻等极端恶劣天气，及时发送预警预报信息，坚决督促涉险矿井停产停工撤人。严防地质灾害风险，督促受台风、降雨等异常灾害影响地区矿山健全观测预警机制，科学评判地质灾害演变，完善落实防范措施。严防拉闸限电风险，积极协调供电部门，建立联络保障机制，确保灾害严重矿井、大班次矿井、保供矿井“双回路”连续稳定供电，避免不定时、无计划拉闸限电，严防因拉闸限电致使通风、排水、提升运输等中断，造成瓦斯超限、水淹井甚至发生人员被困和伤亡。严防煤矿重大灾害事故风险，认真分析进入冬季和持续高强度生产等因素对瓦斯、顶板、水、火和冲击地压等灾害防治的影响，高度重视设备长期高负荷运行带来的风险，严禁灾害治理不到位、机电设备不完好、违规违章、侥幸冒险生产作业。严防非煤矿山事故风险，紧盯通风取暖、动火作业、民爆物品管理、提升运输、水害防治、露天矿山防冻防滑、尾矿库冬季放矿筑坝等关键环节风险，严格落实各项管控措施。

四、严格落实矿山企业安全生产主体责任。各级矿山安全监管监察部门和各矿山企业负责人要深入企业和班组，广泛开展安全生产宣讲教育活动，引导全行业切实形成“安全是企业的生命，安全是最大的效益”的共识，不断筑牢全员齐抓共管安全生产的思想根基。矿山企业主要负责人要带头履行法定职责，推动企业健全并落实安全生产制度，严格考核奖惩，履行安全承诺，强化重大风险管控和隐患排查治理，严格执行矿领导带班下井制度，加大安全投入，扎实开展安全生产标准化建设，

严格从业人员资格准入和安全培训，加快淘汰落后工艺装备，大力推进“一优三减”，开展智能化升级改造，全面提升矿山安全保障水平。矿山上级企业要严格落实依法办矿责任，严禁超能力下达生产计划和经营指标。严禁对即将关闭退出矿山违规设置“回撤期”“过渡期”。保供煤矿上级公司要派出驻矿工作组盯守，加强检查指导。保供煤矿上级公司主要负责人要签订安全承诺书，落实领导包保责任。

五、加大执法检查力度。各级矿山安全监管监察部门要严厉打击非法违法生产建设行为，紧盯停产停工矿、技改重组矿、即将关闭矿、灾害严重矿、大班次矿、保供矿等 6 类重点矿山，组织精干力量和专家，采取明察暗访、突击夜查、随机抽查、远程监管监察等多种执法方式，严肃查处重大隐患和违法违规行为。加强与公安、自然资源、生态环境、供电等部门协调联动，用好信息化手段，强化对重大风险隐患的研判分析，依法严厉打击“五假五超三瞒三不”和违规交叉平行作业等行为。特别要对假借保供名义肆无忌惮违法违规生产的，一律顶格惩处，决不姑息迁就。加快推动“电子封条”建设和联网工作，尽快实现在线监管。持续推动矿山领域安全生产专项整治三年行动集中攻坚、安全生产大排查及“回头看”、“四个专项整治”、尾矿库综合治理，深入开展隐蔽致灾因素普查治理、瓦斯防治和防灭火专项监察、防治水专家会诊和异地执法等，严格规范精准执法，综合运用行政处罚、约谈问责、通报曝光、联合惩戒、“黑名单”等措施，让违法者付出沉重代价，形成强大震慑。

六、严肃事故调查和警示教育。有关矿山安全监管监察部门要按照“科学严谨、依法依规、实事求是、注重实效”的原则，严肃认真组织事故调查，查清事故原因，追查问题根源，依法依规严肃追责，并按照程序对相关矿山企业及其主要负责人实施失信联合惩戒，切实做到事故原因未查清不放过、责任人未处理不放过、整改措施未落实不放过、有关人员未受到教育不放过；按照“谁组织调查、谁开展警示”的原则，组织制作事故警示教育片。各级矿山安全监管监察部门、各矿山企业要针对事故暴露的问题和教训，认真组织开展事故警示教育，真正做到“一矿出事故、万矿受教育”，防止事故重蹈覆辙。

请各省级矿山安全监管部门依据职责迅速将本通报精神传达至行政区域区内所有矿山企业。

国家矿山安全监察局

2021 年 10 月 20 日

思考与练习

1. 按内容和性质，通报可分为哪几类？

2. 通报与通知的区别是什么？

3. 通报的写作要求有哪些？

4. 根据农业部汇总的材料，请代农业部办公厅拟写一篇《关于2011年农机事故情况的通报》。要求结构上有前言、主体和结语三个部分，主体部分既有农机事故情况通报，也要有造成农机事故的主要原因分析，要善于使用序码，力求层次清楚，段落分明。

(1)全国农机事故死亡人数占全年控制考核指标的80.7%，在总体控制考核指标进度目标以内，农机安全生产形势总体上保持了平稳态势。

(2)按照《农业机械事故处理办法》的规定，现对2011年全国等级公路以外的农机事故情况、造成农机事故的主要原因及几起较大的农机道路交通事故进行通报。

(3)2011年共报告较大以上农机道路交通事故6起，造成21人死亡，27人受伤。

(4)3月26日凌晨2时50分，杨哲(安徽省利辛县人)驾驶皖17-11583号变型拖拉机，途经323省道科大线54km+300m岭下路段时，撞上道路右侧山体，造成3人当场死亡的交通事故。

(5)2011年，全国累计报告发生在国家等级公路以外的农机事故933起，死亡171人，受伤473人，直接经济损失821.38万元。与上年相比，死亡人数、受伤人数和直接经济损失分别下降了20.1%，8.5%和0.05%，事故起数上升了14.9%。其中：拖拉机事故480起，死亡125人，受伤276人，占事故起数、死亡人数和受伤人数的51.4%，73%和58.4%。联合收割机事故345起，死亡23人，受伤142人，占事故起数、死亡人数和受伤人数的37%，13.5%和30%。其他农业机械事故108起，死亡23人，受伤55人，占事故起数、死亡人数和受伤人数的11.6%，13.5%和11.6%。

(6)因操作失误引发的事故519起，死亡67人，受伤234人，分别占事故起数、死亡人数和受伤人数的55.3%，38.1%和49.4%。

(7)5月17日5时，湖南省衡阳市祁东县白地市镇驾驶员李怀田驾驶牌号为湘04-F1296运输型拖拉机，在322国道祁东县洪桥镇原三圣收费站与湘D-64669面包车相撞，造成面包车上3人当场死亡、7人受伤的拖拉机道路交通事故。驾驶人李怀田逃逸。

(8)6月24日17时，驾驶人罗班正驾驶云0943680号“时骏-13HZD4”大中型拖拉机，由德党镇忙海村忙海组沿忙海水库路驶往忙海村鸡刺坝组，车上载有14人(含驾驶人)，17时30分，向右急弯路下坡转入忙海水库坝基时，车辆从其顺行方向左侧防护墙翻下坝基，造成1人当场死亡、2人送医院抢救无效死亡、11人不同程度受伤的拖拉机道路交通事故。

(9)4 月 2 日 4 时 10 分许,在 222 省道 27km+900m 衢州市龙游县沐尘乡大车路段,号牌为浙 H-D1148 的挂车与号牌为豫 P-61181 的挂车和号牌为皖 09-61765 的变型拖拉机发生三车相撞,造成 5 人死亡、2 人受伤的道路交通事故。

(10)因其他原因引发的事故 197 起,死亡 30 人,受伤 104 人,分别占事故起数、死亡人数和受伤人数的 21%,17%和 21.9%。

(11)9 月 13 日下午,楚雄州双柏县安龙堡乡说全村委会马衣足村民小组李光荣无证、酒后驾驶云 23-22884 号云峰-YZ 拖拉机(该车检验至 2012 年 4 月,已投保交强险)由说全村驶往那汉村民小组,车上载有 8 人(含驾驶人),16 时 44 分,当拖拉机行至距那汉村 100 米时驶出路外,造成 3 人死亡、3 人重伤、1 人轻伤的拖拉机道路交通事故。

(12)2011 年,全国农机事故死亡人数、受伤人数和直接经济损失相对上年有所下降,但事故起数有所上升。其中,操作不当和无牌无证是引发农机事故的主要原因。另外,个别地区违规发放牌证的超标准的拖拉机,造成了多起较大道路交通事故。个别地区对事故统计报送不够重视,报送不及时,给事故统计分析工作带来影响。

(13)因无证驾驶引发的事故 367 起,死 119 人,受伤 218 人,分别占事故起数、死亡人数和受伤人数的 39.1%,67.6%和 45.9%。

(14)5 月 30 日 12 时 30 分,驾驶人杨松林无证驾驶牌号为湖南 N—EB093 变型拖拉机,从中方县接龙乡驶往溆浦县小横垅乡白水村,因转弯路段车速过快,翻下公路 86 米深的路坎下,造成 4 人当场死亡、3 人受伤的拖拉机道路交通事故。驾驶人杨松林逃逸。

(15)各级农业机械化主管部门及其农机安全监理机构要加强领导,积极采取措施,加大隐患排查治理力度,提高事故统计报告工作水平,进一步加强农机安全监理工作,促进农机化安全发展。

(16)因无牌行驶引发的事故 229 起,死亡 74 人,受伤 149 人,分别占事故起数、死亡人数和受伤人数的 24.4%,42%和 31.4%。

5. 根据新闻媒体的报道,选择一些违法乱纪的案例,分门别类,以某行政机关的口吻拟写一份批评性通报。

第四节　报　告

一、报告的分类

(一)按行文内容分

按行文内容,报告可分为工作报告、情况报告、检查报告、建议报告、答复报告、报送报告等。工作报告是就本部门、本单位日常工作情况向上级机关做出的报告。情况报告是向上级机关汇报某一特定情况（新情况、新问题、偶发性事件）的报告，如《关于治理商业贿赂专项工作进展情况的报告》。检查报告是就所管辖的工作范围内出现严重事故而向上级机关做出检讨的报告。建议报告是请求上级机关予以批转的报告。业务主管部门就自身业务范围内的某项工作提出意见、建议，但受职权范围和隶属关系的限制无法直接行文给有关单位，于是呈报上级机关批转给有关部门执行，如《国家教育委员会 财政部关于改革现行普通高等学校人民助学金制度的报告》就是建议报告。答复报告是为回答上级机关或领导人所询问的事项而写的报告。报送报告是专向上级机关报送文件、物件的报告，如《关于报送〈河北省道路运输管理条例（草案）〉的报告》。

（二）按行文目的分

按行文目的，报告可分为呈报性报告和呈转性报告两种。呈报性报告，只向上级机关汇报工作，反映情况，提出建议和意见，答复上级机关的询问。呈转性报告，不仅把工作情况、意见、建议呈报上级机关，而且请求批转有关单位执行。建议报告一般属于呈转性报告，而其他工作报告、情况报告、检查报告、答复报告均为呈报性报告。如《关于公路建设资金审计情况的报告》就属于呈报性报告，由于它反映的情况很重要，根据国务院领导同志的指示，国务院办公厅将审计署的这份报告转发给了各省、自治区、直辖市人民政府，国务院各部委、各直属机构，要求引起重视，彻底纠正在公路建设资金筹集、管理和使用方面的违法违纪问题。如果是呈转性报告，上级机关则要用批转性通知向下发文。如《国务院三峡工程建设委员会移民开发局关于深入开展对口支援三峡工程库区移民工作意见的报告》就属于呈转性报告，国务院用批转性通知批转了这份报告。

（三）按内容含量分

按内容含量，报告可分为综合报告和专题报告两种。综合报告多用于全面汇报工作，如《政府工作报告》、机关的年度总结报告等。专题报告多用于就某一工作、事项或问题向上级机关反映情况，提出处理意见和建议，答复上级机关的询问，内容具有专一性。一般的情况报告、检查报告、建议报告、答复报告等均属于专题报告，如《中央慰问团赴云南慰问地震灾区的情况报告》《财政部关于控制行政费问题的报告》，全国物价大检查领导小组上报的《全国物价大检查总结报告》等。

二、报告的主体格式

报告的主体格式由标题、主送机关、正文、附件、署名、成文时间和附注等要素组成。标题、主送机关、附件、署名、成文时间、附注等要素的写法见附录一《党政机关公文处理工作条例》第三章“公文格式”中的有关部分，这里主要介绍正文的写法。

(一)综合报告正文的写法

综合报告是下级机关向上级机关全面汇报本单位在某一阶段内的工作情况,往往和工作总结结合起来,有的标题就注明“总结报告”的字样。综合报告的难度在“综合”二字上,首先要把工作中各方面的成绩、经验、问题以及解决问题的方法或打算等材料择要综合起来,而后对这些材料进行由此及彼、由表及里的认真分析,从中提炼能概括事物本质的东西,找出一般规律。综合报告正文的结构主要有单项分类和综合分类两种。

单项分类,即开头简要交代发文背景、缘由,或概述工作情况,然后将所要汇报的各方面工作按事项划分,每项工作占一个部分,有多少项就有多少部分,每项前面加上顺序号和小标题。

综合分类,即将全部工作综合归纳后,分为基本情况、成绩经验、存在问题、意见建议等几大部分,用统观全局、详略结合的方法把各项工作综合在一起来写。在每一大部分中可再划分出一些小的条目,以突出重点。

(二)专题报告正文的写法

专题报告正文的结构一般可分为报告起因、报告内容和报告结语三大部分。

1. 报告起因。这一部分通常说明报告的背景、依据、目的,常用“现报告如下”“现将……情况报告如下”“现提出建议如下”之类承启词语,转入报告内容。

2. 报告内容。这部分内容因文而异,各有侧重。情况报告以陈述情况为主,有时还要写明已采取的处理措施或提出建议。检查报告以检查工作中的错误或失误为主,要写明错误的性质、程度、危害、原因和教训,还要提出纠正错误的措施,或提出某种处分建议。答复报告要答复上级机关询问的问题。呈转性报告则对某些涉及平行机关或不相隶属机关的工作或问题提出处理建议,请上级机关批转给它们共同执行。呈转性报告内容的重点不是反映情况,而是反映意见。情况简明扼要,意见详尽具体,是呈转性报告的特点。

上述各种报告,内容少时,可直陈其事,篇段合一;内容较多时,则要分条、分段,使用小标题。

3. 报告结语。报告结尾用语依照报告的性质而定。要求批转给有关部门参考或执行的呈转性报告的结尾应写明呈转要求,常用的句式是:“以上报告,如无不妥,请批转有关部门贯彻执行。”大量不需要批转的呈报性报告的结尾,可写“以上报告,请审阅”“以上报告,如有不妥,请指正”“请查收”“特此报告”“此报告”等词语。使用报告结语要与该报告的行文目的和内容相配套,如果是向上级机关报送文件、物件的报告的结语,可以写“请查收”;而呈转性报告的结语写“请查收”就不伦不类了。有的呈报性报告不写结语也可以。

三、报告的写作要求

(一)汇报工作必须真实可靠

报告具有汇报性,报告的内容必须真实可靠,不能有丝毫虚假,无论是成绩、经验、问题、教训,都必须忠于事实,有喜报喜,有忧报忧。有的报告,假报情况,着意敷衍,文过饰非,报喜不报忧或夸大成绩,缩小问题,甚至歪曲事实,捏造事例或数字,这些做法都是错误的,都是写报告的禁忌。

(二)反映的情况要有信息价值

在报告内容方面,应该着重反映那些政策性强、影响面大、带有动向性的情况和问题。汇报的工作要实在,反映的情况要有价值。建议报告要切合实际,合情合理;答复报告要有问必答,有答则明。在材料安排方面,应点面结合,既有概貌介绍,又有典型材料,做到重点突出,详略得当。只有点没有面,内容就显得零碎;只有面没有点,内容就平板干瘪,缺乏深度。点面结合,有详有略,才能使内容具体而不空泛,有信息量和说服力。

(三)对情况要有分析,有看法

无论是综合报告还是专题报告,都应避免罗列情况、冗长琐碎,写成流水账,应该把情况、问题归纳起来,进行认真的、实事求是的分析,使之条理化,并具体地提出解决问题的意见和措施。切忌矛盾上交,只摆情况,不做分析;或只提问题,向上级要办法。

(四)报告中不能夹带请示事项

报告与请示是公文中的两种文体,各有各的内容和写作要求,不能混为一谈。报告这种文体不需要上级批复,如果夹带请示事项,势必贻误工作。

【例文】

十九届中央纪律检查委员会向中国共产党
第二十次全国代表大会的工作报告

(2022 年 10 月 22 日中国共产党第二十次全国代表大会通过)

中国共产党第十九次全国代表大会以来,在以习近平同志为核心的党中央坚强领导下,中央纪委国家监委和各级纪检监察机关全面贯彻习近平新时代中国特色社会主义思想,准确把握党中央全面从严治党战略部署,坚守党的初心使命,弘扬伟大建党精神,深刻领悟“两个确立”的决定性意义,增强“四个意识”、坚定“四个自信”、做到“两个维护”,认真贯彻党的十九大和十九届历次全会精神,忠实履行党章和宪

法赋予的职责，坚定不移正风肃纪反腐，推动纪检监察工作高质量发展，充分发挥监督保障执行、促进完善发展作用，为胜利实现第一个百年奋斗目标、向第二个百年奋斗目标进军提供坚强保障。现将五年来工作情况和今后工作建议向党的第二十次全国代表大会报告，请予审查。

一、党的十九大以来的工作回顾

中国特色社会主义进入新时代，以习近平同志为核心的党中央把全面从严治党纳入"四个全面"战略布局，从制定和落实中央八项规定开局破题，持之以恒正风肃纪，开展史无前例的反腐败斗争，以"得罪千百人、不负十四亿"的使命担当祛疴治乱，刹住了一些长期没有刹住的歪风，纠治了一些多年未除的顽瘴痼疾，管党治党宽松软状况得到根本扭转，全面从严治党取得了历史性、开创性成就，产生了全方位、深层次影响，走过百年奋斗历程的中国共产党在革命性锻造中更加坚强有力。党的十九大以来，党中央深刻把握反腐败斗争依然严峻复杂的形势，保持永远在路上的政治定力，敢于斗争、善于斗争，不断巩固拓展全面从严治党成果，开辟了百年大党自我革命新境界。

五年来，中央纪委召开7次全会，习近平总书记发表5次重要讲话，提出一系列重要思想、重要要求，为深入推进全面从严治党、党风廉政建设和反腐败斗争指明前进方向、提供根本遵循。纪检监察机关认真贯彻落实习近平总书记重要讲话精神和党中央重大决策部署，发扬自我革命精神，稳中求进、坚定稳妥，在"两个维护"中践行对党忠诚，在深化改革中实现战略重塑，在正风反腐中彰显担当作为，推动构建党自我净化、自我完善、自我革新、自我提高的制度规范体系，坚定有力服务保障党和国家事业发展。

（一）以习近平新时代中国特色社会主义思想为指导，坚定新时代纪检监察工作根本政治方向

深入学习领悟党的理论和路线方针政策，深刻理解、牢牢把握党中央治国理政新理念新思想新战略和重大决策部署，立足职能、结合实际坚决贯彻落实，确保纪检监察机关在思想上政治上行动上始终同以习近平同志为核心的党中央保持高度一致。

用马克思主义中国化时代化最新成果武装头脑。坚持把学懂弄通做实习近平新时代中国特色社会主义思想作为首要政治任务，把握好这一重要思想的世界观方法论，坚持好、运用好贯穿其中的立场观点方法，自觉用以武装头脑、指导实践、推动工作，努力做到真信笃行、知行合一。中央纪委常委会建立集体学习制度，重点围绕习近平总书记关于全面从严治党、推进党的自我革命、党的百年奋斗历史经验等重要论述开展28次集体学习，及时跟进学习领悟习近平总书记重要讲话和重要指示批示精神，转化为贯彻落实具体措施。加强理论研究阐释，组织编辑《习近平关于坚

持和完善党和国家监督体系论述摘编》。扎实开展“不忘初心、牢记使命”主题教育和党史学习教育，中央纪委领导同志带头领学促学、作党课报告。加强学习调研，举办中央纪委委员研讨班，召开省区市纪检监察工作座谈会，中央纪委常委牵头开展40项重点课题调研，带动全系统大兴调查研究之风，改进思想方法、工作方法，提升工作质量和水平。

严格依据党章党规和宪法法律履职尽责。坚守党内监督和国家监察专责机关定位，深入推进纪检监察体制改革，构建完善纪律监督体系、国家监察体系，构建完善反腐败体制机制和制度体系，构建完善执纪执法、监督治理贯通体系，监督执纪问责和监督调查处置职责全面有效履行。协助党委推进全面从严治党，推动主体责任和监督责任贯通协同、一贯到底。在党中央集中统一领导下，发挥反腐败协调机构作用，整合资源，联动协作，各级党委统筹指挥、纪委监委组织协调、职能部门高效协同、人民群众参与支持的反腐败工作体制机制不断完善。

自觉服务保障新时代党的历史使命。把纪检监察工作放在决胜全面建成小康社会、全面建设社会主义现代化国家战略目标中谋划部署推进，把正风肃纪反腐与深化改革、完善制度、促进治理、推动发展贯通起来，把监督体系与治理体系贯通起来，推动监督融入“十三五”、“十四五”规划实施之中，融入重大发展战略、重点建设工程、重要民生项目具体落实之中，在坚持和完善中国特色社会主义制度、推进国家治理体系和治理能力现代化上发挥作用。对违背党的理论和路线方针政策、损害党群干群关系、侵蚀党的执政根基的人和事，旗帜鲜明坚决斗争。

坚定贯彻党的自我革命战略思想和全面从严治党战略方针。深刻认识党的自我革命的重大意义、科学内涵、实践要求，深刻把握党百年自我革命历史经验特别是党的十八大以来全面从严治党新鲜经验，认真履行纪检监察机关在推进党的自我革命中的职责使命。坚持严的主基调不动摇，完善纪法规定，严格执纪、严肃纠风、严厉反腐，不断强化全面从严治党浓厚氛围。深入阐释全面从严治党战略部署，宣传党风廉政建设和反腐败斗争形势任务、成效经验，制作播出《国家监察》《零容忍》等系列电视专题片，讲好反腐败的中国故事。

(二)担负“两个维护”重大政治责任，围绕党和国家工作大局发挥监督保障执行、促进完善发展作用(略)

(三)认真履行监督第一职责，充分发挥监督在管党治党、国家治理中的重要基础作用(略)

(四)一体推进不敢腐、不能腐、不想腐，推动反腐败斗争取得压倒性胜利并全面巩固(略)

(五)锲而不舍落实中央八项规定精神，持续有力纠治“四风”(略)

(六)贯彻落实中央巡视工作方针，充分彰显全面从严治党利剑作用(略)

（七）坚决整治群众身边的不正之风和腐败问题，切实增强人民群众获得感、幸福感、安全感（略）

（八）全面深化纪检监察体制改革，推动完善党和国家监督体系（略）

（九）运用法治思维和法治方式正风肃纪反腐，不断提升规范化、法治化、正规化水平（略）

（十）弘扬伟大建党精神和自我革命精神，锻造忠诚干净担当的纪检监察队伍（略）

在充分肯定成绩的同时，也要清醒看到，全面从严治党永远在路上，党的自我革命永远在路上，党面临的执政考验、改革开放考验、市场经济考验、外部环境考验将长期存在，精神懈怠危险、能力不足危险、脱离群众危险、消极腐败危险将长期存在，党风廉政建设和反腐败斗争形势依然严峻复杂，呈现出新的阶段性特征。纪检监察工作与党中央要求和人民期盼相比、与高质量发展要求相比还存在一定差距，有的纪检监察机关和纪检监察干部学习领悟党的创新理论不够深刻，贯彻落实党中央重大决策部署不到位，对政治监督的内涵方式把握不全面，不敢腐、不能腐、不想腐一体推进的载体举措不丰富，纪法衔接不够顺畅，贯通执纪执法水平不高，内控机制不够健全，自我约束不够严格等。对这些问题，必须高度重视，切实加以解决。

二、工作体会

新时代全面从严治党十年磨一剑，探索出依靠党的自我革命跳出历史周期律的成功路径。各级纪检监察机关认真落实新时代党的建设总要求，一以贯之学习贯彻习近平新时代中国特色社会主义思想，一以贯之督促推动全党增强“四个意识”、坚定“四个自信”、做到“两个维护”，一以贯之贯彻落实全面从严治党战略方针，在新时代党的自我革命实践中不断深化对纪检监察工作高质量发展的认识，更好把握立足职能职责服务保障党和国家事业发展的内在规律。

（一）坚持马克思主义中国化时代化最新成果引领和党中央集中统一领导，确保纪检监察工作始终沿着正确方向前进。坚强的领导核心和科学的指导思想，是党的事业的制胜法宝，是我们战胜一切困难和风险的根本保证。纪检监察工作是党和国家工作的重要组成部分，只有在党的创新理论科学指引下，在党中央集中统一领导下，才能坚定有力、行稳致远。必须把习近平新时代中国特色社会主义思想作为根本遵循和行动指南，坚决服从党中央集中统一领导，坚决贯彻落实党中央决策和工作部署，确保党中央牢牢掌握正风肃纪反腐的领导权、主动权，确保纪检监察工作政治立场不移、政治方向不偏。

（二）坚持落实全面从严治党政治要求，以“两个维护”实际行动巩固党的团结统一。（略）

（三）坚持以人民为中心的根本立场，做到执纪执法为民、纠风治乱为民。（略）

（四）坚持敢于斗争、善于斗争，以永远在路上的清醒和执着正风肃纪、反腐惩恶。（略）

（五）坚持一体推进不敢腐、不能腐、不想腐，努力取得更多制度性成果和更大治理效能。（略）

（六）坚持实事求是、依规依纪依法，确保经得起实践、人民、历史检验。（略）

（七）坚持纪法情理贯通融合，实现政治效果、纪法效果、社会效果有机统一。（略）

（八）坚持稳中求进、守正创新，不断提升新时代纪检监察工作质量。（略）

三、今后五年的工作建议

深入学习贯彻中国共产党第二十次全国代表大会精神，深刻领悟“两个确立”的决定性意义，增强“四个意识”、坚定“四个自信”、做到“两个维护”，务必不忘初心、牢记使命，务必谦虚谨慎、艰苦奋斗，务必敢于斗争、善于斗争，坚定不移全面从严治党，深入推进新时代党的建设新的伟大工程，推动党风廉政建设和反腐败斗争向纵深发展，更好发挥监督保障执行、促进完善发展作用，为全面建设社会主义现代化国家、全面推进中华民族伟大复兴作出新贡献。

（一）坚持不懈用党的创新理论凝心铸魂，保障党的二十大战略部署落实见效。学深悟透力行习近平新时代中国特色社会主义思想，坚决维护习近平总书记党中央的核心、全党的核心地位，坚决维护党中央权威和集中统一领导。认真履行监督执纪问责、监督调查处置职责，准确把握党的二十大提出的重大判断、重大战略、重大任务、重大举措，聚焦新时代新征程党的使命任务，推进政治监督具体化、精准化、常态化，加强对党章贯彻执行情况的监督检查，保障党的路线方针政策和党中央重大决策部署贯彻落实。严格执行党内政治生活制度，严明政治纪律和政治规矩，及时发现、着力解决“七个有之”问题，坚决防止领导干部成为利益集团和权势团体的代言人、代理人。深入贯彻党中央关于全面从严治党、党风廉政建设和反腐败斗争新部署新要求，为保持平稳健康的经济环境、国泰民安的社会环境、风清气正的政治环境提供保障。

（二）坚定不移推进全面从严治党，推动完善党的自我革命制度规范体系。（略）

（三）提高一体推进不敢腐、不能腐、不想腐能力和水平，坚决打赢反腐败斗争攻坚战持久战。（略）

（四）坚持以严的基调强化正风肃纪，推动纠治“四风”常态化长效化。（略）

（五）牢记打铁必须自身硬，做对党忠诚、为国奉献、为民造福的卫士。（略）

让我们紧密团结在以习近平同志为核心的党中央周围，高举中国特色社会主义伟大旗帜，自信自强、守正创新，踔厉奋发、勇毅前行，坚持不懈把全面从严治党、党

风廉政建设和反腐败斗争向纵深推进，为全面建设社会主义现代化国家、全面推进中华民族伟大复兴而团结奋斗！

十九届中央纪律检查委员会向中国共产党
第二十次全国代表大会的工作报告

思考与练习

1. 报告的性质和作用是什么？

2. 呈报性报告和呈转性报告的区别是什么？

3. 写报告应注意哪些问题？

4. 20××年5月21日，××县信用联社向省信用联社上报了一份《关于治理商业贿赂专项工作进展情况的报告》，该报告从四个方面汇报了县联社全面开展治理商业贿赂专项工作的情况：一、加强了组织领导；二、及时召开了会议；三、制定了工作方案；四、明确了治理重点。请阅读、分析下列材料，并将相关材料的序数分别归属上述四个方面。

(1) 为了确保治理商业贿赂不走过场，取得实效，我们结合信用社实际，重点从以下三个方面狠抓治理工作。一是治理通过支付好处费、赠送纪念品等方式争取存款大户，争取代发工资、代收费用等中间业务，搞存款搬家，扰乱金融秩序的行为；二是治理通过发放贷款收取好处费或不给好处不贷款，给了好处乱放款的收受贿赂，损坏信用社形象的行为；三是治理通过基建发包、门面装潢、房屋租赁、大宗物品购置，违反商业道德和市场规则，影响公平竞争的不正当行为。

(2) 为了确保治理商业贿赂专项工作有人抓，有人管，县联社成立了由主任任组长，监事长任副组长，部门负责人为成员的工作领导小组，下设了办公室，指定了联络员，明确了任务、职责和要求，为治理商业贿赂专项工作的开展提供了强有力的组织保证。

(3) 为了使治理商业贿赂专项工作有计划、有步骤地开展，结合省联社治理商业

贿赂专项工作实施方案,我们及时制定了《××县农村信用社治理商业贿赂专项工作实施方案》(简称"方案"),《方案》明确要求全县上下要结合这次治理商业贿赂专项工作,彻底纠正经营活动中的不正当交易行为,严肃查处2004年以来商业贿赂案件,坚决遏制商业贿赂蔓延的势头,铲除商业贿赂滋生的土壤,树立起信用社良好的社会形象。同时,还明确了治理商业贿赂的目标原则、方法步骤和工作要求。

(4)会议传达了全市银行业治理商业贿赂工作会议精神,学习了市银监分局领导在治理商业贿赂会议上的讲话和《××省农村信用社治理商业贿赂专项工作实施方案》。通过学习,使广大职工统一了思想,提高了认识,打消了顾虑,增强了搞好治理商业贿赂专项工作的决心和信心,为治理商业贿赂专项工作打牢了坚强的思想基础。

(5)治理商业贿赂专项工作,是党中央、国务院的重大决策,为了把治理商业贿赂的精神传达好、贯彻好、执行好,××县联社在及时召开总支会、班子会和社务会议的基础上,于5月7日召开了由信用社主任、会计人员参加的治理商业贿赂专项工作会议。

5. 战略性新兴产业是引导未来经济社会发展的重要力量。发展战略性新兴产业已成为世界主要国家抢占新一轮经济和科技发展制高点的重大战略。请根据下列材料,在画线处概括出我国应该加快培育和发展的战略性新兴产业。

(1)________产业。重点开发推广高效节能技术装备及产品,实现重点领域关键技术突破,带动能效整体水平的提高。加快资源循环利用关键共性技术研发和产业化示范,提高资源综合利用水平和再制造产业化水平。示范推广先进环保技术装备及产品,提升污染防治水平。推进市场化节能环保服务体系建设。加快建立以先进技术为支撑的废旧商品回收利用体系,积极推进煤炭清洁利用、海水综合利用。

(2)________产业。加快建设宽带、泛在、融合、安全的信息网络基础设施,推动新一代移动通信、下一代互联网核心设备和智能终端的研发及产业化,加快推进三网融合,促进物联网、云计算的研发和示范应用。着力发展集成电路、新型显示、高端软件、高端服务器等核心基础产业。提升软件服务、网络增值服务等信息服务能力,加快重要基础设施智能化改造。大力发展数字虚拟等技术,促进文化创意产业发展。

(3)________产业。大力发展用于重大疾病防治的生物技术药物、新型疫苗和诊断试剂、化学药物、现代中药等创新药物大品种,提升生物医药产业水平。加快先进医疗设备、医用材料等生物医学工程产品的研发和产业化,促进规模化发展。着力培育生物育种产业,积极推广绿色农用生物产品,促进生物农业加快发展。推进生物制造关键技术开发、示范与应用。加快海洋生物技术及产品的研发和产业化。

(4)________产业。重点发展以干支线飞机和通用飞机为主的航空装备,做大做强航空产业。积极推进空间基础设施建设,促进卫星及其应用产业发展。依托客

运专线和城市轨道交通等重点工程建设，大力发展轨道交通装备。面向海洋资源开发，大力发展海洋工程装备。强化基础配套能力，积极发展以数字化、柔性化及系统集成技术为核心的智能制造装备。

(5)________产业。积极研发新一代核能技术和先进反应堆，发展核能产业。加快太阳能热利用技术推广应用，开拓多元化的太阳能光伏光热发电市场。提高风电技术装备水平，有序推进风电规模化发展，加快适应新能源发展的智能电网及运行体系建设。因地制宜开发利用生物质能。

(6)________产业。大力发展稀土功能材料、高性能膜材料、特种玻璃、功能陶瓷、半导体照明材料等新型功能材料。积极发展高品质特殊钢、新型合金材料、工程塑料等先进结构材料。提升碳纤维、芳纶、超高分子量聚乙烯纤维等高性能纤维及其复合材料发展水平。开展纳米、超导、智能等共性基础材料研究。

(7)________产业。着力突破动力电池、驱动电机和电子控制领域关键核心技术，推进插电式混合动力汽车、纯电动汽车推广应用和产业化。同时，开展燃料电池汽车相关前沿技术研发，大力推进高能效、低排放节能汽车发展。

6. 结合工作、学习或校园生活实际，选取有价值的信息，写一份情况报告。

第五节　请　示

一、请示的分类

(一)请求指示

请求指示的请示内容大都是比较重大、紧急的事项，或者是涉及范围较为广泛的问题。例如，《中央纪律检查委员会关于纪律检查机关组织建设几个问题的请示》《云南省人民政府关于请求对云南省部分独有特困少数民族给予特殊扶持政策的请示》就是请求指示的请示。

(二)请求审核

请求审核的请示主要用于希望上级拨款，或增加编制、名额，或审定本机关对某些重要问题或事项所提出的处理方案和办法等，如《××公司关于请拨设备改造资金问题的请示》。

(三)请求批准

请求批准的请示主要用于本机关无权处理的重要事项，或根据规定必须履行审批程序的事项等，如设立新机构、开发新项目、调整领导班子、计划开展重大活动等。

（四）请求解决

请求解决的请示涉及的事项大多比较单一、具体，主要用于本机关无法解决的困难与问题，如《××区人民政府关于要求解决××地区严重积水问题的请示》。

二、请示的主体格式

请示的主体格式由标题、主送机关、正文、附件、发之机关署名、成文时间和附注等要素组成。标题、主送机关、附件、发之机关署名、成文时间和附注等要素的写法见附录一《党政机关公文处理工作条例》第四章“公文格式”中的有关部分，这里主要介绍正文的写法。请示的正文一般分三大部分：请示缘由、请示内容和请示结语。

（一）请示缘由

请示的开头部分应简要说明请示目的和事由，常用句式是：“为了……现将……问题请示如下。”内容较简单的请示也可不写这一部分，而直接写请示的具体内容。

（二）请示内容

因请示内容的性质不同，写法也不相同。涉及人、财、物等方面问题的事项性请示一般先要围绕请示的问题，把有关情况反映充分，然后陈述与请示事项直接相关的理由，最后提出具体明确的要求，请求上级机关审核或解决。请求指示的请示一般先要摆出工作中出现的新情况、新问题，并对这些情况和问题进行分析判断，最后提出解决问题的意见、建议和要求。请求批准规章、计划、工作方案、新机构设置等的请示，应写明请示事项的必要性、重要性、可行性及其主要内容。为使条理清楚，写请示常采用分条列项的方法，一个问题一个问题地写。

（三）请示结语

在请示结尾部分，一般以简短明确的文字先提出请示的具体要求，然后根据不同的请示和要求，选用不同的请示结束语，如“当否，请指示”“妥否，请批复”“如无不妥，请批准”“特此请示，请予审批”等。篇幅短的请示，结束语可以紧接请示内容后面；篇幅长的请示，结束语通常另起一段写。

三、请示的写作要求

（一）按级请示

按照正常的办文办事程序，请示只报直接隶属的上级机关或业务主管部门，不得越级请示。因特殊情况，必须越级行文时，应抄报越过的上级机关。除上级机关负责人直接交办的事项外，不得以机关名义向上级机关负责人报送请示。请示一般只写一个主送机关，需要同时送其他机关的，应当用抄送形式，但不得抄送其下级机关。

（二）一文一事

请示应当一文一事，即一份请示集中请示一个问题。不要一文数事，以免因数事中一事被卡而使全文不能及时批复，影响其余事情的办理。需要指出的是，对“一事”也要有一个全面、正确的理解。总的说来，凡是需要请示的事项，只要事物内在联系紧密、构成前因和后果的逻辑关系，就应视为“一事”。例如，某单位要建房，有人认为应当先呈写一份建房请示，再写请拨给资金的请示。其实，二者是具有因果关系的“一事”，不能割裂开来，同时写在一份请示中较为妥当。

（三）言之有据

写请示要写明请示的原因、背景和依据。叙述事实要客观、集中，从实际出发，切忌伪饰和枝蔓。说理要简明、得体，有根有据，体现方针、政策。可以引述有关文件作为理由，以红头文件的精神作为请示的依据。在陈述理由的时候，要注意行文语气，绝不可摆出论辩架势或使用教训口气。

（四）不要与报告混用

请示与报告都是上行文，但两者在性质、目的、要求、行文时限、构成内容等方面有所不同。请示的内容必须是在自己职权范围内无权处理或难以处理的问题或事项。凡是上级早已有明文规定，而在自己职权范围内又可以解决的问题，均不宜用请示；也不可超越职权范围请示一些与自己无关的事项。请示里要有请求上级明确表态和答复的话语。不能把请示写成报告，也不能将二者合二为一，写成“请示报告”。

【例文】

关于印发《铜陵市20××年农村危房改造实施方案》的请示

建政〔20××〕56 号

市政府：

根据市政府第 107 期常务会议纪要要求，市住建委、市财政局在认真调研、广泛讨论的基础上，草拟了《铜陵市 20××年农村危房改造实施方案（征求意见稿）》，征求了县区和市直相关部门意见，并根据反馈意见进行了修改完善，形成了《铜陵市 20××年农村危房改造实施方案（送审稿）》，现予呈报，如无不妥，请印发实施。

铜陵市住房和城乡建设委员会

20××年 4 月 19 日

思考与练习

1. 为什么说“请示报告”连在一起使用是不对的?
2. 写请示应该注意什么问题?
3. 阅读下面这份请示,指出修改稿对原稿的哪些地方做了修改?效果如何?

原稿:关于更换公务用车的请示

县人民政府:

我委的公务用车是2005年县计划经济委员会购置的桑塔纳2000型。目前行驶近30万公里,超出了国家规定的报废标准,根本无法正常行驶。而我委的主要工作是到省、市相关部门争资金、争项目,平均每月要到成都跑10趟左右,同时,项目争取回来后对项目实施监管也需要经常深入乡镇和项目单位检查,车辆使用频率较高。但目前车况差,不能正常行驶,在高速公路行驶已多次出现故障,严重影响了工作。为保证工作的顺利进行,特请示更换国产广州本田雅阁2.0轿车1辆。

妥否,请批示。

县计划经济委员会(印章)
20××年3月18日

修改稿:关于更换公务用车的请示

××县人民政府:

我委的公务用车是2005年购置的桑塔纳2000型,已行驶近30万公里,超出了国家规定的报废标准。目前车况较差,在高速公路行驶已多次出现故障,严重影响了工作。我委经常要到省、市相关部门争取资金和项目,平均每月要到成都跑10趟左右;同时,也要深入乡镇和项目单位检查工作,车辆使用频率较高。为保证工作的顺利进行,特请示更换国产广州本田雅阁2.0轿车一辆。购车款项××万元,恳请县政府拨付。

妥否,请批示。

××县计划经济委员会(印章)
20××年3月18日

4. 阅读下面这份请示，指出存在的问题，并写出修改稿。

关于将我局旧计算机及相关设备报废的请示

自20××年11月开始更新我局原有的计算机系统以来，为全局的前台系统、OA系统、库存系统购买的新硬件设备都已到位。收回的旧设备经过我们筛选还有一部分仍可使用一段时间，其余设备均已到达报废的年限并且其零部件已经老化的无法使用。现有61台电脑15台打印机无法使用需要报废。

以上妥否，请批示。

20××年4月3日

5. 结合工作、学习的实际情况，自拟事由，向上级主管部门写一份请示。

第六节　函

一、函的分类

（一）公函、便函

从重要程度上看，函可分为公函和便函两种。公函是正式公文，行文比较郑重，商洽、询问、答复的事项比较重要，要按正规的公文格式制发，要盖机关的印章。便函不是正式公文，用来商洽一般性的事务，写法比较自由。

（二）致函、复函

从往来关系上看，函可分为致函（或称去函、问函）和复函两种。致函，是主动地向有关单位商洽工作、询问问题或提出请求。例如，《公安部关于调整新护照收费标准的函》。复函，则是有关单位被动地回答相应的商请或询问事项。例如，《国家物价局 财政部关于调整新护照收费标准的复函》。

（三）商洽性函、询问性函、答复性函、告知性函、请求性函

这是从内容来做的分类。商洽性函用于单位之间商量和接洽工作。例如，《中国科学院××研究所致××大学为商洽建立全面协作关系的函》。询问性函用于单位之间询问问题、征求意见。答复性函用于答复对方来函的有关问题。例如，《国务院办公厅关于同意建立数字经济发展部际联席会议制度的函》。告知性函用于告知对方有关工作或活动的情况。请求性函用于单位之间请求帮助配合，以及向有关主管部门请求批准。例如，《××研究所关于申报工商营业执照的函》。

二、函的文体格式

函由标题、主送机关、正文、附件、发文机关署名、成文时间和附注等要素组成。标题与一般公文的标题一样，只是“复函”应特别注明。主送机关通常是不相隶属的机关和有关主管部门。印章和成文时间是必不可少的。下面主要介绍正文的写法。函的正文一般也分开头、主体和结语三个部分。

（一）开头部分

致函的开头一般要说明发函的原因，或言明根据上级的有关部署、指示精神，或简要陈述本地区、本部门的实际困难和需要，或扼要说明事情的经过和基本情况。复函的开头要告诉对方来函已收到，通常的写法是：“你局×字〔20××〕×号函悉”；“你公司《关于×××的函》收悉，经研究，函复如下”。函的开头应开门见山，直接入题，不宜像私人信函那样，开头写一些客套话，如“您好”“久未通信”等。

（二）主体部分

函的主体部分要就事说事，直陈其事。

商洽性函在写明所商请事项的根据和理由后，直接切入商请事项。商请的语气应力求谦和，切忌将己方的意志强加于人。

询问性函要先点明疑问所在，最好直接引用所询问问题的原文，指出原文中的不明之处，以便于对方有针对性地回答所询问的问题。

答复性函有很强的针对性，要针对来函提出的问题、商洽的工作或请求批准的事项做出明确具体的答复。对商洽工作的函的答复，要讲究礼貌，绝不可使用指令性语言。对请求批准的函的答复，类似批复的写法，要避免使用不明确或多余的词语。如果批准下级请示的事项，就要用“同意”“原则同意”等词语明确答复。如果不同意或不完全同意下级请示的事项，应说明政策依据或其他具体理由，并且要做出应该如何处理的指示，使下级机关有所遵循。

请求性函要把请求批准的事项缘由、情况交代清楚，理由要充分、恰当，要求要合情合理，符合政策规定。

（三）结语部分

致函常用的结尾语有：“特此函达”“特此函告”“以上××，如无不妥，请予批准”“望早日函复”“盼复”“望即查照”“烦请大力支持为盼”“请大力协助为盼”“请予接洽为荷”等。复函常用的结语有：“特此函复”“此复”“专此函复”“特此回复”等。便函的结尾有时可写“此致 敬礼”等表示礼貌和祝颂一类的词语。

三、函的写作要求

（一）一函一事

每份函件都应有一个主题，内容要集中、单一，切忌一函多事。要针对具体问题简洁明确地写出正文。一函一事，不仅便于函的写作，更主要的是便于公务活动的办理。

（二）措辞要得体

函的用语要与发函机关的级别、身份相符合。向有关主管部门请求批准，措辞应是敬重的、诚恳的。有关主管部门写复函，用语应是慎重的、明确的。不相隶属机关之间发函，应本着真诚合作的态度，以平等协商的口吻行文，多用敬辞、谦辞，切忌一个“傲”字。

（三）文字要简练

按照删空就实、删长就短、删繁就简的原则，可采用介词结构、单音节词、有生命力的文言词语和公函习惯用语等方法，使函的语言简洁、凝练。

【例文】

国务院办公厅关于同意建立数字经济发展部际联席会议制度的函

国办函〔2022〕63号

国家发展改革委：

你委关于建立数字经济发展部际联席会议制度的请示收悉。经国务院同意，现函复如下：

国务院同意建立由国家发展改革委牵头的数字经济发展部际联席会议制度。联席会议不刻制印章，不正式行文，请按照党中央、国务院有关文件精神认真组织开展工作。

附件：数字经济发展部际联席会议制度

国务院办公厅

2022年7月11日

（附件略）

思考与练习

1. 公函和便函有什么区别?

2. 致函和复函的常用结尾语分别有哪些?

3. 为使函的语言简练,常采用哪些语法和修辞手段?

4. 根据从实际出发和简明扼要的原则,指出下面这份函存在的问题。

关于催报全国方便食品科技会议情况的函

各市商业局:

全国方便食品科技会议以后,省局于6月间召开了9个市商业局参加的方便食品座谈会,传达了全国会议精神,提出了要求。最近,在商业局长参加的储运工作会议上,又作了传达,要求各市贯彻会议精神,把方便食品工作开展起来。

为了互通情况,给即将召开的全省方便食品座谈会做好准备,请按下列要求,将材料于8月中旬报送省科技办公室。

一、采取哪些措施贯彻全国方便食品科技会议精神,效果如何,目前工作进展情况如何?

二、当前本市生产的传统方便食品种类数量、实际需要量,请按6月会上发的表格填报。

三、新研制了哪些方便食品(如膨化食品、方便汤料、儿童食品、疗效食品等),生产数量,群众反应如何?

四、在开展方便食品工作中,遇到哪些问题,是怎样解决的,现在还存在哪些问题?

××省商业厅

××××年×月×日

5. 请根据下列资料,代北京市发展和改革委员会、北京市财政局拟写一份关于2018年北京地区部分高校新建学生公寓住宿费标准等有关问题的复函。要求:符合公文格式,文通字顺,条理清楚。

(1)2018年高校新建学生公寓住宿费标准为:单元式学生公寓每生每学年不超过1200元,非单元式学生公寓每生每学年不超过900元。学生公寓名单见附件。

(2)主送单位:市教委。

(3)学生公寓住宿费应当按学年收取,不得跨学年预收。

(4)发文字号:京发改〔2018〕1766号。

(5)各有关学校需填报《北京地区学校学生住宿费标准审批表》,经你委审核后

到市价格主管部门备案,收费时需向学生开具财政部门统一印制的财政票据。收费收入管理按照财政部门有关规定执行。

(6)经研究,现将我们的意见函复如下。

(7)发文时间是2018年8月21日 。

(8)北京语言大学学5楼学生公寓住宿费按照每生每学年不超过900元收取。

(9)专此函复。

(10)你委《关于审定2018年北京地区高校新建学生公寓住宿费标准的函》(京教函〔2018〕388号)和《关于审定北京语言大学学生公寓住宿费标准的函》(京教函〔2018〕393号)收悉。

(11)各学校应当按照《教育收费公示制度》的规定,做好收费公示工作。

(12)本函自发文之日起执行。

(13)附件:2018年部分高校新建学生公寓名单

6. 根据市政府批准的编制和工作需要,假定你所在的单位今年10月份面向社会登报征聘有关人员,应征人数大大超过录取名额。你们贯彻“公开、平等、竞争”和“德才兼备”的原则,对应征人员进行了资格审查、笔试、面试和体检。目前,考核录用工作已基本结束。请设身处地为落选者着想,拟写一封让人感到亲切、得体的落选通知函。

咨询函

7. 就工作、学习、生活中的某个不解问题,给有关部门写一封询问函。

第七节　纪　要

一、纪要的分类

(一)议决性纪要

议决性纪要,以议决的事项为中心内容,根据会议的议题和讨论意见,概括出主要的实质性的结论,提出解决问题的政策性措施,以指导工作。一般的行政例会纪要、专题性业务纪要都属于这一类。

(二)周知性纪要

周知性纪要,以传达会议情况和精神为主要目的,将会议概况、主要议题、讨论情况、会议成果等介绍给大家,起到传递信息、交流经验的作用,一般多用于座谈会、现场会、经验交流会、学术讨论会等。

二、纪要的文体格式

纪要的主体格式由标题、正文、附件、成文时间等要素组成。标题由会议名称加上“纪要”二字组成。成文时间一般标注于标题的正下方,写年、月、日全称,外加圆括号;也有的纪要不写成文时间。正文一般分为会议概况、纪要主体和纪要结尾三个部分。

(一)会议概况

会议概况即开头部分,一般要简要交代会议的时间、地点、主持单位、参加人员、会议议题、议程结果、对会议的评价等,并非每份纪要都必须将以上内容全都写上,有时可以根据具体情况省略某些内容。这一部分主要是会议基本情况的介绍,要用简短的文字把会议的概貌叙述出来,给人以总的印象。

(二)纪要主体

纪要主体部分要具体写出会议研究、讨论的问题,决定的事项和对今后工作提出的任务、要求等内容。根据会议的不同情况,要采用不同的写法。常见的写法有综合叙述式、归纳问题式、事项排列式和发言记录式。

1. 综合叙述式,即把会议上的发言、讨论的情况综合在一起,概括地叙述出来。文中常常使用“会议认为”“会议指出”“会议同意”“会议要求”“会议决定”“会议提出”“与会者认为”等领叙词,引出会议讨论与决定的事项。这种写法多用于中小型会议,讨论的问题比较集中、单一,意见比较统一。

2. 归纳问题式,即将众多的意见和问题分门别类,列出序码和小标题,使之条理化。会议规模比较大、讨论问题比较多、涉及面比较广时,可采用这种写法。

3. 事项排列式,即把会议的决定事项逐项依次列出。这种写法的特点是简明扼要,脉络清晰。

4. 发言记录式,即将发言人的主要意见根据记录整理出来,在引述发言前,注明发言人姓名,有时还要写明其工作单位和职务。某些座谈会、学术讨论会采用这种写法,以如实地反映会上讨论的情况和不同意见。值得注意的是,采用这种写法,并不是全盘照搬发言记录,而是选择能反映发言人主要观点的部分内容,以便突出重点。办公纪要不宜采用这种写法。

(三)纪要结尾

纪要结尾部分可写会议的希望、要求或号召。这一部分也可省略。目前多数纪要写完主体部分后便自然结尾了。

三、纪要的写作要求

(一)纪实

纪要要如实反映会议的主要过程和基本精神,忠实于会议实际。凡写入纪要的

内容，都必须有据可查。撰写者要对会议的有关材料认真加以研究，准确地把握会议主旨和议定事项，不可将个人意见掺杂进去，更不应随意增减发挥。

（二）扼要

纪要的突出特点在一个“要”字，因此必须在综合上下功夫。对会议讨论的问题，要择其要点，取其精华，集中概括最本质的有指导性的观点与意见，不可将会议记录原封不动地搬家。

（三）条理化

一般来讲，会议发言属口语，不够系统与条理，会议材料也多种多样，有原始记录、供讨论的文字材料、领导讲话稿、简报、贺电、贺信等。写纪要时，要对发言中的观点加以综合分析，进行理论上的概括；要对不够系统的零乱的材料加以归纳整理，分出层次、段落，使之有条有理，清晰明白。

【例文】

20××年依法行政工作会议纪要

为适应全面建设小康社会的新形势和依法治国的进程，加强对依法行政考核工作重要性的认识，近日，卫计局组织召开20××年下半年依法行政工作会议。局依法行政领导小组组长、局长到会讲话，局法制分管领导主持会议并讲话。局机关全体干部职工、卫生计生综合监督执法局全体工作人员参加会议。

会议就20××年我局推进依法行政考核工作进行了全面部署，就全局深入推进行政审批制度改革工作、规范行政执法行为、开展规范性文件清理工作等工作进行了具体安排。

会议要求，20××年下半年我局依旧全面推进依法行政工作，要按照《国务院全面推进依法行政实施纲要》，认真贯彻落实衡阳市卫计委依法行政工作要求，进一步规范行政权力运行，改善行政执法行为，全面提高依法行政能力和水平，为卫生计生又好又快的发展营造良好的法制环境。

局长夏×就在会上具体要求：一是作出重大行政决策前须经集体讨论等法定程序，确保决策制度科学、程序正当、过程公开、责任明确。二是制定规范性文件应经职能科室起草、分管领导审阅、法制人员合法性审查、局领导班子会议集体审议、局主要负责人签批等程序。三是签订较大额度资金支付的经济类行政合同（支付金额在二万元以上三十万元以下）应经职能科室起草、分管领导审核、法制科合法性审查、局主要负责人签批等程序，经济类行政合同签订后，应一式三份存档备查（职能科室、财务科室、办公室各一份）。大额经济类行政合同（三十万元以上）属重大行政决策事项的，须按重大行政决策机制运行。二万元以下的经济类行政合同由分管领导签批。四是进一步搞好法制宣传培训教育。以各级医院领导干部、医务人员为

重点的法制教育，切实抓好行政执法人员法律知识更新培训。强化执法队伍的业务建设、思想建设和自身建设，努力提高他们的执法水平、办案能力。五是全面完善卫生行政执法责任制相关配套制度。对卫生行政执法、卫生政务公开、卫生许可的相关规章制度贯彻落实情况，组织定期考核。六是加强医疗卫生监管。杜绝无证上岗、超范围手术现象。坚决依法查处各级各类医疗机构违法违规行为。对打击非法行医继续保持高压态势，保障医疗安全，切实维护人民群众利益。

思考与练习

1. 为什么要写纪要？纪要的作用是什么？
2. 纪要与记录的区别是什么？
3. 写纪要应注意哪些问题？
4. 根据下面的材料，写一份纪要。

(1)××××年×月×日，在市财政局第一会议室××市财政局召开第十次办公会议。

(2)会上，由×××局长传达市人民政府《关于压缩行政经费的通知》。

(3)各处、各分局在本周内用两个半天时间，组织有关人员集中传达、学习《通知》精神，提高认识，统一思想。

(4)与会者有×××局长、×××副局长、×××行政处长、×××局长办公室主任以及各直属分局主要负责人。

(5)各处、各分局利用下周政治学习时间向群众传达、宣讲，对全局机关工作人员普遍开展一次勤俭节约、艰苦朴素的传统教育。

(6)会议由×××局长主持。

(7)会议做出四点决议。

(8)各处、各分局责成有关人员根据《通知》的压缩指标，重新审查和修订本年度行政经费的开支预算，并于两周内报局长办公室。

(9)会议就如何按照《通知》的精神，抓好行政费用的合理开支问题进行了热烈的讨论。

(10)各处、各分局的财务部门必须从严控制出差经费。

(11)会议一致认为，既要切实做到勤俭节约，又不要影响正常行政开支及其他有关必要活动的开展。

语文小笑话

××城管不知今夕是何年

2010年1月4日，××市城市管理行政执法局下文要求××××信息产业有限公司自行拆除停车标志牌。公文写道："经市政府同意，我局对我市城市道路经营性泊车管理项目进行技术改造更新……请你司于2009年1月10日前将国贸大道、紫荆路等22条路段上设置的原有咪表泊车位停车标志牌自行拆除。逾期不自行拆除，我局将组织人员予以强拆。"发文时间为2010年1月4日，文内时间却写成"2009年1月10日"，时间倒回了一年前。政府行政部门的公文闹出这样的笑话，让××××信息产业有限公司不知如何是好。

第三章

事务文书

第一节 简 报

一、简报的概念与作用

（一）简报的概念

简报，即简明扼要的情况报道，它是由党政机关、企事业单位、群众团体内部编发的向上级反映情况、汇报工作，向平级或下级通报情况、交流经验、传递信息的一种事务文书。简报是一个总称，各单位内部编发的“简讯”“××动态”“××简报”“情况反映”“情况交流”“内部参考”等，都属于简报范畴。由于简报简要灵活，新闻性强，上下左右都可以使用，它在各级机关日常工作中是使用频率较高的一种应用文书。

（二）简报的作用

1. 汇报工作，反映情况。早在 1955 年 6 月 9 日，国务院做出的《关于所属各部门工作报告制度的规定》中就指出：“工作简报，各办、外交、计委、建委、民委、侨委，每两周向总理写一次工作简报，明白、扼要地报告所掌管的范围内重大问题的处理，工作中的重要经验。”从这个规定可以看出，当时的工作简报是专门用来向领导汇报工作、反映重大问题和重要情况的简明扼要的工作报告。简报将下情上传，领导机关可以及时了解、掌握下级单位的情况，从中发现典型经验或倾向性的问题，从而做出正确的决策。不少领导机关下发的指示、通知等，都是以下级机关简报中提供的情况为依据的，这样指导工作更有针对性。

2. 指导实践，推动工作。领导机关发至下级单位的简报，虽然不像正式公文那样具有法定权威性和行政约束力，但毋庸置疑，这些简报却有传达党和国家的方针、政策和上级指示精神、工作意图的作用。领导机关往往运用简报这种形式宣传推广典型经验，通报情况，指导并推动工作的开展。因此，简报有“准公文”

的称号。

3. 互通信息,交流情况。单位内部各岗位之间由于分工不同,相互之间缺少了解,而通过简报这种形式,有利于相互沟通情况,提供信息,加强联系,促进了解。在法制和市场经济条件下,及时获取信息,可以增强全局观点,减少工作失误,特别是业务部门提供的信息,往往成为决策时的重要参考资料。

4. 为宣传部门提供稿件或线索。有些简报往往发送给新闻单位。新闻工作者可以从简报中发现线索,然后进一步深入采访,充实内容,写成新闻稿件。有些具有社会新闻价值而又非保密的简报稿也可直接作为消息刊载于报刊。

二、简报的特点

(一)内容新

简报具有新闻性,必须反映新近发生的新情况、新问题、新经验。简报的价值就在一个"新"字。编写者要有敏锐的洞察力,善于从大量的、纷繁的实际情况和问题中筛选出重要的、新鲜的、有意义的信息,使人们从所反映的思想方面的新动态、工作方面的新经验、值得注意的新情况、富于启发的新见解、萌芽状态的新事物、不良倾向的新苗头中得到新认识,受到启发或引为鉴戒,更好地开展工作。而那些过时的、人所共知的信息则是编写简报时所要舍弃的。

(二)报道快

简报要把最新情况迅速上报下发,必须讲究时效性,采写、编发、报道的速度都要突出一个"快"字。"快"和"新"是紧密联系在一起的。不快,新闻就会变成"旧闻",简报就起不到它应有的作用。至于会议简报,其时间性更强,往往上午会议的情况,下午就要出简报,稍一拖延,贻误了时机,其参考价值就降低了。有些中心工作,因情况变化快,往往一日一报或一月数报,要求采编者问题抓得准,而且要快编、快印、快送,切不可拖延迟缓。

(三)材料真

真实是简报的生命。领导机关的某些决策是根据简报所反映的情况做出的,如果简报内容有假,必将给工作带来重大损失。所以,简报的材料必须真实可靠。有关事件发生的时间、地点、人物、语言、数据及其来龙去脉、前因后果都必须核实准确;对事物的评价要恰当、客观,不夸大,不缩小,实事求是;不能捕风捉影、道听途说,可进行合理想象;不了解的问题,拿不准的情况,不要瞎编,要力戒虚假报道。

(四)文字简

简报姓"简"不姓"繁"。简报的内容要精粹、集中,语言简洁,篇幅简短,这是简

报的性质所决定的。上报的简报主要给领导看，领导工作繁忙，要想让领导用最短的时间掌握较多的情况，简报在内容上就必须简明扼要。一份简报反映一个主题，开门见山，直陈其事。简报好比应用文体中的"轻骑"，情况简报和工作研究简报一般以千字为宜，资料摘编简报每则资料多则几百字少则几十字。总之，要剔除套话、空话，以说明问题为好。

三、简报的种类

简报的种类，从不同的角度有不同的分法。从时间上看，有定期简报和不定期简报；从内容性质上看，有专题简报和综合简报；从发文作用上看，有情况简报、资料摘编简报、工作研究简报和会议简报等。

（一）情况简报

情况简报也称动态简报，以编发消息为主。供领导人阅读的《内部参考》《情况反映》等都是情况简报，阅读范围有一定限制，主要报告本地区、本系统、本部门、本单位新近发生的重要情况、重大问题，以便于领导机关迅速采取措施，解决问题。下发或给平行单位的情况简报主要以传递信息、沟通情况为主，如《财政简报》《商情简报》《国家教委简报》等。

（二）资料摘编简报

所谓资料，主要是指本单位、本系统的工作人员需要知晓的一些信息，资料来源一般是公文、报刊、网络或上级机关发的简报。情况简报需要编写，而资料摘编只对资料原文进行删改和压缩。资料摘编要与本单位、本系统的工作紧密结合，摘编的内容要有新意，有信息量，重点要突出，文字要简明。资料摘编简报主要用于下发。通过这种简报，可以使本单位、本系统的工作人员开阔视野，更新观念，了解新情况，研究新问题。例如，北京工商大学高等教育研究所主办的《高教动态》就是一份校内发行的资料摘编简报。

（三）工作研究简报

"工作研究"是针对实际工作中带有普遍意义的重要问题进行研究、分析，提出自己的看法和建设性意见的阐述性文章。这种文章属论文范畴，有一定的理论性，但在问题的研究上更强调政策性、可行性。它讲求写得实实在在，有的放矢，有感而发。由于涉及的问题均是本单位、本行业内部的事情，不宜在大众报刊上刊发，在理论性较强的学术性刊物上也没有存在的空间，所以，工作研究简报经常出现在本单位或本行业。简报上的"工作研究"在写作上切忌学术味太浓，也不能写成一般的调查报告或纯粹新闻体裁的工作评论，而应针对实际工作进行分析阐述，对某项工作要不要做、为什么做和怎样做提出具体的意见，为领导机关献计献策。

(四)会议简报

会议简报是指在会议期间专门报道会议情况、会议精神、领导的重要讲话、与会代表的讨论意见而编写的简报。它主要用来及时反映整个会议的进展情况和与会人员的思想动态,互通情况,互相启发,也用来给大会主持人及领导人反馈会议信息。会议简报一般由大会秘书处编发,报头套红大字注明“××会议简报”,期数不固定,随会议召开而开始,随会议结束而结止。

四、简报的结构

简报一般由报头、报体和报尾三部分组成,其样式如图 3-1 所示。

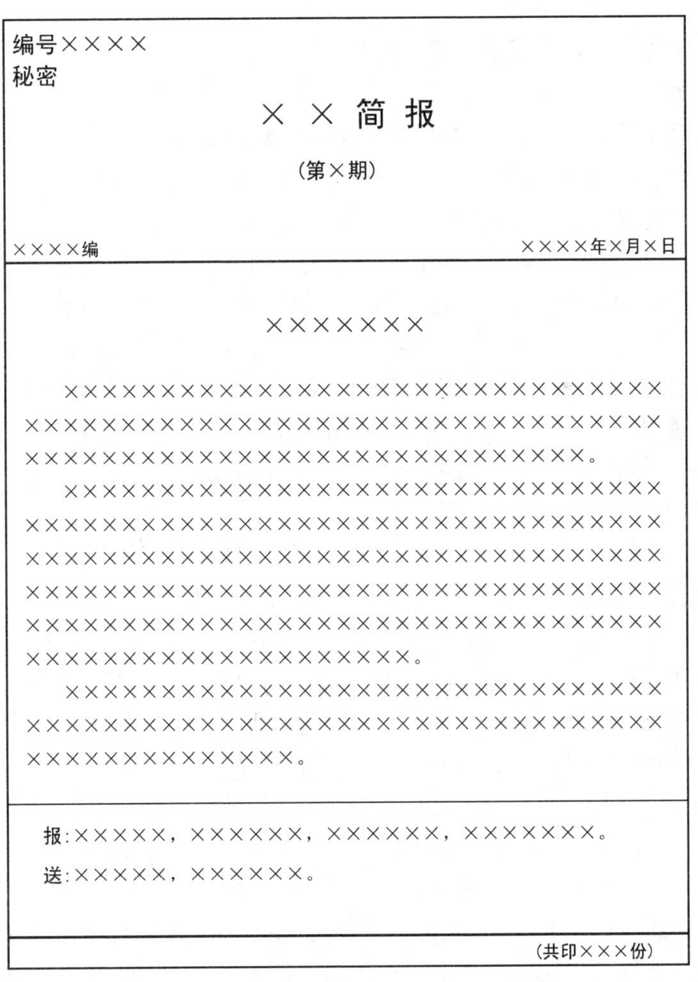

编号××××
秘密

××简报

(第×期)

××××编　　××××年×月×日

×××××××

×××××××××××××××××××××××××××××××
×××××××××××××××××××××××××××××××××
×××××××××××××××××××××××××××××。

×××××××××××××××××××××××××××××××
×××××××××××××××××××××××××××××××××
×××××××××××××××××××××××××××××××××
×××××××××××××××××××××××××××××××××
×××××××××××××××××××××××××××××××××
××××××××××××××××××××××。

×××××××××××××××××××××××××××××××
×××××××××××××××××××××××××××××××××
××××××××××××××。

报:×××××,××××××,××××××,×××××××。
送:×××××,××××××。

(共印×××份)

图 3-1　简报结构简图

(一)报头

报头在简报第一页上方,约占全页 2/5 的篇幅。其基本内容包括简报名称、期数、编发单位、印发日期四项。有的简报还在报头标出密级和编号。简报名称居中,多用套红大字体标出。是什么性质、类别的简报,其名称就写什么,如“商业情况”“工作动态”“会议简报”“教务工作简报”等。期数在简报名称下面,一般标年度流水号,如“第×期”,也有既标年度流水号,又标统编流水号的,如“第×期(总第×期)”。编发单位应位于简报名称的左下方。印发日期位于简报名称的右下方。密级根据内容性质分别注明“绝密”“机密”“秘密”或“内部参考 注意保存”等字样。编号和密级的位置没有统一规定,一般标在报头左上角。编号指本期印数的编号。机密程度高的简报使用编号,一般简报不用。

报头与报体之间用一条粗体横隔线分开。

(二)报体

报体是简报的核心部分。综合简报由同类型的多篇文章组成,一般先写目录,列出所编文章的标题,然后依次编排。专题简报则由一篇文章组成。每篇文章一般都由标题和正文组成。根据需要,有的简报还加上编者按(也称“按语”或“按”),说明编发原因和目的,或代表编发简报的领导机关对编发的文章发表意见,表明态度,以引起读者注意和重视。编者按的位置在标题上方。

1. 标题。标题位于正文之上、横隔线之下正中,如果有按语,在按语之下。简报的标题要求确切、醒目、简短、富有吸引力。它不同于一般的公文标题,而与消息的标题类似。标题可使用单行标题,用一两句话将简报内容概括出来;也可以使用双行标题,第一行是正标题,用以概括全文的思想意义,第二行是副标题,交代报道对象及事件,对正标题进行补充说明。

2. 正文。正文一般由导语、主体、结尾三部分组成。

(1)导语。导语是正文的第一句话或者是第一自然段。它用简明、概括的文字揭示正文的主题思想,说明全文的写作目的或结论。导语可采用多种方式:①叙述式,即用叙述的方法,高度概括出最主要、最新的事实,扼要点出全文的主题思想。②提问式,即针对正文的事实本身用一个设问句提出问题,引起思考或关注。③结论式,即先将问题或事件的结论写出来,然后在主体部分细述其原因。有些简报内容单一,篇幅短小,其中心一目了然的也可以不写导语,直接写主体即可。

(2)主体。主体承接导语,是导语的具体化。它运用典型的事例、确凿的数据、真实的材料对导语中提及的事实和问题进行展开、阐明、印证和回答。这部分的写法没有固定格式。由于简报的内容有介绍经验的,有反映情况的,有提出问题的,因此写法也各有差别。但总的要求是:材料选择要精当,用事实说话;观点鲜明,必须是对材料的正确综合和归纳,不能观点、材料脱节;合理安排层次,结构严谨,可按照

时间顺序安排结构,也可按照逻辑顺序安排结构。

(3)结尾。用一句话或一个自然段对主体内容进行归纳、概括,进一步深化主题。结尾应该干净利落、简短有力,或小结全文,点明主题,或提出希望、要求。有的简报内容简单明了,可以不写结尾部分,主体内容说完即可。

3. 供稿者名称。这是指提供简报材料的单位名称或个人姓名应写在正文后右下角并用圆括号括上。如果作者是编发机关,则不必写出。

(三)报尾

报尾指简报最后一页下端,用两条间距适度的平行线画出的范围。在平行线内写清报送、发放的范围,可以是单位名称,也可以是领导者个人的职务、姓名。另外,还应在最后一条线的右下端注明“共印××份”。

【例文】

情况简报

第 30 期

××管理局　　　　　　　　　　　　　　　　20××年 11 月 22 日

我局开展公文写作培训活动

为进一步提高我局处、科级干部及局内各单位办公室工作人员的公文写作水平,提高办文质量,局培训中心近日举办了公文写作培训班。局内局属各单位正副处长、处长助理和从事办公室工作的人员共计 90 余人参加了此次培训活动。培训班为期 2 天。

11 月 19 日,特邀有着丰富公文写作经验的××部科技局××处长讲授公文写作知识。××处长系统地讲解了公文的类型、特点、种类、格式和规范要求,介绍了常用公文的写作要领、技巧和如何提高公文写作能力的经验体会。11 月 20 日,组织听课学员进行学习交流。局办公室负责人结合局内公文写作和公文处理中常出现的问题,详细讲解了局常用公文文种的写作规范、格式标准等。纪监室、财务处、人事处等单位负责人先后发言,介绍本单位公文写作与处理的方法和经验,或交流个人在提高公文写作水平方面的心得体会。学习交流会发言有序,气氛热烈。

局党委副书记、纪委书记王××参加了培训活动并讲了话。王书记在讲话中指出,我局公文写作整体情况是好的,办文质量有了明显提高。但由于部分同志在思想上重视不够或因缺少公文写作的基本知识,公文写作中存在文种混淆、格式不够规范、内容层次不清、行文不严谨等问题。他强调,公文写作和处理是一项非常重要的工作,直接反映一个领导的水平,检验一个人思想作风,体现一个单位的形象。王书记要求,无论是从事领导工作或是从事文秘工作的同志,都要从思想上高度重视公文写作与办文程序的规范要求,从工作作风的高度认真对待本单位的办文工作,从提高执政能力和管理水平的需要上来认识提高公文写作水平的必要性。要注重个人素养的提高,加强公文写作的锻炼,不断提高语言文字的表达和公文写作与处理的能力。

参加培训活动的学员普遍反映,此次培训时间紧凑,讲求实效,具有较强的针对性,大家不仅学到了公文写作的知识,同时了解了公文写作和处理工作中常出现的问题,对进一步提高公文写作水平和能力,起到了较好的促进和指导作用。

(培训中心供稿)

抄:局领导、办公厅、干部司、财务司、行政司
送:局内局属各单位

(共印 40 份)

思考与练习

1. 结合例文,具体谈谈简报的特征和作用。
2. 情况简报和资料摘编简报有什么不同?
3. 简述简报的基本结构。
4. 写简报应注意哪些问题?
5. 请根据下面这些材料拟写一份简报稿,只写标题和正文。

(1)配装眼镜因光度不准一个月内免费更换。

(2)江苏省南京质量技术监督眼镜产品质量检验站严把质量关,定期对眼镜产品进行质量检验并提供技术保障,加上市质量技术监督局的监督管理、市商贸局以及市眼镜行业协会等有关单位的支持和协助,目前挂卡保质销售单位的眼镜产品,由于质量稳定,赢得了广大消费者的欢迎和赞誉。

(3)配装眼镜架一年内免费保修。

(4)所售商品明码标价,保证货真价实。

(5)随着我国加入世界贸易组织,南京眼镜行业将面临新的机遇和挑战。

(6)明礼诚信,优质服务顾客至上。

(7)为提高自身的竞争能力,不断给广大消费者提供更加优质的眼镜产品和服务,进一步体现今年“3·15”活动“重质量、守规则、讲诚信”的主题,值此“3·15”即

将到来之际，南京市眼镜产品挂卡保质销售活动参加单位共同向南京市眼镜行业的同仁倡议，开展质量承诺。

(8)配装眼镜镜架脱焊3个月内免费更换。

(9)南京市眼镜产品挂卡保质销售活动已连续开展了6个年头。

(10)售前、售中、售后服务做到件件落实。

6. 结合工作或学习的实际情况，以某单位办公室的名义，按照简报的格式编写一期情况简报。

大学生假期社会实践活动简报

第二节　计　划

一、计划的概念、作用与种类

(一)计划的概念

计划是机关、团体、企事业单位根据党和国家的方针、政策以及上级的指示，结合本地区、本单位的实际情况，对一定时期内的全面工作或某项活动做出预想性的部署和安排的实用文书。它是具体工作开展前的周密思考，要规定工作目标、任务，制定相应措施、步骤，提出具体要求，而把这些内容写成书面材料，就叫计划。

在具体工作中，我们常见的"规划""纲要""设想""方案""要点""工作部署""打算""安排"等文种，都属于计划。只不过它们在范围大小、时间长短、内容详略等方面各有不同。一般说来，"设想"是初步的、不成熟的、富有创新性的非正式计划；"工作部署"则是上级机关向下属单位布置工作，明确任务，交代政策，具有指导性和权威性的计划；"要点"内容概括，用于提出下阶段工作的重点；"规划""纲要"是指规模较大、范围较广、时间较长、内容较概括的计划；而"打算""安排"则是时间较短、范围较窄、内容较具体的计划；"方案"是对某项工作从目的、要求、方式、方法到具体进度都规定得很详尽、操作性很强的实施计划。拟写计划，要名实相符，必须根据不同的情况，选取不同的名称。

(二)计划的作用

明代朱柏庐在《治家格言》中说："宜未雨而绸缪，勿临渴而掘井。"这句话形象地说明了计划的重要性。在现代管理中，计划是领导活动的起始环节，切实可行的计划具有指导、约束、激励、推动、监督和检查等作用。

1. 指导和约束作用。计划虽然是预想性的，却是根据党和国家的方针政策，结合本单位的实际情况，为指导现实的工作而制订的。它与预测报告和可行性研究报告的不同之处在于它已经经过充分的论证和领导层的决策，一经公布就对所属的全体人员具有直接的指导和约束作用,必须遵照执行。建立在科学预测基础上的计划明确了奋斗目标,使人们看到了前进方向,指导人们更好地贯彻党和国家的方针政策,更合理地安排和使用人力、物力与财力,挖掘潜力,堵塞漏洞,增强自觉性,减少盲目性,使各项工作按部就班地、可持续性地开展。

2. 激励和推动作用。计划是为实现一定时期的总目标服务的,是开展工作的行动纲领。美好的前景激励着人们为之奋斗。切实可行的计划不仅能够鼓舞人心,充分发挥广大干部群众工作的积极性和主动性,而且能够理顺各方面的关系,实施高效率的管理,有力地推动各项工作的开展。

3. 监督和检查作用。"凡事预则立,不预则废。"计划是工作、生产中不可或缺的重要环节。有了计划,就能够做到事先统筹全局,心中有数,随时掌握工作进度,同时也便于监督和检查工作。实施计划一段时间之后,应当根据计划指标和要求进行检查,评定工作优劣,总结经验教训,找出问题所在,提出改进措施,以保证计划顺利完成。

(三)计划的种类

从不同的角度,可以将计划分为以下几类:

1. 按内容分,有生产计划、工作计划、学习计划、科研计划、销售计划、财务计划、财政信贷计划、分配计划、基本建设计划等。

2. 按范围分,有国家计划、系统计划、地区计划、单位计划、部门计划、科室或班组计划和个人计划等。

3. 按时间分,有长期计划、中期计划和短期计划。长者为10年、5年、3年,中者为一年、半年、一个季度,短者为月、周、日。

4. 按文种分,有规划、纲要、设想、方案、要点、工作意见、工作部署、打算、安排等。

5. 按性质分,有综合计划和专题计划。综合计划也称全面工作计划,是指在一定时间范围内,对本单位、本部门全面工作的安排、部署,一般只写总的目标、指导思想和原则性的要求。专题计划也称专项计划,是指某一方面工作的部署。它是单位或部门根据全面工作计划的要求拟定的,内容详细、具体,操作性强。

二、计划的写法

计划一般包括标题、正文、署名与日期三个部分。

(一)标题

完整的计划标题包括四项内容:制订计划的单位名称、计划适用的期限、计划的性质或内容和计划的文种。例如,《传播与艺术学院中文教研部20××年工作要点》就包含四项内容。有时,有些内容也可省略,或由单位、内容、文种组成,或由时间、

内容、文种组成。例如,《20××年全国食品安全专项整治行动方案》就省略了单位名称。如果计划尚不成熟或还未讨论通过,应在标题后面用圆括号标明“草案”、“征求意见稿”或“讨论稿”等字样。

(二)正文

根据计划的性质和内容,计划的正文可采用文件式、条款式、表格式和综合式等不同的结构形式来撰写。

1. 文件式。这种结构形式主要采用叙述说明的方法,一般可分为前言、主体和结尾三个部分。

(1)前言部分。这部分主要说明制订计划的依据、目的或对基本情况做概述,即说明为什么要制订这个计划。前言部分常用“为了……”“根据……”“本着××精神、××原则”来表示目的和依据;后面常用“现制订计划如下”或“为此,20××年××工作计划如下”等句过渡到主体部分。这一部分文字要简明扼要。

(2)主体部分。这部分主要说明目标和任务、措施和方法、步骤、期限和时间安排以及要求等内容,也就是要具体地回答“做什么”“怎么做”“分几步做”“何时完成”“什么时候做什么”“做到什么程度”等问题。目标和任务是计划的核心,一般先写总目标,再写具体任务和指标。措施和方法是指落实目标和任务的具体做法,包括思想工作,人员调配,工作机构,方式手段,人力、物力、财力安排,后勤保证等。步骤、期限和时间安排是实现目标和任务的重要保证。科学的时间安排可以使执行者既产生紧迫感,又能有条不紊地开展工作,如期完成预定任务。这一部分要考虑得全面、周到。为使条理清楚,主体部分通常采用分条列项的方法来写。

(3)结尾部分。这部分主要用于补充说明注意事项,或提出希望和号召等。这一部分要写得简短有力,切忌过长。有些计划在主体部分写完后,也可自然结束全文,不写结尾部分。

2. 条款式。这种结构形式主要采用分条列项的方法,目标、工作任务、指导思想、措施、方法、工作分工、时间安排、工作要求等逐条写来,开门见山,言尽而止,一般没有前言部分和结尾部分。

3. 表格式。这种结构形式是将计划的内容分为若干项目,并画成表格,是依项目填表的写法。这种写法多为业务计划,如银行的信贷计划和现金计划,一般单位的财务计划,生产部门的生产进度计划,工程部门的施工进度,宣传部门布置的学习计划等。表格中可填数字,也可写文字。以数字为主的,有的还在表格之外写“编制说明”。一般来说,表格式计划的文字比文件式计划和条款式计划的文字要简洁精练。

4. 综合式。这种方式是将上述三种形式融为一体,有前言后语,又分条列项,中间插有表格,各司其职,相得益彰。有时,在正文里不便表达的,也可以在正文之后附表或附图。如有些生产计划、财务计划的指标和数字往往用附表来表示。

(三)署名与日期

署名与日期写在正文的右下方。署名要写制订计划单位的规范化名称。署名的下面标明制订计划的年、月、日。如果是上报或下达的计划,要在署名和日期上加盖公章,以示负责。

除了在范围大小、时间长短、内容详略和标题注明的文种等方面有所不同外,“规划”“纲要”“设想”“方案”“要点”“工作意见”“工作部署”“安排”等文种在写法上与计划基本相同,此处不再分别说明。

三、计划的写作要求

(一)要有开拓精神

社会在进步,时代在发展,任何一份好的计划都应对未来具有挑战性,有助于不断开创新局面。计划是对未来工作预测和决策的结果,因此,必须具有符合时代、符合社会发展状况的前瞻性、想象力和开拓进取精神。不经过奋斗就可以轻易完成的计划是毫无意义的。不思进取,就会在激烈竞争的社会中被无情地淘汰。

(二)要切实可行

计划是指导实际工作的,必须从实际出发,实事求是,统筹兼顾。编制计划前要做好调查研究工作,分析市场竞争对手和己方的各种情况,找出实际工作中的可控制因素和不可控制因素,根据现有的人力、物力、财力考虑问题。计划目标既不能过高,也不能过低;既要反对保守思想,也要反对盲目冒进、脱离实际的倾向。

(三)要具体明确

计划的目标、措施、步骤、要求、责任者和时间安排等都要写得具体明确,这样才便于执行和检查,发现问题也便于修订和补充。写计划最忌讳的就是写得含混不清,模棱两可,有任务无办法,有办法无步骤,或任务抽象,要求笼统,步骤模糊,责任不明,分工不清,叫人无所适从。

【例文】

教育系统关于新时代学习弘扬雷锋精神
深入开展学雷锋活动的实施方案

为深入贯彻落实党的二十大精神,认真学习贯彻习近平总书记关于弘扬雷锋精神的重要论述和对深入开展学雷锋活动的重要指示要求,在教育系统进一步开展好学雷锋活动,把雷锋精神代代传承下去,结合教育系统实际,制定实施方案如下。

一、总体要求

教育系统作为传承和践行雷锋精神的重要高地和关键主体，要以习近平新时代中国特色社会主义思想为指导，全面贯彻党的教育方针、落实立德树人根本任务，在新征程上大力弘扬雷锋精神，深化学雷锋活动，教育引导广大师生干部特别是青少年树立崇高理想追求，践行社会主义核心价值观，激发爱党爱国爱社会主义巨大热情，更加坚定拥护"两个确立"、坚决做到"两个维护"，自觉把个人追求融入为党和人民事业奋斗中，为中国式现代化建设添砖加瓦。

（一）深刻把握习近平总书记重要指示精神的丰富内涵。习近平总书记指出，60年来，学雷锋活动在全国持续深入开展，雷锋的名字家喻户晓，雷锋的事迹深入人心，雷锋精神滋养着一代代中华儿女的心灵。实践证明，无论时代如何变迁，雷锋精神永不过时。习近平总书记的重要指示，高屋建瓴，立意高远。教育系统要深入学习，深刻领会雷锋精神是一面永不褪色的旗帜，是中华民族的宝贵精神财富，是社会主义核心价值观的生动体现；深刻领会雷锋热爱党、热爱祖国、热爱社会主义的崇高理想和坚定信念，服务人民、助人为乐的奉献精神，干一行爱一行、专一行精一行的敬业精神，锐意进取、自强不息的创新精神，艰苦奋斗、勤俭节约的创业精神的思想内涵。教育系统要立足新时代新要求，不断增强雷锋精神的感召力吸引力，为实现中华民族伟大复兴提供强大精神动力和丰厚道德滋养。

（二）全面落实习近平总书记提出的明确要求。习近平总书记强调，要深刻把握雷锋精神的时代内涵，更好发挥党员、干部模范带头作用，加强志愿服务保障和支持，不断发展壮大学雷锋志愿服务队伍，让学雷锋在人民群众特别是青少年中蔚然成风，让学雷锋活动融入日常、化作经常，让雷锋精神在新时代绽放更加璀璨的光芒。教育系统要在深化雷锋精神研究阐释、加强思想政治引领上下功夫，持之以恒引导广大师生传承雷锋精神，为在全社会弘扬雷锋精神、凝聚中华民族伟大复兴的精神力量作出更多实质性贡献；要发挥师生党员、干部和先进典型的示范带动作用，丰富拓展学雷锋活动的平台载体，推动形成齐抓共管的长效机制，使学雷锋活动更有时代感吸引力、做到常态化长效化。

（三）有机融入立德树人全过程各方面。教育系统要坚持把传承雷锋精神作为立德树人的重要内容，立足战线特点和优势，坚持知信行统一，将雷锋精神深度融入学校教育教学和人才培养的全过程、各方面，统筹用好各类教育资源，着力培养造就担当民族复兴大任的时代新人，为把雷锋精神代代传承下去提供薪火相传的生动实践和基础性、战略性支撑。

二、工作原则

（一）坚持知信行统一。将新时代学雷锋志愿服务与自觉服务党和国家工作大局结合起来，引导广大师生干部自觉把崇高理想信念和道德品质追求转化为具体行动，体现在平凡的工作生活中，以实际行动书写新时代的雷锋故事。

（二）坚持课内外协同。推动教育系统新时代学雷锋活动不断拓展内容、创新形式、丰富载体。结合实施时代新人铸魂工程，在充分发挥课堂主渠道作用的同时，充分联动军队、社区、纪念馆、各类企事业单位的学雷锋资源，广泛宣传一批批校内外雷锋式的先进典型、道德模范、最美人物，把雷锋精神广播在祖国大地上。

（三）坚持大中小一体。结合推进大中小学思政教育一体化建设，注重大中小学一体化推进、家校社相互配合，充分结合学生特点和成长规律，做好大中小学弘扬雷锋精神和学雷锋活动的衔接，从教育教学、社会实践、校园文化等重要领域出发，持续用力。

三、主要任务

（一）在“知”上下实功，全面系统融入雷锋精神

1. 发挥课堂主渠道作用。把雷锋精神的时代价值融入大中小学思想政治教育。依据新修订印发的义务教育语文、思想政治、历史、劳动等相关课程标准，更加有针对性地深度融入雷锋的事迹故事和雷锋精神，确保广大学生对雷锋精神应知尽知、深刻理解。充分利用体现雷锋精神的丰富素材和教育资源，及时有机融入思政课课堂教学。建设“云上大思政课”平台，用好“学习二十大云课堂”，在国家智慧教育公共服务平台持续更新上线一批传承弘扬雷锋精神的在线精品课程和教学案例，引导青少年学生崇尚雷锋的高尚品德，感悟雷锋精神的时代内涵。

2. 深化雷锋精神研究阐释。把雷锋精神研究纳入教育部人文社会科学研究项目和全国教育科学研究规划，组织教育系统特别是哲学社会科学专家学者，深入学习研究习近平总书记关于弘扬雷锋精神的重要论述，进一步宣传阐释新时代雷锋精神的时代内涵、文化内涵和实践传承，积极探索新时代学雷锋活动常态化、机制化、体系化的模式与方法，深入挖掘雷锋精神与培育时代新人的内在关系和融合方式，推出一批有分量的研究成果，为传承弘扬雷锋精神提供扎实学理支撑。

（二）在“信”上出实招，矢志不移传承雷锋精神

3. 全面融入校园文化建设。将传承弘扬雷锋精神融入文明校园建设工作，在全国文明校园创建评选等工作中，把传承弘扬雷锋精神等中国共产党人精神谱系作为重要内容。突出校园文化活动春风化雨作用，系统开展学雷锋先进学校、先进班级、先进青少年创建展示活动，每年3月5日前后，集中开展学雷锋主题班日、主题队日、主题团日、主题党日等活动。发挥朋辈育人作用，鼓励支持各类学生社团开展形式多样、健康向上、格调高雅的学雷锋文化活动和艺术实践活动。将弘扬雷锋精神融入文化精品创作，积极支持和培育高校原创文化精品，支持和鼓励师生创作弘扬雷锋精神的诗歌、话剧等文学作品，以及各类优秀融媒体作品。

4. 大力选树宣传先进典型。发挥示范带动作用，扎实做好全国教书育人楷模、

“最美教师”、全国高校“黄大年”式教师团队等先进事迹的宣传学习工作，推进“最美大学生”“最美高校辅导员”等推选展示，激励广大师生坚定理想信念、厚植爱国情怀、涵养高尚品德。组织开展“学雷锋学模范”活动，推动“当代雷锋”、道德模范等进校园宣讲，通过举办报告会、宣讲会、座谈会等形式，大力宣传他们的高尚风范和优良品格，持续引导广大师生见贤思齐。大力宣传教育系统为民服务创先争优先进典型，在校园掀起学模范、见行动的热潮，推动广大师生争当新时代雷锋精神的传人。

（三）在“行”上求实效，力行不辍践行雷锋精神

5. 深入推动学雷锋实践教育活动。充分发挥各地雷锋纪念馆等“大思政课”基地的重要作用，主动联系爱国主义教育基地、中小学研学实践教育活动基地营地和城市社区、农村乡镇、工矿企业、驻军部队、社会服务机构等，开展多种形式的学雷锋主题教育活动。更加广泛发动大学生参与“小我融入大我，青春献给祖国”“青年红色筑梦之旅”等主题实践活动，深入推进高校师生常态化开展“网上重走长征路”“寻访重温习近平总书记重要考察足迹”等活动，组织中小学生开展“学习新思想 做好接班人”“从小学党史 永远跟党走”等主题教育活动，引导广大师生深入走进不同实践领域、不同社会群体，切实增强对中国特色社会主义的政治认同、思想认同、理论认同、情感认同。

6. 广泛开展学雷锋志愿服务活动。拓展丰富志愿服务活动的形式内容，为志愿服务提供坚强有力的保障和支持。充分发挥抚顺市雷锋纪念馆育人重要作用，开展全国大学生宣讲雷锋精神志愿服务项目。每年组织全国师生团队开展志愿服务专项行动和定点帮扶、对口支援、服务乡村振兴、用人单位调查等各类志愿活动。持续推动“大学生志愿服务西部计划”、博士服务团、研究生支教团和“三下乡”等品牌工作，鼓励引导大学生到祖国最需要的地方建功立业，把雷锋精神广播在祖国大地上。组织中小学生开展力所能及的志愿服务活动，激发参与志愿服务热情，教育引导家长重视、支持孩子参与学雷锋志愿服务活动。完善“我为群众办实事”长效机制，推进广大党员干部教师以雷锋精神为引领，走进师生、走访家长，解困难、做实事。

四、组织保障

（一）加强统筹领导。各地教育部门和各级各类学校要深入学习领会习近平总书记的重要指示要求，认真贯彻落实“把雷锋精神代代传承下去——纪念毛泽东等老一辈革命家为雷锋同志题词六十周年”座谈会要求，充分认识新时代深入开展学雷锋活动的重要意义，把新征程上更好弘扬雷锋精神作为落实立德树人根本任务的一项重要内容，主动谋划、大力推进，特别是要更好发挥党员、干部模范带头作用，加强志愿服务保障和支持，着力推动雷锋精神常学常新，推动学雷锋活动常做常新。

（二）构建长效机制。各地教育部门和各级各类学校要将学雷锋活动始终当作

一项常规工作来抓，将学雷锋活动作为培养学生综合素质、加强和改进中小学生思想道德教育和大学生思想政治教育工作的重要内容，创新科学评价方式，不断适应时代发展和育人需求、适应学生特点和成长阶段，丰富拓展学雷锋活动的方式方法、平台载体，推动形成齐抓共管的长效机制，使学雷锋活动常态化长效化。

（三）营造浓厚氛围。各地教育部门和各级各类学校要大力宣传雷锋事迹和校内外涌现出的新时代雷锋式模范人物，深入阐释雷锋精神的时代内涵，充分利用校园广播、校报校刊、校园宣传栏、校园新媒体平台等宣传阵地，不断深化"雷锋精神永不过时"的思想观念，扩大学雷锋活动的影响力，营造"人人学雷锋、人人做雷锋"的浓厚氛围。

2023 年 3 月 3 日

思考与练习

1. 计划类的文体有哪些？它们各自的特点是什么？
2. 在现代管理中，计划具有怎样的作用？
3. 计划的主体部分包括什么内容？
4. 写计划为什么要有前瞻性？
5. 文件式计划和条款式计划在写法上有什么不同？
6. 请指出下面这份工作计划存在的问题。

中国建设银行××支行第四季度工作计划

今年的工作十分繁忙，尤其是第四季度的工作，如何把本季度工作搞好，做下列计划：

（1）抽出时间认真学习党和国家有关基建改革的文件。

（2）深入单位了解完成工作量的情况和资金支用情况，为审查好年终决算打基础。

（3）了解建设单位明年的计划安排和完成情况，以便做好明年信贷计划工作。

（4）认真与建设单位对清基建计划，避免超计划支出。

××××年×月×日

7. 某造纸厂领导要求拟写 20××年质量工作计划。请你根据下列材料，采用文件式写法写出这份计划。

（1）本计划纳入 20××年全厂工作计划。厂部负责检查监督、指导实施，各部门、科室要协同、配合，确保本计划的完满实现。

(2)随着我国经济体制改革的深入和经济的发展,企业外部环境发生了深刻的变化,市场竞争越来越激烈,质量在竞争中的地位越来越重要。

(3)由上到下建立好质量保证体系和质量管理制度,把提高产品质量列入主管厂长、科长及技术人员的工作责任。年终根据产品质量水平分配奖金,执行奖惩办法。

(4)四季度改变工艺流程,实现里浆分道上浆,使挂面纸板和水泥袋纸达到省内同行业先进水平。

(5)成立以技术副厂长为首的技改领导小组,主持为提高产品质量以及产品升级所需设备、技术改造工作,负责各项措施的落实和检查工作。

(6)一季度增加2.5十大烘缸两只,扩大批量,改变纸页湿度。

(7)20××年是工厂产品质量升级、品种换代的重要一年,特制订本计划。

(8)强化质量管理意识,进行全员质量意识教育,培养质量管理骨干,使广大职工提高认识,把质量工作落到实处。

(9)企业管理必须以质量管理为起点,提高产品质量,增强竞争能力,提高经济效益。

(10)三季度增加大烘缸轧辊一根,进一步提高纸页的平整度和光滑度。要求此项指标达到QB标准。

中华经典诵读
工程实施方法

8. 在大学里,学生社团经常组织各种各样的活动。请以某社团的名义策划一次活动,并写出活动计划。

第三节　总　结

一、总结的概念与作用

总结,也叫总结报告,是对某一时期的工作或是对某一项工作进行总的回顾和检查,肯定成绩,找出问题,从中总结出经验教训,用以指导今后工作的一种应用文书。在应用文书中,总结是使用频率较高的一个文种。它具有回顾性、综合性、经验性和指导性的特点,对于不断提高工作能力、加强理论修养、交流工作经验、指导工作实践都具有重要的作用。

(一)总结是制订计划的重要依据

任何一项工作的开展一般都可分为四个阶段:计划、实施、检查和总结。年初订计划,年终有总结。总结正是与计划相对应的事务文书。总结以计划为依据,是对计划执行情况的总检查和总评价。反过来,下一阶段的计划又要参考上一阶段的总结来制订,将成功的经验传承下来,将不足之处作为新一期计划要解决的问题,从而开始新一轮循环。每一项工作都是如此——从计划开始,到总结告一段落,循环往复,不断推进。与总结相比,计划是“向前看”,总结是“向后看”。计划的关键在于切实可行,总结的关键在于找出规律,指导下一步工作。两种文体各有侧重点,又有密切的联系。

(二)总结是寻找工作规律的重要手段

把工作中一些行之有效、取得了工作成绩的做法集中起来,进行总结,加以提炼,从中找出一些规律性的东西,用来指导今后的工作,这是人们在日常工作中普遍使用的方法。正如毛泽东同志所指出的:“人类总得不断地总结经验,有所发现,有所发明,有所创造,有所前进。”在日常工作中,有些工作虽然做了,但是常常由于各种因素的影响,使人们一时看不清楚问题的实质,或看法不一、评价不一,这势必影响工作的继续开展。这时,通过总结,冷静、客观地分析、研究情况,就能将表面的、片面的感性认识,经过去粗取精、去伪存真、由此及彼、由表及里的过程进行再认识,从而上升到理性认识,掌握客观事物的本质和规律。总结的过程就是统一思想、提高认识的过程。对领导者而言,总结的过程又是一个深入实际、调查研究、把握全局的过程。通过总结,提炼经验,挖掘问题,形成规律性认识,可以帮助领导者提高领导艺术和决策水平。

(三)总结是提高工作效率的重要途径

人的能力不是天生就有的,而是在长期的实践中锻炼和积累的。会做工作的人往往正是善于总结的人。正如毛泽东在《实践论》中所指出的:“感觉到了的东西,我们不能立刻理解它,只有理解了的东西才更深刻地感觉它。感觉只解决现象问题,理论才解决本质问题。”①善于总结,善于将感性认识上升到理性认识,就能在工作中增强自觉性,不断强化工作能力,有所创新,有所突破;否则,就只会跟在别人后面亦步亦趋,碌碌无为。此外,有些总结经报刊发表后,还可以扩大对外影响,提高社会知名度和信任度,便于今后更好地开展工作。

(四)总结是上级了解下情的一种方式

一般说来,一个单位、一个部门的工作总结写好之后,除了在本单位、本部门交流之外,还要上交有关领导部门。一份总结对下级单位来说,有汇报工作的作用;对上级单位来说,有了解情况的作用。上级部门可以针对下属单位的工作情况进行具体的指导帮助,使存在的问题及时得以纠正,使取得的经验得以迅速推广。

(五)总结是工作发展过程和工作情况的记录

总结是某一项工作或某部门一定阶段工作的真实记录,它较为详细地记录了完成上述工作的过程、做法、经验、教训等。作为档案资料的总结,可供查阅。翻阅过去的总结,可以对某个单位、某个部门过去的工作情况有一个系统的了解,有利于进

① 《毛泽东选集》(第3卷),人民出版社1991年版,第286页。

行深入的工作研究。

二、总结的种类

总结从不同的角度出发有不同的划分方法:按内容,可分为工作总结、生产总结、经营总结、科研总结、学习总结、会议总结等;按范围,可分为个人总结、单位总结、部门总结等;按时间,可分为日小结、周小结、月总结、季度总结、年度总结、阶段总结等;按性质,可分为专题总结和综合总结。总结的种类与计划的种类往往是相对应的。例如,有学习计划,就有学习总结;有年度计划,就有年度总结。总结的种类不同,其内容特点、时间跨度、涉及范围和表达方式也会有所不同。因此,动笔写总结之前,确定要写的内容——写什么,时间——从什么时候到什么时候,范围——大小,性质——是专题总结还是综合总结等是十分必要的。这些要素不确定,就谈不上选择材料,谈不上谋篇布局。

(一)专题总结

专题总结即经验总结,是某个单位、某个部门某一方面工作的总结。它的内容单一、集中,要求有一定的思想深度,并提炼出规律性的认识,使其具有推广价值。这类总结的目的在于总结经验,所以往往选取工作中某些成功的做法及所取得的成绩进行总结。另外,开展一项较为重要的活动,或这一活动已告一段落所写的总结,也属于专题总结。

(二)综合总结

综合总结,也叫全面总结,是某个单位、某个部门在某一时期内所做的各项工作的总结,是对工作进行全面的回顾、分析,找出成绩和经验以及缺点和不足。例如,《北京工商大学传媒与设计学院20××年工作总结》就是对学院在20××年度各方面的工作,如教学工作、科研工作、学生工作、教辅工作等进行总结。这类总结内容全面,概括性强,与计划对应,定期循环,常用于向上级和本单位职工汇报工作。

三、总结的基本内容

总结的基本内容一般包括五个方面:基本情况、主要做法、主要经验、主要问题、今后打算。

(一)基本情况

总结的开头部分一般要用概述的形式介绍基本情况,包括工作的时间、背景、内容和对工作的基本评价,起到开宗明义的作用。有的专题总结先明确提出结论——具体的经验,有的先提出问题,有的先将有关情况进行对比,显示成绩,这些写法都具有提纲挈领的作用。综合性总结在概述基本情况后,常常用一过渡句,如“现

将××××年度的工作总结如下:"引出主体部分。

(二)主要做法

主要做法是总结的重点。总结是对过去工作的回顾,做了哪些工作,怎么做的,取得了哪些成绩,这些都是总结的基础材料。写总结首先就是要肯定成绩。成绩要写得具体、实在,应用准确无误的事实材料和必要的统计数字加以说明,应详细地、分门别类地介绍那些独特的、与众不同的、有借鉴意义的做法,以引起别人的注意。

(三)主要经验

主要经验是总结的核心,在全文占有主导地位。写经验就要分析取得成绩的原因,要认真分析各方面的情况,可从思想观念的改变入手,也可从新的举措写起。总之,不能就事写事,而要找出规律性的东西,上升到理论高度来认识;要有个性特点,不写大话、空话,这样才便于指导今后的工作。

(四)主要问题

所谓问题,是指在实践活动中应该做到而未做好,或未做完的工作,或尚待解决的问题。由于种种原因产生过失、错误,造成损失,应该总结其中的教训,不能就事论事,而应做出客观的分析、理性的思考。这部分内容虽然不是总结的重点,但也不应忽视。只有正确地认识问题,才能及时地解决问题;只有不断地解决问题,才能不断地推动工作的健康发展。

(五)今后打算

总结的结尾部分主要是写今后工作的打算或努力方向。打算要切合实际,方向要具体明确。这一部分可长可短,主要起到明确方向、激励斗志、增强信心的作用。

就一篇总结而言,以上五个方面也不一定面面俱到,其详略取舍应视实际的工作情况和总结的目的而定。一般而言,专题性的经验总结以总结经验为主,大都不写存在的问题,甚至不写今后的打算。综合性的工作总结以上内容不可缺少,"主要做法"和"主要经验"两部分有时也可以合在一起写,介绍做法时也有对经验的总结。

四、总结的基本结构

(一)标题

拟写总结的标题要准确、简洁、醒目。根据总结的内容和性质,可采用不同的标题形式。

1. 公文式标题。公文式标题一般由单位名称、时限、内容和文种名称四部分组成。综合性的工作总结一般都采用公文式标题,如《北京市财政局20××年税收工作总结》。根据实际情况,对公文式标题中的前三项有时可以省略其中的一项或两项,

如《期中教学检查工作总结》就省略了单位名称,《财政部关于会计干部技术职称评定工作的总结》就省略了时间期限。

2. 文章式标题。文章式标题有的直接揭示观点,表明经验,如《经营思想要新、经营手段要活》《技术改造是振兴企业之路》《食品卫生工作要做到经常化》;有的揭示总结的内容和范围,如《我们是怎样打开市场销路的》《大学语文教学改革的回顾与展望》。文章式标题又可分为单行标题和双行标题。双行标题,如《适应新形势 努力做好财会工作——××电子公司财务部××××年工作总结》。一般说来,经验总结采用文章式标题较多。

(二)正文

总结的正文主要写基本情况、主要做法、主要经验、主要问题、今后打算等内容。其结构形式有以下几种:

1. 横式,即按事物的内在逻辑关系组织安排材料,各个部分之间呈并列关系。

2. 纵式,即按事物发展的先后顺序组织安排材料,把工作过程分成几个阶段,按时间顺序分阶段写。时间跨度较长、阶段性较强的总结可采用这种结构。这样安排材料总结工作,能使读者清楚地了解工作的全过程,先做了什么,后做了什么,取得了什么成效,一目了然,也便于读者借鉴各阶段的工作经验。

3. 纵横式,也称综合式或复合式,即综合运用上述两种结构形式,既考虑工作时间的先后顺序,又考虑工作内容的逻辑关系。常见的形式是大层次为横式结构,小层次中则有横有纵。

(三)署名

工作总结的署名写在正文之后的右下方。经验总结的署名一般写在标题下方居中或偏右的位置,以示醒目。

最后写上完稿日期。有的工作总结要经过反复讨论,多次修改,应写最后的定稿日期。经验总结则不必写日期。

五、总结的写作要求

(一)要做到观点与材料的统一

总结不是工作现象的简单罗列和记录,也不是空洞无物的说教,而是如实地反映工作情况的观点与材料的统一体。有的总结不是调查研究的结果,而是闭门造车的产物,海阔天空,不着边际,洋洋万言,空洞无物,似雾里看花,认识拔得很高,却是无的放矢;不是对丰富实践的概括,而是华丽辞藻的堆砌,没有典型事例,没有具体数据,缺乏深入分析,又无实在经验。这些做法不仅起不到总结发现问题、改进工作的作用,反而会助长形式主义、官僚主义等不良风气的蔓延。

写总结必须坚持正确的思想作风和工作作风,不唯书,不唯上,只唯实。要认真

分析研究工作进程中的主要矛盾和矛盾的主要方面，抓住要害，突出重点，力求从理论和实践的结合上写出特点。总结的材料要充实、真实、典型、能说明观点，不能只写工作或学习的过程，把总结写成"流水账"。总结的观点要鲜明、正确，能统帅材料，观点与材料要有机地结合起来，切忌彼此脱节甚至发生矛盾。

（二）要实事求是

总结中的一切材料，包括事实、数据等都必须绝对真实，不允许有丝毫的想象和杜撰，否则提炼出来的经验、归纳出来的规律将毫无意义。这是写总结最起码的常识，也是作者人品、职业道德的体现。毛泽东同志在《改造我们的学习》一文中指出："没有调查就没有发言权。夸夸其谈地乱说一顿和一二三四的现象罗列，都是无用的。"①调查研究是我们党的好传统、好作风，也是总结工作的根本途径。总结要实事求是，就必须从调查研究做起。总结的内容要实在，要坚决摈弃空话连篇的"八股"习气。要坚持"一分为二"的原则，既报喜也报忧。对成绩要充分肯定，但不能夸大、掺杂水分；对问题要勇于承认，不掩盖，也不缩小。要以党和国家的方针政策为指导思想，一切从客观实际出发，恰如其分地评价工作的成败，努力探索带有规律性的经验，使我们的认识从"必然王国"走向"自由王国"。

（三）要有所创新，常写常新

总结经常写，但不能"老一套"。新，是对"旧"的突破。总结要"求新"，就要与时俱进，及时地总结贯彻党和国家方针政策的新做法、新经验。要根据本单位的实际情况学习外单位的经验，创造总结出自己的经验。求新，还要善于用新的视角观察问题，用新的思维方式思考问题。要深入调查研究，"从群众中来，到群众中去"，集中群众的智慧和经验，从新的实践中发现新材料，找出新问题，肯定新做法，总结新经验，使总结鲜活起来，富有特色，常写常新。

【例文】

××学校团委20××年工作总结

回顾这一学期以来的工作，我校团委以新一轮学校主动发展规划为指导，紧紧围绕学校中心工作，坚持以育人为中心，以学生为主体，以素质培养为重点，切实加强团的自身组织建设，努力提高团员的政治思想素质，积极发挥团员的先锋模范作用，圆满完成了学期初制订的各项工作计划。现将这一学期的工作总结如下：

一、加强团建工作，提高团组织的凝聚力和战斗力

1. 以思想建设和作风建设为重点，加强团干部队伍建设。通过每月一次的团干

① 《毛泽东选集》（第3卷），人民出版社1991年版，第802页。

会议，有针对性地组织团干学习团的有关知识和《团干工作职责》，牢固树立为学校、为班级和为全校团员、青年共同服务的理念，培养他们做事雷厉风行、工作真抓实干的良好作风和行为习惯，在日常的工作、学习中发挥团员、青年的模范带头作用。

2. 坚持团委委员例会和学生会工作例会。根据学校各阶段的工作计划，通过每月一次的团委委员例会和学生会工作例会，交流总结各项工作经验，有计划地布置各项工作，并扎实有效地去开展各项工作，增强学生会全体成员服务校园、与学校的发展同呼吸共命运的大局意识。

3. 进一步规范入团程序，校团委严把新团员入口关。对于想入团的学生，需经个人自荐、班级团支部、班主任层层推荐，经团委审核后进入团校学习共青团知识，进行综合考核，合格者确定为预备团员，接受全体师生的监督，合格者填写入团志愿书，光荣加入共青团。

4. 切实做好升旗仪式工作，利用国旗下讲话对学生进行思想教育。每周都有班级认真准备好演讲内容，从思想到品质、从安全到卫生、从守纪到学习等多方面对学生进行教育，营造积极、健康、文明、向上的校园氛围。我们改变以往单一的说教模式，让优秀学生在国旗下发言，提高国旗下讲话的教育效果。

5. 指导学生会顺利地完成换届工作。通过竞聘，建立一批高素质的学生干部队伍，树立学生干部在广大学生中的威信，培养学生会在校党委领导、在校团委指导下独立开展工作的能力，紧密围绕自我教育、自我管理、自我服务的“三自”方针，更好地为广大学生做好服务工作，切实发挥桥梁纽带作用。

二、以精神文明建设工作为重点，适时开展各类组织活动，增强思想政治工作的实效性

1. 组织学雷锋上街便民活动，掀起学习雷锋新风尚。充分发挥团委主阵地作用，引导团员青年深刻理解和认识雷锋精神的实质和感动心灵的力量，强调日常规范，从身边做起，从小事做起，厚积薄发，不断提高学生的思想政治素质和思想道德水平；引导广大青年学生增强政治责任感和光荣感，并通过手抄报和校园广播进行广泛宣传。

2. 组织学生开展团日活动，增强学生服务社会、乐意助人、无私奉献的道德情操。

3. 通过清明节到革命烈士纪念碑缅怀先烈活动，弘扬革命先烈的爱国主义精神，激励青年团员珍惜来之不易的今天，进一步树立为国增光、发奋图强的信念与决心。

三、切实做好各项常规工作，积极协助学校各部门完成学校交给的各项任务

1. 配合学工处做好值日生检查工作。为贯彻《学生日常行为规范》，强化养成教育，我校制定了以学生“自我管理，自我教育”为中心的值日生检查制度，团委

配合学生处共同管理此项工作，我们制定了一系列检查方案，学生会干部和班团干部负责检查，工作分配到人。通过值日生检查学生日常学习、生活情况，让学生主动发展，养成自觉遵守纪律的文明习惯，为学校搞好教育教学工作奠定了基础。

2. 加强对学生会的指导和管理，发挥学生组织的"自我服务、自我管理、自我教育"作用。

3. 服从学校领导的安排，参加了各种义务劳动和公益活动，参加学校的卫生评比、墙报评比等活动，为学校教学服务。

4. 积极协助学校办公室，利用广播做好宣传和紧急事务的通知。

5. 在消防安全知识讲座、禁毒教育、广播体操比赛、教育开放周、校读书节、艺术节和庆"六·一"等活动中，带领学生会成员协助各部门制作好标语，布置好会场。

经过努力，团委工作在各方面都有了长足的进步。在新的一年里，我们要认真总结经验，继续学习，齐心协力，同心同德。我们相信，在上级团委的指导下，在学校领导的关心和帮助下，在广大团员的努力和精诚团结下，我们的工作肯定会更上一层楼！

思考与练习

1. 在工作中为什么要经常写总结？
2. 工作总结与工作计划有什么联系？
3. 专题总结与综合总结的区别是什么？
4. 为什么说不能把总结写成"流水账"？
5. 总结的正文一般包括哪些内容？
6. 怎样处理好观点与材料之间的关系？
7. 总结中的小标题，有的指出内容范围，有的表明观点；有的使用词组，有的使用句子；有的使用偏正词组，有的使用动宾词组。请指出下列小标题拟制的角度和方法，并将同一类型的标题归在一起。

①大力推进新闻出版业的结构调整；②关于音像和娱乐软件分销服务；③统一思想，积极应对；④出版物发行许可制度；⑤深化改革，促进发展；⑥积极实施"走出去"战略；⑦关于书报刊分销服务；⑧执业资格和岗位培训制度；⑨建章立制，依法行政；⑩关于集团化建设；⑪党和国家重要文献以及中小学教材专管制度；⑫建立安全有效的融资渠道。

8. 结合自身学习或工作的实际情况，拟写一份学习或工作小结。

教书育人，寓教于乐

第四节　调查报告

一、调查报告的概念与作用

（一）调查报告的概念

调查报告是对某一事件、情况、问题或经验进行深入调查，占有丰富的材料，做出科学的分析，得出正确的结论，然后将情况、分析和结论整理成文的一种陈述性的应用文体。简言之，所谓调查报告，就是根据调查研究的成果写成的书面报告。调查是报告的基础和依据，报告是调查的反映和体现。因此，写调查报告的关键在于如何调查和如何将调查结果整理成文这两个环节上。

调查报告和工作总结这两种文体比较接近。在实际应用中，有的总结可以改写成调查报告，有的调查报告也可以改写成总结。但调查报告与总结毕竟是两种文体，其主要区别是：

1. 行文目的不同。调查报告行文的目的是对事件真相的探讨，或进行工作研究，或总结先进单位的工作经验，树立典型，推动面上工作的开展。总结的目的是对自身工作的检查和评价，肯定成绩，找出不足，总结经验教训，以指导自身工作的开展。

2. 反映范围不同。调查报告所反映的范围可以是本单位、本系统的，也可以是外单位的、跨行业的。而总结主要写本单位、本系统的工作经验或教训，一般不涉及外单位的情况。

3. 使用人称不同。调查报告的作者一般不是以当事人的身份出现，所以常用第三人称写作，文中多用"他（他们）""她（她们）"。总结因为是当事人对自身工作的回顾和分析，所以常用第一人称写作，文中多用"我（我们）"。

4. 写作重点不同。调查报告以陈述事实为主，具体地叙述典型事例和事物发展的过程，然后再根据事实做适当的评议。总结则着重论述有哪些成绩、经验和教训，对取得成绩或经验的过程，常用概述的方式表达。

（二）调查报告的作用

作为一种信息载体，调查报告在工作领域和社会生活中发挥着重要作用。归纳起来，主要有以下几点：

1. 依据作用。调查报告可以就某项重要工作或重大问题的历史和现状进行特定的调查与研究，形成看法或建议，从而为上级领导机关进行重大决策，或制定、修改某项政策提供科学依据与参考。例如，陈云同志的《青浦农村调查》里的八篇调查报告，以其革命家的远见卓识和科学态度，在极"左"思想肆虐的环境里，大胆地提出给群众留足自留地、允许发展家庭副业、坚决改变在江南地区强制种双季稻的错误做法等建议。这些意见为以后修改党的农村工作政策起到了巨大的推动作用。

2. 宣传作用。调查报告既可以作为本单位使用的内参,也可以通过报刊向社会做广泛的宣传,成为宣传党和国家的方针政策的有力武器。特别是当新生事物出现的时候,调查报告可以全面完整地反映新生事物的发生、发展过程,揭示其现实意义或社会价值,促进新生事物的成长壮大。

3. 指导作用。调查报告可以针对行业与部门中的某项卓有成效的具体工作和业务进行调查、核实、总结,从中归纳出带有普遍意义的规律性的东西,从而推广先进经验,指导并推动全局工作的顺利开展。深入调查研究,精心撰写调查报告,对领导干部克服官僚主义、形式主义等不良作风,坚持理论和实际相结合的良好作风,不断提高理论修养和管理水平,也有着重要意义。

4. 呼吁作用。调查报告可以追踪、反映重大的或人民群众普遍关心的社会问题,也可以揭露违反党纪国法的行为和社会生活中的消极腐败现象,披露工作中的失误、缺点和错误,以引起有关部门的重视,使其最终得到解决。无数案例说明,调查报告已经成为反映人民愿望、推动公务人员改进工作、克服官僚主义、揭露腐败现象的重要舆论手段。

二、调查报告的特征

(一)内容的广泛性和真实性

调查报告涉及的内容极为广泛。凡是社会生活中的事物,无论是反映社会问题、经济问题,还是研究历史问题,或是总结典型经验、披露事实真相和揭露问题症结所在等,都可以作为调查报告的反映对象,它涉及社会生活各个领域的方方面面。调查范围可以是一个地区、一个系统、一个单位、一个人,也可以是一些地区、几个系统、若干单位、一个群体。调查的事件或问题可以大至国家的方针政策或重要社会问题,小至一个侧面的具体工作或人民日常生活中的一些琐事。正因为调查报告涉及的内容广泛,所以其应用的范围也极为广泛。

调查报告的内容不仅具有广泛性,而且具有真实性。写入调查报告中的一切材料,包括历史资料、现实材料、统计数据和典型事例等,都必须出之有据,准确无误,而不能道听途说,想当然而为之。实际发生和存在的真人、真事、真问题是调查报告的写作基础,而由真实材料分析引发出的结论则是调查报告的价值所在。

(二)选材的针对性和典型性

调查报告的目的一般都非常明确,或者总结推广先进经验,介绍新生事物;或者反映情况,研究问题;或者揭露弊端,展示矛盾。因此,调查报告的撰写者必须围绕报告目的,从工作的实际需要出发,从客观存在的问题着手,有针对性地进行事实调

查和分析研究。比如，揭示问题的调查报告，就可以根据揭示问题、解决问题的目的，从问题的产生过程和产生原因、问题的弊端和危害、问题的解决和今后的防范等方面进行调查分析。调查报告的目的越明确，针对性越强，其价值也越大。

要实现调查报告的普遍意义，发挥其指导作用，还必须从调查得来的大量材料中选取最能说明问题的有代表性的典型材料来组织成文。典型材料是引出结论的基础。因为只有反映对象的典型性，才能揭示问题的本质，才有说服力，从而起到推动工作的作用。

（三）报告的科学性和深刻性

调查报告的科学性体现在调查的方法和对事实材料的分析方面。调查人员必须根据调查的目的和具体内容，根据千差万别的调查对象和大小不同的调查范围，选取适当的调查方法，如观察法、征询法、实验法、普查法、抽样调查法、典型调查法等，科学地进行统计、分析和研究，从中寻找材料之间的本质联系和事物发展的规律，从而提炼出富于思想性和科学性的主题观点，以实现调查报告的社会价值。

一般说来，调查报告偏重于反映较为重大的题材，反映社会热点问题和人民群众普遍关心的问题。内容上，调查报告不能像一些描述性文体那样，只为读者提供一种表象的感性认识，而是要透过现象和事物的表层，准确地把握其本质，深刻地揭示出事物发展变化中的主要矛盾，或引发读者深入地思考，或给人以思想的启迪。

三、调查报告的种类

调查报告按其反映对象和写作意图的不同，可分为以下四种。

（一）推广典型经验的调查报告

这种调查报告的写作对象主要是在工作中取得显著成绩的先进人物和先进单位。他们的经验一般都具有典型性、指导性和启发性，加以推广，可以以点带面，推动工作的开展。

（二）揭露问题的调查报告

这种调查报告多选取有代表性的违反党纪国法的行为、工作中的失误以及社会生活中的不良现象为调查对象，通过公开揭露问题，剖析原因，说明危害，提出解决问题的建议，以引起有关部门和社会的重视，达到解决问题和帮助人们提高认识、引以为戒的目的。例如，《北京地区网吧现状调查报告》一文，作者就北京地区网吧现状的调查，剖析了非法网吧存在的社会的、经济的原因，揭露了非法网吧对未成年孩子身心健康的侵害，引发人们对如何利用网吧、如何加强对网吧的管理做认真深入的思考。

（三）反映社会情况、研究问题的调查报告

这类调查涉及的领域很广，包括政治、经济、文化、生活、工业、农业、科技、教育等领域，也常常反映某一行业、某一部门、某项工作的具体实际问题，或针对社会上较为重大的、人民群众普遍关心的热点问题进行调查分析，如人生观、消费、住房、婚姻、教育、就业、人口等诸多项目的调查。这类调查报告主要是为领导研究各项工作、制订计划、调整政策或进行决策提供依据。一般来讲，有关社会问题的专项调查、市场行情、某项工作的调研等方面的专题调查报告，如《城市居民对收入满意度调查》《电视节目卫星广告情况调查》《北京市瓶桶装饮用水市场调查》《关于国有企业人事制度改革及建立经营管理者激励与约束机制的调查报告》等均属此类。

（四）介绍新生事物的调查报告

随着社会生活的发展变化，新事物和新情况不断涌现。新事物体现了一种新思维、新观念，人们对它的认识有一个过程。这类调查报告的任务就是具体介绍某一新事物产生和发展的来龙去脉，分析其产生的原因、发展的客观条件以及存在的实际意义或负面影响，从而提高人们对它的认识，并使新事物进一步完善和发展。介绍新事物的调查报告与推广典型经验的调查报告有所不同。推广典型经验的调查报告重在经验的典型性和指导性，而介绍新事物的调查报告则着重表现事物的“新”，它既有成功的一面，也存在不足，需要通过探讨进行客观的评价。

四、调查报告的结构与写法

无论哪种调查报告，从结构形式上看，都包括标题、前言、主体和结语四个部分。

（一）标题

调查报告的标题，或标明调查的对象、内容范围，或概括主旨，表明观点。标准常见的形式有：

1. 文章式。这类标题主要是归纳全文主要内容或直述主旨。例如，《京沪市民消费动向》《种双季稻不如种单季稻和蚕豆》等。

2. 公文式。这类标题采用公文的标题方法，明确标出调查对象、调查内容及文种名称，使人一目了然。例如，《财政部关于全国部属普通高等院校教育经费使用情况的调查报告》《关于留守儿童生活状况的调查报告》等。

3. 提问式。这类标题是将调查报告的主要内容及调查的结论概括为一个问题，使之醒目突出，并具有较强的吸引力。例如，《为什么产值增长利润反而下降》《同一地区的农村经济发展为何有快有慢》等。

4. 双行式。这类标题是把调查报告的主旨、调查对象、内容及范围相结合，正题揭示调查报告的主旨或事项，副题标明调查的对象、范围及文种。双行式标题比较全面、完整。从形式上看，正题常采用文章式标题或提问式标题，副题采用公文式标

题。例如,《百姓与“家轿”——关于考虑购买家庭轿车主要因素的调查》《茶·茶文化·茶产业——关于振兴云南茶叶产业的调查报告》等。

（二）前言

前言也称导语或开头,主要是向读者概要交代调查报告的目的、对象、内容、结果,有时还简要说明调查的经过、范围和方式等。前言常见的写法有:

1. 说明式,即用说明的方式,对调查的时间、地点、目的、对象、范围、方式、结果等做简要介绍,使读者对调查全貌有所了解。这种方式比较符合人们认识事物的一般规律,是调查报告常用的开头方式。

2. 结论式,即开门见山地概括调查的主要内容,并直接陈述调查的结论,使前言成为全文内容的“纲”,使读者心中有数,带着结论去寻找原因。这也是调查报告常用的一种开头方式。

3. 提问式,即用提问的方式,提出关于调查报告主旨内容的问题,以引发读者阅读的兴趣和深入思考。这种方式和结论式相反,是一种“兜圈子”的表达方式,好处是含蓄蕴藉,启人思考。

调查报告的前言写法不一,但都要简明扼要,具有吸引力。简短的调查报告有时也可不用前言,题目下面就直接分成几部分去写。

（三）主体

主体是调查报告正文的主要部分,它是前言的引申,也是结论的根据所在。能否写好这部分内容,是调查报告写作成败的关键。为此,主体部分的写作要条理清楚,结构合理,材料安排要合乎逻辑,以便于陈述和分析。其结构形式和总结差不多,也是纵式、横式和综合式三种。

1. 纵式。这种结构形式是按事物发生、发展的先后次序,以时间的推移为线索,逐层展开材料,通过分析概括,引出中心结论。这种结构形式整体轮廓清晰,符合人们认识事物的习惯,便于读者全面深入地了解事物的发生、发展及前因后果。例如,《一个具有中国特色的新型游览区——关于郑州黄河游览区的调查》一文就分为四个部分:黄河游览区的形成,黄河游览区的发展,黄河游览区的特点,黄河游览区的展望。该文按照事物发生、发展的顺序,分析介绍了黄河游览区从无到有的建设发展过程及愿景目标,概括总结出具有普遍指导意义的建立新型游览区的成功经验。

2. 横式。这种结构形式是按照问题的性质或事物的内在联系,将不同归属的材料分列在各个小标题中,各个小标题之间保持并列关系,有的并列几个主要问题,有的并列几条主要经验,有的并列几种主要情况,或者把调查的结果一一列出。这种结构方法逻辑关系鲜明,条理清晰,便于读者准确地把握文章的观点。横式结构在调查报告中的应用比较广泛,各种类型的调查报告均可采用。

3. 综合式。这是纵式和横式结构交错使用的一种结构形式,它既有一条纵的时间线索,又有按问题分门别类地安排。也就是说,在按时间发展顺序的纵式结构的叙述过程中,有对一个或几个问题展开横向的叙述说明;或者在并列几个问题、情况或经验的横式结构的叙述过程中,又有对一些问题发展的来龙去脉进行纵向的阐述。通观全篇,或整体为横,局部为纵;或整体为纵,局部为横;或整体为横,局部有横有纵。这种方式适用于内容丰富、头绪繁杂的调查报告。

调查报告主体部分的结构,从内部逻辑上看,可分为上述三种基本结构形式;从外部表达形式上看,一般采用小标题、标项、序码加小标题或一气呵成的写法。

(1)小标题。加小标题是将主体分为若干部分,每部分用一个小标题来统帅其内容与观点。例如,《茶·茶文化·茶产业——关于振兴云南茶叶产业的调查报告》就列了四个小标题:"茶业是永恒的产业"、"茶与农业现代化"、"茶业振兴十策"和"弘扬茶文化"。

(2)标项。标项是将主体部分用序数"一、二、三……"加以排列,不加小标题。

(3)序码加小标题。这是最为常见的一种形式。有的是大层次用序码加小标题,有的是小层次用序码加中心句的形式。

(4)一气呵成。这种写法以段落的自然顺序来表达,既不加小标题,也不采用序码,文章段落自然排列。这种写法一般适用于篇幅短小、线索单一的调查报告。

(四)结语

结语是全文的收束部分,也是对前言的照应,常采用的写法有:概括总结法、展望愿景法、强调说明法、提出建议法、议论引用法等。不同类型的调查报告,其结语的内容有所侧重,应选用不同的写法。不论哪种写法,结语写作的要求都是简明扼要,精辟有力。在结构安排上,可自成一部分,也可独立成段。如果主体部分已述说完备,也可省去结语,使文章显得干脆利落。

五、调查报告的写作要求

(一)运用科学的调查方法,大量占有材料

深入细致地做好调查工作,大量占有材料,是写好调查报告的先决条件。根据不同的调查目的和要求,可采用普查、抽样调查、典型调查、问卷调查、开会调查、现场观察、查阅资料等调查方法,大量地占有客观材料。茅盾先生在《有意为之——谈如何收集题材》一文中讲过一个生动的比喻:"采集之时,贪多务得,要跟奸商一样,只要风闻得何处有门路、有货,便千方百计钻挖,弄到手方肯死心,不管是什么东西,只要是可称为'货'的便囤积,不厌其多。"搞调查时,既要重视现实材料,也不能放过历史材料;既要掌握点上的材料,也要了解面上的材料;既要占有正面材料,也要

占有反面材料。调查的材料越多,了解的情况越全面,得出的结论就越正确,写出的调查报告就越有说服力。

(二)运用分析和综合的方法,找出规律性的东西

调查报告不是一般的报告一项工作过程,也不是一本流水账,而是要在调查的基础上对材料进行分析,从纷纭复杂的事物关系中找出规律性的东西来。分析就是找出事物的本质属性和彼此之间的内在关系,从对外部整体的认识深入到内部各个环节的认识过程。综合就是把分析过的各部分材料,按照它们的属性,联合成一个统一的整体。分析和综合是写调查报告的基本方法,只有将两者有机地结合起来,才能使感性认识上升为理性认识,找出带有普遍性、指导性和规律性的东西。

(三)运用叙述、说明和议论的方法,将观点与材料结合起来

调查报告主要是用事实说话,凭材料说理,因此,客观地叙述事实、说明情况是必不可少的。为了讲清一个道理,或者阐发某种规律,调查报告也需要发表议论。行文中应有叙述、有说明、有议论,三者要有机地结合起来,做到观点源于材料,材料说明观点,观点和材料高度统一,切忌脱离事实,空发议论。要站在时代的高度,在对材料进行认真鉴别、整体把握的基础上,概括出具有时代特色的主题,把握好中心论点与各个分论点间的关系,保证各个分论点之间的内在联系;要善于运用综合材料来介绍、说明调查对象的概貌,给读者留下一个总体印象;要善于运用数据来精确反映事物数量、质量上的变化发展,增强调查报告的科学性和说服力;要善于运用对比材料,包括历史与现状、先进与落后、正面与反面等材料,通过对比和衬托,鲜明地说明观点,给读者留下更深刻的印象。

【例文】

乡村振兴战略实施情况的调查与思考

全国人民代表大会农业与农村委员会

为贯彻落实以习近平同志为核心的党中央关于实施乡村振兴战略的决策部署,按照全国人大常委会的统一安排,全国人大有关领导同志和调研组分别赴广东、浙江、海南、贵州、湖北、山西、河南、安徽、湖南、江西等省,对乡村振兴战略实施情况进行了专题调研。

一、基本情况

2018年以来,各地各部门坚持将实施乡村振兴战略作为做好新时代“三农”工作的总抓手,围绕到2020年推动乡村振兴取得重要进展、制度框架和政策体系基本形成的阶段性目标,下功夫推动解决城乡二元结构问题。

坚持党管农村,加强乡村振兴组织领导。各地各级党委、政府高度重视,结合本地实际情况,制定推动乡村振兴的具体意见和阶段性规划,成立党政一把手牵头的推进实施乡村振兴战略领导小组,省市县乡村五级书记抓乡村振兴的工作格局初步形成。广东省积极开展农村基层党建"头雁"工程,撤换调整不称职、不胜任村党支部书记498人,派驻在岗第一书记3696名,农村基层党组织的领导核心和战斗堡垒作用进一步加强。河南省高质量推进农村"两委"换届,实现党支部书记和村委会主任"一肩挑"的村占比40.3%,积极推广村级重大事项支部提议、"两委"会议商议、党员大会审议、村民代表大会或村民会议决议和决议公开、实施结果公开的基层民主决策机制,并通过设立村级监督委员会,健全基层党风政风监督检查机制,实现农村重大问题由农民自己决定,推动完善现代乡村治理体制。

坚持因地制宜,培育乡村产业发展动能。各地坚持将深化农业供给侧结构性改革作为乡村产业振兴的主线,因地制宜、有序推进特色农业产业发展。河南省持续推动粮食生产核心区建设,累计建成高标准农田6097万亩,粮食产能稳定在1200亿斤以上。安徽省加快"两区"划定工作,在全国率先完成5200万亩粮食生产功能区、1900万亩重要农产品生产保护区划定任务。广东省设立全国首个农业供给侧结构性改革基金,山西省调整优化农业结构,着力培育杂粮、畜牧、蔬菜、果业、中药材、酿造等特色农业产业。湖北省大力发展农产品加工业,2018年前三季度农产品加工业营业收入超过8300亿元,同比增长8.9%。海南省、浙江省以推动一二三产融合发展为切入点,积极发展乡村新产业新业态,海南省依托热带农业资源和农耕文化,推进61家"共享农庄"试点建设,浙江省建成单个产值10亿元以上的示范性农业全产业链55个,农产品电商销售额突破500亿元。

坚持汇集力量,强化乡村振兴人才支撑。各地坚持将人力资本开发放在乡村振兴的重要位置,积极推动乡村人才振兴。安徽省、山西省实施乡村本土人才培育计划,着力培养"土专家""田秀才"等有一技之长的农村实用技能人才,目前山西累计培训农村劳动力21.22万人。广东省积极培育新型农业经营主体和职业农民,目前共培育农业龙头企业3805家,培训新型职业农民3万人。湖北省、江西省采取有效措施吸引各类人才到农村创新创业。湖北省推动实施以市民下乡、能人回乡、企业兴乡为主要内容的"三乡工程",2018年以来,已带动3.1万名各类人才回乡创业;江西省实施"一村一名大学生"工程,培养的4.7万名大学生中有37.1%成为村"两委"干部,42.5%在农村创新创业。贵州省不断健全农业技术服务体系,引导农技人员下乡村基层为农民提供生产技术服务,目前在基层服务的农技人员有18994人,累计培训农技人员10万人次,培训农民222万人次。

坚持文化引领,推动乡村文化发展繁荣。各地在推动乡村振兴中坚持既要塑形,也要铸魂,着力提升农民精神风貌和乡村社会文明程度。贵州省按照县有图书

文化馆、乡镇有文化站、村有文化大院的要求，推动构建乡村文化网络体系，2018年以来，先后为71个乡镇1000个贫困村和142个数字文化驿站配置了公共数字设备。湖北省投入资金200亿元，新建改建市县文化场馆150个，建设乡村基层文化广场1万个，不断推动文化设施向基层延伸。广东省探索社会力量参与乡村文化新模式，2018年，省财政投入“戏曲进乡村”专项经费705万元，到基层演出1278场，有效增强了乡村公共文化服务供给。河南省大力开展乡村移风易俗运动，建立村规民约和村民议事会、道德评议会、红白理事会、禁毒禁赌会“一约四会”制度的村占比超过90%，有效改善农村大操大办、厚葬薄养、人情攀比等陈规陋习。

坚持绿色发展，建设生态宜居美丽乡村。各地正确处理农业农村发展与生态环境保护的关系，推动构建人与自然和谐共生新格局。广东省按每村1000万元的标准支持粤东西北地区推进生活垃圾和污水处理，养殖废弃物资源化利用率达到73%。海南省实施生态环境六大专项整治行动，建立起覆盖全省的垃圾清扫保洁体系、收集转运体系和无害化处理体系，其中，琼中县率先推动了富美乡村水环境治理PPP模式。江西省积极推动实施“厕所革命”，为73.5%的农户配备了冲水式卫生厕所。贵州省启动重点生态区位人工商品林赎买改革试点，推动解决生态功能区内人工商品林处置难、收益难的现实问题，实现了社会得绿和林农得利双赢。浙江省持续推进“千村示范万村整治”工程，实现2.7万个村庄整治全覆盖，按照“绿水青山就是金山银山”的路子，积极发展乡村旅游、休闲农业、养生养老等新产业，目前，乡村文旅产业总产值已达到353亿元，真正实现了生态美和百姓富的统一。

坚持以人为本，提升乡村民生保障水平。各地紧紧围绕农民群众最关心、最直接、最现实的利益问题，不断提升农村基础设施建设和基本公共服务水平。河南省开展农村饮水安全巩固提升工程，行政村通自来水率达到85%，在41.3%的行政村建立了幼儿园，实现行政村通宽带互联网百分之百全覆盖。广东省2018年投入教育经费338.4亿元，提高农村基础教育普及度，将农村子女参加义务教育、入读高中(含中职)和大专院校的生活补助提高到每人每年3000元、5000元和10000元。湖北省累计建设乡村公路3.8万公里，农村低保标准达到5194元，特困救助供养标准达到9265元。海南省将贫困人口大病起付线由8000元降低至4000元，对11种大病开展专项救治，将25种慢性病门诊费用报销比例提高至80%。浙江省已全面消除4600元以下的绝对贫困现象，城乡居民收入差距为全国省区最小。

坚持融合发展，完善乡村振兴扶持政策。各地着眼于推动城乡融合发展，不断推动农村产权制度改革，优化要素市场配置。河南省把乡村振兴作为财政支出的优先保障领域，2018年，累计投入1299.4亿元支持乡村振兴。海南省在加大财政投入保障的同时，统筹整合涉农资金17亿元用于乡村振兴。贵州省加大乡村振兴金融支持，截至2018年6月，全省银行业金融机构涉农贷款余额1万亿元，农业保险向

13.5 万户农户支付赔款 1.71 亿元。广东省推动完善用地保障政策,预留 7.5 万亩城乡建设用地规模支持乡村振兴,将农村建设用地拆旧复垦指标、耕地占补平衡指标交易资金全部用于乡村振兴,支持村级组织和农民工匠实施乡村小型工程,推动实现农民"自选、自建、自管、自用"。安徽省不断深化农村土地制度改革,承包地确权面积 8057.1 万亩、确权农户 1215.9 万户。

二、主要问题

总体来看,各地推动实施乡村振兴战略开局良好,取得初步成效,但乡村振兴仍处于起步阶段,距离实现乡村全面振兴的目标,距离广大群众的期望仍有一定差距,进一步推动实施乡村振兴战略,破除城乡二元结构还面临着一些问题。

城乡区域发展不平衡仍是最大短板。受多种因素影响,农民持续稳定增收难度增大,广东省作为全国经济最为发达的省份之一,仍有 2 个地级市、21 个县的农民收入低于全国平均水平,粤东、粤西、粤北地区农民收入仅相当于珠三角地区的 66%、73%、67%,截至 2017 年年底,仍有 59.5 万相对贫困人口未脱贫,贫困发生率 1.52%;湖北省城乡居民收入比由 2008 年的 2.58∶1 缩小到 2017 年的 2.31∶1,但绝对差额却从 8063 元扩大到 18077 元;贵州省尽管农民收入连年保持较快增长,但城乡居民收入比仍达到 3.28∶1。农村地区发展普遍滞后。水、电、气、路、网等基础设施建设历史欠账较多,投入不足与重复建设问题并存,其中,乡村生活垃圾、污水处理设施是突出短板,目前安徽省农村无害化卫生厕所普及率不到 50%,已建成污水集中处理设施的乡镇不到 50%;广东省尚有 70%的自然村没有实现生活污水集中处理。教育、医疗、卫生、文体、社保等基本公共服务难以满足群众对美好生活的向往。其中,基础教育、医疗卫生服务质量和水平不高是面临的突出问题,乡村基本办学条件较差,教师编制存在结构性矛盾,且待遇较低,面临着资源不足和普惠性不够双重矛盾;村级医疗卫生室尚未实现全覆盖,医疗设施设备不足,运转经费保障水平低。贫困地区脱贫攻坚任务艰巨。山西省剩余贫困人口中无劳动能力或丧失劳动能力的占比 43.1%,大病、慢病和残疾群体占比 31.6%;江西省瑞金市 2017 年实现脱贫摘帽,已将到 2020 年的省级和赣州市级财政奖扶资金用完,巩固提升完全依靠本级财政统筹,困难较大;不少地区客观存在着贫与非贫在帮扶政策上的"悬崖效应"。

乡村要素投入和部门协调推进的体制机制尚未形成。乡村振兴稳定的资金投入机制尚未建立,一些地区一些年份农业总投入增长幅度高于财政经常性收入增长幅度的法定要求没有落实。乡村振兴过度依赖财政专项资金,投入渠道有待拓宽,土地出让金、政府债务资金等用于乡村振兴的比例较低,由于缺乏有效激励约束机制,金融资本和社会资本进入农业农村的意愿不强。乡村公益性设施用地紧张,新产业新业态发展用地供给不足,农业设施用地建设标准低、审批手续繁杂,推动现代农业发展必要的配套设施用地和附属设施用地审批难度较大。激励引领规划、科

技、经营管理等各类人才服务乡村振兴的保障政策尚不完善,特别是熟悉农村、了解农业的乡村规划人才缺乏,农房建设无序,有新房无新村,规划脱离实际,乡村建设规划、土地利用规划、产业发展规划、环境保护规划之间的协调性不够。深化农村综合改革缺乏法治保障,农村土地征收、集体经营性建设用地入市、宅基地制度改革、农村承包土地经营权和农民住房财产权抵押仅在试点地区开展,农村集体产权制度改革缺乏上位法支持,农村资源变资产的渠道尚未打通。一些地方制定的乡村振兴政策文件较为原则,针对性和可操作性不强,财政、发改、住建、环保、农林等部门推动乡村振兴的政策措施仍有待进一步协调,条块项目和资金需要进一步整合。

农民参与乡村振兴的内生动力不足。一些地方在推动乡村振兴过程中仍存在要项目、等资金、靠上级的思想,“靠着墙根晒太阳、等着政府送小康”、“政府干、农民看”等现象依然存在。一些地方农村基层党组织发挥领导核心作用不够,组织发动群众的方式方法陈旧,干部拍板多、农民声音少,发挥农民主体地位和主战作用不够。乡村本土实用技能人才缺乏,农民自主创业、自我发展能力弱,成为制约农民发挥主战作用的重要因素,目前安徽省共认定农村各类实用人才 158 万人,仅占农村常住人口的 5.4%,河南省农学专业学生数量从 20 年前的 6%下降到目前的 1.7%。农村集体经济发展滞后,经营体制不健全,管理不规范,一些村既没有村集体企业,也没有集体积累资金,河南省 2017 年无经营收入的村有 34288 个,占总量的 74.5%。农业现代化和乡村产业发展缺乏有能力、有热情的带头人,新型经营主体与农民的利益联结机制尚不够紧密,辐射带动农户能力有待提升。

乡村产业发展质量和水平仍需提升。乡村产业振兴基础仍不牢固,农业有产品无品牌、有品牌无规模、有规模无产业问题依然存在,发展质量和综合效益有待进一步提升。农业生产结构不优,农产品供给仍以大路货为主,优质绿色农产品占比较低。农业科技创新能力不强,科技成果转化不快,基层农技服务人员普遍数量不足,且服务缺乏针对性,缺少农产品从产地到餐桌、从生产到消费、从研发到市场的全产业链科技支撑,目前广东省农业科技投入占总量的比重不到 10%,农业科技成果转化率只有 50%。农产品深加工能力不强,农业企业规模普遍较小,且大多数停留在初级加工状态,农产品标准化程度低,产品质量认证滞后,产业链条短、附加值不高。与农业现代化相适应的社会化服务体系发展不充分,仓储、冷链、物流、信息咨询等服务较为缺乏,农村地区物流经营成本高,影响农村电商发展。对乡村旅游、休闲农业等新产业新业态发展的统筹规划不够,个别地方一哄而上、可持续性较差、同质化问题突出。

农村地区基层社会治理有待加强。农村大量青壮劳动力外出务工,“空心化”现象普遍,河南省部分县外出务工人员占农村劳动力比重达到 75%以上,乡村“熟人社会”的治理结构和约束机制逐步发生变化,“散”的特征更加明显,客观上造成乡村

治理难度加大。一些地方行政村所辖自然村较多,存在着"治权"与"产权"脱节现象,农村集体资产属于自然村即村民小组所有,但自然村有资产却缺乏自治组织,个别的还没有建立基层党组织,行政村有自治组织却没有集体资产,难以有效实施管理,这在一定程度上束缚了对农村资源资产的有效整合。一些地方将推动乡村振兴的主要精力、资源、项目集中投向核心村,对自然村的整治建设重视不够,行政村与自然村之间发展不均衡。基层普遍认为村民委员会三年一届时间较短,一些村干部"一年看、两年干、三年等着换",不利于持续稳定开展乡村振兴工作。乡镇一级机构设置和职能配置仍待优化,事权和财力不匹配,如何推动乡镇行政管理与基层群众自治有效衔接和良性互动仍需下功夫。

推动农业农村绿色发展任重道远。农业生态功能恢复和建设任务艰巨,一些地方发展农业生产仍是拼资源拼消耗的传统方式,化肥、农药、兽药和饲料等农业投入品过量使用,畜禽养殖废弃物资源化利用不够,农业面源污染严重。尽管化肥、农药零增长行动取得了一定成效,但由于前期使用基数大,施用总量仍保持在较高水平,减量行动成效不够明显,一些经营者回收农药包装和施用废弃物不力,对环境造成不同程度污染。废水灌溉、废气排放、固体废物倾倒、堆放和填埋、地膜残留、设施农业发展不规范等多种因素叠加,造成不少地方的耕地和地下水污染,对农村生态安全造成隐患。生态补偿机制尚需完善,一些村庄处于生态保护禁限制开发区,付出的机会成本较多,却没有得到相应的政策扶持和经济补偿。

三、若干思考

实施乡村振兴战略要深入贯彻落实习近平新时代中国特色社会主义思想,始终坚持农业农村优先发展的原则,立足实现农业和农村两个现代化,不断推动各类资源要素城乡之间自由流动、平等交换,加快形成工农互补互促、城乡全面融合的新型工农城乡关系。

进一步增强推动乡村振兴的政治自觉和行动自觉。一是持之以恒推进乡村振兴。各地各部门要深入学习贯彻落实习近平总书记关于新时代"三农"工作的重要论述,不断细化实化乡村产业振兴、人才振兴、文化振兴、生态振兴、组织振兴的政策措施,研究解决实施过程中遇到的实际问题,确保乡村振兴持续推进、逐年见效。二是分类有序推进乡村振兴。各地要坚持因地制宜,坚持先点后面、示范引领,从不同区域的实际出发,明确不同村庄、不同阶段乡村振兴的发展要求和具体目标,分梯次、有重点、多样化推动乡村振兴。三是层层落实推进乡村振兴。要着力完善乡村振兴的领导责任机制,明确市县党政领导班子和领导干部推进乡村振兴的责任,将各项工作任务分解到基层政府和相关职能部门,将五年目标任务分解到每个年度,通过定期分步督查和工作实绩考核,推动建立层层抓落实的责任体系。

进一步推动解决城乡区域发展不平衡的问题。一是将富裕农民作为乡村振兴

的基本出发点。把增加资产性收益作为下一步推动农民持续增收的重点，积极推动农村“三块地”转化为农民可经营、可收益的资本，赋予农民更多财产性权利。以提升小农户的市场化、组织化程度为目标，明确将带动小农户发展、农民增收作为工商企业进入乡村的条件，给予优先准入和政策支持。将建立与农民紧密的利益联结机制，作为各类新型经营主体享受优惠扶持政策的前提，通过保底收入、股份分红、利润返还、品牌溢价收益等方式，推动建立农民持续增收的长效机制。二是将补齐农村垃圾、污水处理短板作为改善农村人居环境的主攻方向。在中央或省级设立人居环境整治专项资金，加大对农村垃圾、污水处理和“厕所革命”的财政支持，同时鼓励有条件的村集体投入，积极推行PPP模式，吸引社会资本参与建设运行。探索农村垃圾、污水处理设施运行管护的“受益者付费”制度，推动建立市场化运作机制。开展农村垃圾分类和有机易腐垃圾处理试点，研究制定农村水污染排放、污水处理分级分类标准，研发推广经济实用、符合农村实际的污水处理、改厕技术。三是将提升农村教育、医疗服务水平作为改善乡村基本公共服务的优先选项。完善农村学校教师编制标准和相关管理制度，扩大乡村教师特岗计划实施规模，加大省级财政对乡村教师工资待遇的统筹力度。在配备常规医疗诊断设备、提高乡村医生待遇的基础上，将解决必要运转经费作为下一步工作重点。推动建立以病种为基础的基层首诊制度，通过对首诊病种给予医保报销倾斜，引导优质医疗资源下沉乡村。四是坚持将脱贫攻坚作为乡村振兴的底线任务。在确保如期完成脱贫攻坚任务的基础上，着眼于绝对贫困消灭后如何推进农村欠发达地区实现乡村振兴，在国家层面制定出台相对贫困地区可持续发展和农村低收入群体稳定增收的政策意见，确保扶持政策在2020年后一定时期内稳定不变，解决非贫困村贫困人口和贫困村非贫困人口发展问题，同时将新发生的返贫人口纳入帮扶体系，推动建立脱贫刚性保障机制，提高普惠性社保标准，增强社会保障的财政刚性支出。

进一步完善城乡深度融合发展的扶持政策体系。一是健全乡村振兴稳定投入保障机制。依法落实农业投入总量增幅高于财政经常性收入增幅的法定要求，把金融资源配置到乡村振兴的关键领域和薄弱环节，撬动更多社会资本投入乡村建设的经营性、准经营性项目，推动形成财政优先保障、金融重点倾斜、社会资本积极参与的多元化投入格局。二是拓宽乡村振兴投入渠道。建立将大部分土地出让金用于支持乡村振兴的分配导向，推动地方划定土地出让金用于乡村振兴的最低比例。适度放宽地方政府债务限额，支持其通过发行一般性债券筹集乡村振兴资金，稳步推进地方政府专项债券管理改革，试点发行项目融资和收益自平衡的专项债券，支持有一定收益的乡村公益性项目建设。三是提高乡村振兴用地保障。推动各地通过预留部分城乡建设用地规模、盘活使用农村存量建设用地并给予新增建设用地奖励指标、简化现代农业发展所需配套设施用地审批程序等方式，保障乡村产业发展、公益性基础设施建设用地需求。将宅基地复垦、耕地占补平衡新增建设用地指标优先满足所在村乡村建设需求,推动节约指标跨省流转,交易资金全部用于支持乡村振兴。四是完善人才流向乡村保障政策。细化落实各类专业技术人才返乡创业、扎根基层、服务乡村的扶持政策措施,在人员编制、住房保障、子女入学、社保衔接、创业扶持等方面创造良好政策环境,同时将职称评定、福利待遇与推动乡村振兴实绩、服务基层贡献挂钩,确保人才引得来、留得住、有作为。要把推动规划人才下乡服务作为当前的首要任务,为推动乡村有序建设、规范发展打下基础。五是创新乡村振兴项目审批管理方式。不断深化农业农村领域"放管服"改革,研究制定适合农村实际的项目审批和资金使用指导意见,进一步优化项目审批流程和资金使用管理制度。统筹协调分属不同部门和领域的项目、试点和考核要求,加大项目和资金整合力度,增强市县政府自主统筹空间,提高项目实施效果和资金使用效率。

进一步发挥农民推动乡村振兴的主体作用。一是不断完善乡村基层社会治理机制。以强化乡村基层党组织和自治组织建设为重点提升乡村社会治理水平,推动乡村基层党组织、村民自治组织将组织和工作覆盖向下延伸至自然村和村民小组,推动自然村和村民小组设立村民理事会,配合村委会开展村民自治和农村公共服务。以服务乡村振兴为导向优化乡镇机构设置和人员配备,按照服务乡村职能范围划定乡镇财政支出基数,对适宜通过社会化提供的公共服务项目,积极探索通过政府购买服务方式完成。二是充分调动农民参与乡村振兴的积极性。坚持农民乡村振兴的建设主体、受益主体和治理主体地位,积极推行一事一议、以奖代补、以工代赈等方式,鼓励农民对直接受益的乡村基础设施建设投工投劳,对财政支持的小型项目,优先安排农村集体经济组织、农民合作组织作为建设管护主体,不断增强广大农民群众推进乡村振兴的责任感。三是倡导改革创新的时代精神。将大力弘扬独立自主、自力更生、与时俱进的改革创新精神,作为推动乡村文化振兴的重要内容,积极推动广大农民群众创新创业,为推动乡村振兴提供持久精神动力。四是有效激发乡村现有人才活力。健全完善农村就业服务体系,以加强职业教育培养实用技能人才为切入点,将与乡村产业发展相关的专项技能培训纳入补贴范围,提升农村劳动力就业质量。参照师范生免费教育政策,对定向培养、服务乡村基层的涉农专业学生免收各项学杂费,增强涉农专业吸引力。五是发展壮大农村集体经济。深入推进农村集体产权制度改革,将村组两级集体资产、资金、资源纳入统一管理,推动集体经营性资产股份合作制改造,夯实乡村自我发展的经济基础,增强村级集体经济投入乡村公益性设施建设的资金实力。鼓励整合利用集体积累资金、政府扶持资金等,通过入股农业产业化龙头企业、村企共建等方式发展集体经济。

进一步构建一二三产融合发展的乡村产业体系。一是以实现农业现代化夯实产业融合发展的基础。要始终坚持将提升粮食生产能力和强化支持保护体系作为

确保国家粮食安全的关键,加快划定、保护建设粮食生产功能区。同时要不断深化农业供给侧结构性改革,在国家层面调整优化农业生产结构和产业布局,支持地方根据当地资源比较优势,以特色种养殖业为基础,推动与之配套的农产品精深加工、仓储物流、生产经营服务业发展,通过农村二三产发展推动一产提升发展质量,增强绿色优质农产品供给,形成产业链条完整、区域性特色明显的乡村产业体系。二是通过科技创新和市场化建设为产业融合发展提供支撑。坚持市场化导向,推动各类新型农业经营主体、基层农技推广机构、农业科研院所和高校建立创新创业联盟,促进科技成果快速转化,实现农产品多层次、多环节转化增值。不断优化乡村投资和营商环境,破除政策壁垒,鼓励工商资本积极参与乡村产业发展,通过引进资金、技术、人才和先进管理经验,推进农业品牌化、市场化和专业化建设,通过给予信贷、用地、税收等优惠政策,促进农产品加工业做精做专、做大做强,特别是要确保农民分享流通环节增值收益。三是推动多规合一规范引领产业融合发展。将乡村产业发展纳入国民经济发展规划和目标考核,推动产业发展规划与村庄建设规划、土地利用规划、环境保护规划有机衔接。在各专业规划编制中,协调安排农村一二三产融合发展的空间布局、用地规模、生态要求,统筹推进乡村旅游、生态养生、休闲农业、电子商务等新产业新业态,促进各地乡村旅游特色发展、集点成线,引导从业人员诚信经营、形成品牌,培育好稳定市场。

进一步推动农业绿色发展和农村生态环境整治。一是强化以绿色生态为导向的支持保护政策。建立耕地土壤修复基金,加大对农村生态清洁流域治理的财政支持,完善畜禽粪污、农作物秸秆、废旧农膜、病死畜禽等农业废弃物多元化利用的财政补贴制度,对在乡村投资绿色产业比照高新技术企业给予税收优惠政策,在落实农药化肥使用量零增长的基础上,尽快确定投入品减量使用的行动目标和时间表,督促生产经营者落实高毒农药定点经营、实名购买和废弃物回收等相关规定。二是统筹乡村生态保护修复和资源合理利用。加快划定乡村生态功能保障基线和自然资源利用上线,明确乡村建设和产业发展不得触碰的生态红线。在确保生态环境质量安全的基础上,合理开发利用乡村生态资源,推动将山水林田湖草、农耕文化、康养资源转化为产业优势,让良好生态环境成为乡村产业振兴的重要支撑点。三是健全完善生态保护补偿机制。按照谁开发谁保护、谁受益谁补偿的原则,加大中央财政转移支付和受益地区财政支持力度,同时积极探索市场交易方式和范围。将落实生态补偿制度与推动经济欠发达地区转型发展结合起来,纳入国家区域发展战略统筹考虑,推动这些地区建立生态补偿、保护开发、建设发展相融相生的长效体制机制。

进一步提升乡村振兴法律法规和制度供给水平。一是加快起草乡村振兴促进法。乡村振兴促进法要立足于推动城乡融合发展,破除城乡二元发展的体制机制性

障碍，在推动资本、土地、人才、技术等基本生产要素城乡合理配置、自由流动、平等交换方面做出制度性安排。要紧扣农业农村经济社会发展中面临的突出问题，在发挥市场资源配置决定性作用的基础上，更好地发挥政府作用，强化推动乡村振兴的法律责任，增强刚性约束。二是适时制定修改相关法律法规。修改土地管理法、物权法、担保法，依法赋予农村土地经营权入股和担保融资权能，适度放活宅基地和农民房屋使用权，推动农村集体建设用地入市。加快研究制定有关农村集体经济组织、集体产权管理方面的法律法规，规范集体经济组织法人登记、成员确认、经营管理。修改城乡规划法，推动形成城乡融合、区域一体、多规合一的乡村建设规划体系，发挥规划在乡村振兴中的引领作用。修改村民委员会组织法，调整基层自治组织任期规定，与基层党组织每届任期一致。三是完善乡村振兴相关制度规范。修改国有土地使用权出让收支管理办法，提高土地出让收入投入乡村振兴的比例。加快制定金融服务乡村振兴指导意见和考核评估办法，研究制定新型农村合作金融管理办法，推动建立激励与约束并重的农村金融服务体制，规范农村合作金融组织开展资金互助合作，为农业农民提供直接融资服务。完善资源税费征收使用管理制度，建立与市场化多元化生态补偿协调一致的税费机制。

（选自《求是》，2019 年第 3 期）

思考与练习

1. 调查报告与总结有哪些异同？

2. 调查报告的作用有哪些？

3. 调查报告的主要特征是什么？

4. 调查报告一般由哪几部分构成？主体部分常用的结构形式有哪些？

5. 什么是分析？什么是综合？两者在写调查报告的过程中具有怎样的作用？

6. 选取工作、学习或生活中的某一方面的问题，先设计一张调查问卷表，然后发放、收回、统计问卷，最后写一篇专题调查报告。

大学生心理健康
状况调查问卷

第五节　规章制度

一、规章制度的概念、作用和特点

(一)规章制度的概念

规章制度是国家机关、社会团体和企事业单位为在一定范围内建立正常的工作、劳动、学习、生活秩序,规范人们的行为,依照国家法律、法令、方针、政策和实际情况而制定的具有法规性、指导性、权威性和特定约束力的应用文书。规章制度是一个总的称呼,日常所见的各种制度、公约、章程、条例、规定、规则、细则、守则、办法、标准、须知等均属于规章制度。具体到某一文种,则总是针对一定范围内的事项和人员制定的,对其范围以外的人没有约束力。按照《中华人民共和国宪法》和有关法律法规的规定,制定各种规章制度的权限是:全国人民代表大会及其常务委员会制定法或法律;国务院制定行政法规;国务院各部委制定行政规章;省、直辖市的人民代表大会及其常务委员会制定地方性法规;县级以上的人民代表大会和人民政府制定规章;人民团体、企事业单位根据本部门的权限制定某些规定,一般称规章制度;也有的规章制度是由群众在自觉的基础上讨论通过的。各种规章制度一般都采用公布的方式让人们周知,以便遵照执行。

(二)规章制度的作用

1. 国家强盛、社会安定的保证。韩非子说:“国无常强、常弱,奉法者强,则国强,反之国亡。”国家的强盛首先要有健全的法律和规章制度,以此治理国家,国家才能长治久安。社会是一个整体,它由无数个体组成。在社会中,人与人之间的相处需要有一定的规范要求和约束限制,需要有一定的行为准则,这样才能使人们友好相处,促进社会的安定团结。如果没有任何规章制度,就会给社会造成混乱。建立和健全规章制度,有利于明确职责,协调工作,严格组织纪律,建立和维护正常秩序;有利于约束行为,规范道德,使社会成员得到教育和自我教育。所以说,规章制度不仅是人们日常活动的重要准则、有关单位开展工作的重要依据,而且是国家强盛、社会安定的重要保证。

2. 执行方针、政策的保证。党和国家的方针、政策是社会主义建设的行动纲领,而方针、政策的贯彻执行往往要借助规章制度来加以明确和规范。比如,国家财经工作方面的方针、政策的执行,就辅之有各种相关的法规、细则、准则、条例等,用以明确应遵守的事项、职责范围、违规的处罚等,以切实保证党和国家的财经方针、政策不折不扣地执行。可以说,规章制度是党和国家方针、政策的具体化,反过来又为党和国家方针、政策的实施提供可靠的保障。建立健全各项规章

制度，对加强社会主义民主法制建设、保障现代化建设事业的顺利进行具有至关重要的作用。

3. 加强管理、做好工作的保证。规章制度是国家行政机关进行有效管理的重要手段。各种行政法规不仅可以对政治、经济等领域的重大事项和问题予以立法性规定，以强化国家对地方各项工作的管理，而且可以对某一组织的建立及其宗旨、任务、机构、职权范围或某些专门人员的任务与职权做出原则性规定，以保证工作的正常进行。此外，还可以对某一重要事项或问题提出具体的指导性意见，规定明确的原则性措施，制定相应的实施办法，以作为处理实际问题的执行依据。各单位为保证工作正常有序地进行，制定出必要的、应遵守的规章制度。一般来说，这种规章不像法规那样具有法律和行政的强制力，但在其规定的范围内却具有道德和组织的约束力。例如，商店里如何待人接物、规范服务的店规，工厂里的厂规厂纪，学校里的校规校纪等，都可以明确各人的职责，规范人们的行为，增强各自的责任感，使工作更有效、更健康地开展。

（三）规章制度的特点

1. 法规性。规章制度的法规性是由制发单位的权威性和内容的严肃性决定的。我国宪法对制定规章制度的权限有明确的规定。各级机关依据立法程序及各自管辖的范围制定规章制度，其所有内容都必须符合宪法和有关法律法规的规定，不得与之相抵触。作为人们的行为规范，规章制度的每一章节、每一条款都必须有明确的含义，如执行的范围、执行的条款、执行的标准和要求等都要规定得清清楚楚，明明白白，使人们知道“应该做什么”“不应该做什么”，使守法者有法可依，有章可循，使“行为不轨”者无空可钻。

2. 约束性。规章制度是依照法律、法规、政策制定的法规性文书，一经公布，就对单位或个人的言行举止、工作职责、纪律和秩序等有强制性和约束力，有关方面及相关人员必须贯彻执行，不得违反。缺少了强制性和约束力，规章制度也就失去了应有的作用和意义。

3. 严密性。规章制度的法规性决定了它行文的严密性、明确性，具有庄重、严肃的语言风格。凡规章制度所涉及的有关方面，都要做相应的规定，不能有遗漏和疏忽。规章制度在措辞上要准确严谨，一是一，二是二，不能有歧义，不能含混不清，似是而非，或自相矛盾。制定规章制度是一件非常严肃、郑重的事情，一定要反复斟酌，仔细推敲。

二、规章制度的文体种类

规章制度包括条例、章程、规定、办法、细则、规则、公约、须知、守则、通则、要则、规程、制度、准则、标准等诸多文体。不同的规章制度适用不同的范围，具有不同的

制发者和作用。我们要明确认识规章制度各文体的概念、特点、适用范围和行文格式，以便正确地选择和使用规章制度的文体。

（一）条例

条例是由国家最高权力机关、最高行政机关对某一法律、法规、政策做出较为全面而原则的规定，或对某一工作事项制定出实施原则和方法等的法规性文书。条例一般用于规定国家政治、经济、军事或文化等某一方面工作、活动的准则，如《中华人民共和国治安管理处罚条例》《国家建设征用土地条例》《中华人民共和国居民身份证条例》《住房公积金管理条例》《中华人民共和国军衔条例》等；或用于对某一机关的组织、职权以及某些专门人员的任务、职责、权限等做出原则、系统的规定，如《城市居民委员会组织条例》《会计人员职权条例》等。条例的写作必须有“条”有“例”。“条”是正面规定应该怎么做和不应该怎么做的条文；“例”是从反面规定如果违反了正面“条”的规定该怎么处理的条文。“条”和“例”的次序，通常总是条前例后，以条为主。条例的法规性、约束力极强，一般由重要会议讨论通过，经国家权力机关批准后实施，一般机关、基层单位不宜乱用。

（二）章程

章程是对某一组织或社会团体的性质、宗旨、任务、组织结构、组织成员、权利、义务、纪律及活动规则等做出的规定，如《中国共产党章程》《中国人民对外友好协会章程》《中国语言学会章程》《中国写作学会章程》等。章程的制定者通常是党团组织、群众团体、学术研究组织，并须经这些组织的代表大会通过后才能发布实施。章程作为该组织成员的行动准则，在组织内部起着重要的作用。它保证组织的宗旨不被篡改，成员的权利不被侵犯，规定的活动能正常开展。如果有成员违背章程规定，则要受到组织的谴责和处分，直至被组织开除。可见，章程在组织内具有很强的规范性和约束力。

（三）规定

规定是对特定范围内的工作和事务做出具体规范的文书，它是人们从事某项工作或活动的行为准则。例如，《国家行政机关工作人员回避暂行规定》是就国家行政机关工作人员执行公务时针对回避这一方面的情况做出具体的规定和限制。又如，《关于职工住房问题的若干规定》《关于文书档案保管期限的规定》《国务院关于职工探亲待遇的规定》《商品量计量违法行为处罚规定》等规定，都是针对工作中某一方面的事项提出的，要求有关人员必须遵照执行。规定所规范的对象和范围比较集中，措施和要求也比较具体，比起条例、章程来更多一点现实针对性，也相对少一些长期稳定性。随着时代的进步和社会的发展，原有的规定已经不能适应新的情况，这时就要与时俱进，修订旧规定，做出新规定。

规定有基本规定、暂行规定和试行规定。基本规定属经常性的规定，实施长远，

对工作有长期指导作用。暂行规定是根据近期形势、工作、情况的变化制定的相应的具体的措施,可使近期工作有明确的指导思想,便于开展工作。试行规定是有待充实、完善的规定。基本规定在标题中只写“规定”二字,而“暂行规定”和“试行规定”则要在标题中特别注明。

(四)办法

办法是各级机关主管部门根据国家法律、法规和政策,针对某一方面的工作或某一事项而提出具体的措施、办法和要求的文书,如《工商企业登记管理试行办法》《医疗事故处理办法》《中华人民共和国边境管理区通行证管理办法》《乡镇企业劳动卫生管理办法》等。办法有解释、补充、贯彻国家法律、法规、条例、规定的作用。例如,《中外合资经营企业登记管理办法》第一条就明确指出:“根据《中华人民共和国中外合资经营企业法》的规定,为了对中外合资经营企业进行登记管理,保障合法经营,制定本办法。”《注册会计师全国统一考试办法》则是根据《中华人民共和国注册会计师法》的规定,为规范注册会计师全国统一考试组织工作而制定的办法。

办法、条例、规定三者之间的区别在于:条例比较全面、系统、原则,它针对整个工作的各个方面,法规性和约束力较强。办法比较具体,对象范围也小些,重点突出某一方面的工作内容、做法,供实施者参照执行。规定介于条例、办法两者之间,比条例要具体些,比办法要原则些,要求照章执行,具有法规效力。

(五)细则

细则是对某项法令、条例、规定或其中的部分条文进行解释或说明的文书。它是一种派生性的文件,是对有关法令、条例的辅助性规定和补充说明,使之具体化,更便于执行。细则往往又称“实施细则”和“施行细则”。例如,《中华人民共和国居民身份证条例实施细则》就是为贯彻执行《中华人民共和国居民身份证条例》而制定的;《对外汇、贵金属和外汇票证等进出国境的管理施行细则》则是为贯彻执行《中华人民共和国外汇管理暂行条例》第27、28、29和30条所制定的。细则的条款比条例、规定的条款更详尽,更具体,更细致。

(六)规则

规则是在某一局部范围内对有关人员或某项事务活动做出的具体规定,要求大家共同遵守执行,如《档案室规则》《考场规则》《演讲比赛规则》《交通规则》等。规则所针对的对象比较集中和单一,涉及的范围也比较小,仅在一定的范围和时间内具有约束力。规则多为内部行文,写法较前几种规章制度简单,常采用分条的方法来写。

（七）公约

公约是一定范围内的社会成员为保证有良好的生活、工作、学习和娱乐环境，在自愿协商的基础上制定的行为准则和道德规范，要求大家自觉遵守，如《首都市民文明公约》《爱国卫生公约》《商店服务公约》《安全行车公约》等。订立公约，要充分发扬民主，把群众一致同意的事项写进公约中，没有把握的或还不尽一致的意见暂不要写进公约。公约往往突出强调社会公德，其法规性、约束力没有以上规章制度强，写法也较简单，常采用条文式，一事一条，简明扼要。

（八）须知

须知，是告诉人们在公共场合进行某项工作或活动时必须遵守、注意的事项的一种应用文书。例如，《借阅须知》《游园须知》《观众须知》《乘车须知》《旅客须知》《住宿须知》等。须知通常张贴在有关场所，以便于人们知晓、执行。

（九）制度

制度是国家机关、企事业单位为加强对某项工作的管理而制定的要求有关人员共同遵守的行为准则。例如，国家制定的《关于进出国境的海关检查制度》；各部门单位内的《办公制度》《报告制度》《安全生产制度》《车辆管理制度》《离退休制度》《保密制度》等。

（十）守则

守则是国家机关、社会团体、企事业单位制定的内部成员共同遵守的道德行为准则。守则在一定范围内具有明显的约束力，如《国务院工作人员守则》《高等学校学生守则》《机要人员守则》《中央办公厅秘书局工作人员守则》《汽车驾驶员守则》等。守则在写作时一般都采用分条的办法来写。因为是面向一定范围内的全体人员，所以守则的内容比较原则，要求有较强的适用性、包容性和概括性。

除上所述，规章制度还有通则、标准、准则、规程等文体，这里不再一一介绍。总的说来，通则是国家最高权力机关制定的带有根本性的规章制度；条例、规定、办法、准则是国家行政机关制定的比较具体的带有法规性的规章制度；细则、标准是国家行政机关的职能部门制定的详尽而具体的具有指导性和准则性的规章制度；守则、规则、规程、制度、须知等是各级机关、企事业单位制定的针对某项工作或行动要求有关人员遵守的规章制度；公约则是人民群众或团体经过协商决议而制定的要求大家共同遵守的规章制度。

三、规章制度的文体格式

由于规章制度的种类不同，内容、范围各异，所以，写作格式和方法也有所不同，基本格式是相同的，都有标题、正文和落款三个部分。

(一)标题

规章制度的标题大体上可分为三种:

1. 制发单位名称+事由+文种。这种标题即公文式的标题,由“单位名称”、“事由”和“文种”三部分组成。例如,《国家档案局关于文书档案保管期限的规定》《国务院关于风景名胜区管理暂行条例》等。

2. 制发单位名称+文种。这种标题由制发单位名称和文种组成。例如,《中国共产党章程》《中华全国总工会章程》《中国作家协会章程》《中华全国学生联合会章程》等。

3. 事由+文种。这种标题由事由和文种组成。例如,《关于企业国有资产办理无偿划转手续的规定》《商标管理条例实施细则》《爱国卫生公约》《婚姻登记办法》《自行车棚管理制度》等。

如果该规章制度只是暂行、试行,则应在标题内文种前写明。如果该规章制度是草案,则应在标题后用括号加以注明。有些规章制度在标题下面用括号注明该规章制度何时、何部门、何会议发布、通过、批准、修订等项目。

(二)正文

规章制度的种类很多,各个文种的写法也有所不同,为了便于记忆、引用、查找,一般都采用条款表述法。在思路上,采用演绎法:先一般,后个别;先总纲,后细目;先原则,后例外;先正面,后反面。条款层次最多的有七级,即篇、章、节、目、条、款、项,最少的只有“条”或“项”一级,通常多用“条”“款”两级或“章”“条”“款”三级。无论几个层次,都要从高往低排列,而且章节中所包含的各条要连续排列,写成“流水条”,也称“章断条连”,但每条中的款、项要独立排列。

从全文来看,规章制度的基本结构方式主要有两大类:章条式和条文式。

1. 章条式。章条式的正文一般由总则、分则和附则三大部分组成。每一部分可根据内容多少分若干章,每章分若干条,根据需要条下可分若干款项。

(1)总则。总则常常是放在第一章,主要概括说明制定此规章制度的目的、根据、基本原则、适用范围、主管部门等情况,类似于文章的前言,对全文起统领作用。如果是章程,总则中主要写明该组织或该团体的名称、性质、宗旨、任务等。总则一般只设一章,下分若干条。例如,附录一《党政机关公文处理工作条例》的第一章就是总则部分,共分七条,分别就制定此办法的目的,党政机关公文的性质,公文处理工作的概念、原则,公文处理的管理机构及其职责等做了简要说明。

(2)分则。从总则以下到附则以上,中间的若干章均为分则。“分则”二字一般不写出来。分则是全文的主体部分,根据不同的内容交代不同的事项。例如,章程的分则通常写明成员的资格、条件、义务、权利、组织机构、原则、纪律等;而一些条例、规定、办法、准则的分则部分通常交代必须遵循的具体行为规则,如做法、责任、

要求、处罚办法等。分则中章的数目视内容多少而定。例如,附录一《党政机关公文处理工作条例》从第二章公文种类到第七章公文管理都是分则部分。每章下面分条说明,条的排列顺序是跨章的,即从第一章开始到最后一章,编"流水条"。有的条下有款项,如《党政机关公文处理工作条例》中的"第八条 公文的种类"就列了15个款项;有的条下没有款项,一条就用一个或两个自然段来表示。

(3)附则。附则通常是全文的最后一章,一般说明该规章制度的适用范围、生效日期、与有关文件的关系及其他未尽事宜的处置办法、有解释权的单位名称等内容。附则只设一章,根据需要,下分若干条,也有附在最后不单独成章的。例如,附录一《党政机关公文处理工作条例》第九章就是附则,章下列了五条,分别就公文的处理、对本条例的解释权、本条例的施行日期等做了简要说明。

法规、章程、条例、准则、规则等条文较多、内容较全面和系统的多采用章条式写法。

2. 条文式。内容相对简单的以及非权力机关制定的规章制度常用条文式写作,如守则、公约、须知等。条文式结构方式不分章,而是分条列项来阐述。条文式有两种形式:一种是前言条文式,另一种是条文到底式。

(1)前言条文式。这种形式分前言和主体两部分。前言不设条,而用简明扼要的文字概述制定该文的目的、依据、性质、意义,常用"为了……特制定本规定"或"为了……根据……特制定本守则"。主体部分通常分若干条款,以交代各种规定事项,一般按先主后次、先原则后具体的顺序逐条写。

(2)条文到底式。这种方式是全文都用条款来阐述,不另分段做说明。这样写并非不要前言、结尾,而是将前言、结尾也都用条款标出。在写作时,根据需要,条下也可分若干项表达,在写作中有的不标明"第×条",而用汉字数字"一、二、三……"或用阿拉伯数字"1. 2. 3. "进行表达。如例文2《首都市民文明公约》采用的就是这种写法。

规章制度采用章条式和条文式的写法,条理清晰,层次分明,便于记忆、阅读,便于查找、引证,便于贯彻执行。

(三)落款

在正文结尾后的右下方写上制定本规章制度的单位名称,名称下方写发文时间年、月、日。如果标题下面已经反映了这部分内容,末尾则不必再写。

四、规章制度的写作要求

(一)必须符合国家的法律、法规和政策

各级组织要按照国家的法律、法规和政策来制定规章制度,不能自行其是,另搞一套,或为满足局部利益、小集体利益,搞土政策。例如,中央再三强调严禁在公路

上乱设卡、乱收费，而有的地方依然我行我素，设置层层关卡，制定各种收费标准，为自己创收。订立规章制度时，要深刻学习、领会有关法律、法规和政策文件，做到政策统一、口径统一。凡与法律、法规或以前订立的规章制度相矛盾的地方，一定要及时更正或做出说明。如附录一《党政机关公文处理工作条例》第四十二条就明确指出："本条例自 2012 年 7 月 1 日起施行。1996 年 5 月 3 日中共中央办公厅发布的《中国共产党机关公文处理条例》和 2000 年 8 月 24 日国务院发布的《国家行政机关公文处理办法》停止执行。"这样才便于下级组织贯彻执行。

(二)必须从实际出发，力求切实可行

规章制度是针对工作、业务的实际所做出的具体规定，切实可行是它发生效力的基本条件之一。因此，在制定规章制度时首先要深入基层，了解实际情况，从工作实际出发，做到切实可行，合情合理。实践证明，只有"令顺民心"，才能做到令行禁止。如果脱离群众，闭门造车，人为地设置条条框框，限制束缚人们正当的活动，订立的规章制度不仅会行不通，还会给工作带来严重损失。例如，某部办公厅关于上交礼品的规定中，第三条是："各级领导干部不得接受对执行公务带来影响的礼品。接受礼品的价值超出 200 元的，应在接受之日起 3 日内上交办公厅或办公室。"不难看出，这条规定的"接受之日起 3 日内"执行时会有些问题。如果某领导出国或在外地，"3 日内"就不可能做到。

(三)内容要严谨、周密

规章制度具有严肃的法规性，在一定时期内具有相对稳定性，因此，要尽可能考虑周到、全面，内容要严谨、周密、明确，特别要注意条款之间的内在联系和逻辑顺序。撰写规章制度前一定要认真调查研究，征求有关专家和群众的意见，集思广益，经过反复讨论与修改，然后交有关会议通过或有关机关批准和颁布执行。

(四)语言要准确、简洁

规章制度是政策性很强的文件，在语言表达上应当力求严谨、准确、简洁、清晰、规范，不能有歧义，不能含混不清，更不能前后矛盾或相互抵触。例如，附录一《党政机关公文处理工作条例》第四条就对"公文处理工作"的概念做出说明，以免在执行中因产生歧义而无法正确贯彻执行。此外，拟写规章制度不用"大概""可能""或许"等模糊用语，而应用"应当""必须"等表意确切的词。在规章制度中，应该怎么办，不应怎么办，不得怎么办，都要规定得清清楚楚，语气要坚定恳切，文字要简要明确，表达以说明为主，切忌政论笔法和文学语言。

(五)经常检查，不断完善

规章制度有一定的稳定性，但并非一成不变，随着社会的飞速发展和情况的不断变化，对规章制度也应经常检查，发现问题后，要及时修改、调整、补充，以不断完

善,顺应发展的需要,使之真正成为人们的行为准则。

【例文 1】

营业性演出管理条例实施细则

(2009 年 8 月 28 日文化部令第 47 号公布。根据 2017 年 12 月 15 日发布的《文化部关于废止和修改部分部门规章的决定》第一次修订。根据 2022 年 5 月 13 日发布的《文化和旅游部关于修改〈营业性演出管理条例实施细则〉的决定》第二次修订。)

第一章　总　则

第一条　根据《营业性演出管理条例》(以下简称《条例》),制定本实施细则。

第二条　《条例》所称营业性演出是指以营利为目的、通过下列方式为公众举办的现场文艺表演活动:

(一)售票或者接受赞助的;

(二)支付演出单位或者个人报酬的;

(三)以演出为媒介进行广告宣传或者产品促销的;

(四)以其他营利方式组织演出的。

第三条　国家依法维护营业性演出经营主体、演职员和观众的合法权益,禁止营业性演出中的不正当竞争行为。

第二章　营业性演出经营主体

第四条　文艺表演团体是指具备《条例》第六条规定条件,从事文艺表演活动的经营单位。

第五条　演出经纪机构是指具备《条例》第六条规定条件,从事下列活动的经营单位:

(一)演出组织、制作、营销等经营活动;

(二)演出居间、代理、行纪等经纪活动;

(三)演员签约、推广、代理等经纪活动。

第六条　演出场所经营单位是指具备《条例》第七条规定条件,为演出活动提供专业演出场地及服务的经营单位。

第七条　依法登记的文艺表演团体申请从事营业性演出活动,应当向文化和旅游主管部门提交下列文件:

(一)申请书;

(二)营业执照和从事的艺术类型;

(三)法定代表人或者主要负责人的有效身份证件;

（四）演员的艺术表演能力证明；

（五）与业务相适应的演出器材设备书面声明。

前款第四项所称演员的艺术表演能力证明，可以是下列文件之一：

（一）中专以上学校文艺表演类专业毕业证书；

（二）职称证书；

（三）其他有效证明。

第八条 依法登记的演出经纪机构申请从事营业性演出经营活动，应当向文化和旅游主管部门提交下列文件：

（一）申请书；

（二）营业执照；

（三）法定代表人或者主要负责人的有效身份证件；

（四）演出经纪人员资格证。

法人或者其他组织申请增设演出经纪机构经营业务的，应当提交前款第一项、第四项规定的文件。

第九条 依法登记的演出场所经营单位，应当自领取营业执照之日起20日内，持营业执照和有关消防、卫生批准文件，向所在地县级人民政府文化和旅游主管部门备案，县级人民政府文化和旅游主管部门应当出具备案证明。备案证明式样由国务院文化和旅游主管部门设计，省级人民政府文化和旅游主管部门印制。

个体演员可以持个人有效身份证件和本实施细则第七条第二款规定的艺术表演能力证明，个体演出经纪人可以持个人有效身份证件和演出经纪人员资格证，向户籍所在地或者常驻地县级人民政府文化和旅游主管部门申请备案，文化和旅游主管部门应当出具备案证明。备案证明式样由国务院文化和旅游主管部门设计，省级人民政府文化和旅游主管部门印制。

第十条 香港特别行政区、澳门特别行政区投资者在内地依法登记的演出经纪机构，台湾地区投资者在大陆依法登记的演出经纪机构，外国投资者在中国境内依法登记的演出经纪机构，申请从事营业性演出经营活动，适用本实施细则第八条规定。

第十一条 香港特别行政区、澳门特别行政区投资者在内地依法登记的演出场所经营单位，台湾地区投资者在大陆依法登记的演出场所经营单位，外国投资者在中国境内依法登记的演出场所经营单位，申请从事演出场所经营活动，应当提交下列文件：

（一）申请书；

（二）营业执照；

（三）法定代表人或主要负责人有效身份证件；

（四）依照《条例》第七条应当提交的其他材料。

第十二条　香港特别行政区、澳门特别行政区的演出经纪机构经批准可以在内地设立分支机构，分支机构不具有企业法人资格。

香港特别行政区、澳门特别行政区演出经纪机构在内地的分支机构可以依法从事营业性演出的居间、代理活动，但不得从事其他演出经营活动。香港特别行政区、澳门特别行政区的演出经纪机构对其分支机构的经营活动承担民事责任。

香港特别行政区、澳门特别行政区的演出经纪机构在内地设立分支机构，必须在内地指定负责该分支机构的负责人，并向该分支机构拨付与其所从事的经营活动相适应的资金。

第十三条　香港特别行政区、澳门特别行政区投资者在内地依法投资设立的由内地方控股的文艺表演团体申请从事营业性演出活动，除提交本实施细则第七条规定的材料外，还应当提交投资信息报告回执等材料。

第三章　演出管理

第十四条　申请举办营业性演出，应当在演出日期3日前将申请材料提交负责审批的文化和旅游主管部门。

申请举办营业性涉外或者涉港澳台演出，应当在演出日期20日前将申请材料提交负责审批的文化和旅游主管部门。

第十五条　申请举办营业性演出，应当持营业性演出许可证或者备案证明，向文化和旅游主管部门提交符合《条例》第十六条规定的文件。

申请举办临时搭建舞台、看台的营业性演出，还应当提交符合《条例》第二十条第二、三项规定的文件。

对经批准的临时搭建舞台、看台的演出活动，演出举办单位还应当在演出前向演出所在地县级人民政府文化和旅游主管部门提交符合《条例》第二十条第一项规定的文件，不符合规定条件的，演出活动不得举行。

《条例》第二十条所称临时搭建舞台、看台的营业性演出是指符合《大型群众性活动安全管理条例》规定的营业性演出活动。

《条例》第二十条第一项所称演出场所合格证明，是指由演出举办单位组织有关承建单位进行竣工验收，并作出的验收合格证明材料。

申请举办需要未成年人参加的营业性演出，应当符合国家有关规定。

第十六条　申请举办营业性涉外或者涉港澳台演出，除提交本实施细则第十五条规定的文件外，还应当提交下列文件：

（一）演员有效身份证件复印件；

（二）2年以上举办营业性演出经历的证明文件；

（三）近2年内无违反《条例》规定的书面声明。

文化和旅游主管部门审核涉外或者涉港澳台营业性演出项目,必要时可以依法组织专家进行论证。

第十七条 经省级人民政府文化和旅游主管部门批准的营业性涉外演出,在批准的时间内增加演出地的,举办单位或者与其合作的具有涉外演出资格的演出经纪机构,应当在演出日期10日前,持省级人民政府文化和旅游主管部门批准文件和本实施细则第十五条规定的文件,到增加地省级人民政府文化和旅游主管部门备案,省级人民政府文化和旅游主管部门应当出具备案证明。

第十八条 经批准到艺术院校从事教学、研究工作的外国或者港澳台艺术人员从事营业性演出的,应当委托演出经纪机构承办。

第十九条 歌舞娱乐场所、旅游景区、主题公园、游乐园、宾馆、饭店、酒吧、餐饮场所等非演出场所经营单位需要在本场所内举办营业性演出的,应当委托演出经纪机构承办。

在上述场所举办驻场涉外演出,应当报演出所在地省级人民政府文化和旅游主管部门审批。

第二十条 申请举办含有内地演员和香港特别行政区、澳门特别行政区、台湾地区演员以及外国演员共同参加的营业性演出,可以报演出所在地省级人民政府文化和旅游主管部门审批,具体办法由省级人民政府文化和旅游主管部门制定。

国家另有规定的,从其规定。

第二十一条 在演播厅外从事电视文艺节目的现场录制,符合本实施细则第二条规定条件的,应当依照《条例》和本实施细则的规定办理审批手续。

第二十二条 举办募捐义演,应当依照《条例》和本实施细则的规定办理审批手续。

参加募捐义演的演职人员不得获取演出报酬;演出举办单位或者演员应当将扣除成本后的演出收入捐赠给社会公益事业,不得从中获取利润。

演出收入是指门票收入、捐赠款物、赞助收入等与演出活动相关的全部收入。演出成本是指演职员食、宿、交通费用和舞台灯光音响、服装道具、场地、宣传等费用。

募捐义演结束后10日内,演出举办单位或者演员应当将演出收支结算报审批机关备案。

举办其他符合本实施细则第二条所述方式的公益性演出,参照本条规定执行。

第二十三条 营业性演出经营主体举办营业性演出,应当履行下列义务:

(一)办理演出申报手续;

(二)安排演出节目内容;

(三)安排演出场地并负责演出现场管理;

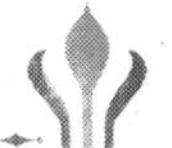

(四)确定演出票价并负责演出活动的收支结算；

(五)依法缴纳或者代扣代缴有关税费；

(六)接受文化和旅游主管部门的监督管理；

(七)其他依法需要承担的义务。

第二十四条　举办营业性涉外或者涉港澳台演出，举办单位应当负责统一办理外国或者港澳台文艺表演团体、个人的入出境手续，巡回演出的还要负责其全程联络和节目安排。

第二十五条　营业性演出活动经批准后方可出售门票。

第二十六条　营业性演出不得以假唱、假演奏等手段欺骗观众。

前款所称假唱、假演奏是指演员在演出过程中，使用事先录制好的歌曲、乐曲代替现场演唱、演奏的行为。

演出举办单位应当派专人对演唱、演奏行为进行监督，并作出记录备查。记录内容包括演员、乐队、曲目的名称和演唱、演奏过程的基本情况，并由演出举办单位负责人和监督人员签字确认。

第二十七条　举办营业性演出，应当根据舞台设计要求，优先选用境内演出器材。

第二十八条　举办营业性演出，举办单位或者个人可以为演出活动投保安全生产责任保险。

第二十九条　鼓励演出经营主体协作经营，建立演出院线，共享演出资源。

第三十条　各级人民政府文化和旅游主管部门应当将营业性演出的审批事项向社会公布。

第三十一条　文化和旅游主管部门对体现民族特色和国家水准的演出，应当依照有关规定给予补助和支持。

县级以上人民政府有关部门可以依照《条例》的有关规定和财务管理制度，鼓励和支持体现民族特色和国家水准的演出。

第三十二条　文化和旅游主管部门或者文化市场综合执法机构检查营业性演出现场，应当出示行政执法证，演出举办单位应当配合。

第三十三条　文化和旅游主管部门可以采用技术手段，加强对营业性演出活动的监管。

第三十四条　各级人民政府文化和旅游主管部门应当建立演出经营主体基本信息登记和公布制度、演出信息报送制度、演出市场巡查责任制度，加强对演出市场的管理和监督。

第三十五条　国家对演出经纪人员实行职业资格认定制度。国务院文化和旅游主管部门对全国演出经纪人员的资格认定、从业活动实施监督管理。各级人民政

府文化和旅游主管部门对本行政区域内演出经纪人员的从业活动实施监督管理。

演出经纪机构举办营业性演出活动,应当安排专职演出经纪人员负责。

第三十六条 演出行业协会应当依据章程开展业务活动,加强行业自律,维护其成员的合法权益。

第四章 演出证管理

第三十七条 文艺表演团体和演出经纪机构的营业性演出许可证包括1份正本和2份副本,有效期为2年。

营业性演出许可证由国务院文化和旅游主管部门设计,省级人民政府文化和旅游主管部门印制,发证机关填写、盖章。

第三十八条 文化和旅游主管部门吊销文艺表演团体或者演出经纪机构的营业性演出许可证,应当通知市场监督管理部门变更其经营范围或者吊销营业执照。

文艺表演团体和演出经纪机构的营业性演出许可证,除文化和旅游主管部门可以依法暂扣或者吊销外,其他任何单位和个人不得收缴、扣押。

第三十九条 吊销、注销文艺表演团体营业性演出许可证的,应当报省级人民政府文化和旅游主管部门备案。吊销、注销演出经纪机构营业性演出许可证的,应当报国务院文化和旅游主管部门备案。

第四十条 文化和旅游主管部门对文艺表演团体和演出经纪机构实施行政处罚的,应当将处罚决定记录在营业性演出许可证副本上并加盖处罚机关公章,同时将处罚决定通知发证机关。

第五章 罚 则

第四十一条 违反本实施细则第十五条的规定,未在演出前向演出所在地县级人民政府文化和旅游主管部门提交《条例》第二十条规定的演出场所合格证明而举办临时搭建舞台、看台营业性演出的,由县级人民政府文化和旅游主管部门依照《条例》第四十四条第一款的规定给予处罚。

第四十二条 举办营业性涉外或者涉港澳台演出,隐瞒近2年内违反《条例》规定的记录,提交虚假书面声明的,由负责审批的文化和旅游主管部门处以3万元以下罚款。

第四十三条 违反本实施细则第十七条规定,经省级人民政府文化和旅游主管部门批准的涉外演出在批准的时间内增加演出地,未到演出所在地省级人民政府文化和旅游主管部门备案的,由县级人民政府文化和旅游主管部门责令改正,给予警告,可以并处3万元以下罚款。

第四十四条 违反本实施细则第十八条规定,经批准到艺术院校从事教学、研究工作的外国或者港澳台艺术人员擅自从事营业性演出的,由县级人民政府文化和旅游主管部门依照《条例》第四十三条规定给予处罚。

第四十五条　违反本实施细则第十九条规定，非演出场所经营单位擅自举办演出的，由县级人民政府文化和旅游主管部门依照《条例》第四十三条规定给予处罚。

第四十六条　非演出场所经营单位为未经批准的营业性演出提供场地的，由县级人民政府文化和旅游主管部门移送有关部门处理。

第四十七条　违反本实施细则第二十一条规定，在演播厅外从事符合本实施细则第二条规定条件的电视文艺节目的现场录制，未办理审批手续的，由县级人民政府文化和旅游主管部门依照《条例》第四十三条规定给予处罚。

第四十八条　违反本实施细则第二十二条规定，擅自举办募捐义演或者其他公益性演出的，由县级以上人民政府文化和旅游主管部门依照《条例》第四十三条规定给予处罚。

第四十九条　违反本实施细则第二十三条、第二十四条规定，在演出经营活动中，不履行应尽义务，倒卖、转让演出活动经营权的，由县级人民政府文化和旅游主管部门依照《条例》第四十五条规定给予处罚。

第五十条　违反本实施细则第二十五条规定，未经批准，擅自出售演出门票的，由县级人民政府文化和旅游主管部门责令停止违法活动，并处 3 万元以下罚款。

第五十一条　违反本实施细则第二十六条规定，演出举办单位没有现场演唱、演奏记录的，由县级人民政府文化和旅游主管部门处以 3000 元以下罚款。

以假演奏等手段欺骗观众的，由县级人民政府文化和旅游主管部门依照《条例》第四十七条的规定给予处罚。

第五十二条　县级以上人民政府文化和旅游主管部门或者文化市场综合执法机构检查营业性演出现场，演出举办单位拒不接受检查的，由县级以上人民政府文化和旅游主管部门或者文化市场综合执法机构处以 3 万元以下罚款。

第五十三条　上级人民政府文化和旅游主管部门在必要时，可以依照《条例》和本实施细则的规定，调查、处理由下级人民政府文化和旅游主管部门调查、处理的案件。

下级人民政府文化和旅游主管部门认为案件重大、复杂的，可以请求移送上级人民政府文化和旅游主管部门调查、处理。

第六章　附　则

第五十四条　本实施细则由国务院文化和旅游主管部门负责解释。

第五十五条　本实施细则自 2009 年 10 月 1 日起施行，2005 年 8 月 30 日发布的《营业性演出管理条例实施细则》同时废止。

【例文2】

首都市民文明公约

一、热爱祖国　热爱北京　民族和睦　维护安定
二、热爱劳动　爱岗敬业　诚实守信　勤俭节约
三、遵守法纪　维护秩序　见义勇为　弘扬正气
四、美化市容　讲究卫生　绿化首都　保护环境
五、关心集体　爱护公物　热心公益　保护文物
六、崇尚科学　尊重教师　自强不息　提高素质
七、敬老爱幼　拥军爱民　尊重妇女　助残济困
八、移风易俗　健康生活　计划生育　增强体魄
九、举止文明　礼待宾客　胸襟大度　助人为乐

思考与练习

1. 什么是规章制度？它的主要特点是什么？
2. 规章制度的主要种类有哪些？
3. 条例、规定、办法、细则之间有何联系与区别？
4. 章条式和条文式的区别是什么？
5. 请与同学商议，拟写一份公约，如《教室文明公约》、《宿舍文明公约》或《文明就餐公约》等。

第六节　述职报告

一、述职报告的概念与作用

（一）述职报告的概念

述职，即向主管部门陈述工作情况。《孟子·梁惠王下》一文中说："诸侯朝于天子曰述职。述职者，述所职也。"可见，述职古已有之。所谓述职报告，就是述职人（指各级机关、团体和企事业单位的领导及工作人员）向自己的任命选举机构和上级领导或人民群众述说在一定时期内履行职责情况的书面报告。述职报告是随着社会主义市场经济体制的建立和人事管理改革的实际需要而产生的一种新型文体，它所要回答的是述职者是否称职的问题。

具体地说，要求各级干部撰写的述职报告，必须依据国家的大政方针和自己的职责范围，对照检查自己在一定时期内履行职责的情况，重点是工作中取得的“政绩”、“业绩”、经验教训，以及今后继续履行职责的设想与打算。实事求是、恰如其分地估计和评价自己，是述职报告写作的正确态度和基本要求。

（二）述职报告的作用

述职报告作为各级机关、企事业领导和人事管理部门考察干部的一种形式，它的作用主要有以下三个方面：

1. 有利于考核和使用干部。为完善干部考核制度，中共中央组织部曾发出《关于试行地方党政领导干部年度考核制度的通知》。该通知中规定，对党政领导干部要进行年度“述职”，“被考核者向各自的选举任命机构和上级领导作个人述职”。通过述职报告，组织人事部门可以全面、细致地定期了解、分析所使用干部及工作人员的任职情况，从而发现干部的长处和不足。这样做，不仅为合理选拔、调配干部提供了依据，有利于推行任人唯贤的干部路线，而且可以纠正用人方面的不正之风，使干部考察、选拔工作制度化、规范化和科学化。

2. 有利于群众对干部的监督评议。领导者定期向本单位的群众报告履行职责的情况，增加了单位、部门领导集体和领导者个人履行职责情况的透明度，不仅便于群众对干部的个性、品格、德行、才干等方面情况的了解，有利于群众监督评议，而且也可以增强群众对干部在工作中所遇到困难的理解和谅解，得到群众的支持和信任。这是我国政治体制改革和管理民主化的具体体现。

3. 有利于干部自身素质的提高。写作或宣读述职报告的过程是述职者自我检查、自我认识、自我提高的过程。通过撰写述职报告，述职人可以对照岗位职责及具体目标任务，定期地进行回顾、反思和总结经验教训，从而不断改进工作，进一步提高自身政治与业务素质。

二、述职报告的特点与分类

（一）述职报告的特点

述职报告不同于工作汇报，不同于施政演讲，不同于工作总结，也不同于行政公文中的报告。它是总结报告的一种特殊形式，其主要特点在于“述职性”，具体有以下四点：

1. 内容的限定性。述职必须紧紧围绕岗位职责和目标来进行。无论是汇报工作成绩，还是说明存在问题，概括今后工作打算，所用的材料都被限定在述职人的职责范围内，不属于自己的岗位职责，即使做了某些工作，也不必写入报告中。可以这样说，脱离了岗位职责和一定时期的目标、任务，“职”就无从述起。岗位职责的层次、种类不同，述职的内容和要求也有所不同。如果是决策层领导，述职的重点是组织效率;若是管理层领导,述职的重点则应是管理效率;如果是一般干部,述职的重点则是所从事工作的效率。

2. 实绩的呈现性。述职报告是干部工作实践的产物,同时也是群众监督评议干部,组织人事部门考核干部,决定干部升迁、留任、降职、调整的依据之一,其表述的重点应该是工作实绩,即在一段时间内做了哪些工作,有什么突出贡献,包括工作质量、效率、完成情况及程度、水准等,并实事求是地做出自我评价。写述职报告切忌泛泛空谈,抽象论证。没有述职者履行职责的实绩,不能把履行职责的能力表现出来,述职报告的写作也就毫无意义了。

3. 时间的限制性。述职报告有严格的时间界限:一是述职的内容必须是在任职期限内的,不是这一期间做的工作不需写入。二是报告时间的限制性。述职者必须在考核期间,按考核时间的要求写出书面报告,向本部门群众宣读并上交上级有关部门。

4. 行文的严肃性。述职报告是考察干部的重要依据之一,一般都要存入干部、人事档案,加上领导的重视、需要面对群众报告以及报告场合的庄重性,都决定了述职报告具有极强的严肃性。因此,述职者必须严肃认真地对待述职报告的写作。报告中述说的"实绩"必须真实准确,语言要质朴平易,切不可添枝加叶、合理想象,或含糊其辞、文过饰非。

(二)述职报告的分类

述职报告的类别可以从不同的角度来划分:

1. 按述职者的不同,可分为个人述职报告、工作集体或领导班子述职报告。

2. 按述职者的级别不同,可分为机关主要负责人述职报告、中层干部述职报告和一般干部的述职报告。

3. 按报告的内容范围不同,可分为综合述职报告、专题述职报告或单项述职报告。

4. 按报告时限的不同,可分为任期述职报告、年度述职报告、阶段述职报告和临时述职报告。任期述职报告,即干部在任期届满时所做的述职报告。年度述职报告,即一年一度定期做的述职报告。阶段述职报告的"阶段"可以是某季度或半年,也可以是某项工作完成的某一阶段。

5. 按报告制度的不同,可分为定期例行性述职报告、不定期指定性述职报告(如晋职述职报告)、个人或集体应急性述职报告。

(三)述职报告与个人总结的异同

述职报告与个人总结都是对过去工作的回顾,都可以谈经验教训,都要求事实材料与观点的统一。二者的不同之处如下:

1. 撰写目的不同。个人总结的目的在于肯定成绩,找出不足,以利于今后的工

作;个人述职报告则是通过陈述自己的德、能、勤、绩等具体材料和数据,为上级和有关部门选拔、培养、使用、调配、奖罚干部提供依据。

2. 写作重点不同。个人总结的重点不受职责范围的限制,凡是做过的工作、取得的成果,都可以写入总结之中,它所要回答的问题是:做了什么工作,取得了哪些成绩,存在什么缺点,有什么经验、教训等;而述职报告则必须以履行职责方面的情况为主,重点展示履行职责的思路、过程和能力,它所要回答的是:肩负什么职责,履行职责的能力如何,怎样履行的,称职与否等。

3. 表述形式不同。述职报告采用"报告"这一文章形式,有时也采用表格式,主要运用记叙的方法,叙述成分较多;总结采用的是"总结"这一文章形式,既注重记叙,又注重理性分析,总结经验教训。

总之,述职报告与个人总结既有联系又有区别,在行文时不要把二者混淆起来,不要把述职报告写成个人总结。

三、述职报告的文体结构

述职报告的结构形式,较常见的有表格式和文章式。表格式述职报告的结构,就是根据述职报告规范和内容要素设计成表格,然后由述职者填写,一般适用内容较为单一的述职报告,如例行的技术职称述职报告。文章式述职报告一般由标题、称谓、正文、落款与日期等组成。

(一)标题

根据述职报告不同的内容、时限和要求,标题的拟法有所不同。

1. 由述职者单位名称、所任职务、述职者姓名、文种名称组成,如《××公司总经理×××的述职报告》。

2. 由述职者姓名、任职起止时间、所任职务和文种名称组成,如《×××(姓名)××××年至××××年任××处长的述职报告》。

3. 由时限和文种组成。述职报告一般以一年为期限,有时也以半年为期限,如《××××年度述职报告》《××××年上半年述职报告》。

4. 由文种名称组成,或在文种名称前加第一人称代词定语,如《述职报告》《我的述职报告》。

标题上方应空一行,或在两行居中书写。

(二)称谓

在标题的下方空一行,顶格写听取述职报告的对象名称,即述职者所任职的组织或上级主管部门的名称,如"人事处""组织部""党委"等,也有的写"各位领导、同志们",后面用冒号。

（三）正文

述职报告的正文，一般包括以下几个部分：

1. 基本情况。这是述职报告的开头，也叫引言，主要写述职者的身份、岗位职责、工作目标、述职时限及总体自我评价等。这一部分要简明回答“何人述职”“述什么”“能绩概况”“是否称职”等。这一部分是述职的基础，在全文中起着提纲挈领的作用，一般比较概括，不需展开。最后，常以“现将××××年履行××职务的情况报告如下”过渡到下文。

2. 政治思想。主要写思想政治素质、工作作风和道德品质的状况及表现，包括理论素养和思想水平、政治方向、政治立场，贯彻执行民主集中制，顾全大局，维护团结，关心群众，深入实际，求真务实，廉洁自律，公道正派，敬业精神等方面的情况。这一部分可以标上“政治思想方面”的小标题。

3. 工作实绩。这是述职报告的重点，也是述职报告的精华部分。根据职责范围和某一阶段的工作目标，这一部分要阐述如何履行职责和完成工作目标的情况，较细致地说明做了哪些工作、工作的过程、努力的程度、取得的主要成果等工作实绩。这一部分要尽可能用事实、数据说明，突出本职工作的特点。如果说“政治思想”主要写“德”方面的情况，那么，这一部分就是写“能、勤、绩”方面的情况。

“能”主要写从事本岗位工作的组织领导能力，包括：运用马克思主义的立场、观点和方法，分析、研究和解决实际问题的能力；组织协调能力；科学决策能力；勇于改革、开拓创新的能力；处理复杂问题和突发事件的能力；学习和接受新的专业知识，提高自身综合素质的能力。

“勤”主要写工作态度、工作效率和出勤情况，包括：是否有事业心和责任感，工作态度是否认真、严谨，是否敢于负责，勤奋敬业；工作精力投入情况；是否具有较强的时效观念，保质保量完成工作任务；出勤率及遵守工作纪律、执行规章制度的情况。

“绩”主要写履行岗位职责的情况，包括：完成工作量的大小，完成工作的质量，本人在工作中发挥的作用等。

在内容安排上，这一部分常见的结构方式主要有以下三种：

一是分类式，即把工作成绩按性质不同分类叙述。例如，把工作成绩分为决策类、指导类、参谋类、组织类、协调类、获奖类等，逐类叙述成绩。

二是重点式，即根据职责范围和某一时期的工作目标，选取最主要、最突出的几件工作重点汇报，其他的则不写或简写。

三是顺时式，即把自己任职以来的全部工作按时间划分为几个阶段，分别写出各阶段的工作情况。

述职者可根据工作实际，选用适合自己的结构形式。无论采取哪种结构形式，

都应标上序码和小标题，以使条理清晰，段落分明。

4. 存在的问题与薄弱环节。这部分主要是自我评价在履行相应职务时的工作失误，或有待改进和完善的地方。这一部分要对照职责范围和某一阶段的工作目标，坚持实事求是的原则，行文宜简明扼要。这一部分可以"存在的问题"为小标题。

5. 经验与教训。这部分主要剖析在履行职责过程中成功的经验和失败的教训。这是对上面所写的"工作实绩"和"存在问题与薄弱环节"两个部分的深层次的思考与分析，是在感性认识的基础上得出的理性认识。这一部分可以"几点体会"为小标题，然后用序码和主题句分条来写。

6. 今后的工作打算与努力方向。这部分主要写今后的工作打算、决心、愿望和态度；针对工作中存在的问题与薄弱环节，提出改进意见。这部分应写得简洁、诚恳、实在，切忌写大话、空话和套话。

7. 结尾用语。结尾另起一段，空两格写。结尾常用的用语有："以上报告，请审查""特此报告"等。不写结尾用语也可以。

述职报告正文的结构和其他文体一样，"定体则无，大体须有"，以上这几个部分就是述职报告正文写作的"大体"。由于述职者的情况不同，述职报告各部分的内容也不一定"面面俱到"，有的也可予以合并、简化或省略，以体现出个人的独特风貌。

（四）落款与日期

在正文右下方写上述职者的姓名。姓名下方写述职的日期。述职日期要写年、月、日全称，不能简化，以便于存档备考。述职者的姓名也可以写在标题下边。

四、述职报告的写作要求

（一）要有鲜明的个性

任何文章都有自己的特点，而述职报告对个性的要求尤为突出。每篇述职报告都是由特定的述职者写的，而由于每个述职者的职务不同，主管、分管的工作各异，思想素质、政策水平、业务能力、工作经验和取得的成绩也都各不相同，因此，在述职报告的写作中，不能千篇一律、千人一面，要体现出"鲜明的个性"。要使写出的述职报告个性鲜明，必须注意以下几点：

1. 要自己动手。如果说有些文章（包括领导讲话）还允许他人代笔的话，那么，述职报告绝对不可以由他人代笔。述职报告是写自己履行职责的情况，要展示对工作职责的认识程度与热爱程度，只有自己的体会才是最真切的。由于代笔人不了解全部情况，往往根据一些文书材料，东摘一段，西抄一段，从数字到数字，从概念到概念，结果写出的东西空话、套话连篇，毫无个性可言。这样的述职报告怎么能真实地反映述职者的业绩和精神面貌呢？所以，述职报告一定要由述职者本人动手写。

2. 要写自己。述职报告不仅要自己写，还要写自己，这是述职报告的题中应有

之意。在写述职报告时,要写自己的工作实绩,紧紧围绕自己的工作做文章。要写自己对工作职责的认识,对党和国家的方针政策及上级的指示是如何宣传、贯彻的,效果怎样,自己对本部门工作的开展有哪些创造性见解和主张,又是怎样组织力量促其实现的。要写自己在工作中取得的成绩和存在的问题,也要表述一下对自己的评价。这样围绕自己选材和写作,才能使述职报告个性鲜明,不致流于千篇一律、千人一面。

3. 要把领导班子集体政绩和下属的工作成绩与个人贡献区别开来。我国的领导体制是集体领导下的个人分工负责制。每个述职者,特别是一些领导干部,在撰写述职报告时,既不能把实绩和问题都归为集体作用的结果,也不可把班子集体的政绩和下属的工作成绩当作自己的工作实绩来写。行文时,要具体分析个人履行职务的职责与班子整体配合发挥职能的情况,应该突出在集体或下属取得的成绩中自己出了哪些主意,做了哪些组织和协调工作,进行了哪些宏观和微观的指导,帮助制定了哪些规章制度,并进行了哪些有效的监督等。只有这样实事求是、实实在在地去写,才能既突出述职者在工作中的德、能、勤、绩,又能充分展示领导者的领导才华和风貌。

(二)要报喜,也要报忧

写述职报告,充分展示工作成绩是十分必要的。然而,做工作不可能没有缺点和问题。写述职报告应坚持一分为二、实事求是的原则,成绩要讲,缺点也要讲,既要报喜,也要报忧。有的人写述职报告,只报喜不报忧,或多报喜少报忧。有的大谈特谈成绩,一味地为自己唱赞歌,对工作中存在的问题和矛盾视而不见,甚至是有意地加以掩饰,这就不是实事求是的态度。产生这类问题的原因是:有的述职者骄傲自满,讲起“过五关”,眉飞色舞,一说“走麦城”,就吞吞吐吐,对自己的工作不能做出客观、公正的评价;还有的述职者怀有某种私心,从个人主义和本位主义出发,有意夸大成绩,掩饰缺点,唯恐缺点说多了会否定自己的成绩。其实,只有既肯定成绩,又不回避问题,报喜也报忧,才能给组织人事部门、领导与群众留下诚信的印象,产生良好的述职效果。

(三)要做到全面与重点相结合

撰写述职报告时有两个常犯的错误:一是过于求全,生怕遗漏了自己的工作成绩,于是就来了个甲乙丙丁、一二三四,看上去似乎面面俱到,成绩不小,可细一琢磨就会发现,所有的工作都“平分秋色”,毫无主次之分。二是过于突出个别政绩,全面工作情况得不到有效反映。事实上,述职报告的写作目的不是评功摆好,而是说明是否称职。因此,写述职报告必须全面而又有重点地把履行职责的实绩和履行职责的能力表现出来。所谓“全面”,就是把全部工作分成几大类,概述所取得的主要成绩,同时,也要客观如实地指出工作中存在的问题和薄弱环节。所谓“重点”,就是紧紧围绕“职责”二字,详细叙述几项有代表性的工作业绩。要以“面”反映工作的量

和质，以“点”来展示工作的手段、方法和能力。这样全面与重点相结合，写出来的述职报告就一定能收到较好的效果。

（四）要以叙述为主，兼用议论

述职报告的主要表达方式是叙述和说明，即述说自己履行职责的情况，述说自己在职权范围内做了哪些开拓性的工作。在叙述和说明的同时，也兼用议论这种表达方式，即对自己的任职情况有一定的分析和评估，把感性认识上升到一定的理论高度，总结出带有规律性的东西。当然，这种议论和政论文中的议论不同，它不是架空的，也不能是长篇大论的，而只能是从工作实际出发，画龙点睛、恰如其分地进行议论，做到“辞达而已矣”。如果只有叙述没有议论，就会变成罗列现象，堆砌事实；如果议论过多不重叙述，给人的感觉就会是空洞无物，华而不实。所以，写述职报告一定要把观点和材料统一起来，虚实结合，理论联系实际。

【例文】

我的述职报告

我于20××年7月担任××职高副校长，根据学校的工作分工，我主要分管学校的德育工作、安保工作和体卫工作，分包艺术部，承担二年级两个班的历史课教学工作。一年多来，我真诚地感谢上级领导对我的信任和帮助，感谢各位教师对我工作的理解与支持，也感谢班子成员的协作与指导。现将自己一年来的工作情况向大家述职如下：

一、德育工作

1. 加强德育管理人员的思想作风建设。建立了由政教处、各部、班主任、学生会、家长委员会、各科任老师组成的德育工作网络，覆盖了学校的各个层面。坚持每周一开好政教例会，通过学习讨论，提高大局意识、责任意识、服务意识，提高工作能力。

2. 重点抓好班主任队伍建设。学期初，我和政教处及各部都要精心挑选班主任，并对班主任及见习班主任进行岗位培训。在期末考试结束后，组织召开全校班主任老师工作总结暨经验交流会。通过岗位培训、定期组织会议、观看培训光盘、发放学习材料、完善考评机制，建立班主任工作档案、定期细节反思等形式，提高了全体班主任老师对学生思想教育工作的理论水平和工作艺术水平，为我校德育工作奠定了坚实的理论基础。

3. 加强自治组织建设。学校成立和改选了学生会、自律部和校园文明监督大队。他们参与学校民主管理，维护学生合法权益；他们创造井然的就餐就寝秩序，创建和谐校园；他们纠正学生校园不文明行为，养成学生良好行为习惯。通过加强自

治组织建设,培养了学生自主、自律、自管能力。

4. 开展丰富多彩的德育活动。要完成德育工作,必须以活动为载体,寓德育于各项活动之中,促进学生健全人格和健康心理品质的形成。

(1)规范升旗制度。每周一举行一次升旗仪式,学校领导干部轮流做升旗讲话。升旗仪式得到广大师生的高度重视,成为学校一道靓丽的风景线。

(2)坚持军训自训制度。我校军训自训工作已经走向制度化和规范化。学期初,由部队教官到校对高一学生进行军训,同时学生组织起来对高二高三同学进行自训。通过军训活动,培养了学生的吃苦耐劳精神及组织纪律性;通过自训,使学生的良好习惯得到了巩固。

(3)坚持主题班会制度。每周一次的主题班会固定在周一晚上,每次的典型性主题班会我必参加。把主题班会打造成发展个性、愉悦生活、巩固班风的平台,打造成学生成长进步的加油站。

(4)力抓学生成长导师制度。精选教学水平高、人格魅力强、沟通能力好的教师,对学生以德树德、以情动情、以志励志、以行导行。动员多方力量,整合多种资源对品德待优的学生进行"一对一"的指导。动态把握学生发展轨迹,提高德育实效性。

(5)坚持激励晨会制度。通过晨会强化各部学生的团队意识,增强凝聚力。把短暂的晨会开辟成学生自我教育、自我完善的舞台,把短暂的晨会做成激励和启迪的品牌。

(6)坚持多元评价机制。倡导多用一把尺子来量学生,多换一种角度看学生,多用一种标准来衡量学生。为此,我们破除传统的评三好学生的思维,倡导学生在校做个好学生,在家做个好孩子,在社会上做个好公民,期末评出了"进步之星""运动之星""学科之星""健康之星"等,学生普遍充满自信,充满活力。

在由中国教育报、中国教育学会、中共中央党校共同举办的"贯彻落实科学发展观,加强和改进学校德育工作"的第七届全国中小学思想道德建设优秀成果展评活动中,我校获得"先进单位"和"集体一等奖"。

二、安全保卫工作

校园安全工作是学校各项工作的重中之重,我校牢固树立"隐患险于明火,防范胜于抢险,责任重于泰山"的思想,做到居安思危,警钟长鸣,常抓不懈。

1. 在师生的安全教育方面,我们坚持做到"三讲":例会讲、班会讲、离校讲。

2. 在安全管理方面做到"四个落实":严格落实门卫24小时值班制度,严格落实校园安全月排查制度,严格落实班级安全员周汇报制度,严格落实安全事故上报制度。

3. 为了确保安全工作有章可循,政教处及时修改完善了《××职高安全工作应急预案》,确保安全事故发生时能采取有效的应急措施。此外,我们还加强楼梯口管理,安排教师在上操和下学时在楼梯口值班,避免人流高峰期发生踩踏事故;组织政

教员星期五在校门口值班，护送学生离校，确保师生安全。全年学校无一起安全事故发生，为学校教育教学工作的正常进行提供了保证。

三、体育卫生工作

1. 认真贯彻落实市县有关文件精神，重视学校的体育卫生工作。体育工作能从大处着眼，小处着手，既重视各项竞技活动的开展，也更关注学生综合素质的提高，组织、协调、督促学校体育工作循序渐进地开展。3 月份，我们成功召开了“××职高 2009 春季田径运动会”，4 月份，我校田径队代表××县参加了洛阳市“晨光杯田径运动会”，荣获市职业组团体总分第一名。认真积极开展阳光体育活动，提出“以体育德、以体辅智、以体审美”的口号。以体育促学生综合素质提高，以体育促校风学风优化，以体育促学校全面发展。

2. 积极组织政教处和各部开展“清洁校园”活动和传染病防治工作，通过宣传、教育、督导、评比、考核、通报等形式提高全体师生卫生意识和健康生活意识，引导师生树立健康卫生生活方式，促进师生身心健康。今年甲型 H1N1 流感在校园肆虐，我们全校上下万众一心，众志成城，坚决打赢了这场防控攻坚战。为了防控“甲流”，学校实行封校。我们政教处配合学校做好学生的思想工作、封校的准备工作及管理工作。领导各部各处室认真做好教师学生的晨检、午检工作和节假日学生返校后的门检工作、认真做好教学楼内以及学生宿舍的消毒工作、认真做好每天的零报告工作。我负责起草制定了一系列有关防范“甲流”的规章制度，亲自落实疫情日报告和零报告制度，落实健康教育班会。我校的防控成绩受到了中央电视台的多次正面报道，受到了国家、省、市、县等各级领导的充分肯定。

四、艺术部的工作

根据学校工作需要，我分包艺术部的工作。在过去一年时间里，我紧密团结艺术部三位部长，紧紧依靠艺术部全体教师，主要做好了以下各项工作：

1. 率先垂范。我担任艺术部两个班的历史课，相当于一个普通教师的满工作量。坚持认真上好每一节课，搞好每一次辅导和考试，做好每一次总结。坚持天天出操，早操、课间操和课外活动往往是第一个到操场，从未因个人原因耽误过一次。

2. 抓好考核。积极带领部长们认真制定和落实各项管理方案、教学方案和考核方案。调动教师的工作积极性，提高学生的思想素质、学习成绩和身体素质。

3. 深入指导。定期和有关人员交流教育教学和管理方法，深入班级巡回指导，帮助师生克服各种困难，全面提高质量和成绩；搞好服务，圆满完成了各项工作。

五、历史课教学工作

我始终牢记自己是一位不能离开讲坛的教学一线的历史教师。本学年担任高二两个艺术班的历史教学任务。我要求自己一丝不苟，严谨治教，针对新教材、新课程，一方面不断学习，钻研求教，另一方面也不断探索创新之路，充分利用教材中蕴含的德育因素,构建自己的教学策略,认真备好每一堂课,按照新的教学理念来组织教学,使学生的个性得到充分的张扬,使学生的学习方式发生根本的转变,圆满完成了各项教学目标和任务。

六、当好配角,重视学校领导班子的团结

作为副校长,我努力做好校长的助手,做到互相尊重,互相配合,服从组织安排,不搞个人小动作。顾大局,识大体,有较强的民主意识,做事敢负责任,不互相推诿,不是自己分管的工作,只要领导指示,都能乐意接受,并认真做好。工作中不计报酬,不计名利,不计得失。

七、工作体会及努力的方向

已经过去的岁月,留下了我勤奋的足迹,但也有诸多的失误和不足。一是对老师们特别是对班主任要求过高,对需要帮助的老师话说得重,不讲究策略,挫伤了他们的自尊心,不利于团结和协调工作;二是对德育管理仍缺乏较为系统、有效又切合学校实际的整体思路,工作做得太细,不利于开阔思路,整体把握;三是对德育管理的问题和困难估计不足,耐心不够。在今后的工作中,我将加强学习,不断增强自身素质和业务水平,把学习贯穿于自己教育教学生命的每一天,通过学习实现自己的追求和梦想。我坚信:有各位领导、老师的帮助和支持,我一定会把工作做得更好。

思考与练习

1. 什么是述职报告?述职报告与个人总结有何不同?
2. 写作述职报告有什么意义?
3. 述职报告的主要特点是什么?
4. 述职报告的正文包括哪几部分?
5. 写述职报告应注意哪些问题?
6. 阅读例文,谈谈这篇述职报告在写作上的特色。
7. 根据个人工作岗位的职责要求,以最近的年度为单位,写一篇述职报告。

第七节　竞聘报告

一、竞聘报告的概念、特点和作用

竞聘报告,也称竞聘演讲词,是在我国现阶段干部任用制度改革过程中应运而生的一种新型文书。它是竞聘者竞聘某一工作岗位时,在特定的会议上,面对特定

的听众所发表的、用以阐述竞聘优势及被聘用后的工作设想和打算的演讲报告。竞聘报告具有针对性、竞争性、自述性的特点。它针对的是某一岗位,以竞聘成功为目的,使用第一人称,本着对个人、对组织负责的态度,采用自述的方式向听众介绍自己,展示自己,推荐自己。

“公开、平等、竞争、择优”是我国干部制度改革的一项重要原则。在公开招聘干部的整个过程中,竞聘报告具有重要的作用。它体现了干部工作中的民主,体现了群众对干部选拔任用的知情权、参与权、选择权和监督权。它是组织人事部门考核干部的重要途径。通过竞聘报告,组织人事部门和群众能够比较全面地了解竞聘者的情况和素质,为择优选聘提供依据。此外,它还有利于竞聘者自身素质的提高。通过报告,竞聘者可以对自我有一个基本的估价;通过深入的调查研究和对所竞聘的岗位职责进行认真的思考,并提出有效的施政构想,包括近期的工作安排和远期的发展规划,这本身就是一个学习和提高的过程,是对自我的一种挑战。

二、竞聘报告与述职报告的区别

述职报告与竞聘报告都是考察、任用干部过程中使用的新型应用文,两者的区别有以下几个方面。

(一)目的不同

述职报告是各级机关、企事业领导和组织人事管理部门考察干部的一种形式。对述职者本人来说,写述职报告的目的是向组织和群众汇报自己在任职岗位上德、能、勤、绩等方面的情况,总结经验、教训,以便今后更好地工作。对组织部门来说,通过述职报告,可以定期了解、分析所使用干部及工作人员的任职情况,从而发现干部的长处和不足,为以后合理选拔、调配干部提供依据。竞聘报告则是各级机关、企事业领导和组织人事管理部门考察、选聘干部的一种形式。对竞聘者本人来说,写竞聘报告的目的就是竞聘某一岗位。对组织部门来说,通过竞聘报告,可以优中选优,增加干部选聘工作的透明度,这样有利于推行任人唯贤的干部路线,纠正用人方面的不正之风,使干部考察、选拔工作制度化、规范化、科学化。

(二)身份不同

写述职报告的人已经具有某一岗位并在这一岗位上工作了一段时期,现在是在岗述职。而写竞聘报告的人竞聘的是未来的某一岗位,现在要竞争上岗。写竞聘报告的人,有的也许现在就从事着这一岗位的工作,但“公开竞争,择优选聘”的原则并不能保证在竞聘过程中仍能从事这一岗位的工作;有的人从来没有从事过这一岗位,但竞聘优势明显,在报告中阐述的施政构想出色,就有可能在竞聘中

脱颖而出。

（三）内容不同

述职报告的重点在“述职”，主要讲在一定时期内的任职岗位上做了哪些工作，取得了哪些成绩，存在哪些问题，内容不外乎德、能、勤、绩四个方面，具有总结性和汇报性。而竞聘报告的重点则在“竞聘”，主要讲自己竞聘某一岗位的优势、对这一岗位职责的认识以及工作思路和施政设想等，内容具有针对性和竞争性。

三、竞聘报告的文体格式

鉴于竞聘报告是一种新兴文体，其基本的撰制模式如何，应当写明哪些内容项目，尚在探讨之中。一般来说，比较完整的竞聘报告应当由以下几部分组成。

（一）标题

标题是竞聘报告的有机组成部分，它一般由介词“关于”加所竞聘的岗位名称及文种等要素组成，即写为《关于×××一职的竞聘报告》，也可简写为《我的竞聘报告》《竞聘报告》《竞聘演讲词》等。

（二）称谓

要根据报告的场合确定合适的称谓。从实际情况来看，竞聘报告大多采用泛指性称谓，如“各位领导、同志们”等。得体的称谓体现了竞聘者对听众的尊重之情，有利于比较自然地导入下文。

（三）开头

开头是竞聘报告正文的前置部分，在全篇中起着牵引作用，最常见的写法就是开门见山，用简明扼要的语言介绍竞聘者个人的基本情况以及所要竞聘的岗位名称，从而使听众有一个初步的了解。如本节例文《团干部竞聘报告》，其开头部分摒弃了不必要的套话，直截了当地向听众道明竞聘者的身份情况及进行报告的中心意向——竞聘团干部岗位，干脆利落，给人以洗练、明快之感。对于竞聘者基本情况的介绍，具体应包括哪些要素，可视实际情况灵活确定。总的说来，竞聘报告的开头不同于一般演讲报告的开头，一般演讲报告在这一部分往往注重营造一种艺术氛围，强调动用多种艺术手法来吸引听众的注意力，以便有效地启动演说。而竞聘报告的写作无此必要，开头部分一定要简短，寥寥几句即切入正题。切忌刻意堆砌一些过分谦虚的话和套话，以免令人反感，影响报告效果。

（四）主体

主体是竞聘报告的重点，也是写作的难点。具体说来，这部分可具体介绍三个方面的内容：

1. 竞聘的主要优势。这部分主要介绍竞聘者的政治思想品德、主要特长和工作业绩，阐明竞聘者凭什么理由和资格竞聘该岗位，有什么超出他人的优势，注意要写得恰当适度，坚实有力，特别是要把竞聘者的主要特长和工作实绩阐述清楚，因为它最能反映出竞聘者的工作能力和基本素质，也是使听众确信其能够胜任所竞聘岗位的前提条件。

2. 对岗位职责的认识。任何一个单位或部门设立的工作岗位，都有它自身不同于其他岗位的职责。只有对岗位职责有正确清醒的认识，才能有的放矢地明确地提出该岗位的工作目标、施政设想和打算。若对该岗位职责认识不清，也就没有了竞聘该岗位的资格。因此，在竞聘报告中，有必要阐述对岗位职责的认识。本节例文《团干部竞聘报告》在"对岗位职责的认识"部分，明确指出"公司团的工作应该做好服务这篇大文章"，思路清楚，认识明确，较好地体现了竞聘者个人的思想素质和政策水平。

3. 工作目标、主要设想和打算。这方面的内容是竞聘报告写作的重中之重，因为听众所关注的不只是竞聘者过去和现在的情况如何，更主要的是要了解其担任这一职务之后的所作所为，必须着力写好。要在上述内容的基础上，根据所竞聘职务和个人的具体情况，将就任以后的工作目标、主要设想、打算，包括拟采取的办法、措施以及要达到什么样的效果等集中做出表述。就实质而言，这部分的内容等于立下了"军令状"，要写得切实可行，恰当适度，有实实在在之意，无泛泛空谈之词。要根据本系统、本单位及本地区的实际，详述自己的认识和措施，做到既有胜任该职务、做好该工作的雄才大略，又有使听众看得见、摸得着的效益指标和公众受益指标；既有现实性，又有前瞻性。也就是说，不仅要针对迫切需要解决的现实问题进行思考和探究，以寻求有效的对策和办法，而且要结合部门工作发展的未来走向进行展望和策划，以适应时代发展的趋势。只有这样，才能真正体现出竞聘者求实创新的精神，并在实践中推动岗位工作不断取得新的进展。竞聘成功的经验表明，这样的施政构想一定会产生强烈的现场反响，赢得听众的信任与支持。本节例文《团干部竞聘报告》在这一部分从四个方面阐明了工作目标，并具体阐述了实现目标所要采取的措施，内容简洁明确，给人以非常清晰的印象。由此可见，写作这部分内容，关键是要有求实性和可行性。那种为达到竞聘目的而盲目吹嘘和不负责任的"许愿"是绝对要禁止的。

（五）结尾

结尾是竞聘报告主体内容的自然延伸，一般用以表明竞聘者的态度以及向听众致以谢意等，以示郑重。由于这部分内容是通篇报告的收束，一定要写得简明扼要、自然贴切，意尽言止。本节例文《团干部竞聘报告》的结尾就合乎这个要求。

（六）署名和日期

署名和日期写在正文结尾的右下方，但在报告时不必讲出。

四、竞聘报告的写作要求

（一）从实际出发，内容实在

一切从实际出发，这是每一个担任一定职位的人履行岗位职责时必须遵循的思想方法和工作原则。竞聘者无论是竞争本部门的岗位，还是应聘外单位的工作职位，都首先应当深入实际，进行调查研究，认真了解单位的实际情况和群众的实际需要，从而发现问题，寻找对策。只有在掌握大量具体而真实的第一手材料的基础上，才能有针对性地提出既符合客观实际，又切实可行的施政构想。

由于竞聘报告是针对"竞聘"一事而写，在内容上必须紧紧围绕"竞聘"的主旨展开论述。针对"竞聘"，就要说明竞聘的目的和理由，竞聘成功后所要达到的工作目标以及保证目标实现拟采取的各种措施等。对于这些内容，必须写得实实在在，具有可行性。唯有如此，才能有效地提高竞聘的成功率。事实证明，在竞聘报告的写作中融入虚言浮词和故作卖弄之语，绝对不会引起听众的任何好感，只能适得其反。

（二）强调优势，把握好"度"

既然是竞聘报告，竞聘者就必然要将自己胜任该职务的主要优势作为重点内容之一，既要展示才华，也要展示德行，但又不能说得过头，以免令听众反感。这个"尺度"很难把握，在写作时需要费一番心思，仔细揣摩取舍。一般而言，对于个人的主要特长及工作实绩一定要讲，但不可铺张扬厉，不宜写得过于具体，使听众了解即可。对于同一类工作业绩或成果（如科研项目），如果不止一项，一般也只选择其中一两个加以介绍，而不必面面俱到。这样既突出了重点，又不致给人啰唆之感。

（三）把握好竞聘报告的语体特点和风格

在语言表达上，竞聘报告的写作必须适合演讲的场合，必须符合竞聘者的身份，语言要质朴，态度要诚恳。要多用符合口语表达习惯和听觉习惯的句子，避免书面语过多的倾向；要注意其与一般演讲词的区别，不宜刻意追求气氛的烘托和渲染，避免过多使用带有文学色彩的语句，不采用抒情的表述方式。此外，在使用口语的时候，也要力避"啊""是吧""这个""那个"等不良的语言习惯，而要使用符合语法和逻辑规范的语言。

（四）根据时间要求，确定行文篇幅

竞聘报告有时间限制，一般在 5～15 分钟，因此，撰写竞聘报告应把握好字数，

以不超过2000字为宜。字数太少，不足以说明问题；但字数过多，会超过时间限制，甚至使听众产生厌烦情绪，因为听众的注意力和兴奋点有一定的时间限度，超过一定的限度，就会削弱演讲的效果。

【例文】

团干部竞聘报告

各位领导、各位评委：

大家好！我叫×××，中共党员，本科学历，1996年7月参加工作，先后担任技术员、助理工程师、工程师等技术职务，到现在已经七年多了。在领导和同志们的关心和帮助下，通过自身不断地学习和实践，逐渐成长为锅炉车间的技术骨干之一。七年中，曾被厂部评为“双文明先进个人”、“优秀科技工作者”、“优秀干部”和“先进工作者”，2002年被局评为优秀大中专毕业生，2006年获“建功立业标兵”殊荣。今天我所以来竞聘团委书记一职，是因为我有志于从事这项工作，并有决心把它干好。我认为，我有以下几点优势：

第一，有强烈的事业心和责任感。

俗话说：“爱一行，才能干好一行。”我无比地热爱富有朝气的共青团事业。我觉得只有把整个心都用在了团的工作上，才能更好地服务青年，凝聚青年，团结和带领青年，为公司经营业绩目标的实现做出我们应有的贡献。

第二，有积极的进取心。

我从大学到走上工作岗位，一直都在做团的工作，并且在工作中取得了一点成绩。虽然没有担任过管理职务，但是我坚持学习，从身边点点滴滴工作实践中学习，从书本上、网络上学习，向同事及其他同志学习，学习共青团的光荣传统和基本知识，学习先进的管理经验，了解共青团工作最新的动态。

第三，有年龄上的优势

共青团的工作是一项常干常新的工作，怎样使团的工作更贴近实际，贴近青年，更好地为青年服务，这是一个团的领导所必须思考的问题，而当代青年思维活跃，思想开放，爱好广泛，要更好地服务于他们，就必须从思想上、思维方式上与他们同频，自己比较年轻，也是青年中的一分子，所以工作的开展也更能够把握青年思想的脉搏，切入要点。

以上是我的几点优势。下面简要介绍一下我的工作设想和打算。如果把团委比作“头”，是司令部，那么基层团支部就是“腰”，主要起贯通上下的作用，而对于广大青年团员来说，就属于“腿”，主要是贯彻落实团委的工作，执行司令部的意见。只有头、腰、腿的协调正常运作，一个人才能平衡地走起来，而我们团的工作正需要这种团结协作的精神。基于以上认识，我认为公司团的工作应该做好“服务”这篇大文章，服务生产经营，服务青年团员，服务基层工作。

一、服务生产经营。善于在公司生产经营的中心工作中寻找切入点和突破口，使团的工作更加贴近生产，贴近实际。围绕推动技术进步，开展科技创新活动，广泛开展“QC”、推广先进操作法等活动；围绕加强企业管理，开展青年文明号创新活动，动员和组织广大青工积极参与质量管理小组、安全管理监督岗等群众性管理创新活动，推动人人参与企业管理；围绕成本效益目标，开展青年突击队竞赛活动，为公司的生产经营做贡献。

二、服务青年团员。着眼于充分发挥桥梁纽带作用，一方面，通过组织的优势，把党的温暖送到青年中，把青年呼声及时反映上去；另一方面，尽量满足团员青年学习、生活、文化娱乐等具体要求，真正把好事办实，实事办好，帮助青年解决成长成才过程中所遇到的困难和问题。

三、服务基层工作。首先是立足基层，经常深入基层，了解基层的实际情况，活动的设计和工作的开展都是从基层的实际出发，减少工作环节，简化工作程序，不给基层添乱，实实在在为基层服务。探索建立适合公司制发展的共青团工作新模式，借以推动公司团的工作再上新台阶，再创新业绩。

四、加强个人修养。加强对团的知识的学习，对党的政策、理论的学习，从书本上学习，从实践中学习，不断加强个人修养。同时，在团组织内倡导人人学习的理念，引导大家学习先进的管理经验，学习科学文化知识，创建学习型团组织。我将坚决同一切消极腐败现象做斗争，做一个清廉的人、正直的人、诚实的人、高尚的人和勤奋的人。

以上是我的工作设想和打算，如果在这次竞聘中我能成功，我将拿出年轻人的干劲儿，以饱满的热情投身于工作中，兢兢业业、踏踏实实，提高业务水平，提高自身综合素质，干好团的工作，团结带领广大团员青年为公司经营目标的实现做出共青团应有的贡献。

如果我在竞聘中失败，我仍要用年轻人的勇气去面对失败，一如既往地勤奋工作，加强学习，全面锤炼自己。

最后，我想说的一句话是：“给我一方土地，我也能耕耘出一分收获。”我坚信：在公司党委、公司的正确领导下，在全公司职工的共同努力下，我们公司各项经营目标一定能跃上一个更新更大的台阶。祝愿我们的事业兴旺发达！

谢谢大家！

×××

20××年×月×日

思考与练习

1. 述职报告与竞聘报告有何区别？

2. 竞聘报告的正文主要写哪些内容？

3. 阅读例文《团干部竞聘报告》，谈谈这篇竞聘报告在写作上的特色。

4. 下面是一篇竞聘办公室秘书岗位的竞聘报告片段，请指出竞聘者是用何种方法展示自己的优势的。

我竞聘秘书，有一个最不利的条件，即我的学历。你们说要招具有本科以上文凭的，而我仅有一张自考大专文凭。好在任何事情都不是绝对的，事实不总是证明文凭等于水平，学历等于能力。请允许我介绍一下自己：（出示杂志）这篇打开写作之门的论文是我大专三年级时发表的，（出示证书）这些奖证是1995年、1996年、1997年连续三年的优秀撰稿人证书，（出示目录）这是我八年来发表在杂志上的文章目录，（出示文集）这是我近年来公开发表的多篇论文汇集，（出示文章）这是我撰写的文秘调查报告。因此，我来竞聘了。因为我明白，我竞聘秘书还有几个算得上优势的条件：……

5. 假设你心目中的一个理想岗位正在公开竞聘，请拟写一份竞聘报告。

语文小笑话

跳得真高

某校《校运动会成绩总结》中写道："进入决赛的同学均跳出170米以上的好成绩，多次打破校纪录。""170米以上"，这学校的同学是超人啊，能跳这么高！应该是少写了一个点，是"1.70米"才对。

事业单位人事管理条例

第四章

财经文书

第一节 合 同

一、合同的概念和作用

(一)合同的概念

合同,又称契约。《中华人民共和国民法典》(以下简称《民法典》)第三编第四百六十四条指出:“合同是民事主体之间设立、变更、终止民事法律关系的协议。”这是对合同概念最权威的解释。当事人订立合同,有书面形式、口头形式或者其他形式。法律、行政法规规定和当事人约定采用书面形式的,应当采用书面形式。合同的书面形式是指合同书、信件和数据电文(包括电报、电传、传真、电子数据交换和电子邮件)等可以有形地表现所载内容的形式。本节所讲的合同主要是指合同书。

与合同的性质、作用近似的文体有协议书和意向书,实践中也有把合同称为“协议书”的。实际上,合同与协议书、意向书是有区别的。协议书的内容比较原则、笼统,一般用在正式签订合同之前,作为合同双方或多方发生合同关系的开端,也可以用在合同签订之后,作为对合同内容的修改与补充。而意向书则是把双方或多方合作的某种愿望或初步设想,用书面形式先肯定下来,然后再正式签订协议或合同。意向书仅仅是表示某种意向,并不确立法律关系,故不受法律约束。

(二)合同的作用

合同是一种古老的应用文体,我国先秦时特指官府制作的“半分而合”“两家各得其一”的“判书”,以后逐渐演变为民间借贷、买卖关系的凭证。在当今繁荣与复杂的市场经济活动中,合同的作用愈加显得重要。

1. 有利于保护当事人的合法权益,维护社会经济秩序。《民法典》(合同编)规定,依法成立的合同,对当事人具有法律约束力,其合法权益受到法律的保护。合同当事人既是合同的执行者,也是合同的直接受益者。当事人既要按照约定履行自己

的义务，同时也享有合同规定的权利。这有利于社会经济活动的正常运转，有利于维护社会的经济秩序。

2. 有利于加强经济核算，提高管理水平。合同是根据国家有关法令，在平等互利、协商一致、等价有偿的基础上订立的。合同一经签订，双方当事人将承担经济上、法律上的责任。为了保证合同的履行，双方当事人必须千方百计地做好经营管理工作，加强经济核算，降低成本，提高劳动生产率。这样，在履行合同的过程中，就能不断地提高管理水平，提高经济效益。

3. 有利于主管部门的监督管理。合同是国家运用经济手段和法律手段管理经济的重要措施。企业执行合同的好坏直接反映了企业的经营活动和管理水平。上级主管部门和金融、税务等职能部门可以通过对合同的审查、监督，及时发现企业经营管理中的问题并加以指导，促使企业改进工作。工商行政管理部门和其他有关行政主管部门在各自的职权范围内，依照法律、行政法规的规定，对利用合同危害国家利益、社会公共利益的违法行为，负责监督处理；对构成犯罪的，依法追究刑事责任。

4. 有利于促进和加强社会生产的专业化协作和经济联合。在相互协作的基础上，社会分工正朝着越来越细的专业化方向发展。合同正是开展经济活动，进行经济往来，发展市场经济，获得经济效益的有效形式。签订合同，有利于优势互补，扬长避短，加强协作，横向联合，使社会生产形成良性循环。

二、合同的种类

按照《民法典》（合同编）的规定，典型合同主要有以下 19 大类。

（一）买卖合同

买卖合同是出卖人转移标的物的所有权于买受人，买受人支付价款的合同。买卖合同的内容除合同的一般条款外，还包括包装方式、检验标准和方法、结算方式、合同使用的文字及其效力等条款。

《中华人民共和国民法典》（合同编）

（二）供用电（水、气、热力）合同

供用电（水、气、热力）合同是供电（水、气、热力）人向用电（水、气、热力）人供电，用电（水、气、热力）人支付电（水、气、热力）费的合同。供用电（水、气、热力）合同的内容包括供电（水、气、热力）的方式、质量、时间，用电（水、气、热力）容量、地址、性质，计量方式，电（水、气、热力）价、电（水、气、热力）费的结算方式，供用电（水、气、热力）设施的维护责任等条款。

(三)赠与合同

赠与合同是赠与人将自己的财产无偿给予受赠人,受赠人表示接受赠与的合同。赠与的财产依法需要办理登记等手续的,应当办理有关手续。赠与可以附义务。赠与附义务的,受赠人应当按照约定履行义务。

(四)借款合同

借款合同是借款人向贷款人借款,到期返还借款并支付利息的合同。除自然人之间借款另有约定的外,借款合同一般都采用书面形式。借款合同的内容包括借款种类、币种、用途、数额、利率、期限和还款方式等条款。

(五)保证合同

保证合同是为保障债权的实现,保证人和债权人约定,当债务人不履行到期债务或者发生当事人约定的情形时,保证人履行债务或者承担责任的合同。

(六)租赁合同

租赁合同是出租人将租赁物交付承租人使用、收益,承租人支付租金的合同。租赁合同的内容包括租赁物的名称、数量、用途、租赁期限、租金及其支付期限和方式、租赁物维修等条款。

(七)融资租赁合同

融资租赁合同是出租人根据承租人对出卖人、租赁物的选择,向出卖人购买租赁物,提供给承租人使用,承租人支付租金的合同。融资租赁合同的内容包括租赁物名称、数量、规格、技术性能、检验方法、租赁期限、租金构成及其支付期限和方式、币种、租赁期间届满租赁物的归属等条款。

(八)保理合同

保理合同是应收账款债权人将现有的或者将有的应收账款转让给保理人,保理人提供资金融通、应收账款管理或者催收、应收账款债务人付款担保等服务的合同。保理合同的内容一般包括业务类型、服务范围、服务期限、基础交易合同情况、应收账款信息、保理融资款或者服务报酬及其支付方式等条款。

(九)承揽合同

承揽合同是承揽人按照定作人的要求完成工作,交付工作成果,定作人支付报酬的合同。承揽包括加工、定作、修理、复制、测试、检验等工作。承揽合同的内容包括承揽的标的、数量、质量、报酬、承揽方式、材料的提供、履行期限、验收标准和方法等条款。

(十)建设工程合同

建设工程合同是承包人进行工程建设,发包人支付价款的合同。建设工程合同包括工程勘察、设计、施工合同。建设工程合同应当采用书面形式。建设工程的招标投标活动应当依照有关法律的规定公开、公平、公正地进行。

（十一）运输合同

运输合同是承运人将旅客或者货物从起运地点运输到约定地点，旅客、托运人或者收货人支付票款或者运输费用的合同。运输合同包括客运合同、货运合同、多式联运合同等。

（十二）技术合同

技术合同是当事人就技术开发、转让、许可、咨询或者服务订立的确定相互之间权利和义务的合同。订立技术合同应当有利于科学技术的进步，加速科学技术成果的转化、应用和推广。技术合同包括技术开发合同、技术转让合同、技术许可合同、技术咨询合同和技术服务合同等。

（十三）保管合同

保管合同是保管人保管寄存人交付的保管物，并返还该物的合同。保管合同自保管物交付时成立，但当事人另有约定的除外。寄存人向保管人交付保管物的，保管人应当给付保管凭证，但另有交易习惯的除外。保管人应当妥善保管保管物。

（十四）仓储合同

仓储合同是保管人储存存货人交付的仓储物，存货人支付仓储费的合同。储存易燃、易爆、有毒、有腐蚀性、有放射性等危险物品或者易变质物品，存货人应当说明该物品的性质，提供有关资料。保管人储存易燃、易爆、有毒、有腐蚀性、有放射性等危险物品的，应当具备相应的保管条件。

（十五）委托合同

委托合同是委托人和受托人约定，由受托人处理委托人事务的合同。委托人可以特别委托受托人处理一项或者数项事务，也可以概括委托受托人处理一切事务。委托人应当预付处理委托事务的费用。受托人为处理委托事务垫付的必要费用，委托人应当偿还该费用及其利息。

（十六）物业服务合同

物业服务合同是物业服务人在物业服务区域内，为业主提供建筑物及其附属设施的维修养护、环境卫生和相关秩序的管理维护等物业服务，业主支付物业费的合同。物业服务人包括物业服务企业和其他管理人。物业服务合同的内容一般包括服务事项、服务质量、服务费用的标准和收取办法、维修资金的使用、服务用房的管理和使用、服务期限、服务交接等条款。

（十七）行纪合同

行（háng）纪合同是行纪人以自己的名义为委托人从事贸易活动，委托人支付报酬的合同。行纪人处理委托事务支出的费用，由行纪人负担，但当事人另有约定的除外。行纪人占有委托物的，应当妥善保管委托物。

（十八）中介合同

中介合同是中介人向委托人报告订立合同的机会或者提供订立合同的媒介服务，委托人支付报酬的合同。中介人应当就有关订立合同的事项向委托人如实报告。中介人故意隐瞒与订立合同有关的重要事实或者提供虚假情况，损害委托人利益的，不得请求支付报酬，并应当承担赔偿责任。

（十九）合伙合同

合伙合同是两个以上合伙人为了共同的事业目的，订立的共享利益、共担风险的协议。合伙人应当按照约定的出资方式、数额和缴付期限，履行出资义务。合伙人的出资、因合伙事务依法取得的收益和其他财产，属于合伙财产。合伙合同终止前，合伙人不得请求分割合伙财产。

三、合同的内容

合同的内容由当事人约定，一般包括以下条款：当事人的姓名或者名称和住所，标的，数量，质量，价款或者报酬，履行期限、地点和方式，违约责任，解决争议的方法。

（一）当事人的姓名或者名称和住所

合同当事人的具体信息，包括双方的姓名、名称和住址。

（二）标的

标的是当事人权利、义务所指向的共同对象，一般用货物、劳务、工程项目的名称来表示。例如，借款合同的标的为一定的金额；买卖合同的标的为某种商品，必须具体写明该商品的名称、规格、型号等内容；运输合同的标的，就是承运人将货物或旅客运到地点的一种劳务；建筑工程合同的标的，就是承包人所承包的工程项目的名称。

（三）数量

数量是标的在量的方面的限度，是标的的计量，通常以数字和计量单位来表示。可以用基本计量单位，如米、千克、只等；也可以用包装单位，如箱、包等，但必须注明每个箱、包内含有多少基本计量单位。有些物品还应写明交货数量的正负尾差、合理磅差、自然减量或增量的单位以及计算方法。

（四）质量

质量是标的在质的方面的规定，是标的内在素质和外观形态优劣的标志。在合同中，表示质量的各项要求、数据都要写入，不能遗漏。例如，标的是大豆，那么有关大豆质量的项目，如含水量、含油量、杂质等都要一一写明，以便检查。质量有规定标准的，如国际标准、国家标准、部颁标准、省（市）标准，要按当事人双方认可的标准

履行;没有规定标准的,则由当事人双方协商确定。

(五)价款或者报酬

价款是指在商品交易中买方付给卖方的代价,一般包括单价和总金额两项;报酬则是接受服务的一方付给提供劳务的一方的报酬金额。价款或者报酬一般应当执行政府定价或者政府指导价;如果没有政府定价或者政府指导价,则按照订立合同时履行地的市场价格确定。在合同中,要明确给付价款或报酬的结算方式和结算期限。法人或其他组织之间应按银行规定结算,通常以银行转账为付款方式,一般不得以现金支付。

(六)履行期限、地点和方式

履行期限是当事人实现权利、履行义务的时间界限。超过期限而未能履行合同,就应当承担由此产生的后果。

履行地点是合同履行的空间范围,是一方按合同履行义务,另一方接受履行的地方。履行地点关系到合同能否按时履行,因此必须规定明确,不能产生歧义。

履行方式是指当事人采用什么方式来履行合同,一般可分为时间方式和行为方式两个方面。时间方式指一次性履行完毕还是分期履行。行为方式指当事人交付标的物的方式,买卖合同中包括货物的包装和运输,例如,由哪方负责包装,包装用的材料,包装品的回收及其费用;货物是供方送货,还是代办托运,或是需方自提,选择哪种运输工具以及运费由谁承担等。

(七)违约责任

违约责任是指当事人一方因自己的过错不能履行或不能全部履行合同而承担的责任。《民法典》第五百七十七条规定:“当事人一方不履行合同义务或者履行合同义务不符合约定的,应当承担继续履行、采取补救措施或者赔偿损失等违约责任。”违约责任条款首先要定义在合同履行中可能出现的违约情况;其次要写发生了这种情况,责任方应承担什么责任,如支付违约金、赔偿损失、返工修理、返还财产等。

(八)解决争议的方法

解决争议的方法是指在履行合同的过程中,当事人对合同发生争议时所采用的协调方法。这部分内容一般要写明争议解决的方式(如协商、调解、仲裁、诉讼等),争议的调解、仲裁机构,并约定当事人协商一致,可以变更、补充或解除合同等。

四、合同的体式和结构

(一)合同的体式

合同的体式从外在形式来看,主要有条款式、表格式和综合式三种。条款式是把当事人达成的协议内容写成条款的合同样式。表格式是把当事人达成的协议内容制成表格的合同样式。综合式是既有条款又有表格的合同样式。从内在形式来看,主要有格式条款和非格式条款两种。

1. 格式条款。《民法典》第四百九十六条规定:“格式条款是当事人为了重复使用而预先拟定,并在订立合同时未与对方协商的条款。”采用格式条款,双方当事人达成协议后即可逐条填写,使用起来十分方便。这种合同多用于经常性的经济活动往来,如买卖合同、借款合同、运输合同等。在订立合同的过程中,提供格式条款的一方应当遵循公平原则确定当事人之间的权利和义务,并采取合理的方式提请对方注意免除或者限制其责任的条款,按照对方的要求,对该条款予以说明。对格式条款的理解发生争议的,应当按通常理解予以解释。对格式条款有两种以上解释的,应当做出不利于提供格式条款一方的解释。格式条款和非格式条款不一致的,应当采用非格式条款。

2. 非格式条款。非格式条款是将双方当事人协商好的合同内容写成条款,条款内容完全根据双方需要而定。这种体式适用于非常规性经济活动往来,如技术合同、赠与合同等。

(二)合同的结构

无论是格式条款还是非格式条款,当事人都可以参照各类合同示范文本来签订。合同示范文本是合同管理机关和专业主管部门根据长期实践,反复优选、评审,经过法定程序正式规定下来的合同文本格式,具有规范性、完备性和广泛的适用性。本节例文1《借款合同》就是由国家工商行政管理总局颁布的一份合同范本。

无论何种体式,合同的基本结构都包括标题、当事人名称、正文和签署四个部分。

1. 标题。合同的标题一般由“合同的性质+合同”组成,即标明是哪一类合同,如“买卖合同”“借款合同”“技术合同”等。有的还点明标的物,如“施工机械设备租赁合同”。如果是经常签订合同,为便于登记和统计,应在标题右下方写明合同编号。

2. 双方当事人名称。在标题下面,顶格写“订立合同单位”或“订立合同人”,然后并列写上双方当事人的单位全称或个人姓名。为了行文方便,在名称后用圆括号注明“以下简称甲方”“以下简称乙方”,或“买方”“卖方”,或“供方”“需方”,注意,不可写“我方”“你方”,以免引起混乱和误解。

3. 正文。正文由开头和主体两部分组成。

(1)开头部分。开头写签订合同的目的、依据和立约过程。通常采用的写法是:“为了××××,根据《中华人民共和国合同法》及有关政策规定,经双方协商同意签订本合同,以资共同恪守。”

(2)主体部分。主体另起一行,空两格,以前面提到的合同的内容要素为主,逐

条写双方商定的具体内容。格式条款事先印好,条款项目比较固定,往里填充具体内容即可。非格式条款,内容可多可少,根据需要而定。最后都要写合同的有效期、合同的份数及保存情况。

如有表格、图纸或其他附件,应在正文后面标注“附件”字样,然后使用序码依次写清附件的名称和份数。

4. 签署。这部分包括署名、日期和附项。

(1)署名,即双方当事人单位名称、法定代表人的签名,并加盖公章或合同专用章。用印要端正、清晰。如果需要主管机关或鉴(公)证机关审批,需写上主管机关、鉴(公)证机关名称、意见、日期,经办人签名,并加盖印章。

(2)日期,以签订合同的日期为准。签约日期关系到合同的效力,必须写清楚。表格式合同将签订时间、地点写在标题的右下方。

(3)附项,分别写双方当事人的单位地址、电话、电挂、电传、电子邮箱、开户银行、银行账号、邮编等项内容。这部分内容应根据需要写,目的是便于相互联系,有时也可以不写。

五、合同的写作要求

(一)必须符合国家的法律法规和现行政策

《合同法》是签订合同的根本依据。当事人订立、履行合同,必须遵守《合同法》等法律和行政法规,尊重社会公德,不得扰乱社会经济秩序,损害社会公共利益。《合同法》规定,有下列情形之一的,所签合同无效:一方以欺诈、胁迫的手段订立合同,损害国家利益;恶意串通,损害国家、集体或者第三人利益;以合法形式掩盖非法目的;损害社会公共利益;违反法律、行政法规的强制性规定。依法成立的合同受法律保护。

(二)必须坚持平等、自愿、公平和诚实信用的原则

合同当事人的法律地位平等,一方不得将自己的意志强加给另一方。当事人依法享有自愿订立合同的权利,任何单位和个人不得非法干预。当事人应当遵循公平原则确定各方的权利和义务。在享有权利、履行义务时,应当遵循诚实信用原则。孔子曾说过:“人而无信,不知其可也。”人要是没有诚信,那就没有什么值得肯定的了,可见诚信之重要。

(三)内容表述要具体明确

合同履行过程中发生种种歧解、扯皮现象,往往是条文表述不具体、不明确所致。为避免以后出现纠纷,合同的内容要周全、严密,条款规定要具体、明确,如对产品的名称、规格、型号、花色、数量、质量、价款、违约责任等,哪一项都不能漏写、省写、错写。一字之差、一点之误或一语不当,都可能导致概念模糊,引出歧义,造成纠纷。因此,当事人对合同中使用的概念、数字乃至标点符号,都要反复斟酌推敲,力

求精确无误。

【例文 1】

借款合同

合同编号：______

贷款方：____________________

借款方：____________________

保证方：____________________

（借款合同中应否有保证方，应视借款方是否具有银行规定的一定比例的自有资金和适销适用的物资、财产，或者根据借贷一方或双方是否提出担保要求来确定。）

借款方为进行______生产（或经营活动），向贷款方申请借款，并聘请______作为保证人，贷款方业已审查批准，经三方（或双方）协商，特订立本合同，以便共同遵守。

第一条 贷款种类____________。

第二条 借款用途____________。

第三条 借款金额人民币（大写）________元整。

第四条 借款利率 借款利息为千分之________，利随本清，如遇国家调整利率，按新规定计算。

第五条 借款和还款期限

1. 借款时间共________年零____个月，自________年____月____日起，至________年____月____日止。借款分期如下：

贷款期限	贷款时间	贷款金额
第一期	年　月底前	元
第二期	年　月底前	元
第三期	年　月底前	元

2. 还款分期如下：

还款期限	还款时间	还款金额	还款时的利率
第一期	年　月底前	元	
第二期	年　月底前	元	
第三期	年　月底前	元	

第六条　还款资金来源及还款方式

1. 还款资金来源:____________。

2. 还款方式:____________。

第七条　保证条款

1. 借款方用__________做抵押,到期不能归还贷款方的贷款,贷款方有权处理抵押品。借款方到期如数归还贷款的,抵押品由贷款方退还给借款方。

2. 借款方必须按照借款合同规定的用途使用借款,不得挪作他用,不得用借款进行违法活动。

3. 借款方必须按合同规定的期限还本付息。

4. 借款方有义务接受贷款方检查、监督贷款的使用情况,了解借款方的计划执行、经营管理、财务活动、物资库存等情况。借款方应提供有关的计划、统计、财务会计报表及资料。

5. 需要有保证人担保时,保证人履行连带责任后,有向借款方追偿的权利,借款方有义务对保证人进行偿还。

6. 由于经营管理不善而关闭、破产,确实无法履行合同的,在处理财产时,除了按国家规定用于人员工资和必要的维护费用时,应优先偿还贷款。由于上级主管部门决定关、停、并、转或撤销工程建设等措施,或者由于不可抗力的意外事故致使合同无法履行时,经向贷款方申请,可以变更或解除合同,并免除承担违约责任。

第八条　违约责任

一、借款方的违约责任

1. 借款方不按合同规定的用途使用借款,贷款方有权收回部分或全部贷款,对违约使用的部分,按银行规定的利率加收罚息。情节严重的,在一定时期内,银行可以停止发放新贷款。

2. 借款方如逾期不还借款,贷款方有权追回借款,并按银行规定加收罚息。借款方提前还款的,应按规定减收利息。

3. 借款方使用借款造成损失浪费或利用借款合同进行违法活动的,贷款方应追回贷款本息,有关单位对直接责任人应追究行政和经济责任。情节严重的,由司法机关追究刑事责任。

二、贷款方的违约责任

1. 贷款方未按期提供贷款,应按违约数额和延期天数,付给借款方违约金。违约金数额的计算应与加收借款方的罚息计算相同。

2. 银行、信用合作社的工作人员,因失职行为造成贷款损失浪费或利用借款合同进行违法活动的,应追究行政和经济责任。情节严重的,应由司法机关追究刑事责任。

第九条　解决合同纠纷的方式:执行本合同发生争议,由当事人双方协商解决。

协商不成,双方同意由________仲裁委员会仲裁(当事人双方不在本合同中约定仲裁机构,事后又没有达成书面仲裁协议的,可向人民法院起诉)。

第十条 其他

本合同非因《借款合同条例》规定允许变更或解除合同的情况发生,任何一方当事人不得擅自变更或解除合同。当事人一方依照《借款合同条例》要求变更或解除本借款合同时,应及时采用书面形式通知其他当事人,并达成书面协议。本合同变更或解除之后,借款方已占用的借款和应付的利息,仍应按本合同的规定偿付。

本合同如有未尽事宜,须经合同各方当事人共同协商,作出补充规定,补充规定与本合同具有同等效力。

本合同正本一式三份,贷款方、借款方、保证方各执一份;合同副本一式______,报送__________等有关单位(如经公证或鉴证,应送公证或鉴证机关)各留存一份。

贷款方:________(公章)
代表人:________(盖章)
地址:________
银行账户:________
电话号码:________
电子邮箱:________

借款方:________(公章)
代表人:________(盖章)
地址:________
银行账户:________
电话号码:________
电子邮箱:________

保证方:________(公章)
代表人:________(盖章)
地址:________
银行账户:________
电话号码:________
电子邮箱:________

签约日期:________
签约地点:________

【例文 2】

产品购销合同

购货单位:××××(以下简称甲方)
供货单位:××××(以下简称乙方)

为增强供需双方的责任感,确保实现各自的经济目的,经双方充分协商,订立本

合同,以便共同信守。

一、品名、数量、价格、交(提)货日期

品名	规格型号	单位	数量	单价	金额	交(提)货日期	超欠幅度
松香	进口特级	吨	1000	2350 元	235 万元	到 2012 年 12 月底交 500 吨,剩余 2013 年 5 月前交清	3%

货款共计人民币(大写):贰佰叁拾伍万元整。

二、质量标准

按××××年轻工部颁×号文件规定标准执行。

三、交(提)货办法,运输方式及地点

乙方铁路运输送货到甲方铁路专用线,甲方自提。

四、产品价格与货款结算

产品价格按市场行情双方商定。价格如有变动,必须经再次协商确定后执行。

货到验收后付款,银行托收。运费由甲方负担。

五、产品的包装标准和包装物的供应与回收

木桶包装,每桶 100 千克。包装材料由乙方自备。完好木桶每个壹元,乙方回收。

六、货物质量检验方法

货物到甲方货场,双方派人共同抽样检验,抽查比例为 5%。

七、对货物提出异议的时间和办法

甲方在验收时,如果发现货物的规格、质量不符合规定,于 10 天内向乙方提出书面异议。乙方接到甲方书面异议后,应于 10 天内负责处理。

八、违约责任

按《合同法》《工矿产品购销合同条例》有关规定执行。

九、不可抗力

供需双方如遇人力不可抗拒的自然灾害和确非企业本身造成的原因而不能履行合同时,经双方协商或鉴证机关查实证明,可免予承担经济责任。

十、其他未尽事项,由双方协商另订附件。

本合同一式两份,双方各执一份存查。

本合同自签订之日起生效,银货两讫时自动失效。

甲方:××××厂(印章)　　乙方:××公司(印章)

代表人:×××　　代表人:×××

地址:××××　　地址:×××××

开户银行及账号:×××××××　　开户银行及账号:××××××××

电话：××××××　　　　电话：××××××
电子邮箱：×××××××　　　　电子邮箱：×××××××

签订时间：××××年×月×日
签订地址：××××××××

思考与练习

合同示范文本库

1. 拟写合同，必须懂得什么法律？
2. 合同具有什么作用？
3. 合同的主要内容有哪些？
4. 一份完整的合同应具备哪些结构项目？
5. 什么叫“违约责任”？合同中为什么必须规定“违约责任”？
6. 格式条款与非格式条款有什么不同？
7. 什么是“合同示范文本”？它的特点是什么？
8. 合同的写作要求是什么？
9. 运用合同的写作知识，指出下面这份合同存在的问题。

合　同

立合同人 ××化工厂第四车间（甲方）
××第二建筑公司生产科（乙方）

为建筑××化工厂第四车间西厂房，经双方协商，订立本合同。

一、甲方委托乙方建设西厂房一座，由乙方全面负责建造。

二、全部建造费（包括材料、人工）1 270 000元。

三、甲方在订立合同后先交一部分建造费，其余在西厂房建成后抓紧归还所欠部分。

四、工期待乙方筹备就绪后立即开始，力争3月中旬开工，争取11月左右交活。

五、建筑材料由乙方全面负责筹备。

六、本合同一式两份，双方各执一份。

××化工厂第四车间（印章）　　　　××第二建筑公司生产科（印章）
车间主任×××　　　　科长×××

××××年×月×日

10. 阅读例文1《借款合同》,三人一组,一人为贷款方,一人为借款方,一人为保证方,通过协商,模拟签订该合同的有关条款。

第二节　协议书

一、协议书的概念

协议书是平等主体的自然人、法人、其他组织之间对某一重要问题或事项经协商取得一致意见后订立的具有经济或其他关系的契约性文书。协议书具有原则性、灵活性和广泛性的特点,在经济活动和各种社会交往中,发挥着促进联系、加强合作、制约、监督和凭证等作用。

协议书在平等、自愿、公平诸方面与合同相同,其与合同的不同之处有以下几方面。

(一)涉及的项目不同

与合同相比,协议书涉及的项目比较广泛。合同涉及的项目,协议书都可涉及。除了合同常涉及的经济生活方面的项目外,协议书还常涉及文化、教育、科技等方面的项目。

(二)内容的表述要求不同

对有些初次建立的经济关系,或较复杂的经济关系,往往要多次磋商才能确定彼此的权利和义务,这样,常常在签订正式合同之前先签订一份纲要性的协议书,为日后签订合同做准备。这时的协议书只对某些问题或事项做出原则的、概括性的规定,起到意向作用,表明双方合作的诚意;而不像合同的条款那样,订得十分具体详尽,便于执行。

(三)文体的功能不同

作为经济关系的凭证文书,协议书可作为正式合同的"前奏",也可作为已订合同的补充或修订,如果协议书的条款已具备双方权利义务的明确规定,还可以直接作为合同来使用。协议书的功能灵活多样,而合同则比较严谨单一,使用起来比较正式。

(四)时间的有效性不同

从时效来看,合同的时限性一般不太长,由于它是当事人之间为了实现一定的经济利益而达成的书面协议,一旦它们所共同指向的标的已经完成,合同的效力便自然消失。而协议书的有效时间有的则比较长,如"子女过继协议""收养协议""赡养协议"等,有的有效期是终生的。

二、协议书的种类

按具体内容分,协议书有承包工程协议书、购销协议书、承揽加工协议书、财产保险协议书、赔偿协议书、调解协议书、经济技术合作协议书、合作办学协议书等。

按适用时间分,协议书有长期协议书、中期协议书、短期协议书和临时协议书等。

按作用分,协议书有意向式协议书,补充、修订式协议书和合同式协议书。

(一)意向式协议书

意向式协议书用于签订正式合同之前,对某些问题或事项做出原则性的规定,起到意向作用,表明双方合作的诚意,为日后签订合同做准备。

(二)补充、修订式协议书

补充、修订式协议书用于正式合同之后,由于情况发生了变化,经当事人协商同意,补充、修订已签订合同的某些条款,以使合同更为严谨、完善。

(三)合同式协议书

有的协议书因已具备对双方权利义务的明确、具体的规定,所以这种协议书也就具有合同的特征和作用。

三、协议书的写法

协议书的写法类似于合同,也是由标题、当事人名称、正文与签署四个部分组成。

(一)标题

标题可以只标明文种——“协议书”;也可以用“内容性质+文种”做标题,如“聘任协议书”“换房协议书”“赔偿协议书”“征用土地协议书”等;也可以由“签订协议的双方单位名称+事由+文种”构成,如“××市科学技术协会与××区××厂关于转让产品技术专利的协议书”。

(二)当事人名称

当事人名称写参与协议的双方或多方当事人的单位名称或个人姓名。在名称后用圆括号标注“以下简称甲方”“以下简称乙方”。

(三)正文

协议书的正文可分为前言和主体两部分。前言部分用来写明签订该协议的目的、依据和过程等。主体部分写当事人商定的内容,包括:协议的项目内容、共同任务和标的、合作的方式、双方的权利和义务、在有关问题上的具体要求、违约责任、有效期限、协议份数及保存、其他需说明的事项等。正文部分通常采用条款式,如果需要,有些条款也可以用表格来表示。

（四）签署

签署部分包括双方及多方当事人单位名称，法定代表人签名、盖章；注明签订日期年、月、日；如果需要写附项，则将单位地址、邮编、电话、电子邮箱、开户银行、银行账号等一一注明。

四、协议书的写作要求

协议书的写作要求与合同大致相同，起草时必须贯彻平等、自愿、公平的原则，内容必须符合国家颁布的法律、政策和有关规定，不得超越其限定的范围；否则，即使签订了，在法律上也是无效的。协议书是法律文书，写作时必须严肃审慎，反复斟酌推敲，措辞要明确得体，绝不能草率从事。

【例文1】

中国××国家技术合作公司与香港××金属有限公司
合作协议书

中国××国际技术合作公司（以下简称甲方）
香港××金属有限公司（以下简称乙方）

双方于××××年×月×日至×日在哈尔滨市，经过友好协商，在平等互利的原则下，就合作投资创办出租汽车公司事宜，达成如下协议：

一、合营企业定名为××出租汽车公司。

二、合营企业为有限公司。双方投资为3∶7，即甲方占30%，乙方占70%。

三、公司及董事会人数5人，甲方3人，乙方2人。董事长1人，由甲方担任，副董事长1人由乙方担任。正、副总经理由甲、乙双方分别担任。

四、合营企业所得毛利润，按国家税法照章纳税，并扣除各项基金和福利等，净利润根据双方投资比例进行分配。

五、乙方所得纯利润可以人民币计收。合作期内，乙方纯利润所得达到乙方投资额（包括本息）后，企业资产即归甲方所有。

六、双方共同遵守我国政府制定的外汇、税收、合资经营以及劳动等法规。

七、双方商定，在适当的时候，就有关事项进一步洽商，提出具体实施方案。

甲方：中国××国际技术合作公司（章）
法定代表人：×××
××××年×月×日

乙方：香港××金属有限公司（章）
法定代表人：×××
××××年×月×日

【例文 2】

合作办学协议书

北京××大学(以下简称甲方)

北京××文化艺术培训学校(以下简称乙方)

为落实党中央、国务院“科教兴国”的国策,充分发掘和利用现有大学和社会力量两方面的办学资源,创建社会急需的有关专业,扩大招生规模,依据国家有关政策、法规的规定,甲方与乙方经过充分论证和友好协商,一致同意合作办学。

一、合作内容

以甲方新闻传播类专业的教育优势和乙方的影视艺术优势相结合,共同举办影视艺术类专业。目前拟办播音与主持、电视编导、影视化妆与造型三个专业,并列入20××年度招生计划。

二、双方责任

(一)甲方责任

1. 编制招生计划和录取学生。

2. 制定专业培养方案和教学计划,并按北京××大学的管理制度进行宏观管理。

3. 核发北京××大学毕业证书。

4. 提供基础课师资。

(二)乙方责任

1. 提供办学场所和教学设施、设备。

2. 提供专业课师资。

3. 对学生进行日常管理。

三、领导和管理

1. 甲、乙双方组建合作办学领导小组,负责协调和解决与办学有关的具体问题。

2. 乙方设置相应的管理机构,接受甲方本部的对口管理。

四、投资形式、经费来源及利益分配

1. 甲方以无形资产投入,乙方以固定资产投入。

2. 学生学杂费按艺术类专业的标准收取,作为办学的经常性收入。

3. 学费收入的30%划归甲方,作为管理成本;70%划归乙方,作为办学费用支出。

甲方:北京××大学(印章)　　　　乙方:北京××文化艺术培训学校(印章)

负责人签字:×××　　　　负责人签字:×××

××××年×月×日　　　　××××年×月×日

思考与练习

1. 协议书与合同的区别是什么？
2. 为什么说协议书既可以是合同的“前奏”，也可以是合同的“尾声”？
3. 指出下面这份协议书的问题。

协议书

根据上级指示精神，经村委会研究决定，本年度上缴村民委员会公益金的数额为人均100元，另每户缴农田基本建设费300元，集资修建小学校，每户缴200元。限期于10月底前上缴村民委员会，望全体村民恪守本协议，不得延误。

××村民委员会

××××年×月×日

4. 根据下面这份协议书的内容，填写协议条款题目。

委培协议书

××××银行（以下简称甲方）

××××大学（以下简称乙方）

为适应金融事业发展需要，甲方委托乙方代为培训二年制金融专业学生100名，协议如下：

一、____________________

甲方在职职工，政治思想好，身体健康，具有高中毕业或同等文化程度，年龄40岁以下。

二、____________________

由甲方按培训数3倍组织符合上述条件的职工参加当年全国高校统一招生考试。根据规定的统考录取分数线录取；线上人数不足时，适当降分以完成招生计划。由乙方签发录取通知。

三、____________________

学生入学后，不得中途退学，有特殊原因需要退学者，必须得到甲、乙双方同意，不得改换专业。学生因健康原因不能继续学习者，需提交有关证明文件，由乙方通知甲方处理。对甲方委托培训的学生，乙方可以单独编班或与其他生源混合编班，但要纳入学校教学规划，执行统一的要求和办法，一视同仁。

四、____________________

学生学习期满，经过考试、考查成绩合格，由乙方发给统一的大专毕业文凭，否则只发给结业证书。学生毕业后，乙方不负责工作分配，由甲方负责安排。

五、____________________

培训经费按每人每年××××元计算，由甲方于每学年开学的第一周拨给乙方银行账户；学生在校的医疗费用、实习费用，由乙方开具发票，每学期期末向甲方结算报销。

六、____________________

双方应严格履行合同义务，甲方不得随意增减招生人数，不得指名录取学生，不得在学习期间调遣学生。乙方不得对委培生放任不管，降低要求，不得无故变更收费项目和标准。双方对违约行为要承担政治和经济责任，罚则参用事业单位有关廉洁自律的规定。

七、____________________

双方平时加强联系，及时协调解决遇到的具体问题。甲方主管部门为银行教育处，乙方主管部门为校教务处。如有涉及变更合同的事宜，由双方单位领导协商解决。

本协议一式四份，双方各执一份，报双方上级机关备案各一份。

本协议至本届学生毕业（结业）后，自行终止。如需继续合作，另订协议书。

甲方：××××银行（印章）　　　　乙方：××××大学（印章）
代表人：×××　　　　　　　　　　代表人：×××
××××年×月×日　　　　　　　　××××年×月×日

第三节　财经消息

一、财经消息的概念和作用

消息，即狭义的新闻，是指以简明的文字迅速及时地报道新近发生的、有新闻价值的事实。财经消息是消息的一种，是指反映财经领域新近发生的、有新闻价值的事实的报道。它包含五个要素：一是从内容上看，必须是"反映财经领域"的事；二是从时间上看，它是"新近发生的"，不是陈年旧事；三是"有新闻价值的"，不是"捡到篮里就是菜"；四是"事实"，不是捕风捉影、道听途说的；五是"报道"，即借助于媒体传播的事实，未经传播的事实不是新闻，构不成消息。以上五个要素构成了财经消息的本质。

需要指出的是，财经消息与财经通讯都是新闻体裁，却是两个不同的文体，它们

的区别有如下几个方面：

第一，内容详略不同。财经消息一般用简洁、明快、朴实的语言，告诉人们发生了什么财经事实，大都不展开情节；财经通讯则要求比较详细、具体地报道财经事实的前因后果，展开情节，描绘出有典型意义的场面。

第二，表现手法不同。财经消息一般以叙述为主；财经通讯则表现手法多样，除叙述外，还可适当运用描写、议论、抒情，并运用比喻、对比、衬托、比拟等多种修辞手段，尽可能使报道显得具体、生动、形象。

第三，篇幅长短不同。从篇幅上看，财经消息比较简短；而财经通讯相对较长，往往在一个主题下贯穿着相当丰富的材料，有故事，有起伏，也有细节。

随着社会主义经济建设的深入发展和生产社会化程度的不断提高，财经消息在社会经济活动中的作用日益突出。人们通过报纸、广播、电视、互联网等媒体获取财经消息，可以迅速及时地了解国内外经济发展的现状和趋势，了解经济的变化、时尚的变迁，以便更好地融入世界经济的大潮之中，不断提升我国的经济实力和人民的生活水平。

二、财经消息的种类

从内容上看，财经消息可分为以下三类。

（一）财经动态消息

财经动态消息是关于已经发生或正在发生的国内外财经的新动态、新情况、新问题的报道。大到国家重大财经政策的颁布和国内外重大财经事件的发生（包括建设情况、工业成就、农业生产、贸易、金融行情等有价值的信息），小到某地、某个市场、某一产品的销售情况，都在其报道范围之内。这类消息大都是一事一报，篇幅短小，语言简洁。就报道形式而言，财经动态消息可分为两类：一类是连续性的动态消息，即对一个经济事件发展变化的全过程分别做阶段性的报道。许多动态报道连接起来，就能反映事物发展的全过程。另一类是一次性的动态消息，即一次报道的经济事件本身就是一个完整的发展过程。

（二）财经综合消息

财经综合消息是从各个侧面反映较大范围内或较长时间内的综合财经情况的报道。这类消息综合性强，报道面广，声势较大，它主要报道有关全局的各类经济事件，写作时以面上的概括材料为主，还要穿插点典型事例，点面结合；同时，还要对材料进行客观的综合分析。这样，既有广度又有深度，能给读者留下较为完整的印象。

（三）财经经验消息

财经经验消息又称“典型报道”，它是对财经领域一定时期内比较突出的地区、部门、单位在财经工作中取得新鲜经验的重点报道。这类消息往往体现着领导部门对经济工作的指导思想，其作用是宣传先进人物、先进单位的典型经验，用典型推动一般。财经经验消息在行文时往往要交代情况，叙述做法，反映变化，总结经验，通过一系列生动具体的事实反映规律性的东西，供人们借鉴、学习。

三、财经消息的结构与写法

财经消息在结构安排上与其他消息一样，一般包括标题、导语、主体、背景和结语五个部分。

（一）标题

标题是消息的眉目，要用简明扼要的文字概括和提示消息的内容，帮助读者尽快了解消息的内容和意义，同时还应起到吸引读者、先声夺人的作用。从形式上看，标题又分为单行标题、双行标题和多行标题。

1. 单行标题，即只有一个正题的标题。例如，《全新的股份制银行闪亮登场》《北京为西部开发吹号角 两天签下 2.2 亿》《“无假冒商场”废除终身制》等。

2. 双行标题。具体有两种形式：一种是由引题和正题构成的，一种是由正题和副题构成的。例如：《灯具合格仅两成 市场紧急大换血（引题）灯具小老板凭分进市场（正题）》；《物业不能再胡来了（正题）——北京市物业管理服务质量标准即将出台（副题）》。

3. 多行标题。这类标题由引题（肩题、眉题）、正题（主题、母题）、副题（辅题、子题）三部分组成。引题排在第一行，用来交代背景，烘托气氛，介绍消息发生的原因或背景，说明主题的意义，以引出正题。正题居中，字体略大，是标题的主体部分，是对消息最主要事实和思想的概括。副题标在正题之下，一般用来补充说明消息的来源、依据或次要的事实。例如，《世界奇迹中的奇迹（引题）“天路”建设创高原病零死亡（正题）外国医学专家惊呼：青藏铁路是对高原医学的巨大挑战（副题）》。

一般来说，篇幅简短、内容单纯的财经消息常用单行标题，篇幅较长、内容丰富的财经消息常用双行标题和多行标题。拟写标题的要求是文题相符，简洁明确，醒目突出，引人入胜。

（二）导语

导语即财经消息的开头，要用极简要的文字将最重要、最新鲜、最能吸引人的事实或全文的中心思想概括出来，它一般用一句话或一个短小的自然段来完成。导语的写法很多，常见的有以下几种形式：

1. 叙述式导语。这种导语以简单、明白、平易、朴素的叙述方式，概述主要的新闻事实。这种方式直截了当、开门见山、用事实说话，是常用的导语写法。例如，本节例文 1 和例文 2 的开头部分都采用了叙述式导语。

2. 提问式导语。这种导语就消息中已解决的问题先用疑问句式鲜明地提出来，以引起读者的思索和关注，然后再通过对新闻事实的叙述或评述，回答开头提出的问题。财经评述消息多采用这种导语。例如：

一连几天的降水，使北京大部分地区降水量为 30 到 60 毫米，局部地区为 100 毫米左右，超过了历史同期水平。大雨之后，还要不要节约用水呢？

3. 描写式导语。它是用形象、生动的语言对消息报道的主要事实或事实的某一侧面或场景做一番描写，渲染气氛，烘托主题，以吸引读者继续读下去。例如：

一只羽毛雪白、红冠竖立、雄赳赳的大公鸡和四只同样漂亮的白母鸡，11 月 23 日代表它们家族——“北京白鸡”，神气十足地通过了畜禽专家们的技术鉴定。

4. 结论式导语。这种导语首先明确报道对象的性质，点明事件的结果，即先将结论写出来，再回过头来叙述事实。例如：

欧洲议会交通委员会主席保罗·考斯特昨天在中意环境合作与北京绿色奥运论坛上表示，北京要想减轻交通造成的大气污染，应该大力发展清洁、无污染、低排放的公交系统。

5. 对比式导语。它是在导语中将两个差别显著的东西放在一起，让鲜明的对比唤起读者对下文的兴趣。例如：

香皂和牙膏是人们日常生活中离不了的物品，不知您有没有这样的感觉，这些年来，国产牙膏一直稳稳当当地在您家占据了一席之地，而国产香皂却被外国货“插了足”。

（三）主体

主体是紧接在导语之后构成消息主要内容的部分。它要承接导语，通过足够的、典型的、生动的、具有说服力的材料，让读者全面了解、掌握财经消息的全部内容。为了更好地完成主体的写作，可以从两个角度出发来安排材料。

1. 逻辑顺序，即按照事物的内在联系或人们认识问题的逻辑顺序来组织材料，安排结构。采用这种写法可以不受时间顺序的限制，而是根据报道对象的因果关系、主次关系、点面关系或并列关系等来确定合理的写作顺序。可以先写最主要的，然后按重要程度来分层；或者先写结果再讲原因；或者把几个问题并列表述；或者先概括写“面上的情况”，再具体写“点”上的情况。

2. 时间顺序，即按照事实发生、发展、结束的先后顺序来组织材料，安排结构。采用这种写法，可以使叙述的线索清楚，让读者完整地了解整个事实的始末。

（四）背景

背景是指新闻事实产生的历史条件、环境条件以及它和其他相关材料的各种联系。交代背景,有助于说明事实发生的原因,揭示事实的性质和意义,增加消息的知识性和趣味性;有助于通过对比和衬托,深化主题。财经消息中的背景材料按其性质可分为以下三种:

1. 对比性材料。对事物进行今昔对比、正反对比、左右对比,从对比中突出事物的重要意义,深化消息的主题。

2. 说明性材料。介绍新闻事实的政治背景、历史状况、地理环境、物质条件、人际关系等材料,以说明事物出现的原因、条件、环境,帮助读者更好地理解消息的内容。

3. 注释性材料。对新闻事件中一些不易被读者理解的内容或名词概念,如人物身份、专业术语、技术问题、专业知识、新的提法、缩略词组等,加以适当的解释。

应该看到,并不是每条消息都要用背景的,用不用,用多少,用在哪里,要根据消息本身的需要来决定。一般来说,背景的位置很灵活,它可以穿插于主体里,也可以运用在导语或结语中;可以一次交代完,也可以多次穿插交代;可以是一段话,也可以只是几句甚至一句话。无论采用什么形式,背景一定要与消息的主题紧密相关。

(五)结语

财经消息的结语是内容发展的自然结果,一个好的结语可以起到画龙点睛的作用,加深读者对该条消息的印象。结语的写法多种多样:有的概括性地小结消息内容,以加深读者印象;有的写出新闻事实的发展趋势,以引起读者关注;有的加上启发、激励式的话语,让读者思索;有的结语并不明显,事件的结束也就是文章的终止。

四、财经消息的写作要求

(一)用事实说话

财经消息的特殊价值和独特作用就在于忠实地报道客观事实,用确凿生动的事实来传递财经信息,影响读者。财经消息价值的大小归根到底是由事实本身的分量决定的。因此,报道的事实必须真实准确。构成该报道要素的时间、地点、人物、事件、原因、经过、结果,以及所引用的各种资料,包括背景材料、史实、引语等,都必须是真实可信、准确无误的,不允许有任何虚构、夸张。另外,要选择和运用典型事实,使典型材料起到以一当十、举一反三的作用。财经消息一般以叙述、描写的手法再现事实真相,让读者在了解事实真相的同时,得出自己的评判和结论。财经消息不排除必要的、恰当的议论,因为它能起到画龙点睛的作用,但这种议论不宜过多,要做到缘事而发,言简意赅。

（二）要迅速及时

财经消息特别讲究时效性。“当日新闻是金子，隔日新闻是银子，前天的新闻是沙子。”及时性是财经消息必不可少的一个特征。现代记者配备手机、笔记本电脑等，充分利用现代通信手段，可以大大提高消息写作、传送的速度。财经消息要以最快的速度为迅速发展的经济提供信息和指导，以充分发挥其作用。当然，在注意时效性的同时，也应注意选择适当的报道时机，有些政策性强的消息要在有关主管部门允许的时候才能报道。

（三）要短小精悍

简明扼要，短小精悍，是由财经消息迅速及时的特点所决定的。写作时，必须对事实进行提炼，抓住其中最主要、最精彩的内容，力求有引人入胜的标题、概括全文的导语、用事实说话的主体、恰到好处的背景、生动有力的结语，全文主题鲜明、集中，文字简洁，切忌啰唆、累赘。

【例文】

制止餐饮浪费纳入饭店业信用评价国家标准

人民日报北京3月27日电（记者林丽鹂）记者27日从国家市场监督管理总局获悉：市场监管总局（标准委）近日批准发布《饭店业信用等级评价规范》，引导广大饭店业经营主体诚信经营，扩大优质供给。该标准提出饭店企业应制定并有效运行节约资源、减少一次性塑料用品使用、制止餐饮浪费的制度，强调每年为员工提供制止浪费、垃圾分类等方面知识培训等，进一步推动饭店企业建立制止餐饮浪费长效机制，履行厉行节约社会责任，实现行业绿色转型。

《饭店业信用等级评价规范》从推动行业高质量发展出发，构建了包含综合素质、财务状况、管理水平、企业竞争、社会信用5个要素的信用评价指标体系，具体包括23个二级指标、48个三级指标，确定了“三等九级”的饭店业信用等级。

据介绍，市场监管总局高度重视、持续推进有关制止餐饮浪费相关标准化工作。2021年联合商务部、文化和旅游部印发了《关于以标准化促进餐饮节约反对餐饮浪费的意见》，近年来先后发布《餐饮业供应链管理指南》《外卖餐品信息描述规范》等4项国家标准，并将制止餐饮浪费要求纳入旅游民宿、旅游度假区等相关国家标准。

下一步，市场监管总局将继续推动机关食堂反食品浪费、绿色外卖、中央厨房等国家标准制修订，不断健全节约型餐饮标准体系，在全社会营造“浪费可耻、节约为荣”的消费新风尚。

（选自《人民日报》，2023年3月28日）

新华财经

思考与练习

1. 简述财经消息的概念，并分析财经消息与财经通讯有何区别？
2. 财经消息可以分哪几种？
3. 何为导语？财经消息的导语有哪几种形式？
4. 何为背景？请指出例文中所使用的背景材料。
5. 阅读下面两篇财经消息，并按要求为它们拟写标题。

(1)两行标题：

十年树木百年树人，春秋大计，教育先行。6日，恰逢二十四节气中的惊蛰，惊蛰过后，天地俱生，万物以荣。由北京教育装备行业协会、北京市高等教育学会技术物资研究分会主办，《中国现代教育装备》杂志社承办的第30届(2019年)北京教育装备展示会暨北京教育装备论坛3月6—8日在国家会议中心举办。

本届展会会场面积共计22000平方米，展位数1033个，参展企业143家。展会设置了“奋斗的三十年”特别展区，组委会统筹展区，教育信息化设备展区，实验室、专用教室、实训平台装备展区，学前教育装备及玩教具展区，校园节能与环保设备创新展区，体育等其他教育装备展区共七大展区。

2019年，北京教育装备论坛服务“京津冀教育装备事业协同发展”的大格局，设置了“京津冀高校教育装备论坛”“京津冀中小学图书馆建设与应用论坛”“全国名园长俱乐部·京津冀微论坛”，关注北京教育信息化建设、高校实验室安全、学生视力保护等热点问题，进行学术交流；同时还携手教研单位开展有九门学科参与的中小学实验教学系列教研活动。

本届展会主办方还组织了中国传媒大学、北京建筑大学、北京印刷学院、首都师范大学科德学院在校大学生进行社会实践活动，展会服务教育教学，开拓了大学生“双创”活动的视野与渠道。同期还引进iCAN全球创新教育大会驻场，举办多场有关大学生创新创业教育论坛。

(2)单行标题:

本报讯　张一元第四届绿茶节将于明天举办,为期9天。

绿茶节“以科学饮茶、享受人生”为主题,主要向消费者传输茶的科学知识,在生活中正确品饮每一种茶。主会场设在前门大栅栏街张一元老店,市内各连锁店设分会场。活动期间在主会场安排了丰富多彩的节目,有专业演员的演出、茶艺表演、现场有奖竞答、现场演示“新绿茶”的炒制工艺、现场品尝新绿茶、茶叶专家现场咨询等活动。

这届绿茶节将陆续推出近百种绿茶,其中包括全国各地的名优绿茶。像正宗的西湖龙井、黄山毛峰、信阳毛尖、碧螺春、金奖惠明、太平猴魁、六安瓜片、雁荡毛峰、绿白毛猴等名品,还有特色茶如仙岩雪峰茶、天目青顶茶等。

6. 根据身边最新发生的财经新闻,拟写一篇财经消息。

第四节　经济活动分析报告

一、经济活动分析报告的概念与作用

(一)概念

经济活动分析报告是经济管理部门和企业常用的一种专业文书,简称“经济活动分析”,又称“经济活动总评”“××状况分析”“××情况说明”等。它是在正确的经济理论与国家的方针、政策的指导下,根据计划指标、会计核算、统计报表和调查研究所取得的情况与材料,对某一部门或单位一定时期内的经济活动状况进行分析研究,探讨原因,寻求改进方法而写成的书面报告。

对一个企业来说,经济活动是企业的全部生产经营活动,即企业生产与再生产过程的供产销活动。经济活动分析是企业经济管理工作的重要组成部分。企业实行经济核算制,讲求经济效益,离不开算账,而算账包括计算和分析两个方面的内容和要求。计算的结果要通过报表反映出来,报表数字能够具体地或综合地反映一个部门、一个单位经济活动的状况和主管部门工作进行的情况。但由于经济活动本身错综复杂,每一项经济指标执行的结果往往还不能说明全部问题,特别是无法说明其产生和发展的原因及客观的内在规律。因此,还要根据报表数字和调查研究所掌握的多方面材料,对经济活动状况进行分析。把分析的结果写成报告,就是我们通常所说的“经济活动分析报告”。

(二)作用

经济活动分析报告是经济管理人员认识和总结经济活动规律的一种手段,是进行科学管理,避免瞎指挥,指导和加强经济核算,提高经济效益的一个行之有效的方法,也是国家经济管理部门和企业的一项重要工作。“分析好,大有益。”经常写这种分析报告,对做好经济工作具有多方面的重要作用。

1. 有助于企业提高管理水平。企业的经济活动主要包括七个方面:生产计划完成情况;劳动计划完成情况;产品成本计划完成情况;固定资产的利用情况;材料供应计划完成情况;销售计划完成情况;企业财务状况的总评价。企业管理的基本职能是对企业整个生产经营活动进行计划、组织、指挥和控制。经济活动分析报告通过对各项计划完成情况的分析和对比,可用来考核本期计划的执行情况,查明完成或没有完成计划的原因,找出存在的问题,总结经验、教训,从而为领导增强经营决策的预见性、正确性提供可靠的参考依据,促进企业自觉地按经济规律办事,进一步挖掘潜力,使计划科学化,组织合理化,不断提高管理水平。

2. 有助于政府经济管理部门更好地发挥职能作用。财政、金融、税收、统计等部门是管理国民经济的重要职能部门,国民经济各部门、各企业都要与它们发生密切的关系。它们在对国民经济实行监督和管理的过程中,经常需要通过经济活动分析报告来了解企业的生产经营状况,以便支持和鼓励先进企业,扶持和监督后进企业,制裁违法企业,更好地发挥财政、金融部门的职能作用。

3. 有助于宏观经济决策及有关部门制订指导性计划。随着经济体制改革的深化,社会主义市场经济迅速发展,经济活动也变得日益复杂。国家经济管理部门通过对经济活动分析报告的研究,不仅可以及时了解和掌握国民经济的发展动态,总结经验教训,摸清经济活动规律,而且可以依据这些真实的第一手资料修订原有决策和计划,从而解决经济发展中出现的种种问题,实现宏观经济调控。此外,一定时期的经济活动分析对调整和制订下一个时期的工作计划具有重要意义。因为通过经济活动分析报告能较全面地了解现实的经济状况,科学地预测未来,进行正确的决策,从而保证国民经济稳步、协调、健康地发展。

总之,经济活动分析报告有着多方面的重要作用,它是经济工作者特别是计划、统计、财务、会计人员当好参谋的重要工具,也是从事现代经济管理的领导按照经济规律办事、进行科学管理的一种有效武器。

二、经济活动分析报告的特点与分类

(一)特点

经济活动分析报告的主要特点在“分析”二字,具体地讲,有以下三点:

1. 分析性。经济活动分析报告与市场信息、市场调查、经济预测报告一样,必须占有大量的数据并显示某些数据,但经济活动分析报告绝不是数据的堆砌。数据资料和调查取得的各种生动的材料是写好经济活动分析报告的基础。数据资料只给人以感性认识,为了使管理者对经济活动的认识从感性上升到理性的高度,写经济活动分析报告必须运用科学的方法和观点对这些数据资料进行深入的分析,只有这

样,才能从本质上揭示经济发展规律,反映经济活动中的成绩和问题,指明问题产生的原因。可以说,没有分析,就没有对现状的深刻认识,就不能发现企业管理中的薄弱环节,并针对这些薄弱环节提出有力的改善措施,挖掘潜力,推动企业的深化改革,从而提高经济效益。所以,失去了分析性,也就失去了经济活动分析报告的意义。

2. 时效性。经济活动分析是经济管理部门和企业经常性的一项工作。除了月末、季度末、半年、年终的定期分析报告外,现代经济管理更注重作为经济活动"晴雨表"的不定期的及时分析和专题分析。因为针对千变万化、日益复杂的经济活动,它能使经营管理人员及时地了解经济活动中发生的各种细小变化,以便不失时机地采取相应的对策。分析报告提供情况、信息、预测的早晚,常常对企业的兴衰起着重要作用。没有时效性,经济活动分析报告也就失去了它应有的作用。

3. 建议性。经济活动分析报告主要是对过去和现在的经济活动的成绩和问题、经验和教训做出分析,具有总结的性质。总结过去是为了现在和未来。只有提出具体的、切实可行的建议或意见,才能达到通过经济活动分析改善管理、挖掘潜力、提高经济效益的目的。

(二)分类

经济活动分析报告的种类很多。按照经济活动的时限,可分为长期、中期、短期分析报告。按部门行业,有工业经济活动分析、农业经济活动分析、商业经济活动分析等。在各个经济部门,按各自的经济活动特点,又各有多种分析内容。例如,工业经济活动分析报告的种类有:生产方面的分析、劳动方面的分析、原材料方面的分析、设备方面的分析、财务方面的分析等;商业经济活动分析报告的种类有:商品流转计划分析报告、市场动态情况分析报告、商业财务状况分析报告等。根据经济活动的不同内容写成的分析报告,尽管种类繁多,但是按照分析的目的和涉及范围的不同,可分为以下几种:

1. 全面分析报告(又称系统分析报告、综合分析报告)。全面分析分析报告是把某一部门或某单位一定时期内的经济活动作为一个整体,根据各项主要经济指标进行综合研究分析后所写出的书面报告。全面分析报告一般用于定期分析,也就是当某年度或某季度终了时,根据会计报表和有关资料,对资金、费用、成本和利润等各方面情况进行综合分析,据此来检查和总结企业在一定时期里的生产和经营管理情况,以及国家方针、政策、法律等方面的执行情况。

全面分析报告一般侧重于分析生产和经营中关键性、普遍性的问题,从中考核经济活动的效益。例如,商业财务部门对资金、费用、利润等的全面分析;统计部门对经济计划指标完成情况的全面分析;财政部门对预算收支完成情况的全面分析;工矿企业对产品成本升降情况的全面分析;等等。全面分析报告的作用在于,通过系统、综合分析，全面显示经济活动中存在的问题，指明改进企业管理、提高经济效益的方向，进一步挖掘生产经营的潜力。

2. 专题分析报告（又叫单项分析报告、专项分析报告）。它是对经济活动中某项专门问题单独进行研究分析后所写出的书面材料。这种分析报告一般有两种情况：一种是结合当前的中心工作，或对某些重大经济措施，或对工作中的薄弱环节，或对工作中的关键性问题，或对业务上的某些重大变化等，进行独立的专题分析。例如，针对某类产品成本增高，某类商品库存过大、占压资金过多等原因的分析；对经营管理不善的企业亏损原因的分析；清仓查库中对物资数量、规格、型号、质量变化的测定与分析；等等。这种分析报告是不定期的，随时发现问题可及时分析。另一种专题分析报告是企业内部各职能部门对其自身的某一经济活动进行的专题分析，也有的称部门分析，如销售分析、生产分析、资源利用分析、利润分析、成本分析、资金分析等。相对于整个企业的全面分析，这也是一种专题分析。这种分析报告可以是定期的，也可以是不定期的。

专题分析报告的特点是内容专一，一事一议，针对性强，重点突出，分析透彻，说服力强。专题分析报告的内容涉及的范围虽然小，但应用的范围却很广。对经济活动中各种具体问题的考察、分析，都少不了专题分析报告。同时，专题分析报告往往还是形成全面分析报告的基础和材料来源。

3. 简要分析报告。这种分析报告多用于基层单位，一般是围绕几个财务指标、计划指标，或抓住一两个重点问题进行分析，以观察经济活动趋势和工作进程。这种分析报告通常结合年终、季末、月尾报表进行，它与全面分析报告统称为定期分析报告。

上述三种类别的经济活动分析报告在内容繁简、写作重点、篇幅长短、写作时间上均有所不同，但相互之间又有着密切的联系，应根据工作需要和领导要求灵活采用。

三、经济活动分析报告与其他相似文体的异同

（一）与调查报告的异同

经济活动分析报告与调查报告在性质、作用上有相似之处，如都要以国家的有关方针政策为指导；都要占有大量的资料；都要进行科学的研究分析，揭示本质，找出规律，得出结论；目的都是给决策部门提供参考，借以改进工作，推动事业的发展。因此，有人认为经济活动分析报告是调查报告的一种特殊形式，作为不同的文种，它们也确实存在多方面的差异，但两者不能混为一谈。经济活动分析报告与调查报告的不同之处主要有：

1. 从时间上看，经济活动分析报告的时间性较强，除了临时进行的专题分析外，

大多数分析报告都带有定期性，一般在年终或一个生产季节，或一个经营环节告一段落后进行，如月分析、季分析、半年分析、年度分析等；而一般的调查报告具有报道性特点，要求及时发现和反映现实生活中的新事物、新经验、新矛盾，时间上是不定期的。

2. 从内容上看，经济活动分析报告专门分析企业生产或流通过程中各项指标的执行情况，重点是分析某种经济情况产生的原因，而且一般都要提出解决问题的“对策”；而调查报告的内容则要广泛得多。

3. 从表达方式上看，经济活动分析报告一般都与表格数据相结合，对有关指标数据进行分析说明，其说明方法是特定的经济分析方法，必要时可运用数学公式演算，语言上也较多地使用专业术语；而调查报告的形式根据内容的需要则表现出更多的灵活性和多样性，它用事实说话，并阐明一定的道理和观点，所以表达方式上常以叙述为主，兼以说明和议论，在语言方面力求生动，可使用某些积极的修辞手法，增强文章的表现力。

4. 从人称上看，一般的调查报告是从第三者的角度来写的；而经济活动分析报告可以用第三人称，也可以用第一人称来写。由财政、税务、银行、审计部门对某一企业的经济活动进行分析，用第三人称，而企业对自身经济活动的分析则用第一人称。

（二）与经济预测报告的异同

经济活动分析报告与经济预测报告都要以调查分析为基础，占有大量的数据资料，其区别主要在于内容的侧重点不同：分析报告着重于对过去和现在的经济活动的分析，针对分析结果提出改进建议；而预测报告则侧重于未来，其对过去和现在经济活动的数据资料的分析、综合与比较，都是为了预测未来经济发展的趋势和前景。有时，这两种文体也可以合二为一，叫作“经济活动分析与预测报告”，它先对一定时期的经济活动进行分析，然后根据分析情况预测未来经济活动的走势。

四、经济活动分析报告的文体结构

经济活动分析报告的结构大体上包括标题、正文、落款及日期。

（一）标题

经济活动分析报告的标题主要有两种形式：

1. 公文式标题。这种标题主要用于全面分析报告和简要分析报告中，如《××公司××××年财务状况分析》《××市工商银行关于××公司贷款使用情况的分析》。这种标题一般由单位名称、事由和文种三部分组成，事由又可由分析时限和分析的具体内容（成本、利润、财务、库存等）组成。有一些公文式标题也可省去其中的一两项，如《××××年上半年主要商品供求情况分析》省略了单位名称，《××公司流动资金使

用情况分析报告》省略了分析时限,《文具类库存结构分析》省略了单位名称和分析时限。

2. 文章式标题。这种标题常用于专题分析报告,如《结算资金大量增加的问题必须尽快解决》《关于迅速整顿成本资金的建议》等。这种标题常常是一个观点鲜明的判断句,用以表明分析报告的建议或倾向性意见;也有的注明分析内容和文种,或用副标题注明分析的范围、对象,如《过剩经济对我国投资领域的影响分析》《对我国自行车市场供求矛盾的分析》《对扩大消费拉动经济增长的几点思考》等;也有用设问句式的,如《工业产成品资金因何上升》《××公司为什么连年亏损》等。

(二)正文

经济活动分析报告是一种数字和文字有机结合的文书,它以指标数字为表述的依据,同时也要用文字展现单纯数字无法表达的情况,因此,其正文部分的形式是多种多样的:有的前面是文字分析,后面用数字图表说明;有的以文字分析为主,数字图表穿插在其中;有的先列数字,再进行文字分析。不管采用哪种形式,其基本格式一般包括引言、主体、结尾三个部分。

1. 引言(又称导言、前言)。它是分析报告的开头部分。引言一般是针对分析的问题,简明扼要地介绍基本情况,如说明企业在财务管理、商品购销、资金、费用、利润、计划指标等方面的完成情况等。也有的引言先提出分析的内容和范围,或说明分析的目的,然后再针对分析的问题,介绍基本情况。引言既要有文字的概述,又应有数据和指标的说明,主要作用是为主体展开分析做好铺垫,让读者对分析报告先产生总的印象。

2. 主体。它是分析报告的主要部分,必须根据分析报告的种类、目的、要求适当安排分析的内容。一般来说,全面分析报告要对各项重要经济指标逐项进行分析,在综合分析的基础上再抓住一两个主要指标重点分析,有点有面,点面结合;简要分析报告则要抓住主要问题,进行重点分析;专题分析报告要针对分析的专题对象进行分析。

不管什么类型的分析报告,主体部分一般都应通过对指标完成情况或经济效益等情况的分析、比较、说明,总结经验或教训,找出关键性、规律性等具有分析价值的问题,进行客观而又简明扼要的分析。这是经济活动分析报告的核心部分。要运用辩证唯物主义观点和"对比分析法""因素分析法""动态分析法"等,解剖各个指标的构成因素,既要分析成绩取得的原因,总结经验,又要善于揭露矛盾,分析问题产生的症结;既要检查计划的执行情况,又要分析企业内部的潜在能力;既要重视客观因素的分析,也不能忽视主观因素的分析,不能"见物不见人";既要抓住主要矛盾,也不能忽略具有发展趋势的次要矛盾,防止一种倾向掩盖另一种倾向。例如,在分析企业废品率高的

现象时,就不能仅仅归咎于设备老化等客观因素,还应该从管理的角度、工人质量意识的强弱、技术水平的高低等方面进行分析。为了使眉目清楚,中心更加鲜明突出,可在这部分内容分别加上序码、小标题或段落主句进行说明。

3. 结尾。它根据分析中所发现的问题,有针对性地提出改善经营管理、提高经济效益的意见、建议或措施。这部分内容要实在,意见要中肯,建议和措施要切实可行。

引言、主体、结尾三个部分是相互关联的有机统一体,基本上是围绕提出问题、分析问题、解决问题的思路来进行安排,以便清楚地阐释经济活动"怎么样"、"为什么这样"以及"应该怎么办"的问题。这种结构安排反映了事物的内在联系,符合人们认识问题的规律,材料的组织也更周密、严谨。

(三)落款及日期

在正文的右下方写明报告单位的名称(称为"下落款")。落款下面注明写作日期,要写明年、月、日,以备查考。如果标题中注明了单位名称,或在标题下居中处写出了单位名称(称为"上落款"),也可不署下落款,只写明撰文日期。

五、经济活动分析报告常用的分析方法

经济活动分析是一门研究企业经济管理的专门学科,涉及相关专业的业务知识和专门的分析方法。可以说,经济活动分析报告的生命在于分析。单纯的罗列数据是不能说明问题的,而分析的方法不恰当、不科学也不能达到写报告的目的。因此,为了把报告写得深入、实用、有说服力,掌握和运用科学的分析方法是十分重要的。写经济活动分析报告常用的分析方法有:对比分析法、因素分析法、动态分析法、综合比较法、调查分析法等。

(一)对比分析法

对比分析法,也叫比较分析法、指标分析法,它是将两个以上具有可比性(即时间、内容、项目、条件同一)的指标数字加以对比,并根据对比的结果来研究经济活动的状况,反映工作成绩和差距,从而找出原因,总结经验教训,为设法改进提供依据,指明方向。事物的好坏、得失、成败、先进与落后、节约与浪费等,都是相比较而言的。有比较才能有鉴别,才能见是非、知高低,这是人们认识事物最直观的方法,也是进行经济活动分析最重要的方法。对比,反映在量上是数与数的相比较,通常用绝对数(倍数)和相对数(百分数等)来表示。运用对比分析法,可以从以下几个方面来进行:

1. 比计划。就是把本期完成的实际指标和计划指标相比较,找出两者的差距,说明计划执行的情况,进而确定分析的主要方面,弄清原因,总结经营管理的经验和教训,以便为更好地完成计划创造条件,为修订计划提供依据。

2. 比历史。就是以本期完成的实际指标与上期或上一年同期的实际指标相比较，与历史上本单位或本企业最高的水平相比较，借以反映经济活动的发展趋势，研究经济活动中各种因素的发展变化，以便采取相应的措施，提高经营管理水平。

3. 比先进。就是以本期的实际指标与主客观条件大致相同已成为先进的兄弟单位的实际指标相比较，找出差距，进而找出本单位或本企业在执行方针、政策和经营管理中存在的问题和薄弱环节，以便学习先进经验。财务人员、银行及企业主管在对企业进行经济活动分析时，常将所属单位同行业的指标相比较，以便发现先进典型，推广先进经验，促进后进单位的转化。

(二)因素分析法

因素分析法，又叫连锁替代法。这种方法一般是用在问题已经查明，只待研究问题产生的原因的分析上。通过对各种数字资料的对比分析，找到差距，揭露矛盾，紧跟着就要寻找差距和矛盾产生的原因。而矛盾产生的原因又有各种因素，在错综复杂的因素中找出最本质、最关键的来说明本期经济活动的特点的方法，就是因素分析法。它是用来分析各种因素对指标总体变动影响程度的一种方法。运用这种方法，可以具体地分析一项指标完成或没有完成计划，都受到哪些因素的影响，以及这些因素是如何发挥作用的。例如，总产值比计划产值增加，影响产值上升的因素很多，这就需要对每一个因素进行具体分析，查明它们对产值变化的影响及其程度。如果说对比法是着重于数字、情况的比较，以明确差距、发现问题的话，那么，因素分析法则着重于事实的说明、问题的剖析，以达到分清责任、弄清原因的目的。只有分清了责任，弄清了原因，企业或单位才能有效地改进工作，提高经营管理水平和经济效益。运用因素分析法，要注意以下几点：

1. 要抓住主要问题的主导因素并做重点分析。任何差距和矛盾的形成因素都是多种多样的，有本质的、非本质的，有关键的、非关键的，有主观的、客观的。只有在诸因素中抓住本质的、关键的因素进行分析，才能正确地说明相应的经济活动的特点，才能弄清差距和矛盾存在的真正原因，也才能制定出切实可行的措施和办法。因此，在分析时，切忌主次不分，面面俱到。

2. 要特别注意那些带倾向性的因素。有些因素尽管在目前阶段暴露得不怎么明显，但从发展趋势上看，有可能会上升到重要地位，这就不能因为它目前所处的地位不重要而有所忽略，在分析的时候应做必要的强调，目的在于引起领导和有关部门的重视，取得工作的主动权。

3. 主客观因素都要重视。不能以客观因素掩盖主观因素，见物不见人，也不能以主观因素代替客观因素，要正确处理二者之间的关系。

(三)动态分析法

动态分析法,也叫预测分析法、趋势分析法,它是通过对经济活动发展趋势的动态分析,从数量方面来研究某一经济现象产生、变化的情况与未来前景的分析方法。其做法是根据分析对象和目的,把有关经济指标或反映发展状况的动态指标,按时间顺序排成动态序列加以分析。动态分析法可以从分析中看出经济活动的过程及其规律性,以便借鉴历史经验教训,采取对策,因势利导,使企业生产经营与管理向有利于提高经济效益的方向发展。

进行动态分析的关键,是积累和掌握各个时期的统计资料并编制动态数列,即把经济现象在时间上变化的数值按时间先后顺序排列起来。动态分析常用的指标有:发展水平、增长量、发展速度、增长速度、平均发展速度等。保证动态数列中各项指标的可比性是编制动态数列的基本要求,这就要注意:总体范围可比,时期数列各项指标所属时期的长短应该一致,各时期或时点所采用的指标计量方法应当一致。当然,也不要把各项指标的可比性问题绝对化。

(四)综合比较法

综合比较法,也叫综合评价法,它是对各方面指标的执行情况进行综合对比、计算和评价的方法。现实中的经济活动千变万化,错综复杂,涉及各种各样的因素条件,把相关的多种因素综合地加以考察分析,才能准确地找到事物的规律,把握事物的本质。综合比较法通过全面分析和比较,从整体上权衡利弊得失,全面判断经济效益,然后得出高效、低效、无效,或者最佳、一般、低劣等综合性评价。这种方法的优点是全面可靠,但在运用中应力避主观性、片面性,防止把非主要因素当作主要因素,把偶然因素当作必然因素。如果只对其中的一两个因素做分析,不仅难以抓住事物的本质,还容易得出片面性结论,这是经济活动分析的大忌,应该努力避免。

(五)调查分析法

调查分析法是通过个别交谈、集体座谈等方式,听取广大群众意见,收集必要的数据资料和大量可靠的实际情况,并在此基础上进行分析研究,对指标数据的分析结果加以验证、纠正或补充的方法。其优点是,大量的资料来自第一线,适用于那些用数字分析难以研究清楚的事项或重大专题的分析。

此外,为了深入剖析数量差异的原因,或满足某种分析目的的特殊需要,经济活动分析报告还要采用一些统计学或数学的分析方法,如指数分析法、平衡分析法、因素差异分析法、比率分析法、结构分析法、直线回归法等。应该指出的是,任何一篇经济活动分析报告都不可能是只采用一种分析法写成,往往将两、三种甚至更多分析方法结合在一起使用。

六、经济活动分析报告的写作要求

(一)要充分占有材料,把“死资料”与“活资料”结合起来

写经济活动分析报告离不开资料。资料又有“死资料”“活资料”之分。“死资料”来自计划、报表、凭证、账册及其他书面材料;“活资料”来自实地调查。在写作过程中,要善于把这两者结合起来,不可偏废。譬如,两个企业同样达到了八项经济指标,与上期相比,增长率大致相仿。其中,一个企业完成指标规定的任务后,信心倍增,准备更上一层楼;而另一个企业在完成指标规定的任务后,筋疲力尽,感到难以为继。原因是前者的发展生产靠群众性的技术革新,后者则是单凭群众的热情、干劲和增加劳动强度。这种活资料在账表数字中是找不到的,却能说明企业下一步应该怎么发展,值得有关部门密切注意。

有的人写经济活动分析报告往往先从“死资料”中找到某些线索,再“跟踪追击”,进一步查证“活资料”;有的人先从耳闻目睹的“活资料”中找到线索,再回过头来查证“死资料”。总之,搞经济活动分析,不仅要熟悉各个时期的有关经济指标及执行情况的具体数字,而且要熟悉企业产、供、销的业务活动,经营管理,技术改造和政治活动等“活情况”,并以文字或表格形式记录。这样日积月累,既有数字又有情况,就能为分析中产生可靠的结论打下坚实的基础。

(二)要注重分析,把宏观分析与微观分析结合起来

有的人写经济活动分析报告,习惯于罗列现象,把自己所了解的情况不分主次轻重都写上。由于缺乏必要的提炼,结果是只见材料,不见观点,让人看了不知道他要说明什么问题。“分析报告无分析”可以说是某些分析报告的“致命伤”。有的人善于搞报表数字,却不善于分析问题,而没有好的分析,就没有好的分析报告。要分析得好,首先要真正摸清情况,这要靠平时认真积累材料和动笔前深入细致的调查研究;其次要善于提出问题,如超额完成了计划,主要原因有哪些?没有完成计划,是受哪些因素的影响?成本降低了,是怎样降低的?亏损了,为什么亏损?如此等等。提出问题是打开分析之门的钥匙。多问几个“为什么”,有助于分析得更深入。

另外,在分析的时候,一定要有科学的态度,要坚持“具体问题具体分析”和“实事求是”的原则,善于把宏观分析与微观分析结合起来。我国目前正在进行经济体制改革,各种经济现象错综复杂,相互联系,相互影响,要全面、正确地分析各种经济活动,必须立足全局,从宏观经济着眼。全局问题不解决,一系列个别问题也不好解决,即使暂时解决了也会顾此失彼。但是,各地区、各部门、各单位之间又有着密切的经济联系,因此,在进行经济活动分析时,必须从微观分析入手,把宏观分析与微观分析有机地结合起来,以达到对整个经济活动与各个经营单位经济情况的全面了解。如分析经济效益,就要特别注意整体利益与局部利益、长远

利益与近期利益的关系。有时,从一个企业来看经济效益很高,从整个国民经济来看效益却很低,甚至是浪费;有些因素从一时来看有利,从长远来看却有害,或者害多利少。所以,分析经济活动,一定要把微观分析与宏观分析结合起来,全面衡量。

(三)要提出建议和改进措施,把分析问题与解决问题结合起来

经济活动分析报告不能为分析而分析,也不是装门面或走过场,而是要切实解决经济工作中的实际问题。因此,在找出问题并通过详尽地分析问题产生的原因之后,一定要提出合理的建议或切实可行的改进措施。有的分析报告在说明、分析情况之后,不是有针对性地提出建议和措施,而是用一些抽象笼统的口号来代替具体的建议和措施,如"通过上述分析,使我们认识到在企业经营管理中存在的问题,希望全厂职工在下一季度中以主人翁的态度努力生产,堵塞漏洞,加强对薄弱环节的管理,为完成和超额完成生产计划而奋斗!"虽然这些文字从态度上看是积极的,但是,怎样堵塞漏洞,从哪些方面、采取什么措施加强对薄弱环节的管理,如何才能完成和超额完成生产计划,这些都不明确、不具体,也就起不到经济活动分析报告应有的作用。

【例文】

2023年中国文化旅游行业市场现状及发展趋势分析

一、大数据等产业发展加速数字文旅布局

数字文旅是指以使用数字化的知识和信息作为关键生产要素、以现代信息网络作为重要载体、以信息通信技术的有效使用作为效率提升、质量提升和结构优化的重要推动力的一系列文化旅游经济活动。其中5G的建设及VR行业的发展是我国数字文旅布局的基础,助力文旅行业加快数字化转型。

根据工信部数据,截至2022年底,我国新建5G基站88.7万个,目前5G基站总量已达到231.2万个,占全球比例超过60%。5G行业的发展为文旅行业提供了良好的技术支持,5G融合应用不断拓展,数字化发展支撑作用不断增强。

再从我国VR布局来看,在政策的大力推动及市场需求增长的背景下,我国虚拟现实行业市场规模近年来保持高速增长。根据CCID公布的数据,2021年市场规模达到278.9亿元左右。随着技术日趋成熟,虚拟现实在各领域的应用逐步展开,数字景区布局等也随着VR行业的发展而逐步完善。

二、数字文旅新业态已初步形成

数字文旅相较于传统文旅而言,具有资源无限、时空无界、身份多元等特征。从数字文旅新业态来看,目前已形成线上文博、智慧旅游产品和服务、沉浸式服务等。

这意味着我国文旅行业正在逐步转型升级。

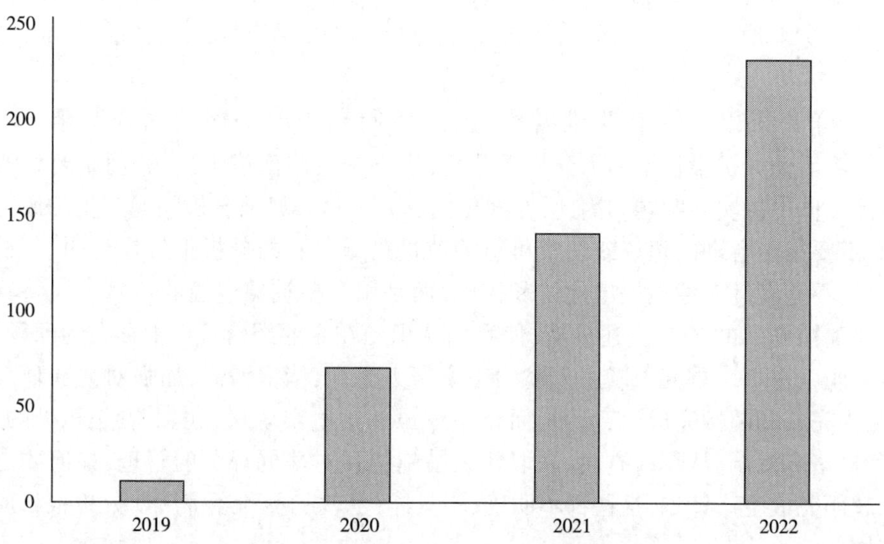

图 1　2019—2022 年中国 5G 基站累计建设情况(单位:万个)

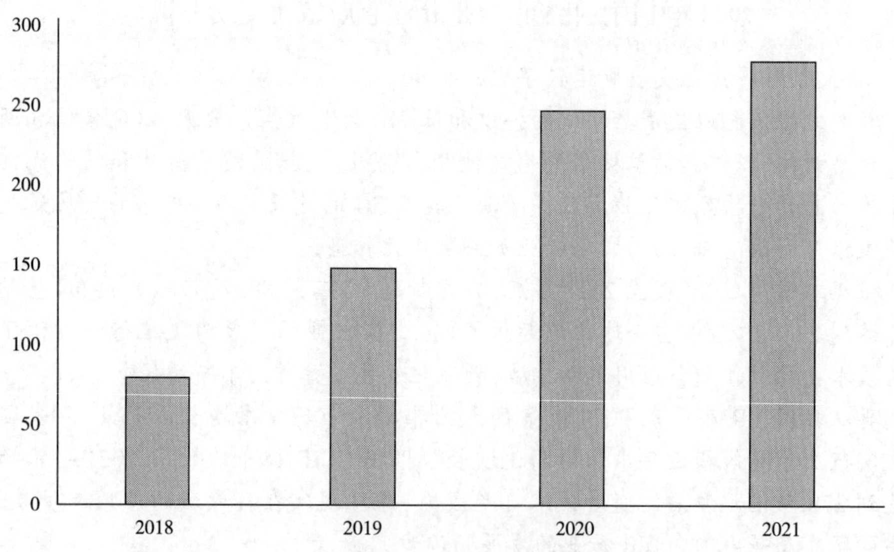

图 2　2018—2021 年中国虚拟现实行业市场规模(单位:亿元)

表1　中国数字文旅新业态

新业态	具体内容
线上文博	主要是线上博物馆、美术馆、艺术馆等，可以借助互联网、AR、VR、AI技术，实现文物、艺术品信息的快捷获取，文物、艺术品的放大观看，线上自主游览，360度全场景体验等，提高游客的观看体验
智慧旅游产品和服务	主要是以高度智能化为特征的相关旅游产品和服务，包括智慧酒店、智能客房、景区无人商店、无人售卖车等，以无接触服务为特征，也包括酒店的入住自助办理、景区的扫码入园等智能服务
沉浸式场景	主要是利用数字技术、VR、AR、AI等科技形成的沉浸式场景，如沉浸式展览、沉浸式游乐场、AR/VR主题乐园、全息主题餐厅等
旅游智能制造	主要是物联网，互联网、人工智能、大数据、云计算等与旅游装备制造业融合而生的旅游智能装备制造，如融合应用AI、AR、VR等新技术，生产智能滑雪板、智能头盔、智能服装等旅游智能装备和用品等

三、代表企业加速数字文旅布局

近年来，5G、大数据、区块链、人工智能等信息技术与各行各业的融合发展成为时代新趋势，文旅产业表现亮眼，出现了云旅游、云直播、云看展等新业态，尤其在疫情期间，以数字内容为核心的数字文旅产业，异军突起、逆势上扬，推动产业线上线下融合一体化发展，同时数字文旅产业也被各地作为推动产业高质量发展和振兴经济的重要抓手。

在产业数字化发展布局中，元宇宙是文旅产业数字化的重要方向。自2021年起，各大文旅集团开始积极布局文旅元宇宙业务，如曲江文旅推出全球首个基于唐朝历史文化背景的元宇宙项目——《大唐·开元》；海昌海洋公园与SOUL App携手打造“海底奇幻万圣季——打开年轻社交元宇宙”主题活动等。

表2　中国文化旅游行业数字化管理动向追踪

企业名称	布局时间	具体内容
励丰文化	2021.09	提出了C端产品“404元宇宙”的品牌矩阵，及赛博朋克为主体的娱乐文化综合体。时空旅行沉浸影院是“404元宇宙”品牌布局的招牌业态之一，通过5G+和裸眼3D、机械动感等前沿技术手段，结合精细化的内容制作，实现真实的体感，触觉、嗅觉、听觉和视觉的沉漫式全感官刺激与体验，成为合作目标地的文旅体验新潮爆点
深圳童话爸爸文旅科技有限公司	2021.12	2021年12月，由深圳童话爸爸文旅科技有限公司开发的国内首家元宇宙主题乐园将落地深圳光明小镇，项目计划三年总投资75亿元，带领IP《冒险小王子》进入元宇宙时代，乐园预计2022年年底正式对外开放

续表

企业名称	布局时间	具体内容
曲江文旅	2021.11	曲江文旅旗下的大唐不夜城与太一集团联合打造的全球首个基于唐朝历史文化背景的元宇宙项目——《大唐·开元》,像一个通往数字“虚拟世界”的工具,不管身在何处都可以在“大唐不夜城”游览娱乐
海昌海洋公园	2021.11	海昌海洋公园与Soul App携手打造“海底奇幻万圣季——打开年轻社交元宇宙”主题活动,作为其对元宇宙探索的第一步。活动通过分享万圣社恐星球测试赢取公园门票、使用AR贴纸合影搞怪获取“万圣灵魂派对”入园资格、乐园盲盒缆车惊喜互动等线上线下联动的创意玩法,实现现实与虚拟的勾连,为年轻一代带来沉浸式,场景化的社交新体验

四、中国数字文旅发展方向

近年来,我国数字经济蓬勃发展,规模不断扩大。中国信息通信研究院发布的《全球数字经济白皮书(2022年)》显示,2021年全球47个主要国家数字经济增加值规模达到38.1万亿美元。中国数字经济规模达到7.1万亿美元,占47个国家总量的18.5%,仅次于美国的15.3万亿美元,位居世界第二。

文化和旅游业是数字技术的重要应用场景和领域。数字文旅是以网络为载体,以大数据和数字技术和信息通信技术与文旅业的深度融合而形成的新产业形态。

表5 中国数字文旅发展方向

发展方向	具体内容
智慧旅游产品和服务	主要是 以高度智能化为特征的相关旅游产品和服务,包括智慧酒店、智能客房、景区无人商店、无人停车场等,以无接触服务为特征,也包括酒店的入住自助办理、景区的扫码入园等智能服务
VR、AR沉浸式场景	如融合应用AR、VR等新技术,沉浸式游玩景区,游客只需通过手机,扫一扫获取语音讲解、视频介绍、购物链接等,即可了解景区路线、景点信息、商品详情,实现“导游,导览,导航,导购”一体化的多功能综合应用
管理运营数字化	构建多业态组合与协同生态体系,为文化旅游和城镇化等主营业务持续赋能。升级完善智慧旅游管理体系;深化企业ERP、OTM等数字软件应用,构建文旅大运营管理平台
大数据分析	构建以大数据为核心的消费互联网与产业互联网双平台生态体系,充分利用数据资产,创新商业模式,探索数据资产变现路径

(作者:樊芝媛,略有删改)

中国报告大厅

思考与练习

1. 什么是经济活动分析报告？

2. 写经济活动分析报告有什么作用？

3. 经济活动分析报告的主要特点是什么？

4. 经济活动分析报告与调查报告有何区别？

5. 写经济活动分析报告，常用的分析方法有哪些？

6. 下面是一篇托收拒付的专题分析，内容上基本符合经济活动分析报告的要求，但在表达形式上没有分段，条理不清楚。请根据内容分段，并使用序码使条理清楚。

托收拒付的专题分析

为了挖掘资金潜力，减少不合理占压，最近我们对拒付问题做了一次专题分析。到3月10日为止，我站待决应收款未能处理的共41笔，金额×××××元。这些悬账、悬案大部分是去年下半年和今年初发生的，也有一部分是过去遗留未决的问题，归纳起来大体有几种类型：到货不及时造成拒付12笔，金额×××××元。到货不及时有多种因素，有开单问题和运输问题，比较突出的还是运输问题，特别是季节性商品和推销商品，错过时机将带来无可挽回的被动局面。例如，调××百货站冬令商品下半年合同，12月分批开单不算违反合同，次年1月发运时，因今年春节提前，对方以合同过期为由拒付两笔货款及运费，经函询协商尚无结果。变更运输路线拒付5笔，金额×××××元。去年以来，由于储运公司未按对方指定运输路线中转，造成拒付比较频繁。截至目前，未获解决的是：上年四季度合同调给××批发部××商品货款及运费×××××元，调拨单上已注明由××中转，而储运公司整车发运至另一地商储公司中转，对方以未收到货拒付，以后两次附商储公司函件告知已转运并重办托收，均遭拒付，并来函提出退货或延期付款。差错问题造成拒付9笔，金额××××元。例如，调××百货大楼商品，原合同两份，一份为××商品，一份为另一商品，由于开单时写成×

商品而错发，对方拒付×××元，虽经联系协商补调并将错发商品请对方代销，但未得到答复。因其他扯皮问题无理拒付15笔，金额××××元，如根据合同条例规定："没有发运证明或自提证明可以拒付。"发往某地货款及运费两笔，金额××××元。港务局由于集中收货分批装船，运单均未注明船名航次，对方以"运单未填船名航次，视同商品未发运"为理由拒付，这说明这些兄弟站店在执行合同条例方面不够严肃。通过以上情况的分析，我们建议：各专业科对已发生的悬账、悬案要抓紧时间与有关部门联系清理，并吸取教训，严格执行合同。今后，要按照合同要求，将运输路线、到站、到货日期等在调拨单上注明，以防止新的拒付发生。要求储运部门配合各专业科做好调拨运输工作，特别是季节性商品和推销的商品，要千方百计狠抓交货、开单、调运三及时，避免因过时令到货、合同注销而发生拒付。建议储运公司根据我站调拨单注明的运输路线，合理组织运输。如有特殊情况需做变更时，应加强联系，以加速商品流通，节约费用，配合我站缩短商品待运时间。

×××百货站

××××年×月×日

第五节　商业广告

一、商业广告的概念与作用

广告，从字面上讲是"广而告之"的意思。《辞海》中"广告"的定义是："向公众介绍商品、报道服务内容或文娱节目等的一种宣传方式，一般通过报刊、电台、电视台、招贴、电影、幻灯、橱窗布置、商品陈列等形式来进行。"《辞海》中的"广告"可称为广义的广告，它可包含任何有目的的公众性传播活动。狭义的广告则是指"商业广告"，即《中华人民共和国广告法》第二条所说的："商品经营者或者服务提供者通过一定媒介和形式直接或者间接地介绍自己所推销的商品或者服务的商业广告活动。"

商业广告是商品经济的产物。随着市场的日益扩大，商品生产和销售的竞争日趋激烈。商业广告在生产者、经营者和消费者之间架起了一座桥梁，它在传播经济信息、商品知识，开拓国内外市场，促进生产，扩大流通，活跃经济，指导消费，方便人民生活，美化环境，促进文明进步等方面，都发挥着广泛而重要的作用。

二、商业广告的特点

(一)传播性

商业广告的传播性首先体现在它是通过报纸、杂志、广播、电视、招贴、路牌、网

络等众多媒介来传递信息的，而这些媒介的传播范围非常大，所以，商业广告的受众众多。商业广告是直接为推销商品服务的，只有传播得广泛，才能最大限度地销售商品。我们从某些商品在进行广告宣传前后销售额的明显变化中可以看到传播所起的作用。例如，杭州有家叫胡庆余堂的老药店试制成功一种新药品——复方抗结核片，经过 5 年的临床观察，确认对肺结核病疗效显著，但并不为人所知，结果药卖不出去，积压了 4 万瓶之多。后来，这家药店在中央人民广播电台做了介绍“复方抗结核片”的广告。结果，仅仅两个月内，就收到来自全国 29 个省、市、自治区要求订货的来信、来电 5 700 多件，不仅使原来的存货全部售光，还打开了新的销路。有人说，名牌产品的“名”一半是由广告造成的，这不无道理。通过各种媒介把自己产品的功能、特点、用途、用法等介绍给广大群众，让其了解自己的产品，产生购买欲，这正是商业广告的主要目的之一。

（二）真实性

真实性是商业广告生存和有效的基础。《中华人民共和国广告法》第三条规定：“广告应当真实、合法，以健康的表现形式表达广告内容，符合社会主义精神文明建设和弘扬中华民族优秀传统文化的要求”，第四条规定：“广告不得含有虚假或者引人误解的内容，不得欺骗、误导消费者。”如果在商业广告当中弄虚作假，浮夸失实，不仅不能起到介绍、推销商品的作用，反而会失去商品本应有的市场，并受到法律法规的处罚。商业广告必须遵守的准则主要有：广告的内容必须有利于人民的身心健康，促进商品质量和服务质量的提高，保护消费者的合法权益，遵守社会公德和职业道德，维护国家的尊严和利益等。目前，市场上的假商品、假广告屡禁不止，已经或多或少地影响了人们对广告的信赖。因此，讲究诚信在现代商业活动中愈发显得重要。

中华人民共和国广告法

（三）简明性

简洁明快是时代的要求，也是商业广告的特点。在有限的时间、空间内，广告要取得最佳传播效果，必须通俗易懂，突出重点，以少胜多。商业广告的文字要短，文字长了会淹没主题，读者也不容易记住。有人认为，超过 12 个字，读者的记忆力要降低 50%。有的广告在图像之后只几个字、十几个字，效果很好。应注意的是，简明并不等于简单，关键是这短短的几个字，必须很好地反映商品的本质。例如，上海钻石手表厂的一则广告——“出手不凡钻石表”。这 7 个字准确而鲜明地体现了钻石手表不同凡响的质量和神采，效果很好。

（四）艺术性

广告是一门科学，也是一门艺术。好的广告在真实地介绍产品的基础上，还要

恰当地运用语言、文字、音乐、美术等各种表现形式,让观众喜闻乐见,印象深刻。好的广告会让消费者在美的享受中轻松地接受其产品。我国古代很多文人墨客都为商品写过艺术价值很高的作品。例如,苏东坡的诗:“纤手搓来玉色匀,碧油煎出嫩黄深。夜来春睡知轻重,压扁佳人缠臂金。”这可称得上是一则好广告,它使一个本来生意清淡的小环饼店因此而红火起来。

商业广告的艺术性主要体现在形象的趣味性和诱导性方面,也体现在画面、镜头和模特的运用上。商业广告与文学作品中的艺术形象有着根本的不同。文学作品中的形象是塑造典型人物的典型性格,它的形象是完整的。而广告的形象是片段的、直观的。例如,北京步瀛斋鞋店的橱窗就摆有两对裸体下肢,脚上穿有不同式样的鞋,顾客看了这些样式新颖的鞋,自然会产生购买欲望,要进入鞋店去看看,买上一双。

三、商业广告的种类

商业广告的形式多种多样,种类繁多。因分类标准不同,其名称也有所不同。按照传播媒介的不同,商业广告主要有以下几种。

(一)报纸广告

报纸广告以报纸为传播媒介,以文字为主,辅之以适当的图片和图表。世界上最早的报纸广告出现于17世纪的西欧。发展至今,报纸的种类已经很多,而且报纸的发行量大,影响范围广,报纸广告是一种方便、快捷的传播方式。

(二)杂志广告

杂志与报纸相比,在保存价值上占据优势,刊登在杂志上的广告寿命会更长一些。一般来说,杂志都有相应的读者群,在杂志上登广告,针对性更强。另外,采用先进的印刷技术和优良的纸张,配以精美的照片,可以使杂志广告更加艳丽、夺目。杂志广告也可以作为小型的招贴,张贴在商店柜台上。

(三)广播广告

广播广告以无线电为传播媒介,向公众报道商品、劳务等信息。广播广告迅速及时,覆盖面广,费用较少。在制作广播广告时,应尽量提高音响的艺术性,增添趣味性,做到以声感人。

(四)电视广告

电视广告是通过电视,综合运用文字、配音、音乐、表演等多种表现形式来传递商品、劳务信息。报纸、杂志、广播、电视一般被称为广告的四大媒介。随着电视普及率的提高,电视广告的地位也越来越高,在传播媒介中的比重已跃居第一。

(五)直接邮递广告

直接邮递广告英文叫作 direct mail,可缩写为 DM。在国外,这种形式的广告

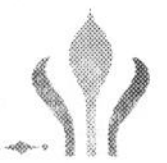

经常使用,在我国现在也被充分利用。它把商品的功能、特性、使用等方面的内容印制成广告,直接投递到各家各户。这种宣传方式最大的特点就是针对性强,费用低廉。

(六)橱窗广告

橱窗广告是经过精心构思,将实物或模型陈列在橱窗内,以优美的造型吸引观众,达到介绍、宣传的目的。发达国家的商店很重视橱窗广告。这种以商品陈列为宣传方式的广告在我国越来越被人们所重视。

(七)灯光广告

灯光广告通常用灯箱和霓虹灯制作,颜色绚丽多彩,引人注目。霓虹灯广告始创于1910年的法国。上海南京路上的伊文思图书公司的橱窗里,1926年就挂出了从国外带进的皇家牌打字机的霓虹灯广告。如今的上海,霓虹灯广告仍占有重要的一席之地。它在宣传商品的同时,也显示了都市的繁华,起到了美化市容的作用。

(八)街车广告

街车广告主要是直接喷绘或张贴于电车、公共汽车、地铁等公共交通工具上。这类广告针对的是流动人口,影响面较大。

(九)路牌广告

路牌广告形式各异:有的是广告牌;有的是招贴;有的是采用高新技术用大屏幕显示广告内容;有的干脆把巨型商品模型摆放在路旁,以吸引顾客的注意力。例如,北京赛特购物中心门前的巨型LEE牛仔裤模型、保龄球馆前的巨型保龄球模型等都属于路牌广告。

(十)互联网广告

互联网是新兴的广告媒体,也是一种极富生命力的广告媒体,发展势头很好。在互联网站点上发布各种商业广告,制作简单,费用低廉,不受时空限制,可以24小时不间断地把各种信息传播到世界各地,还可以即时反馈受众对广告的反映,企业可以及时调整广告策略,修改广告文案。

现代商业广告借助的媒体越来越多,可以说是无处不在。除上述10种外,还有电影广告、包装广告、礼品广告、墙壁广告、气球广告、服装广告、模特广告等。

四、商业广告文案的结构与写法

商业广告文案根据媒体的特点,如播出时间的长短、登载版面的大小,文字有多有少。有的是一篇完整的文章,可称为广告文;有的则只有一句话,只能称为广告词或广告标语。一般来说,报刊、广播等媒体的广告文字部分较多;而路牌、招贴画、网络等媒体的广告语言文字较少;电视媒体广告往往带有情节性,语言有的由对白、旁

白组成。

不论使用哪种媒体,完整的广告文案结构一般都由标题、正文、广告语、附文几部分组成,在实际写作中可以灵活处理。例如,将标题和广告语合二为一,由标题、正文、随文构成;也可没有正文或随文,而由标题和广告语构成;还可没有标题、正文、随文,只由广告语构成。

(一)标题

商业广告的标题是广告的眉目,有时也作为广告的标语和口号,它集中而鲜明地反映了广告的主旨。标题通常位于广告文案最前面,旨在传达最重要的或最能引起公众兴趣的信息,以吸引读者阅读正文。正如美国广告大师大卫·奥格威所言:"标题是大多数平面广告最重要的部分,它是决定读者是不是读正文的关键所在。读标题的人平均为读正文的人的5倍。"可见,标题在广告中占有重要地位。

根据内容的不同,商业广告的标题可分为直接标题、间接标题和复合标题三种。

1. 直接标题,即直截了当地把商业信息,如商品名称、品牌、企业名称等介绍给消费者。例如,"罗曼时装""京都第一瀑度假村""华日家具""鼓楼食品机械公司""北京理工大学现代远程教育学院"等。有的以提供服务或开展的活动作为标题。例如,"海蓝公司新潮服装展览""××牌空气清洁空调闪亮登场""新华水产公司海鲜大酒楼开业""激情华联,购物新亮点""欢迎选用长城电脑""请喝可口可乐""请您订阅《读者文摘》""××冰箱为您服务""×××让您年轻漂亮"(美容)等。这种标题简明、确切,让人一目了然。

2. 间接标题,即不直接点出广告的主要事物、企业名称和广告的主旨,而是用委婉迂回的方式启迪人们,引起人们的关注。例如,"新品登场,精彩连连","口臭为什么刷洗不去"(牙膏广告),"心动不如行动"(商场商品减价广告),"反正要买,何必多挨一个酷暑"(空调广告),"只花几十元,再跑八百里"(轮胎翻修广告),"唯有牡丹真国色,花开时节动京城"(牡丹电视机广告)等等。间接标题运用多种多样的表现手法,有的提出问题,有的富于鼓动性,有的运用比喻、拟人、双关、象征等形象化的表现手法,生动活泼,独具匠心,使用率较高。

3. 复合标题,即将直接标题和间接标题结合起来使用,像新闻标题一样,采用两行、三行甚至更多行的标题。例如,摩托罗拉心语T2688广告就用了五行标题:"乖巧吗?/可爱吗?/心情好吗?/想听到你/摩托罗拉心语T2688。"此标题韵味十足,富有情趣。

总之,广告标题应强调产品或服务的独特性能,突出产品品牌,要简洁明了,容易记忆,题文相符,引人注目。

(二)正文

正文是广告文案的中心和主体,是广告标题的具体化,其主要功能是具体展示

广告主题及相关内容。由于广告的内容多种多样，也就决定了广告正文写作的多样化，有的详写，有的略写，有的实写，有的虚写。应依据广告的不同目的和诉求重点，合理选择材料，突出重点，促使公众深入了解并接受广告。根据广告文案正文表达方式的不同，常见的写法有：

1. 说明式，即用简要、朴实的文字，准确说明广告对象的特性，或客观地介绍企业开展的各种服务和推销手段。例如，《精品购物指南·完全实用手册》上的广告大部分都是采用说明式写法。

2. 描写式，即以描写为主要表达方式，勾画出广告宣传的具体形象、状况、环境，既可用浓墨重彩，也可用白描传神，给人以身临其境、直观、形象之感。如本节例文2《春天来了 长假到了 金山岭长城和您有个约会》，这则旅游广告就采用了描写式的写法，以吸引游客的光临。

3. 抒情式，即立足于渲染浓烈的情感氛围，以情感人，诱导公众产生美好的联想，形成强烈的消费欲望。有时用幽默诙谐的方式介绍商品的名称、特点及功能，让人在轻松愉快中记住商品。例如，迪比尔斯的广告词："都是钻石惹的祸。钻石恒久远，一颗永留传。"这句广告词采用的就是抒情式的写法，让人印象深刻。

4. 论证式，即强调理性分析，证据确凿，论证有力，论点明确，有很强的逻辑性，使人折服。有时采用问答的方式，以激发消费者的好奇心。问答式一般分为设问自答、设问客答两种形式，通过一个个问题的解答，让消费者逐层深入地了解商品。有时通过向人们介绍商品所获得的证书与荣誉，以宣传产品的质量。

5. 记叙式，即主要通过记叙产品的研制、开发、市场销售情况、企业发展历史和未来展望等来宣传企业和产品，使消费者充分了解商品性能、特点，产生购买欲望。它注重用事实说话，线索鲜明，过程清晰，具有较强的说服力。

在写作广告文案时，往往将以上各种表达方式有机地结合起来，灵活运用，以增强表达效果。

（三）广告语

广告语也称广告口号、广告标语，它是广告主从长远营销的利益出发，在相当长的一段时期内在广告中反复使用的口号性的宣传语句。一般来说，同一企业或同一品牌，其广告标题和正文内容是经常变化的，广告语却是相对固定的，必须保持连续性。例如，中国济南轻骑摩托车厂的广告语是"踏上轻骑，马到成功"。这个厂的系列产品野马、雄风、K90、木兰等各有各的广告标题和正文，但广告语一直用这一个，这样才能加深受众的印象，使受众一看到广告语就联想到某个企业，逐渐树立企业形象。在一些国家，对广告语要和商品商标一样进行注册登记，使之受到法律保护。

从内容上看，广告语可以分为两类：一类是反映或涉及企业纲领、方针、宗旨，树立企业形象的。例如："领先一步，中国申花"（上海申花集团），"我的华联我的家"

（华联股份有限公司），“我们发展电话，电话发展我们”（电话发展总公司），等等。另一类是突出产品特点、性能、功用，树立商品形象的。例如：“维维豆奶，欢乐开怀”（江苏维维集团），“一旦拥有，别无所求”（深圳飞亚达表）；等等。

从表现手法上看，广告语常见的写法有：

1. 颂扬式。例如：“上上下下的享受”（三菱电梯），“一切尽在掌握”（爱立信手机），“自然之美，美的自然”（湖南张家界旅游区），“万无一失”（某密码锁），“今年20，明年18”（上海白丽美容香皂），“车到山前必有路，有路必有丰田车”，“排毒养颜胶囊排出毒素一身轻松”，“海鸥表，中国计时之宝”，“文曲星虽小，功能不得了”，等等。

2. 疑问式。例如：“今年送礼送什么”，“养育之恩，何以回报”（养生堂龟鳖丸），“女人什么时候最美”（养生堂公司），等等。

3. 抒情式。例如：“献给母亲的爱”（威力洗衣机），“不在乎天长地久，只在乎曾经拥有”（铁达时表），“真诚到永远”（海尔公司），“让我们做得更好”（飞利浦公司），“味道好极了”（雀巢咖啡），等等。

4. 描写式。例如：“春光明媚，处处有芳草”（芳草药物牙膏），“万家乐，乐万家”（电器），“不打不相识”（打火机），“滴滴香浓，意犹未尽”（麦斯韦尔咖啡），“农夫山泉有点甜”，等等。

5. 悬念式。例如：“请您不要拨打这部电话”，“请你为明天着想”（保险公司），等等。

6. 请求式。例如：“保护嗓子，请用金嗓子喉宝”，“要想身体好，请饮健力宝”，等等。

广告语的使用比较灵活，可以在广告文中用，也可单独使用。广告语在广告文中的位置不固定，可用在标题处，也可用在标题下；可以用在正文后，也可以用在随文后。广告语的潜在宣传效果往往比广告正文还要好，因此，一定要精心拟制，既要突出主题，又要富有情趣；既要简洁明白（一般不超过14个字），又要朗朗上口。

（四）附文

附文又称随文，是广告不可缺少的附属性文字，一般在广告文案的结尾部分，用来交代广告主的名称、地址、邮编、电话、传真、E-mail地址、联系人、电报挂号、开户银行及账号等，以便于消费者联系。

五、商业广告文案的写作要求

（一）要有好的创意

商业广告的最终目的是吸引消费者，导致购买行为。只有主题突出、创意新颖的广告，才能使人耳目一新，达到宣传目的。美国玛氏公司有句广告语：“只溶于口，

不溶于手。”在这句话出现之前，它的广告一直不是很成功，是罗素·瑞夫斯根据商品本身的特质即美国唯一用糖衣包着的巧克力来做宣传：画面上两只举起的手。有人在说：哪只手里有 M&M 巧克力糖？不是这只脏手，而是另一只手。——因为 M&M 糖果溶化在你口中而不在你手中。因此，这一句揭示商品本身优势的广告语一直沿用了 40 多年。这说明，一个好的创意对于一个商业广告是何等重要。

商业广告的创意重在定位准确，移位及时。所谓定位准确，是指广告主题讲求“商品在市场和消费者心中应有的形象和位置”的正确表现。只有定位准确的诉求，才可能获得成功，否则就会失败。所谓移位及时，是指广告必须具有较强的情趣投射力，能穿过消费者的情感空白区，使消费者潜在的动机很快地受到感染，促使其确定购买意向。另外，在考虑商品个性品质的同时，也要考虑商品在市场竞争中处于何种阶段。一般来说，商品的生命周期大致可分为四个阶段：第一阶段是创牌阶段。这一阶段的广告应着重宣传商品的性能、用途、品牌、产地等，以引起消费者的注意，使其产生购买欲。第二阶段是竞争阶段。这一阶段应着重介绍商品在同类商品中的地位，与同类其他商品相比较的优点与长处，让消费者对已使用的商品有一定的信心，不轻易改变购买趋向。第三阶段是保誉阶段。这一阶段应着重介绍消费者及社会各界对商品的肯定与赞誉，以巩固商品在市场上的地位。分析当今的牙膏大战，那些新的品牌正处于商品发展的第一、二阶段，都在极力突出自己产品的特点。例如：“双氟加钙牙膏”（高露洁），“氟泰配方，防蛀健齿”（佳洁士）。而一些老的品牌则需保誉，如“牙好，胃口就好，吃嘛嘛香”，“奥运会唯一指定产品”（蓝天六必治）。第四阶段是衰退阶段。这一阶段的广告是突出产品的品牌，提醒消费者注意该商品的存在。

广告创意是对广告主题的创造性表现，贵在创新，要不落俗套，别具一格，不能人云亦云，简单地套用别的广告的模式，或机械地模仿别的广告的创意。

（二）要研究公众心理

现代广告写作要想强有力地吸引广大公众，并促使公众产生购买行为，必须潜心研究公众的心理，准确把握不同层次公众的心理特点，有的放矢地宣传。美国心理学家马斯洛对有关人的需要层次的理论是：第一，生理上的需要；第二，安全上的需要；第三，爱与归属的需要；第四，尊重的需要；第五，自我实现的需要。结合人们的需要层次，就可以根据商品的销售对象来确定表现方向，选取材料，表达主题。例如，某品牌的洗衣机以“献给母亲的爱”为主题，拍摄一位长年在外的女儿给辛劳一生的母亲带回洗衣机的场景，再配以轻柔舒缓的音乐，势必打动千万位母亲与女儿的心。一则广告，只有让人看后有所触动，才会真正深入人心，达到预期效果。引起公众注意是为了促成消费行为，而行为的发生往往与公众情趣、愿望联系在一起；情绪、愿望愈强烈，兴趣愈浓，消费行为愈容易发生。因此，广告写作的心理策略之一便是引导消费者的情绪。

(三)要讲究语言艺术

商业广告文案主要是以语言文字为媒介进行诉说的,语言表达准确、简明、生动、通俗是广告写作的最基本要求。广告中对商品的性能、产地、用途、质量、价格、生产者、有效期限等做的介绍,措辞要准确、鲜明,切忌诉说不清、交代不明。现代社会信息爆炸,生活节奏加快,广告文字要简明扼要,尽量用最少的语言表达尽可能多的内容,切忌冗长繁杂。此外,广告语言要浅显易懂,生动感人,切忌深奥难懂、生硬呆板。为了实现广告语言的生动性,可以把文学语言的诸多表现方法和技巧运用于广告写作之中。

1. 幽默。幽默的广告在引起人们购买兴趣的同时,能给人带来开怀一笑,增添乐趣,因此特别受到青睐。例如,日本一家小吃店门口的广告牌上写着:“如果您不进来,咱俩都得挨饿。”菲律宾某海滨城市的交通广告:“司机先生,欢迎您进入本市。如果您的车速在每小时 40 公里左右,您就可尽情享受本市的迷人风光;若超过 60 公里,您将有幸结识本城的交通法官;要是开到 80 公里,本市最好的医院会为您服务;最后,当车速超过 100 公里的话,我们就将永远再见了。”

2. 拟人。使用拟人手法,让商品人格化,可使商品面目一新。例如,轮胎广告词:“任劳任怨,只要还剩一口气。”旋风牌电风扇广告词:“我理想的伙伴,你送来了清爽的风,你吹走了辛勤的汗水,飞旋吧,旋风!你永远不知疲倦!”农药除虫剂“来福灵”的广告词:“‘我们是害虫,我们是害虫!’正义的来福灵,正义的来福灵,一定要把害虫杀死!杀死!”

3. 反复。反复是通过对广告的主要信息(如商标、品名)频繁重复,达到强化印象、深入人心的目的。例如,上海恒源祥绒线羊毛衫的广告词“恒—源—祥,绒线羊毛衫,羊—羊—羊”就连续重复三次。再如,《写作》杂志的广告词:“学好写作,请读《写作》。文理学科,都要写作。各行各业,离不开写作。欢迎大家,订阅《写作》。”“写作”一词重复多次,既突出了写作的重要性,又使人容易记住这本杂志的名字。

4. 对联。对联是中国人所熟悉、喜爱的一种艺术形式,它讲究平仄对偶、工整精练。对联广告就是利用人们对对联的喜爱而制作的广告文稿。例如,《知音》杂志的广告:“人海茫茫,哪里有知音;刊物如林,何处找知音。”青岛双星鞋业公司的广告:“穿上双星鞋,潇洒走世界。”某百货商店的广告:“针头线脑小商品轻视不得,布匹鞋帽大路货一应俱全。”某理发店的广告:“操天下头等事业,做人间顶上功夫。”

5. 成语。成语是中国语言的一大特色,它有着丰富的表现力和高度凝练概括的内涵。在广告文稿中恰当地运用成语,或直接用其本义,或巧妙地利用其谐音、双关,花样翻新,另创新意,都能收到很好的效果。例如,梁新记牙刷广告:“一毛不拔。”乐乐痒痒挠广告:“有了乐乐刷,从今无后顾之忧。”东风牌货车广告:“万事俱备,只欠东风。”这些是运用得较好的成语。但也有滥用成语的,例如:某摩托车广

告:“骑乐无比”;某口服液广告:“口蜜腹健”;某眼药水广告:“点到为止,愈(誉)满全球”;某洗衣机广告:“闲妻良母”等。对成语的化用贵在巧字,不可滥用。

6. 俗语。俗语包括活跃在民间的谚语、俚语、歇后语及口头常用语。俗语广告通俗易懂,便于记忆,能充分发挥无意识记忆的心理效应。例如,打印行的广告:“不打不相识”,保险公司的广告:“保险没问题”,都能使人过目难忘。

使广告用语生动精彩还有其他的方法,如夸张、双关、对比、顶针、回文、排比、仿化、镶嵌、拆离等。这些方法在具体运用中往往不是独立的,而是交叉渗透,相互联系,综合运用。

另外,广告文稿在刊登时还要注意编排的格式、字体的选择、行距的大小以及与图案的搭配等。

【例文 1】

营养师职业资格认证
商业技能鉴定与饮食服务发展中心　全国商务人员职业资格考评委员会
北京培训基地

为了确保营养师的职业技能水平,规范营养师的职业资格和培训认证工作,商业技能鉴定与饮食服务发展中心及全国商务人员职业资格考评委员会对营养师职业实施培训、考试及认证。

鉴定合格者颁发国家营养师职业资格证书,全国通用(可上网查询)。同时,所有经过认证的营养师将统一纳入全国营养师人才库,推荐就业。

授课内容:四大模块培训方式,综合临床、传统、心理、烹饪、运动多项专业为一体的先进课程,包括食物选择、食谱编制、营养评价、营养教育,从理论、实践和技能三方面安排授课及考核。

开课时间:6 月 17 日

报名所需资料:本人身份证、最高学历证复印件各两份,个人蓝底公务彩照 1 寸、2 寸各 4 张。

报名热线:010-××××××××

报名地点:北京×××××

【例文 2】

春天来了 长假到了 金山岭长城和您有个约会

金山岭长城是京北长城沿线最壮美的一段。全长 10.5 公里,沿线设有大小关

隘5处,更有千姿百态的敌楼67座,烽火台2座,文字砖、障墙、挡马墙、麒麟影壁堪称“长城四绝”。金山岭长城以其优越的地理位置和独特的风格吸引着越来越多的中外游客。

每当中央电视台新闻联播开播之时,国歌奏响,长城画面出现在您眼前,那就是金山岭长城。金山岭长城自1986年对外开放以来,国家领导人多次视察,130多个国家驻华使节前往观光,多次组织大型越野攀登、篝火晚会、烟花晚会等丰富多彩的文体活动。1992年11月15日,著名飞人柯受良驾驶摩托车成功飞越了金山岭长城。在新世纪之初,2001年6月16日,于顺业先生又倒骑摩托车飞越金山岭长城,挑战了生命极限。

金山岭长城已形成了吃、住、行、游、购、娱一条龙综合服务体系,服务设施完善。独特的仿古四合院,淳朴的农家饭,即将开通的观光索道令您在空中领略金山岭长城的风采,大型游乐设施令您流连忘返……

乘车路线:西直门火车站每日早7:25乘L 671次郊游列车,古北口站下,转乘小巴达金山岭长城。自驾车路线:沿京密路、京承公路(101国道),过古北口镇,前行10公里即到。

咨询电话:84××××27　84××××28

联系人:×先生

思考与练习

1. 什么是商业广告?它有哪些作用?

2. 商业广告有哪些特点?

3. 广告的标题应如何制作?

4. 广告的四大媒体各有什么特点?

5. 广告文案正文的表达方式有哪些?

6. 下面的几则广告都在中央电视台播映过,其文字部分在播映过一段时间后又进行了修改。比较它们的原稿和修改稿,看修改前和修改后有什么不同。

(1)维维豆奶广告——原稿:“维维豆奶,欢乐开怀。”修改稿:“维维豆奶,营养好,身体棒。”

(2)新飞冰箱广告——原稿:“新飞广告做得好,不如新飞冰箱好。”修改稿:“新飞广告做得好,不如新飞绿色冰箱好。”

(3)恒源祥羊绒制品广告——原稿:“恒—源—祥,绒线羊毛衫,羊毛出在羊身上。”修改稿:“恒—源—祥,绒线羊毛衫,羊—羊—羊。”

(4)太太口服液广告——原稿:“青春的光辉谁说不可永存。”修改稿:“青春的光彩谁说不可拥有。”

(5)艾碧丽丝祛斑霜广告——原稿:“自从有了海南岛和吐鲁番,我的脸上就长了斑。多亏了它,艾碧丽丝祛斑霜,改变了我。是它,使我有了信心,艾碧丽丝祛斑霜。”修改稿:“岁月流逝,时光无情,我的脸上就长了斑。多亏了它,艾碧丽丝祛斑霜,改变了我。是它,使我有了信心,艾碧丽丝祛斑霜。”

广告文案例文

7. 就你所熟悉的某一商品写一则广告文案。

8. 为学校、班级的有关活动或比赛拟写一份广告文案。

第六节　商品说明书

一、商品说明书的概念

商品说明书是一种以说明为主要表达方式,对商品的性能、构造、功能、使用、保养方法等进行说明和介绍的应用文体。商品说明书与商业广告相近,两者都要说明商品的名称、特性和有关商品的知识,具有宣传、告知作用,但它们是两个不同的文体,具体区别如下。

(一)目的不同

广告的目的在于推销商品,以引起消费者的购买欲望;而商品说明书的目的则在于说明商品,以便于消费者正确使用和保养。

(二)内容不同

广告介绍商品和服务简明扼要,不拘一格,注重艺术性和感染力;商品说明书则以传授知识为主要内容,介绍商品的有关情况和资料必须面面俱到,深入细致,注重实用性和科学性。

(三)表现手法不同

广告的表现手法丰富多样,生动活泼,强调创意新颖,表现独特;商品说明书则以文字说明为主,朴实无华,客观实在。

(四)发布形式不同

广告需付费并通过特定的媒介介绍商品;商品说明书则由企业独立撰写印制,随商品赠送,有时也作为宣传资料发放。

二、商品说明书的作用

(一)科普作用

随着经济的繁荣和科技的发展,各种新产品、新技术、新服务项目层出不穷。要提高人民的生活质量,享受科学技术的成果,就要尊重知识,尊重科学,不断地学习知识,学习科学。商品说明书在传播时代信息、普及科学文化知识方面正发挥着越来越重要的作用。它是社会再生产过程(生产、交换、分配、消费)中完成交换和消费这两个环节的重要手段。它可以帮助顾客了解商品,使顾客懂得商品的使用方法、保养方法,也是消费者保护自身利益的需要。

(二)指导作用

商品说明书对商品或服务内容进行客观的介绍、科学的解释,使读者了解并掌握商品或服务项目的特点、用途等,并做出合理的、正确的消费行为,避免因选择不当、使用不当等造成不必要的损失。商品说明书以"说明"作为自己的写作特征,以指导消费者正确地使用商品来体现自身的实用价值。

(三)宣传作用

说明书兼有广告宣传的作用,而且内容比广告更具体、客观、周到。它既可以同产品或服务一起走入千家万户,也可以机动灵活地分发赠送,让读者清楚地了解该产品的突出特色,产生购买欲望。因此,商品说明书对企业推广产品或服务、扩大品牌知名度也具有特别的作用。此外,商品说明书还常常为社会提供某种科技资料和产品情报,供科研部门、科技人员在新产品的设计、选型、制作时参考。

三、商品说明书的结构与写法

商品说明书的结构一般由标题、正文、附项三个部分组成。

(一)标题

商品说明书常见的标题有三种写法:

1. 直接以文种做标题。例如:《商品说明书》《产品说明书》《使用手册》《使用指南》《简介》等。

2. 以商品名称做标题。例如:《牛黄上清丸》《紫光扫描仪》《缴费通》等。

3. 以商品名称加文种做标题。例如:《中南牌抽油烟机使用说明书》《昂立一号口服液产品说明书》《金天鹅用户手册》等。

(二)正文

正文是商品说明书的核心部分,一般包括商品的品牌、功能、型号、特点、作用、规格、成分、用法、安装、保养、维修方法、有效期、注意事项、附件、企业承诺等。因说

明的对象、目的和采用的形式不同，所写项目也有所不同。撰写说明书时，应从实际出发，酌情增减项目，做到重点突出，详略得当。

从整体结构来说，商品说明书的正文有条款式和概述式两种形式。

1. 条款式。这种形式多用于程序性或事务性的内容。具体写作时，应将所要说明的内容分为若干条，逐一说明。这样做，即使说明的内容较复杂，也可以使读者较清晰、快捷地掌握有关商品的各项知识。在使用过程中，如果对某一特殊事项需要查找，也相对方便一些。

2. 概述式。这种形式多用于介绍性的内容，如书刊、资料、电影戏剧和某些产品的介绍。这种写法结构完整，有头有尾，虽然不像条款式那样醒目，但同样要求条理清楚，简洁概括。

（三）附项

附项要写明产品制造厂家的名称、地址、邮编、E-mail 地址、电话、传真号码、电报挂号及产品的批号、生产日期、优质级别等。不同的商品说明书，附项的项目有所不同，应根据需要来写。

四、商品说明书的写作要求

（一）既“说”且“明”

商品说明书的目的就是准确地介绍产品，因此，说明书中的每一个字都要体现说明性，让读者通过它真正地了解商品，正确地使用商品。商品说明书最忌讳的就是“说”而“不明”。据调查，在商品说明书写作中存在的主要问题是：应列内容不全，擅自扩大适用范围，虚假宣传，项目五花八门，缺少警示内容，技术用语过多等，这些问题必须引起重视。要全面、深入、细致地介绍商品的所有相关内容，绝不可遗漏或疏忽，不可只“说”不“明”。

（二）讲究科学

科学性是商品说明书写作的基本原则。商品说明书的写作对象是客观存在的。撰写者对被说明的事物必须有透彻的了解和客观的认知，只有掌握商品的全面情况，写作时才可能心中有数，才可能有重点、有对比、有选择地说明商品的特色，给读者比较明晰完整而不是残缺不全的知识。在说明过程中，要尊重事实，用准确、客观的语言恰如其分地加以说明，不能由于任何不正当的目的而故意隐瞒或歪曲事实。特别是事关生命安全、财产安危的说明书，必须正确无误，清楚明白。

（三）方便用户

商品说明书是为用户服务的，要处处为用户着想，便于用户理解和掌握。为了照顾各个文化层次的消费者，在写作说明书的时候，应尽量使用通俗易懂的语言，适

当使用专业术语。对于那些读者是专业人员的说明书,则可另当别论。有的说明书为了给人以真实感,便于读者接受理解,不仅用文字说明,还经常附有插图,把商品的外观、构造等直接展现给读者,让读者更加容易地了解商品知识,掌握商品特性。这种"以人为本"、增强消费者信赖感和安全感的做法,其实也增强了商品的竞争力。

【例文】

感冒清热颗粒说明书

请仔细阅读说明书并按说明使用或在药师指导下购买和使用

【药品名称】

通用名称:感冒清热颗粒

汉语拼音:Ganmao Qingre Keli

【成　　份】荆芥穗、薄荷、防风、柴胡、紫苏叶、葛根、桔梗、苦杏仁、白芷、苦地丁、芦根。辅料为蔗糖、糊精。

【性　　状】本品为棕黄色的颗粒;味甜,微苦。

【功能主治】疏风散寒,解表清热。用于风寒感冒,头痛发热,恶寒身痛,鼻流清涕,咳嗽咽干。

【规　　格】每袋装12克

【用法用量】开水冲服,一次1袋,一日2次。

【不良反应】尚不明确。

【注意事项】

1. 忌烟、酒及辛辣、生冷、油腻食物。
2. 不宜在服药期间同时服用滋补性中成药。
3. 糖尿病患者及有高血压、心脏病、肝病、肾病等慢性病严重者应在医师指导下服用。
4. 儿童、孕妇、哺乳期妇女、年老体弱者应在医师指导下服用。
5. 发热体温超过38.5℃的患者,应去医院就诊。
6. 服药3天症状无缓解,应去医院就诊。
7. 对本品过敏者禁用,过敏体质者慎用。
8. 本品性状发生改变时禁止使用。
9. 儿童必须在成人的监护下使用。
10. 请将本品放在儿童不能接触的地方。
11. 如正在使用其他药品,使用本品前请咨询医师或药师。

【药物相互作用】如与其他药物同时使用可能会发生药物相互作用,详情请咨询医师或药师。

【贮　　藏】密封

【包　　装】复合膜袋装,每袋装 12 克。

【有 效 期】36 个月

【执行标准】《中华人民共和国药典》2010 年版一部

【批准文号】国药准字 Z11020361

【说明书修订日期】2010 年 10 月 01 日

【生产企业】

企业名称:北京同仁堂科技发展股份有限公司制药厂

生产地址:北京市北京经济技术开发区东环北路 5 号

邮政编码:100176

电话号码:(010)87632888　400-600-0988

传真号码:(010)67615182

注册地址:北京市丰台区南三环中路 20 号

邮政编码:100079

网　　址:www. tongrentangkj. com

如有问题可与生产企业联系

思考与练习

1. 商品说明书的概念是什么?
2. 商品说明书与商业广告有何不同?
3. 根据商品说明书的写作要求,谈谈商品说明书的写作特点。
4. 商品说明书由哪几部分组成?
5. 商品说明书的标题形式有哪几种?
6. 试分析下面一段文字,判断其是商品说明书还是广告,并说明理由。

BGL—5 型小型冰淇淋机

BGL-5 型小型冰淇淋机采用进口压缩机组,性能可靠,动力小,有 220V 照明电源即可使用。采用风冷式,不用冷却水,体积小,重量轻,整机 35 千克,移动方便,操作简单,每小时能生产冰淇淋 5 千克,经济效益高。每台售价 1 800 元,投资少,见效快,3 个月可收回全部投资。适用于厂矿、机关、学校、宾馆、饭店、食品冷饮店、个体户。产品实行三包,保修半年,代办托运,并免费提供配方。

洛阳市大华机器厂研制

厂址:龙路(安乐窝)××号　电话:3×××6　3×××8　电挂:6××9

账号:47×××57　开户行:××分理处

7. 请根据下面提供的材料,写一份条理清晰的药品使用说明书。

辽宁省本溪第三制药厂生产的“气滞胃痛颗粒”系疏肝理脾、行气止痛之剂。主要成分为柴胡、枳壳、甘草、香附等。具有舒肝行气,和胃止痛之功能。多用于治疗胃痛、腹痛、胁痛、胃肠痉挛等诸种痛症。西医诊断之慢性胃炎、胃神经官能症、消化性溃疡、慢性无黄疸型肝炎等。服用本品一般3~10分钟内即可止痛或缓解剧痛,建议连续服用5盒以上。开水冲服,一次5克,一日3次。每袋5克。孕妇慎用。贮藏时注意密闭、防潮。该药品的批准文号是ZZ—5024—辽卫药准字(1998)第0065号。厂家电话:0414-58×××62　邮政编码:117019。

8. 找一份商品说明书,分析它的结构和语言,肯定写得好的地方,指出不足之处。

语文小笑话

股票下跌

2010年5月6日,道琼斯指数盘中一度下跌近1 000点,是历史上单日下跌点数最多的一次。多个消息来源证实,一名交易员在卖出股票时敲错了一个字母,将百万误打成十亿,导致道琼斯指数突然出现暴跌。

第五章

司法文书

司法文书是指在司法活动中使用的各种书面材料的总称。由于公、检、法各司法机关的职能不同，使用的司法文书的种类也是多种多样的。随着我国法制建设的加强，人们的法制观念日益提高，各种诉讼活动越来越频繁。如何提高诉讼文书的质量，已引起人们的普遍重视。本章主要介绍司法文书中诉状的写作，因为诉状是人民群众在诉讼活动中最常使用的文体。从法律赋予当事人的权力和审判程序来看，常见的诉状主要有起诉状、上诉状、答辩状和再审申请书。

第一节　起诉状

一、起诉状的概念、种类和作用

（一）起诉状的概念

起诉状，俗称“状子”，它是公民、法人或其他组织，在其合法权益受到损害或与当事人的另一方对有关权利和义务问题发生争执而不能协商解决时，向有管辖权的人民法院提起诉讼，请求人民法院审理、裁决所制作的法律文书。《中华人民共和国民事诉讼法》（以下简称《民事诉讼法》）第一百二十二条规定：“起诉必须符合下列条件：（一）原告是与本案有直接利害关系的公民、法人和其他组织；（二）有明确的被告；（三）有具体的诉讼请求和事实、理由；（四）属于人民法院受理民事诉讼的范围和受诉人民法院管辖。”起诉状的当事人，起诉的一方称为原告或原告人，被诉的一方称为被告或被告人。

（二）起诉状的种类

从案件的性质来看，起诉状可分为民事起诉状、刑事自诉状和行政起诉状三类。

1. 民事起诉状。民事起诉状是原告在自己的民事权益受到侵害或与他人发生争执时，为维护自己的民事权益，依据事实和法律向人民法院提起诉讼，要求依法裁判所提交的书面请求。民事案件的原告可以是与案件有直接利害关系的当事人，也

可以是企业、事业单位、机关、团体等法人。我们常说的经济纠纷案件通常都属于民事案件的范畴。

2. 刑事自诉状。刑事自诉状是刑事案件的自诉人(即原告、受害人)或他们的法定代理人,根据事实和法律直接向人民法院控告刑事被告人,要求追究其刑事责任或者附带民事责任所递交的书面请求。

3. 行政起诉状。行政起诉状是公民、法人或其他组织,认为行政机关和行政工作人员的具体行政行为侵犯了自己的合法权益时,向人民法院提起诉讼,要求法院审理、裁决的书面请求。

(三)起诉状的作用

1. 起诉状是法院进行审理或调解的依据。起诉状既是原告人用以陈述案件的事实过程,表明诉讼请求和理由,以维护自己的合法权益的文书,同时又是法院对案件进行审理的依据和基础。《民事诉讼法》第一百二十六条规定:"人民法院应当保障当事人依照法律规定享有的起诉权利。对符合本法第一百二十二条的起诉,必须受理。符合起诉条件的,应当在七日内立案,并通知当事人;不符合起诉条件的,应当在七日内作出裁定书,不予受理;原告对裁定不服的,可以提起上诉。"没有起诉状,一审诉讼程序就无从开始。因此,必须通过起诉状,把案件事实叙述清楚,把起诉的理由和法律依据表达明白,让法院了解原告人对案件的看法、意见和请求,以便法院受理案件,并按照法定程序对案件进行审理。

2. 起诉状是被告人进行答辩的依据。原告人写作起诉状,不仅能给人民法院的调解审理带来方便,也为被告人的答辩提供了辩驳的范围和据理争取权利的机会。一般来说,被告人的答辩书只需针对原告在起诉状中提出的问题来答辩,无须回答其他问题。

二、起诉状的文体格式

起诉状一般由标题、首部、主部和尾部四部分组成。

(一)标题

标题在第一行居中书写,要根据案件的具体类别确定。例如,"民事起诉状""刑事自诉状""刑事附带民事起诉状""行政起诉状"。经济纠纷属于民事案件,其标题可写为"经济纠纷起诉状"。

(二)首部

首部写当事人的基本状况。按照先原告后被告的顺序,依次写明各方当事人的姓名、性别、年龄、民族,职业、工作单位和住所等自然情况。如果系法人或其他组织,应写明法人或其他组织的名称、住所,法定代表人的姓名、职务。有委托诉讼代理人的,也应依次写明姓名、所属律师事务所的名称。如果有数个原告或被告,则依

责任轻重依次介绍基本情况。如果涉及外籍人员，须注明国籍。

（三）主部

主部是起诉状的主体，包括“诉讼请求”“事实与理由”“证据和证据来源，证人姓名和住所”三部分内容。

1. 诉讼请求。这一部分应写明原告向法院告状的目的和要求。例如，请求法院判令对方“偿还债务”，或“继续履行合同”，或“即时付清货款”，或“停止侵权”，或“赔偿损失”等。

刑事自诉状的请求事项包括指出被告人所犯的罪名，以及向人民法院提出具体要求，如“被告犯××罪，请求依法判处”或“被告×××犯伤害罪，请求依法判处；并赔偿原告的医疗费、误工费及其他经济损失共计人民币××××元”等。

行政起诉状的请求事项是指原告人认为自己的合法权益受到行政机关具体行政行为的侵犯，应做哪些纠正，如何纠正。

诉讼请求要写得简明扼要，直截了当。如果有多项请求，应分条书写。

2. 事实与理由。这一部分包括事实和理由两个部分，是起诉状的主要内容，也是请求事项的支柱。

诉讼依据的是事实，法院审案重证据。陈述事实时，要把发生争执的时间、地点、原因与结果等具体情况写清楚，特别要抓住双方当事人权益争执的主要情节和主要分歧，着重说明自己的合法权益受到了侵害，以便法院了解案情。

讲述理由要根据事实和法律认定被告的侵权行为或违法行为的性质和应承担的责任。不同的诉讼请求，理由各不相同，但要与请求保持逻辑上的一致性。要善于引用有关法律、政策作为立论的根据，以确定诉讼请求的合法性。要正确理解法律条文的适用范围，引用原文时要用引号，并交代出处。

3. 证据和证据来源，证人姓名和住所。在经济纠纷诉讼中，原告对提起诉讼的案件负有举证责任。因此，在这一部分，必须提供充分的证据证明事实的真实性。诉讼中常用的证据主要有：书证、物证、视听资料、证人证言、当事人的陈述、鉴定结论、勘验笔录等。书证应当提交原件，物证应当提交原物。提交原件或者原物确有困难的，可以提交复制品、照片、副本、节录本。提交外文书证，必须附有中文译本。证据对诉讼成败起着举足轻重的作用，是认定事实、作出审判的客观依据，列举的证据要真实、具体、充分。这一部分通常采用序码一一列出举证材料、证据来源、证人姓名和住所。

法律快车

（四）尾部

1. 在主部写完之后，另起一行写送达的法院名称。先空两格写“此致”，再另起

一行顶格写要送达的人民法院名称。

2. 在法院名称右下方，具状人署名。先写“具状人”或“起诉人”三个字，在冒号后面，具状人签名或盖章；如果是法人或其他组织，不仅要写明全称，加盖公章，还须有法定代表人的签名或盖章。

3. 在署名的下面，写具状的年、月、日。

4. 在具状日期的下一行写附项。先空两格写“附”字，然后用序码依次写出起诉状副本的份数，物证、书证的件数。要按照被告的人数准备副本的份数。

三、起诉状的写作要求

（一）实事求是

人民法院审理案件的基本原则是“以事实为依据，以法律为准绳”。起诉状必须忠实于事实的本来面目，如实反映情况，实事求是地陈述案情，绝不能道听途说，推测揣度，片面夸大，歪曲伪造。所写材料都要经得起人民法院的审查，经得起被告人的反驳。所提出的诉讼请求要合情、合理、合法，不能漫天要价。只有尊重事实，明辨是非，才有利于诉讼的顺利进行，最终达到诉讼的目的。

（二）逻辑严密

起诉状的结构安排要有层次，叙述事实要按照事情发生发展的逻辑顺序或纵或横展开。要交代清楚案件当事人相互之间的关系，以便于确定各人应承担的责任。对案情比较复杂的，要抓住关键性情节，把最能反映案情特点的或引起纠纷争执的焦点突现出来。要客观地指出纠纷或犯罪已造成或可能造成的严重后果，并能引述有关法律条款，说明被告已经触犯法律，从而体现出自己请求的合理性与合法性。

（三）语言得体

诉讼文书在语言表达上有较高的要求：一是遣词造句要准确，特别是专门的法律术语，在有关法规上有固定的解释，在使用时要恰如其分。例如，“故意犯罪”和“过失犯罪”不同，“贪污”和“受贿”有别。在日常生活中，可以称配偶为“爱人”，在诉状中则要明确地称为“丈夫”或“妻子”。二是表述要简洁，用尽可能少的文字，摆事实，讲道理，不要啰唆拖沓。三是文风要质朴庄重，有理、有据、有节，切忌故弄玄虚、卖弄辞藻、滥用文言虚词和成语。

【例文】

经济纠纷起诉状

原告人：×××，男，49岁，汉族，医生，××医院，住××县××街×号

被告人：××县××建筑安装队

法定代表人:×××,男,47岁,汉族,××安装队经理,住××县××街××号

诉讼请求:

责令被告履行合同,按规定返工及偿付延期罚款。

事实与理由:

20××年×月×日,我与被告在协商一致的基础上,签订了一份建筑二层楼房的承包合同,由被告方承建位于××县东北大街路西楼房×间,承建费共计××××元,于20××年×月×日竣工交付使用。合同还规定了施工图纸及质量要求。但是,被告无视合同规定,偷工减料,施工质量低劣,现已出现基础下沉,致使墙和楼顶五处裂缝;二楼地面起砂;一楼不平,门不能开;楼顶檐头没有滴水槽,没铺防水层,现因漏雨无法使用。另外,现已逾期9个月,尚未竣工。按合同规定,无故拖延一天,罚款50元。

我认为,合同依法成立即具有法律约束力,当事人必须全面履行合同规定的义务。被告无视合同的规定,不按图纸要求施工,致使楼房无法使用,应承担责任。为使我的合法权益不受侵害,依据《中华人民共和国合同法》第107条和第111条的规定向你院起诉,请依法判处。

证据和证据来源,证人姓名和住所:

1. 承包合同

2. 证人孙××证言,孙××提供。孙××住所:××县××街××号

3. 证人李××证言,李××提供。李××住所:××县××街××号

此致

××××人民法院

具状人:×××

20××年×月×日

附:1. 本状副本1份

2. 书证3件

思考与练习

1. 在诉讼程序中,起诉状具有什么作用?
2. 起诉必须符合哪些条件?
3. 起诉状由哪几部分组成?各部分的写作要点是什么?
4. 根据下列材料,以王×的名义写一份起诉状,要求符合起诉状的写作格式,内

容完整,用语准确。

××××年3月5日傍晚,××医科大学口腔系××级学生王×持108次5号车厢5号中铺的硬卧票(票号0976)从郑州火车站检票进站上了车。开车1小时后,有旅客向她交涉,称该铺位是他的。王×找到列车长询问。列车长称,因王×未在开车后1小时内找到列车长换取专用铁牌,因此5号中铺被视为无主铺位而售给他人。王×申辩无效,回到5号车厢,即有3名列车员催促她让出铺位。王×无奈,只好将中铺让给那位旅客。车行途中,王×多次向列车长提出安排铺位的要求,均未如愿。车将到南京时,王×办理了卧铺退票手续,列车长为她出具了一张客运记录,委托铁路杭州站办理。此后,王×便未返回硬卧车厢。因列车满员,王×一直站着。次日傍晚5点,列车抵达杭州。

车票是旅客与铁路局建立的运输合同关系的凭证,《消费者权益保护法》第五十三条规定:"经营者以预收款方式提供商品或者服务的,应当按照约定提供。未按照约定提供的,应当按照消费者的要求履行约定或者退回预付款,并应当承担预付款的利息,消费者必须支付的合理费用。"王×在持卧铺票上车后,理应享受卧铺服务,包括由列车员到铺位换票,但她却未能享受到这些服务。王×认为自己的权益受到了侵害,她委托杭州××律师事务所李××律师代理此案,状告郑州铁路局,要求退还卧铺票款151元,补偿精神损失费500元,由被告郑州铁路局负责诉讼费用。

第二节 上诉状

一、上诉状的概念和作用

(一)上诉状的概念

上诉状是指诉讼当事人不服一审法院的裁定、判决,在规定的期限内向上一级人民法院提出上诉,请求撤销、变更原审判或者请求重新审理的诉讼文书。

上诉状中的当事人双方称为上诉人和被上诉人。上诉人可以是一审程序中的原告人或被告人。当一方为上诉人时,另一方自然成为被上诉人。诉讼当事人依法行使上诉权时,必须在法律规定的上诉期限内。《民事诉讼法》第一百七十一条规定:"当事人不服地方人民法院第一审判决的,有权在判决书送达之日起十五日内向上一级人民法院提起上诉。当事人不服地方人民法院第一审裁定的,有权在裁定书送达之日起十日内向上一级人民法院提起上诉。"上诉应当递交上诉状。上诉状应当通过原审人民法院提出,并按照对方当事人或者代表人的人数提出副本。当事人直接向第二审人民法院上诉的,第二审人民法院应当在五日内将上诉状移交原审人民法院。有效的上诉必定引起二审或重审。对一审已经生效的判决或裁定及二审

(终审)的判决或裁定,不能提出上诉。

根据诉讼制度,上诉状可分为民事上诉状、刑事上诉状和行政上诉状。

(二)上诉状的作用

1. 上诉状是当事人维护自己合法权益的有力工具。上诉是法律赋予当事人的权利。当事人认为一审裁决不符合事实和法律,便可具状上诉,通过二审裁决主持公道,避免错判,维护自身的合法权益。《民事诉讼法》第一百七十七条规定:"第二审人民法院对上诉案件,经过审理,按照下列情形,分别处理:(一)原判决、裁定认定事实清楚,适用法律正确的,以判决、裁定方式驳回上诉,维持原判决、裁定;(二)原判决、裁定认定事实错误或者适用法律错误的,以判决、裁定方式依法改判、撤销或变更;(三)原判决认定基本事实不清的,裁定撤销原判决,发回原审人民法院重审,或者查清事实后改判;(四)原判决遗漏当事人或者违法缺席判决等严重违反法定程序的,裁定撤销原判决,发回原审人民法院重审。原审人民法院对发回重审的案件作出判决后,当事人提起上诉的,第二审人民法院不得再次发回重审。"

2. 上诉状是二审人民法院受理案件的依据。上诉状的作用主要在于引起第二审程序的发生。起诉状是针对案件对方当事人而写的,而上诉状则是针对地方人民法院第一审的裁判而写的。上诉状是二审人民法院受理案件的依据。通过上诉状,二审法院得以了解上诉人不服一审裁判的理由和二审的诉讼请求。这有助于二审法院全面了解案情,明辨是非,维护法律的公正与威严,保证审判的质量。

二、上诉状的文体格式

上诉状的格式和起诉状基本相同,也由标题、首部、主部和尾部四个部分组成。

(一)标题

在第一行居中写"上诉状",或根据案情,写"经济纠纷上诉状""民事上诉状""刑事上诉状""行政上诉状"。

(二)首部

首部主要写当事人的身份状况。按照先上诉人后被上诉人的顺序,分别写姓名、性别、年龄、民族、籍贯、职业、工作单位和住址等情况。如果是法人,则要写清法人的名称及其法定代表人的姓名、职务,或者其他组织的名称及其主要负责人的姓名、职务;有委托代理人的,在"上诉人"的下行写明其姓名等身份情况,律师只写姓名和××律师事务所。在"上诉人"和"被上诉人"后面,要用圆括号注明他们各自在原审中的诉讼地位,如"原审原告""原审被告"。

(三)主部

主部是上诉状的中心内容,包括上诉案由、上诉请求和上诉理由三个部分。

1. 上诉案由。这一部分主要写原审人民法院的名称、处理时间、案件的编号、案由和对第一审判决或裁定不服。通常的写法是:“上诉人因××××(案由)一案,不服×××人民法院××××年×月×日民初字第×号民事判决(或裁定),现提起上诉,上诉的请求和理由如下。”

2. 上诉请求。它是指针对第一审人民法院的裁判,向第二审人民法院提出撤销或者部分地变更原审判决或裁决的请求。这是上诉的目的所在,要写得明确、具体、完备。上诉请求有多项的,应该使用序码,分项列述。

3. 上诉理由。这部分应根据事实和法律,针对原判决、裁定中的不当之处,以驳论的形式展开,写明上诉理由。这是上诉状的关键,可以从以下几个方面来考虑:

(1)对原判决或裁定认定事实有错误的,应提出正确的事实和证据,予以纠正或否定。

(2)对原判决或裁定在法律适用方面的错误,应提出自己的理由和适用的法律依据。

(3)对原判决或裁定在违反诉讼程序方面的错误,应具体指出是在哪个程序上发生了错误,并提出纠正的法律依据。

(4)对原判决或裁定在案件定性和处分尺度方面有错误的,应明确指出其定性不当、处分尺度不准的原因,表明应该如何定性,如何处分。

(四)尾部

写完上诉请求和理由之后,另起一行空两格写“此致”,再另起一行顶格写本上诉状所要提交或转送的人民法院名称。另起一行右下方,由上诉人签名或盖章,下面注明上诉的年、月、日。如果有附件的话,和起诉状一样要依次写清,也要按照对方当事人或者代表人的人数提出副本。

三、上诉状的写作要求

(一)要有针对性

上诉状要针对一审判决的关键问题,摆事实,讲道理,有的放矢地进行辩驳。一般可从事实的认定、案件的定性、法律条文的运用、诉讼主体的资格、合同的合法性、判决或裁定的程序等方面入手,先将原裁判内容中的不当之处引述下来,然后根据事实和法律,提出自己的意见。引述原判,可根据需要引用原文或大意;引用原文,须加引号,忠于原文;引用大意,须符合原意,没有歧义。注意不必纠缠于枝节问题和个别词句,不必将纠纷的来龙去脉再一一加以复述。

(二)要有理、有据、有节

上诉请求能否成功,取决于有无理由和理由是否充分。反驳原审判决的错误,一定要有事有证,以理服人,不牵强附会,不强词夺理,不能只有观点而无材料,也不

能只罗列事实而无鲜明的观点,要做到材料和观点的统一。在阐述上诉理由时,可采用欲进先退,欲抑先扬,层层铺垫,由表及里等方法,有理、有据、有条不紊地支撑自己的上诉请求。

【例文】

经济纠纷上诉状

上诉人(原审被告):××市××区××五金交电建材商店

法定代表人:×××,经理

委托代理人:×××,男,××岁,汉族,本店业务员,住××市×区×街×号

被上诉人(原审原告):××市××区××机械配件厂

法定代表人:×××,男,××岁,汉族,厂长,住××市××区×街×号

上诉人因合同纠纷一案,不服××市××区人民法院于××××年×月×日×字第×号民事判决书的判决,现提出上诉。

上诉的请求和理由如下:

一、判决书中说:"质量按样品验收。原告全部交货后被告分3期付款……"与所签订合同内容不符。上诉人与被上诉人于××××年×月×日签订了有8种规格水暖气材内接头零件2 271个的合同,其质量规定是:"1. 货物要符合样品要求;2. 按合同数量送齐,经抽样检查合格后分3次付款。"而判决书中删掉了"经抽样检查合格后"字样,这种断章取义的认定是不公正的。

二、判决书中说:"被告验收988个,4 353. 82元货款一直没付。"被上诉人于××××年1月24日送货,当时送货人未做任何交代,便将货物卸在仓库门前就走了。事后上诉人检查发现,产品锈蚀严重,尺寸不合要求,便先后3次通知被上诉人来店处理货物,而被上诉人一直拖到××××年2月6日才派人来商店。经协商,双方一致同意:"凡质量合格产品收货付款,不合格的由厂收回。"××××年7月3日,对方当事人拉走内接头1 440个。对没拉走的产品,双方既没有清点、验收,也未做任何处理。上诉人根本不知道有多少内接头,而被上诉人在未经双方清点的情况下,擅自定为988个,货款为4 353. 82元,向上诉人索要货款,这是不合理的。上诉人要求双方共同清点实物和账目,不应由一方决定产品数量和货款数。

综上所述,被上诉人不遵守合同规定的第二款,送货既不向上诉人交代,又不进行抽样检查,因此,上诉人对不合格产品拒付货款,是符合合同规定的,也不应承担违约金和赔偿金。为保护上诉人的合法权益,特此上诉,请上级人民法院依法审理,

予以改判。

此致

××中级人民法院

上诉人:××市××区××五金交电建材商店(印章)

法定代表人:×××

委托代理人:×××

××××年×月×日

附:1. 本上诉状副本2份

2. 书证两件

思考与练习

1. 上诉状与起诉状有什么区别?
2. 上诉状中的上诉理由可以从哪几个方面去考虑?
3. 在诉讼中,常用的证据主要有哪些?
4. 人民法院审理上诉案件的基本原则是什么?

第三节 答辩状

一、答辩状的概念、种类和作用

(一)答辩状的概念

答辩状是指在诉讼活动中,被告或被上诉人收到人民法院送达的起诉状副本或上诉状副本后,针对其中的内容进行答复和辩驳的诉讼文书。

答辩状的提出应在法定期限内。《民事诉讼法》第一百二十八条规定:"人民法院应当在立案之日起五日内将起诉状副本发送被告,被告在收到之日起十五日内提出答辩状。"同法第一百七十四条规定:"原审人民法院收到上诉状,应当在五日内将上诉状副本送达对方当事人,对方当事人在收到之日起十五日内提出答辩状。"可见,不论是对起诉状的答辩,还是对上诉状的答辩,都须在收到之日起15日内提出。在答辩状中,提出答辩的一方称为答辩人,另一方称为被答辩人。

(二)答辩状的种类

根据审判程序的不同,答辩状有一审程序答辩状和二审程序答辩状两种。前者是指被告针对原告的起诉状提出的答辩;后者是指被上诉人针对上诉人的上诉状提出的答辩。

(三)答辩状的作用

1. 有利于维护被告人或被上诉人的合法权益。《民事诉讼法》第十二条规定:"人民法院审理民事案件时,当事人有权进行辩论。"答辩是应诉行为,是法律赋予被告人和被上诉人的诉讼权利。答辩人可以运用摆事实、讲道理的方法,有针对性地反驳起诉状或上诉状中的不实之词和无理要求,正面提出自己的请求和意见,力求在诉讼中成为胜诉的一方。

2. 有助于法院兼听则明,客观公正地办案。通过起诉状、上诉状和相应的答辩状,法院得以多方面了解纠纷情况,了解当事人双方的不同意见和要求,收到"兼听则明"的效果,这便于全面查明案情,分清是非,从而做出合理、公正的判决。

二、答辩状的文体格式

答辩状一般由标题、首部、主部和尾部四部分组成。

(一)标题

在第一行的中间写明"答辩状",或"经济纠纷答辩状",或"民事答辩状",或"刑事答辩状"。

(二)首部

首部写答辩人的基本情况,包括姓名、性别、年龄、民族、籍贯、职业和住址等。如果是法人或其他组织,则写单位全称,法定代表人姓名、职务;有委托律师任代理人的,只写律师姓名和律师事务所名称。要注意,答辩状的首部不写对方当事人的基本情况。

(三)主部

主部先写因何人起诉或上诉的何案件而提出答辩,通常的写法是:"因××××一案,提出答辩如下",也可先写法院用通知送交被告(或被上诉人)的诉状副本已经收到,然后用"现答辩如下"转入正文。

正文是答辩状的主要部分,要针对对方起诉或上诉的事实、理由和请求给以辩驳,依据事实和法律,批驳对方理由和要求的谬误性,论证自己行为的合法性和答辩理由的正确性。答辩时,应抓住起诉状、上诉状中的错误事实和引用法律上的错误作为反驳点,或指出对方所举事实不符合真相,或驳斥对方所举理由不能成立,或否定原告人的诉讼权,或反驳原告人的请求,证明其没有具备起诉所发生和进行的条件。在阐明事实的基础上,正确引用法律条文来维护自身权益是非常有效的答辩。为使条理清楚,这一部分常常使用序码,一个问题一个问题地答复与辩驳。在阐明答辩理由后,答辩人应提出自己的意见和要求,请求人民法院依法裁判。

(四)尾部

尾部包括:致送机关"此致　××××人民法院",答辩人签字或盖章,答辩的年、月、日和附项"本答辩状副本×份,物证×件,书证×件"等内容。如果是律师代书的,应在答辩人署名的下面注明××律师事务所×××律师代书。

三、答辩状的写作要求

(一)要有答有辩

答辩状最忌讳无的放矢。答辩状中的"矢",就是起诉状或上诉状中所提出的问题。答辩状首先要"答",即对起诉状或上诉状中所写的事实、理由和请求,做出肯定或否定的回答;同时还要有"辩",即对起诉状或上诉状中的不实之词给予辩驳,或举出新证,说明对方所举事实不真,或驳斥对方所举的理由不能成立,或否定原告的诉讼权,证明其不具备起诉所发生和进行的条件,从而论证自己行为的合法性。

(二)要有所为有所不为

俗话说:"伤其十指不如断其一指。"写答辩状,要避免不分主次,眉毛胡子一把抓,赘述案情,面面俱到。要抓住争议的关键所在,找出足以使对方败诉的"破绽",集中反驳,有所为有所不为,变被动为主动,变防守为进攻。

(三)要有理有节

在阐明事实的基础上,要正确引用法律条文和行政法规,以支持自己的意见,维护自身权益,这也是非常有效的答辩。要正确地理解法律条文和行政法规,注意事实、证据和法律、法规依据的逻辑关系,言之有理,持之有据。在据理力争的同时,也要注意言辞不要过激,不要言过其实。因为只有摆事实,讲道理,有理有节,才有巨大的说服力。

【例文】

答辩状

答辩人:××市自来水公司营业所

法定代表人:××,男,××岁,汉族,营业所所长,住××市××路×号

因原告××工程队诉我所罚款一案,提出答辩如下:

原告于××××年9月8日上午7点50分将我×路上水管道撞坏,且有20余米管道袒露于外,当时有大量自来水流入排水管。原告在起诉状中无视法规,不尊重事

实，所提种种要求与理由，我们不能接受。

一、关于罚款问题

为了维护供水管网，确保居民的正常生活用水，并根据国家城建总局〔19××〕235号文件第31条和《××市上水管道管理规则》第5条规定，我所向原告收取水损、营业损失等费用，计算方法为：

1. 管道水损按4小时流量每吨×元收费；

2. 耽误我所8天正常营业，按销售利润×元/吨收费；

3. 工程不合格，有隐患，按规定以耗水量的3倍收费。

我所按照国家、省、市有关法规文件的规定，向原告加收费用是合理合法、有根有据的。因此，说我所加倍收费毫无根据，是没有道理的。我所担负着××市居民生活供水任务，如不严格依法办事，就是对人民的失职，其后果是不堪设想的。

二、关于"设置障碍"问题

事情发生后的第二天，原告方来人和我方有关人员商谈解决办法。我所提出，由于袒露管道被砸，前后接头松动，事故地段地基较差，需要换用韧性较好的管道，否则，就有因水管下坠而引起接口错位的危险。而且，当时我所任务繁重，抽不出人力。原告和我所双方议定了修复方法，共同设法解决钢管问题，由原告修复30米水管，换阀门，我所负责验收，开阀送水，并提供施工草图。后来，由于钢管问题一时解决不了，为了尽快送水，双方同意用铸铁管代替，这怎么能说是"设置障碍"呢？

三、关于"拒不验收"问题

方案确定之后，原告方并未及时抢修，直到9月13日才进行修复。当天晚上通知我所已经修好，要求验收，我所当即赶赴现场。但是，原告方的修复工程根本就不具备验收条件，修复管道不足10米，也未换阀门。这样的工程质量能验收吗？

四、关于经济损失问题

由于原告方违章作业，肇事后又不积极抢修，给我所、当地居民和国家造成了很大的经济损失。不可否认，原告方也受到一定的经济损失，但这能怪谁呢？责任完全在原告方自己。原告要求我所赔偿经济损失是毫无道理的，既不合乎情理，也不合乎法理。

此致

××××人民法院

答辩人：××市自来水公司营业所（印章）

法定代表人：×××

××××年×月×日

附：1. 本答辩状副本2份

2. 书证4件

思考与练习

1. 根据审判的程序不同,答辩状有哪两种?它们各是针对什么诉状而提出的答辩?

2. 答辩状应在收到起诉状或上诉状之日起的几日内提出?

3. 写答辩状要注意哪些问题?

4. 阅读原告××市××转运站的起诉状,根据××市××服装厂提供的案情和理由,代××市××服装厂拟写一份答辩状,要求符合答辩状的写作格式,摆事实,讲道理,有针对性地进行答辩。

起诉状

原告:××市××转运站　地址:××市××区××路××号
法定代表人:王××,转运站站长
委托代理人:黄××,××市××区律师事务所律师
被告:××市××服装厂　地址:××市××××路×号
法定代表人:李××,服装厂厂长

诉讼请求:

1. 立即偿付货运费 3 820.75 元;

2. 承担返程寻找货物运费 369.25 元;

3. 由被告承担本案的诉讼费用。

事实与理由:

××××年×月×日,原告接到××市××联运公司调度员张××电话,委托原告承运被告的一批出口服装由××市运往深圳。因被告运货时间很紧,原告当即按电话告知的地址直接派车到被告所在处。这批货物是在当天上午 10 时左右,由被告组织人力装载捆扎的,被告并委派该厂业务员朱××押运。装载完毕,被告即催促司机启程。午饭后,原告派遣的 8.5 吨货车从××出发赶赴深圳。车行至晚上 11 点左右,在湖南省××县境内被 1 辆小车从后方赶上拦住,告知车上人员有货丢失,司机当即调转车头寻找失落货物。车返程几十公里远,找到了两件货物。据押运员朱××讲,尚有十几件货丢失(每件价值千元左右)。司机提出要报告当地派出所并继续寻找,但朱××不同意,也不准司机继续寻找。其理由是:如不能按时赶到深圳,误了向港商交货的时间,会有更大的损失。司机只得放弃寻找,按朱的意见继续赶程,结果提前两天向港商交货。返程时,朱××仍未向货物失落所在地派出所报案和查找。当原告按

约找到被告,请被告偿付该货物运费时,被告竟以丢失货物为由拒付运输费,经原告多次派员交涉,均遭被告拒绝。

原告认为,根据我国《合同法》第 109 条、第 304 条和第 311 条的规定和交通部《公路货物运输全国实施细则》第 11 条第 1 款和第 17 条第 5,6,7 款的规定,此车货物系由被告方直接组织人力装载,并派有专人押运,货物在途中发生丢失后押运员对货损追查不力,更何况被告交给原告的货单上并未注明货物件数,因此原告对货损不负有责任,被告拒付货运费的理由不能成立。故要求法院准予原告前述三项请求,判令被告立即一次性偿付货运费、返程找货运费及本案诉讼费,并由被告自己承担丢失货物的全部经济损失。

此致

××市××区人民法院

具状人:××市××转运站(印章)

法定代表人:王××

××××年×月×日

××市××服装厂提供的案情和理由

我厂于××××年×月×日收到××市××区人民法院送达的××市××转运站索付货运费一案的诉状副本,厂长李××和我厂聘请的法律顾问××区法律顾问处的律师张××研究,认为对原告的诉讼请求不能接受。我们并未直接委托原告运货。因为有一批出口服装亟待运往深圳交货,我们向××市××联运公司求援。××××年×月×日上午 9 时许,该公司调来一辆进口货车,这时我们才知道是××市××转运站的汽车。因为该车无随车装运人员,我方只得动员全厂工作人员突击装车,当时原告方司机也参与捆扎。装货结束,经司机检查认为合格方才启运的。起诉状称我厂派有随车押运人员属实,但司机也负有检查责任。我们所派的押运人员系业务人员,对长途运输应注意事项是不太清楚的。而原告的货车专营长途运输业务,司机对该车货物是否捆扎妥当负有责任。据提货方现场查看,货物丢失系绳被磨断造成,这与捆扎不当和路途颠簸有关,怎能说原告人没有责任呢?在这次事件中,我们共损失出口高级服装 14 件,每件价值 1 200 元,共损失 16 800 元。我厂属劳动服务公司性质,自筹资金,自负盈亏,如此严重的损失不该我厂承担,我厂也承担不起。我们认为在这次货损事件中,原告人未能如数将货物运到,负有不可推卸的责任,应相应承担经济赔偿,我们愿意在法院主持下进行调解结案。

第四节　再审申请书

一、再审申请书的概念和作用

(一)再审申请书的概念

再审申请书是指当事人及其法定代理人或其他公民,对已经发生法律效力的判决、裁定不服而向人民法院提出申请,请求重新审理案件的诉讼文书。

再审申请书中的当事人,提出申诉的一方称为申诉人,另一方称为被申诉人。

(二)再审申请书与上诉状的主要区别

1. 对象不同。再审申请书是针对已经发生法律效力的判决、裁定而言,包括已经发生法律效力的第一审判决、裁定,也包括第二审终结的判决、裁定。不论第一审判决、裁定是否经过上诉,也不论这些判决、裁定正在执行或已经执行完毕,只要确有错误,均在再审申请的范围之内。而上诉状的对象只限于尚未发生法律效力的第一审判决或裁定。

2. 时限不同。《民事诉讼法》第二百一十二条规定:“当事人申请再审,应当在判决、裁定发生法律效力后六个月内提出。”而上诉状的法定时限是,不服地方人民法院第一审判决的,必须在判决书送达之日起十五日内向上一级人民法院提出;不服地方人民法院第一审裁定的,必须在裁定书送达之日起十日内向上一级人民法院提出。

3. 条件不同。再审案件必须通过审判监督程序。再审申请人提出申请后,可以引起审判监督程序,也可能不引起这一程序。《民事诉讼法》第二百零七条规定:“当事人的申请符合下列情形之一的,人民法院应当再审:(一)有新的证据,足以推翻原判决、裁定的;(二)原判决、裁定认定的基本事实缺乏证据证明的;(三)原判决、裁定认定事实的主要证据是伪造的;(四)原判决、裁定认定事实的主要证据未经质证的;(五)对审理案件需要的主要证据,当事人因客观原因不能自行收集,书面申请人民法院调查收集,人民法院未调查收集的;(六)原判决、裁定适用法律确有错误的;(七)审判组织的组成不合法或者依法应当回避的审判人员没有回避的;(八)无诉讼行为能力人未经法定代理人代为诉讼或者应当参加诉讼的当事人,因不能归责于本人或者其诉讼代理人的事由,未参加诉讼的;(九)违反法律规定,剥夺当事人辩论权利的;(十)未经传票传唤,缺席判决的;(十一)原判决、裁定遗漏或者超出诉讼请求的;(十二)据以作出原判决、裁定的法律文书被撤销或者变更的;(十三)审判人员审理该案件时有贪污受贿,徇私舞弊,枉法裁判行为的。”可见,引起审判监督程序的条件是案件的判决或裁定已经发生法律效力并且确有错误。对

无理申请,法院不予受理。而上诉只要符合法定的程序和时限,不论上诉理由是否正确,均能引起第二审程序的发生。

(三)再审申请书的作用

1. 再审申请书是人民法院发现错案的重要途径。人民法院的判决或裁定生效之后,必须严格执行。但是,如果生效的判决或裁定确有错误,当事人和其他有关人员提出再审申请,法院就应当进行再审。再审申请书的作用就在于它是人民法院发现错案的重要途径,也是引起审判监督程序发生的重要依据。

2. 再审申请书是维护当事人合法权益的一种补救性文书。《民事诉讼法》第二百零六条规定:"当事人对已经发生法律效力的判决、裁定,认为有错误的,可以向上一级人民法院申请再审;当事人一方人数众多或者当事人双方为公民的案件,也可以向原审人民法院申请再审。当事人申请再审的,不停止判决、裁定的执行。"作为法律赋予公民的一种民主权利,再审申请进一步体现了我国司法实践中所遵循的"实事求是、有错必纠"的原则。人民法院对提出再审申请的案件重新审理,如果发现确有错误,则予以坚决纠正,使案件得到实事求是的处理,以维护当事人的合法权益,维护法律的公正性和严肃性。

二、再审申请书的文体格式

再审申请书的格式和答辩状基本相同,也是由标题、首部、主部和尾部四部分组成。

(一)标题

在第一行居中写"再审申请书",或"民事再审申请书",或"刑事再审申请书"。

(二)首部

首部写申请人的基本情况,包括姓名、性别,年龄、民族、职业、工作单位和住所等。注意不写对方当事人的基本情况,因为再审申请书是一种没有被申请人的申请书。

(三)主部

1. 再审申请的案由。再审申请的案由通常的写法是:"申请人×××对××人民法院××××年×月×日×字第×号××××(案由)判决(或裁定)提出再审申请。"

2. 请求事项。请求事项可分条列项,或请求撤销某判决、裁定,或请求依法改判,或请求确认当事人的某种权利,或请求赔偿当事人的经济损失。这部分要言简意赅,直截了当。

3. 事实与理由。事实与理由要针对原审判决、裁定的错误或不当,有理有据地提出申辩;或举出足以推翻原判决、裁定的新的证据;或指出原判决、裁定认定事实

的主要证据不足；或指出原判决、裁定适用法律不当；或指出人民法院违反法定程序，影响了案件的正确判决、裁定；或揭露审判人员在审理该案件时有贪污受贿、徇私舞弊、枉法裁判行为。这一部分不在于文字有多少，关键在于事实是否确凿，理由是否充分。

（四）尾部

尾部包括致送机关“此致　××××人民法院”，申请人签字或盖章，写申请的年、月、日和附项。附项除有“本书副本×份，物证×件，书证×件”外，还要特别附上第一审或第二审判决书、裁定书、调解协议书等的原件或复印件。

三、再审申请书的写作要求

（一）注意新证

由于再审申请不是审判的必经程序，因此，要达到再审申请的目的，首先就要引起法院的重视，启动审判监督程序。法院审案以事实为根据，以法律为准绳。所以，在再审申请书中，要特别注意使用新的事实和证据，因为新证可能全部或部分地推翻、改变已经产生的裁判。

（二）驳证结合

辩驳方法是再审申请书中最常用、最有效的方法，它往往结合论证方法，以事实和法律为依据，抓住原审判决、裁定中的关键性错误，如抓住认定事实的主要证据不足、适用法律不当、违反法定程序，以及审判人员在审理该案件时有贪污受贿、徇私舞弊、枉法裁判行为等问题，有理有据地进行申辩，以使自身的合法权益得到保障。

【例文】

再审申请书

申请人：××市××百货商店

法定代表人：孙××，男，××岁，汉族，该店经理，住××市××区×街×号

申请人孙××对××人民法院××××年×月×日法经裁字第×号民事裁定书对货款纠纷一案的裁定不服，提出再审申请。

请求事项：

1. 请求撤销××人民法院××××年×月×日法经裁字第×号民事裁定书的裁定。

2. 请求按照××××年2月20日提出的还款计划执行。

事实与理由：

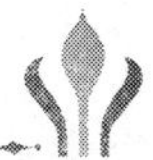

××××年×月×日，申请人（原审被告）向××市皮革厂（原审原告）订购415型男凉皮鞋520双和各式男女皮夹克610件，并分别签订了购销合同。因这些商品具有很强的季节性，双方商定，乙方（××皮革厂）于××××年11月15日前将上述商品发至××市。可是，乙方未按协议的时间将上述商品发至××市，其中，皮夹克于××××年12月30日才到达，拖期达一个半月之久，大大错过了市场的销售旺季，致使这些商品积压于仓库，严重影响了我方的资金周转，至今尚有男凉皮鞋343双、各式皮夹克334件卖不出去，共折合人民币34 000元。为照顾彼此之间的商业信誉，我方曾于××××年2月20日出具《合同问题答辩书》，说明了拖付货款的原因，主动提出偿还货款的计划。但是，××人民法院××××年×月×日法经裁字第×号民事裁定书中对××市皮革厂违约延期交货致使商品积压不予追究，裁定"依法采取诉讼保全措施……冻结××百货商店在××市××区××信用社的银行存款95 767元"，这是不公允的。申请人重申：仍然按照××××年2月20日提出的还款计划执行。对于目前库存积压的商品，积极采取销价处理措施，将实收货款付给对方当事人；或将积压的商品退回给对方，退回中发生的运杂费，可由申请人负担。

此致

××人民法院

申请人：××市××百货商店（印章）

法定代表人：孙××

××××年×月×日

附：1. 再审申请书副本1份

2. 原审裁定书复印件1份

思考与练习

1. 再审申请书与上诉状有哪些不同？
2. 再审申请书对原审判决可以起到什么作用？
3. 再审申请书体现了司法实践中的什么原则？
4. 引起审判监督程序的条件是什么？
5. 写再审申请书应注意什么问题？

语文小笑话

凭空判决

2006年,湖南长沙市××县法院一法官在判案时援引《民法通则》第159条进行判决,但《民法通则》只有156条。2010年3月31日,××县法院对外界宣布,这份“凭空判决”系文书人员打印错误。

中华人民共和国司法部

第六章

公关文书

“公关”,即“公共关系”的简称,是现代社会中个人、团体、企事业单位以至国家之间利用各种传播媒介建立良好关系的活动。为公关活动服务的各种体裁的文字形式,统称为“公关文书”,包括:用于庆贺的“贺词”“贺电”“贺信”;用于祝愿的“祝词”“祝酒词”;用于交往的“欢迎词”“欢送词”“答谢词”;用于聘请的“请柬”“聘书”;用于竞聘的“推荐信”“自荐信”等文种。

公关文书是公关活动中不可或缺的传递信息、互通情报、交流思想感情的工具,对于加强各方面的相互了解、联系与合作起着重要作用。古人云:“来而不往非礼也。”中华民族素有“礼仪之邦”的美誉,公关活动离不开礼仪交往,礼仪交往决定了公关文书具有往来性、礼节性、情感性和规范性。只有礼貌、热情、真挚、规范的公关文书,才会感染公关对象,从而达到预期的目的。

第一节　贺词　贺电　贺信

一、概念和作用

贺词、贺电、贺信是表示庆贺的应用文文种,它们是从古代祝词中演变而来的。古代皇帝有庆典、武功等大事,臣下都要上书表示颂扬、祝贺。在现代,当国家有重大的庆典,或某项工程胜利竣工,某项科研项目有了新的重大突破,某单位或某人做出了重大贡献,某单位召开重要会议,某重要人物的寿辰等可喜可庆之时,都可以用贺词、贺电或贺信表示庆贺。当面庆贺称为“贺词”,用信函庆贺的称为“贺信”,相距较远则用“贺电”。贺信、贺电可以直接寄给对方,也可在报刊上登载,或在电台、电视台播报。

贺词、贺电、贺信是融洽关系、增进感情、发展友谊的重要手段和工具,重大庆典的贺电往往对广大群众有很大的激励和教育作用。

二、文体格式

贺词、贺电、贺信在格式上大体是一样的,一般都由标题、称谓、正文和落款四部分组成。

(一)标题

标题写在第一行正中,具体有三种写法:一是只写"贺词""贺信""贺电"字样;二是在"贺词""贺信""贺电"前写明发文单位,如《中共中央 国务院贺电》;三是具体写明致谁的"贺词""贺信""贺电",如《致××报业集团成立两周年的贺信》。

(二)称谓

称谓,即被庆贺的单位或个人的称呼,写于标题下一行的顶格处。如果是单位,应写全称或规范简称;如果是个人,可在姓名之前加"尊敬的""亲爱的"等敬语,在姓名之后加上职务或尊称。称谓之后应加冒号。

(三)正文

另起一行,空两格,开始写"贺词""贺电""贺信"的正文。一般来说,"贺词""贺信"的正文可以稍长些,分两三段来写;而"贺电"的正文则要短一些,一般就是一个自然段。不论篇幅长短,这三个文种的正文内容都要写清楚庆贺的理由。如果是对某工程竣工或某科研项目成功表示庆贺,就要对所取得的成绩给予充分的肯定和热情的赞扬。如果是祝贺重要会议的召开,就应说明会议的内容及其重要性。如果是寿辰贺信,就应精练、概括地说明对方的品德和成就。节日或某些特定活动的贺词往往还要向被祝贺者提出新的要求。正文的结尾部分一般都要写上表示祝愿、希望的话。例如:"预祝大会圆满成功""祝贵公司在研制新产品方面更上一层楼""祝取得更大成绩""祝万事如意,健康长寿"等。

(四)落款

另起一行,在右下方写明庆贺单位的名称或个人姓名,署名下面写年、月、日。

三、写作要求

(一)感情要饱满

写贺词、贺电、贺信都是在喜庆之时,针对的都是喜庆之事,在语言上必须表现出较强烈的感情色彩。只有语言热烈,态度热情,感情充沛,才能和喜庆的气氛相协调。

(二)措辞要妥帖

表示庆贺的内容要实事求是;评价成绩要恰如其分,不要有过分的溢美之词;提出要求、希望要合乎情理;表示决心要切实可行,不要讲千篇一律的套话和空洞的大话。

（三）篇幅要短小

贺词、贺电、贺信等庆贺类公关文书篇幅不宜过长，语言要简练明快，通俗流畅，不能堆砌华丽的辞藻，特别是贺电，更应做到惜墨如金。

（四）发文要及时

不论贺电还是贺信，都要发得及时、迅速。现代通信技术越来越发达，所以最好在接到喜庆消息的“第一时间”将贺电发出。如果是寄贺信，一定要赶在举行庆典之前寄到，因为庆典举行后再寄贺信也就失去了庆贺的意义。

【例文 1】

国家主席习近平发表二〇二三年新年贺词

大家好！2023 年即将到来，我在北京向大家致以美好的新年祝福！

2022 年，我们胜利召开党的二十大，擘画了全面建设社会主义现代化国家、以中国式现代化全面推进中华民族伟大复兴的宏伟蓝图，吹响了奋进新征程的时代号角。

我国继续保持世界第二大经济体的地位，经济稳健发展，全年国内生产总值预计超过 120 万亿元。面对全球粮食危机，我国粮食生产实现“十九连丰”，中国人的饭碗端得更牢了。我们巩固脱贫攻坚成果，全面推进乡村振兴，采取减税降费等系列措施为企业纾难解困，着力解决人民群众急难愁盼问题。

疫情发生以来，我们始终坚持人民至上、生命至上，坚持科学精准防控，因时因势优化调整防控措施，最大限度保护了人民生命安全和身体健康。广大干部群众特别是医务人员、基层工作者不畏艰辛、勇毅坚守。经过艰苦卓绝的努力，我们战胜了前所未有的困难和挑战，每个人都不容易。目前，疫情防控进入新阶段，仍是吃劲的时候，大家都在坚忍不拔努力，曙光就在前头。大家再加把劲，坚持就是胜利，团结就是胜利。

2022 年，江泽民同志离开了我们。我们深切缅怀他的丰功伟绩和崇高风范，珍惜他留下的宝贵精神财富。我们要继承他的遗志，把新时代中国特色社会主义事业不断推向前进。

历史长河波澜壮阔，一代又一代人接续奋斗创造了今天的中国。

今天的中国，是梦想接连实现的中国。北京冬奥会、冬残奥会成功举办，冰雪健儿驰骋赛场，取得了骄人成绩。神舟十三号、十四号、十五号接力腾飞，中国空间站全面建成，我们的“太空之家”遨游苍穹。人民军队迎来 95 岁生日，广大官兵在强军伟业征程上昂扬奋进。第三艘航母“福建号”下水，首架 C919 大飞机正式交付，白鹤滩水电站全面投产……这一切，凝结着无数人的辛勤付出和汗水。点点星火，汇聚成炬，这就是中国力量！

今天的中国，是充满生机活力的中国。各自由贸易试验区、海南自由贸易港蓬勃兴起，沿海地区踊跃创新，中西部地区加快发展，东北振兴蓄势待发，边疆地区兴边富民。中国经济韧性强、潜力大、活力足，长期向好的基本面依然不变。只要笃定信心、稳中求进，就一定能实现我们的既定目标。今年我去了香港，看到香港将由治及兴十分欣慰。坚定不移落实好“一国两制”，香港、澳门必将长期繁荣稳定。

今天的中国，是赓续民族精神的中国。这一年发生的地震、洪水、干旱、山火等自然灾害和一些安全事故，让人揪心，令人难过，但一幕幕舍生取义、守望相助的场景感人至深，英雄的事迹永远铭记在我们心中。每当辞旧迎新，总会念及中华民族千年传承的浩然之气，倍增前行信心。

今天的中国，是紧密联系世界的中国。这一年，我在北京迎接了不少新老朋友，也走出国门讲述中国主张。百年变局加速演进，世界并不太平。我们始终如一珍视和平和发展，始终如一珍惜朋友和伙伴，坚定站在历史正确的一边、站在人类文明进步的一边，努力为人类和平与发展事业贡献中国智慧、中国方案。

党的二十大后我和同事们一起去了延安，重温党中央在延安时期战胜世所罕见困难的光辉岁月，感悟老一辈共产党人的精神力量。我常说，艰难困苦，玉汝于成。中国共产党百年栉风沐雨、披荆斩棘，历程何其艰辛又何其伟大。我们要一往无前、顽强拼搏，让明天的中国更美好。

明天的中国，奋斗创造奇迹。苏轼有句话：“犯其至难而图其至远”，意思是说“向最难之处攻坚，追求最远大的目标”。路虽远，行则将至；事虽难，做则必成。只要有愚公移山的志气、滴水穿石的毅力，脚踏实地，埋头苦干，积跬步以至千里，就一定能够把宏伟目标变为美好现实。

明天的中国，力量源于团结。中国这么大，不同人会有不同诉求，对同一件事也会有不同看法，这很正常，要通过沟通协商凝聚共识。14 亿多中国人心往一处想、劲往一处使，同舟共济、众志成城，就没有干不成的事、迈不过的坎。海峡两岸一家亲。衷心希望两岸同胞相向而行、携手并进，共创中华民族绵长福祉。

明天的中国，希望寄予青年。青年兴则国家兴，中国发展要靠广大青年挺膺担当。年轻充满朝气，青春孕育希望。广大青年要厚植家国情怀、涵养进取品格，以奋斗姿态激扬青春，不负时代，不负华年。

此时此刻，许多人还在辛苦忙碌，大家辛苦了！新年的钟声即将敲响，让我们怀着对未来的美好向往，共同迎接 2023 年的第一缕阳光。

祝愿祖国繁荣昌盛、国泰民安！祝愿世界和平美好、幸福安宁！祝愿大家新年快乐、皆得所愿！

谢谢！

中华人民共和国主席习近平

2022 年 12 月 31 日

【例文2】

中共中央　国务院　中央军委
对北斗三号全球卫星导航系统建成开通的贺电

北斗三号全球卫星导航系统各参研参建单位和全体同志：

北斗三号全球卫星导航系统启动建设以来，各参研参建单位和全体同志始终秉承航天报国、科技强国使命情怀，团结协作、顽强拼搏、勠力创新、攻坚克难，成功克服新冠肺炎疫情影响，提前完成系统建设，建成了我国独立自主、开放兼容的全球卫星导航系统，中共中央、国务院、中央军委向你们表示热烈祝贺和亲切慰问！

北斗三号全球卫星导航系统的建成开通，是我国攀登科技高峰、迈向航天强国的重要里程碑，是我国为全球公共服务基础设施建设作出的重大贡献，是中国特色社会主义进入新时代取得的重大标志性战略成果，凝结着一代代航天人接续奋斗的心血，饱含着中华民族自强不息的本色，对推进我国社会主义现代化建设和推动构建人类命运共同体具有重大而深远的意义。这是我们在习近平新时代中国特色社会主义思想指引下，充分发挥新型举国体制优势、坚定不移走中国特色自主创新道路新征程上夺取的又一伟大胜利，必将激励全党全军全国各族人民进一步增强“四个意识”、坚定“四个自信”、做到“两个维护”，以奋发有为的精神状态、不负韶华的时代担当、实干兴邦的决心意志，奋力开创新时代中国特色社会主义事业新局面。祖国和人民将永远铭记你们的历史功勋！

仰望星空、北斗璀璨，脚踏实地、行稳致远。北斗卫星导航系统已进入全球服务的新阶段，深化北斗系统应用面临广阔前景和全新挑战，建设更加完善的北斗综合定位导航授时体系等后续任务依然艰巨繁重。希望你们紧密团结在以习近平同志为核心的党中央周围，以习近平新时代中国特色社会主义思想为指导，全面贯彻党的十九大和十九届二中、三中、四中全会精神，紧紧围绕统筹推进“五位一体”总体布局和协调推进“四个全面”战略布局，大力弘扬“自主创新、开放融合、万众一心、追求卓越”的新时代北斗精神，不忘初心、牢记使命，不懈探索、砥砺前行，为实现“两个一百年”奋斗目标、实现中华民族伟大复兴的中国梦作出新的更大贡献！

中共中央
国 务 院
中央军委
2020年7月31日

【例文 3】

中国当代文学研究会致莫言的贺信

尊敬的莫言先生：

欣闻先生获得2012年度诺贝尔文学奖的殊荣，我们万分惊喜，至为辛欣，谨向先生表示最热烈的祝贺！致以最诚挚的敬意！

你从1981年步入文学创作以来，立足本土文化锐意创新，勇于"拿来"兼收并蓄，从而为当代文坛奉献出《透明的红萝卜》《红高粱家族》等优秀的中篇小说，《丰乳肥臀》《檀香刑》《生死疲劳》《蛙》等杰出的长篇小说，并形成自己在小说艺术上鲜明的个性化与突出的原创性，以及率性与野性相呼应，雄气与豪气相激荡，瑰丽与诡异相辉映的独特风格。你的小说创作，一直葆有深邃的人性深度与持续的反思精神，总在历史与个人的互动关系中，探悉各色人等的命运走向。无论是写人还是记事，述史还是写实，都力求写出一定地域的底蕴，一定社会的属性，一定时代的烙印；传奇性的故事，往往卓具浓郁的民间性，独特的人物，常常富于鲜明的民族性。这些追求，使得你的笔下的一切，都是人之情性与民族精神相贯通的个人化呈现与艺术化象征。你当之无愧地属于当代中国作家一流群体中最为杰出的一位。荣获诺贝尔文学奖，是对你的出色创作成果的高度肯定，也是对你经年以来辛勤耕耘的最好回报！

你荣获诺贝尔文学奖，为你本人赢得了崇高的荣誉，给中国作家以莫大的激励，对于整个当代文学从业者增强文学自信心，提升文化自觉性，乃至加深认识文学在社会文化和精神文明建设中的重要意义，都会有很大的促进作用，也使当代文学批评与当代文学学科进而获益和从中受惠。我们深深地感谢你，更会高度珍重你为当代文学赢来的这一切！

衷心地祝愿您在新的文学道路上，为中国和世界文学奉献出更多更好的作品，为中国当代文学的繁荣与发展继续增光添彩。

中国当代文学研究会

2012年10月18日

思考与练习

1. 简述贺词、贺电、贺信三个文种的共同点与不同点。
2. 简述贺词、贺电、贺信的写作格式。
3. 贺词、贺电、贺信的写作要求有哪些？

4.20××年4月6日，××大学建校100周年。请根据以下内容，并按照贺信的格式，为领导拟写一封贺信。

(1) ××大学是一所具有光荣传统的大学。

(2) 我国已开启全面建设社会主义现代化国家新征程。

(3) 值此××大学建校100周年之际，我向全体师生员工和海内外校友，致以热烈的祝贺和诚挚的问候！

(4) 希望××大学全面贯彻党的教育方针，切实落实立德树人根本任务，为党育人、为国育才，与时俱进建设世界一流大学，全面提升服务区域发展和国家战略能力。

(5) 100年来，学校秉持爱国华侨领袖陈嘉庚先生的立校志向，形成了“爱国、革命、自强、科学”的优良校风，打造了鲜明的办学特色，培养了大批优秀人才，为国家富强、人民幸福和中华文化海外传播作出了积极贡献。

(6)为增强中华民族凝聚力和向心力，为全面建设社会主义现代化国家、实现中华民族伟大复兴的中国梦做出新的更大贡献。

第二节 欢迎词 欢送词 祝酒词 答谢词

一、概念和作用

欢迎词，是指在迎接宾客的仪式上或会议开始之时，主人对来宾或与会代表的到来表示热烈欢迎的讲话稿。

欢送词与欢迎词相对，是指在送别宾客的仪式上或会议结束之时，主人对宾客或与会代表的离去表示热情欢送的讲话稿。

祝酒词是在宴会上主人发表意见，并对宾客表示美好祝愿和祝酒的讲话稿。

答谢词是指宾客在宴会上或会议结束时，对主人的热情接待表示感谢的讲话稿。

欢迎词、欢送词、祝酒词和答谢词等交往类公关文书在国际交往以及政府机关、企业实体之间的公共礼仪交往中是经常要用到的。它的主要作用在于营造和谐的气氛，交流主客之间的感情，以达到相互尊重、友好相处、真诚相待的目的。

二、文体格式

从格式上看，欢迎词、欢送词、祝酒词、答谢词一般都是由标题、称谓、正文和结束语组成。

(一)标题

标题位于第一行正中，有两种表达方式：一是简式，只写“欢迎词”“欢送词”“祝酒

词”“答谢词”字样。二是繁式,要写致词人的职务、姓名、致辞场合和文种等内容,例如:“北京市市长刘淇在第21届世界大学生运动会上的欢迎词”。标题在致辞时不必念出。

(二)称谓

称谓写于标题下一行的顶格处,根据不同的对象运用不同的称呼。有时写宾客个人的姓名、职务或职称,如“×××总统先生”“×××博士”“×××董事长”等;有时写泛称,如“女士们、先生们”、“各位领导、各位来宾”或“各位女士、各位先生、各位来宾、同志们、朋友们”;有时还在前面加修饰词,如“尊敬的”“亲爱的”等。称谓之后应加冒号。

(三)正文

正文开头主要写致辞人以什么身份,代表谁,对谁表示欢迎、欢送或感谢之类的话语,写明缘由,以表达致词人的感情。

接下来的主体部分是致辞的中心内容,根据文种的不同有不同的重点。欢迎词、祝酒词可简单回顾双方在合作和友好往来中结下的珍贵友谊,或表达对本次活动的希望与期盼。欢送词、答谢词可重点写合作中取得的重大成绩,或论及此次活动的意义与作用,表达依依惜别的感情,或表达对主人热情招待的感激之情。

(四)结束语

结束语另起一行,主要写表示祝愿或感谢的话。文种不同,祝愿的内容也有所不同。欢迎词常写“预祝会议圆满成功”“祝各位身体健康”等;欢送词常写“祝各位万事如意”“祝各位一路平安”等;祝酒词常写“最后,我提议为我们的友谊,为各位的身体健康,干杯”等;答谢词常写“最后,请允许我再说一声,谢谢你们”等亲切的话语。

另外,如果标题下未标明讲话日期,可在全文的右下方注明,但在致辞的时候一般不将日期读出。

三、写作要求

(一)要有真情实感

欢迎词、欢送词、祝酒词、答谢词都属于交往类的公关文书,这类文书往往要当众宣读。为了营造一种情感交流的和谐氛围,致辞必须要有真情实感,以情动人,切忌虚情假意、空言泛谈,以免给人毫无诚意之感。

(二)要彬彬有礼

公关,以礼相待是最基本的态度。致辞中要充分体现礼貌待人、相互尊重的诚意。称谓使用敬辞,人名使用全称,多用礼貌用语。切忌语言粗俗,态度生硬。

(三)要委婉陈词

在致辞中常常遇到有原则分歧的问题,这时既要坚持原则,又不要伤害友人,可就有分歧的问题运用合适的词语委婉表态,表达相互尊重的良好愿望。一般不要讲

对方忌讳的内容，以免引起不快。

(四)要简练明快

欢迎词、欢送词、祝酒词、答谢词内容单一，目的明确，语言要简练、明快，切忌长篇大论，语言拖沓。

【例文1】

××开标大会欢迎词

各位领导、各位投标单位代表、各新闻单位、各位朋友：

你们好！

凯歌高奏送祥龙，豪情满怀迎金蛇。在这辞旧迎新之际，请允许我代表××公司全体员工，对前来参加我公司开标大会的来自全国各地的厂商代表和新闻界的同志们，以及长期以来关心和支持我们的各位朋友，表示热烈的欢迎和诚挚的问候。

××公司始建于1988年，现有职工3 100余名，拥有资产15亿多元，年生产××能力50万箱，年生产计划40万箱，年销售收入达15亿元，利税5.2亿元。××××年被国家经贸委认定为国家大型二级企业，是全国××行业经济效益先进单位，××省纳税大户第五名，连续三届被评为××省“双文明先进单位”，经济实力位居××市工业百强企业第一名。

我公司坚持“心系消费者，追求零缺陷”的质量宗旨，产品多次获得国内外大奖，销售网络覆盖全国20多个省市300多个地县。这些成绩的取得，得益于××市委、市政府的正确领导，得益于在座各位朋友的大力支持和关心。没有你们提供的优质辅料，我们产品的高质量就会成为无源之水，无本之木。我们这次引进竞争机制，进行公开招标就是要继续提高产品质量，以保持企业的竞争优势。

这次我公司在全国范围招标采购，是在××大学教授×××的策划下，在公证员监督下进行的，对新老客户一视同仁，真正做到公开、公平、公正。

生产厂家与供应商是我们永远的朋友，唇齿相依，共荣共利，我们的成功就是你们的成功，你们的成功将激发我们不断前进。

在此，我还要感谢××商务有限公司，以及全国各大新闻媒体对此次招标工作的支持和帮助。

祝大家新年愉快，阖家欢乐！

谢谢大家！

××省××总公司

××××年12月26日

【例文2】

欢送词

尊敬的女士们、先生们：

首先，我代表×××，对你们访问的圆满成功表示热烈的祝贺。

明天，你们就要离开北京了，在即将分别的时刻，我们的心情依依不舍。大家相处的时间是短暂的，但我们之间的友好情谊是长久的。我国有句古语："来日方长，后会有期。"我们欢迎各位女士、先生在方便的时间再次来北京做客，相信我们的友好合作会日益加强。

祝大家一路顺风，万事如意！

×××

××××年×月×日

【例文3】

周恩来总理在欢迎美国总统尼克松的宴会上的祝酒词

总统先生、尼克松夫人：

女士们、先生们、朋友们：

首先，我高兴地代表毛泽东主席和中国政府向尼克松总统和夫人，以及其他的美国客人们表示欢迎。

同时，我也想利用这个机会代表中国人民向远在太平洋彼岸的美国人民致以亲切的问候。

尼克松总统应中国政府的邀请，前来我国访问，使两国领导人有机会直接会晤，谋求两国关系正常化，并对共同关心的问题交换意见，这是符合中美两国人民愿望的积极行动，这在中美两国关系史上是一个创举。

美国人民是伟大的人民，中国人民是伟大的人民。我们两国人民一向是友好的。由于大家都知道的原因，两国人民的来往中断了二十多年。现在，经过中美双方的共同努力，友好来往的大门终于打开了。目前，促使两国关系正常化，争取和缓紧张局势，已成为中美两国人民强烈的愿望。人民，只有人民，才是创造世界历史的动力。我们相信，我们两国人民这种共同愿望，总有一天是要实现的。

中美两国的社会制度根本不同，在中美两国政府之间存在着巨大的分歧。但是，这种分歧不应当妨碍中美两国在互相尊重主权和领土完整、互不侵犯、互不干涉内政、平等互利和和平共处五项原则的基础上建立正常的国家关系，更不应该导致战争。中国政府早在1955年就公开声明，中国人民不想同美国打仗，中国政府愿意

坐下来同美国政府谈判，这是我们一贯奉行的方针。我们注意到尼克松总统在来华前的讲话中也说到，"我们必须做到的事情是寻找某种办法使我们可以有分歧而又不成为战争中的敌人"。我们希望，通过双方坦率地交换意见，弄清楚彼此之间的分歧，努力寻找共同点，使我们两国的关系能够有一个新的开始。

最后我提议：

为尼克松总统和夫人的健康，

为其他美国客人们的健康，

为在座的所有朋友和同志们的健康，

为中美两国之间的友谊

干杯！

（1972 年 2 月 21 日）

【例文 4】

莫言在瑞典诺贝尔颁奖典礼晚宴上的答谢词

尊敬的国王、王后和王室成员，女士们、先生们：

我的讲稿忘在旅馆了，但是我记在脑子里了。

我获奖以来发生了很多有趣的事情，由此也可以见证到，诺贝尔奖确实是一个影响巨大的奖项，它在全世界的地位无法动摇。我是一个来自中国山东高密东北乡的一个农民的儿子，能在这样一个殿堂中领取这样一个巨大的奖项，很像一个童话，但它毫无疑问是一个事实。

我想借这个机会，向诺奖基金会，向支持了诺贝尔奖的瑞典人民，表示崇高的敬意。要向瑞典皇家学院坚守自己信念的院士表示崇高的敬意和真挚的感谢。

我还要感谢那些把我的作品翻译成了世界很多语言的翻译家们。没有他们的创造性的劳动，文学只是各种语言的文学。正是因为有了他们的劳动，文学才可以变为世界的文学。

当然，我还要感谢我的亲人，我的朋友们。他们的友谊，他们的智慧，都在我的作品里闪耀光芒。

文学和科学相比较，的确是没有什么用处。但是，文学的最大的用处，也许就是它没有用处。

谢谢大家！

（北京时间：2012 年 12 月 11 日）

思考与练习

1. 欢迎词、欢送词、祝酒词、答谢词这四个文种各是在什么场合下使用的？

2. 欢迎词、欢送词、祝酒词、答谢词这四个文种在“称谓”方面有些什么特殊要求？

3. 祝酒词的常用结尾语有哪些？请举例说明。

4. 在新学期开始的时候，又一批新同学来到了校园，老师请你代表老同学在迎新生联欢晚会上发言。根据这个事由，拟写一份欢迎词。

5.《周恩来总理在欢迎美国总统尼克松的宴会上的祝酒词》是一篇措辞严谨的经典的祝酒词，试分析其语言特色。

第三节　请柬　聘书

一、请柬

(一)概念和作用

请柬，又称请帖、邀请书，它是为邀请有关人士参加某项活动而发出的信件。在公关活动越来越被人们重视的今天，请柬的使用率也越来越高。例如，召开业务洽谈会、订货会、经验交流会、庆祝会、纪念会、学术研讨会、茶话会、招待会、宴会或开业庆典、结婚典礼等重要会议或活动，都可以发出请柬。请柬的发送一方面表示对被邀请者的尊敬，另一方面也表明邀请者对此事的重视。此外，请柬还是入场的凭证。正因为请柬是请客用的，它表达了一种礼仪，所以即使宾客近在咫尺，也须递送请柬，而不能以当面的口头通知或电话通知代替书面请柬。

(二)文体格式

请柬的一般由标题、称谓、正文、结尾语、落款五部分构成。

1. 标题。标题写“请柬”或“邀请书”字样，字体稍大，写于正文正上方。如果使用封面，可设计图案装饰，居中写“请柬”二字，常用隶书字体。

2. 称谓。抬头顶格写被邀请者(个人或单位)的姓名或名称。在个人姓名后面应加上“先生”“女士”“同志”“老师”“教授”“主任”“处长”“经理”等相应的称呼，以示尊重。称谓后面要标冒号。

3. 正文。请柬的正文要写明邀请的目的，即交代清楚被邀请人参加的活动或者会议的名称，并具体明确地告知活动或会议举行的时间、地点和注意事项。如果地点较偏，还应说明乘车路线。必要时，还应请对方确认能否应邀。

4. 结尾语。另起一行，写结尾语。结尾语多用敬语，如“恭请光临”“敬请惠顾”

“敬请莅临指导”“敬请届时光临指导”“请届时出席”等;或写“致以 敬礼”“顺致 崇高的敬意”“此致 敬礼”等。要注意“此致 敬礼”的位置,应空两格写“此致”,然后,另起一行顶格写“敬礼”,“敬礼”后叹号可加可不加。另外,要根据不同的受请对象写不同的结尾语。

5. 落款。在结尾语的右下方署名,注明发出请柬的单位名称,通常要加盖公章。私人请柬不需盖章。署名下方注明发柬的年、月、日。

(三)写作要求

1. 言简意赅。请柬的内容比较简单,语言要简洁、明确,不能使用模糊语言,如宴请时间、地点都应详细注明。

2. 注重礼节。写请柬要十分注意礼貌问题,语言要庄重、文雅,措辞要谦恭、客气,富于热情和敬意,使对方能愉悦地接受邀请。

3. 讲究装帧。为了表明对客人的尊重,请柬的制作必须注重形式的美观、大方,无论是版面制作还是文字书写,都要讲究艺术性。一般来说,越是隆重的庆典、会议,请柬的装帧越讲究。现在,在文具商店里都有制作精美的空白请柬出售。有开合式的,也有正反式的和单面式的;有一般字体的,也有烫金字的。发请柬者可根据不同情况选择不同规格、不同版面的请柬,填写上具体的内容就可以了。

【例文 1】

请 柬

×××先生:

敝公司定于 4 月 6 日上午 9 时在蓝天商场一楼举行夏季服装展销会开幕式,敬请光临指导。

××公司(印章)

20××年 4 月 1 日

【例文 2】

请 柬

兹定于 20××年 7 月 20 日上午 9 点在我校大礼堂举行建校 30 年庆典,敬请×××先生光临。

此致

××大学(印章)

20××年 7 月 10 日

【例文3】

纪念陈毅元帅100周年诞辰大型诗歌音乐会
请 柬

兹定于8月25日和26日晚7:30在中国剧院举办"纪念陈毅元帅100周年诞辰大型诗歌音乐会"。

敬请光临

北京市文化局
北京新四军研究会
北京市演出公司
(印章)
××××年×月×日

二、聘书

(一)概念和作用

聘书,又称聘请书,它是聘请有关人员担任某种职务或从事某项工作的凭证文书。一个部门或单位由于工作的需要,请外单位或本单位的人才担任某项职务或承担某项工作时,都可以使用聘书。随着经济体制和劳动制度改革的不断深入,相当多的单位在用人制度上采取聘任制,聘书也成为使用频率较高的应用文之一。聘书的作用主要体现在以下几个方面:

1. 促进人才交流,加强单位间的协作。聘书作为聘请人才的文书,起着加强相互协作、促进人才交流的作用。社会是一个大系统,为了使人力资源得到合理的配置,各单位的人才应该优势互补。利用聘书聘请外单位人才承担本单位的工作,既可以加强供需双方的联系,也在一定程度上促进了人才的流动。

2. 增强应聘者的责任感。聘书是招聘单位颁发给应聘者的证书,在一定程度上说明应聘者具有某项才能。发给聘书,表示聘任单位的郑重和诚信,标志着对应聘者的信任和尊重。因此,聘书能够给应聘者带来一定的荣誉感;同时,也能加强应聘者的责任感,调动其工作的积极性,激励其更好地发挥聪明才智。

3. 约束聘任的双方。正规的聘书一般要对所聘请人才的权利、义务、期限、待遇做出较详细的规定,被聘请者一旦接受了聘书,聘书就成为双方的聘用合同,对双方都有约束力。应聘者必须按照聘书所规定的要求完成任务,而招聘者也要按照聘书的规定付给应聘者相应的报酬。

(二)书写格式

聘书一般由标题、称呼、正文、结语、落款五部分组成。

1. 标题。聘书的标题写“聘请书”或“聘书”，一般写在聘书的上方居中位置。如果有封面的话，也可将标题写在聘书封面的突出位置。

2. 称呼。被聘请者的姓名、称呼可以写在第一行的顶格处，也可以写在正文中，套在“兹聘请×××（单位名称）×××（个人姓名）先生为本公司×××（职务名称）”的句式中。

3. 正文。聘书的正文可繁可简。简单的一般只写被聘者任何种职务及其任职期限。繁复的可包括被聘者任何种职务、做何种工作、任职期限、工作报酬、对聘请者的希望和要求等具体事宜。现在，不少聘书相当于“聘请合同”，它要规定双方的权利与义务，由于内容较多，常常分条列项，一一加以说明。

4. 结语。聘书的结语常写“此聘”二字。正文结束后，另起一行，空两格，写“此聘”二字，后边不加标点。

5. 落款。落款部分包括署名、日期和公章。署名写在结语下一行偏右处，要写清聘请单位的全称或规范化简称；在署名的下面写聘请年、月、日；在署名和日期上面加盖公章。聘书一般是以单位名义发出的，只有加盖公章才有效。

聘书如有附件，一般放在最后，并注明附件的名称和数量。

（三）写作要求

1. 表述要清楚、简明。聘请谁，为什么聘请，应聘者任何职务，做何工作，待遇如何及报酬，聘任的起止时间等内容，在聘书中都要交代清楚。不然，被聘者将无法应聘，即使接受了聘书，也只能是盲目应聘，影响工作的质量。

2. 形式要庄重、大方。发聘书是表示对应聘者的敬重，因此，从形式到行文都要庄重、礼貌。聘书正文内容较少的，可在文具商店选购制作精美的空白聘书，填上具体内容就可以了。如果聘书正文的内容较多，就需要发聘书的单位自行设计、定作聘书了。设计聘书的原则是庄重大方、美观实用。

3. 书写要工整、得体。书写聘书应使用毛笔或钢笔，用工整的小楷书写。现在，用电脑、打印机制作聘书也是很常见的，聘书打印出来后必须加盖公章。

【例文 1】

聘请书

为维护本公司的合法权益，特聘请××律师事务所律师××、×××担任我公司的法律顾问。本公司一切对外法律事务均委托法律顾问办理。公司每月付给××和×××酬金每人××××元。因工作需要的差旅费、出差补贴由公司报销。聘期自 20××年 2 月至 20××年 2 月，暂为两年。

此聘

××公司（印章）

20××年 1 月 15 日

【例文2】

聘　书

兹聘请×××老师任北京工商大学商学院市场营销专业教授职务,任期3年,自20××年9月1日起至20××年8月31日止。

此聘

商学院院长×××(印章)

20××年8月25日

思考与练习

1. 请柬和聘书有何区别?

2. 简述聘书的内容和作用。

3. ××大学得到爱国侨胞×××先生巨资相助及××银行薄利贷款兴建光华图书馆。图书馆于10月8日落成,定于是日上午9时在该馆会议厅举行盛大庆典。请根据这一事由,按照请柬的书写格式,以该校校长的名义拟写一份请柬,邀请有关人士出席。

4. ××服装公司为中小企业,技术力量薄弱,产品陈旧单调。为尽快增加花色品种,提高设计水平,拟聘请著名服装设计师××为该公司总设计师。聘期暂定为3年,月薪×万元。请根据此事由,按照聘书的书写格式拟写一份聘书。

第四节　介绍信　证明信　推荐信　自荐信

一、介绍信

(一)概念与作用

介绍信是国家行政机关、企事业单位或社会团体为了本单位人员外出联系工作、了解情况、参观学习、出席会议等事宜而开具的一种专用信函。单位介绍信具有介绍和证明的双重作用,它是单位之间洽谈事宜、联系工作、交流人才、开展活动的重要凭证和纽带。

(二)书写格式

介绍信的书写有两种形式:一是在单位信笺上书写,一是在印有存根的、有固定格式的介绍信专用纸上书写。

1. 在单位信笺上书写。介绍书一般应包括标题、称呼、正文、结尾语、落款、有效期限六部分。

(1)标题。在第一行居中用较大字体写上"介绍信"三个字。

(2)称呼。顶格写收信单位名称或收信人姓名,如果为领导,应写明其职务。称呼后加冒号。

(3)正文。另起一行空两格写介绍信的内容。首先,写被介绍者的姓名、身份、随行人数。如果涉及党、团事务类的内容,还应写清楚被介绍者的政治面貌。接着写要接洽的具体事项和对收信者的请求。常用的请求语有"请接洽""请予接洽""请予接洽为荷"等。

(4)结尾语。另起一行空两格写"此致",再另起一行顶格写"敬礼"。

(5)落款。在结尾下一行的偏右方写上单位的名称或个人姓名,单位介绍信要加盖公章。在署名的下一行写年、月、日。

(6)有效期限。介绍信的有效期限写在落款的左下方,用圆括号注明有效期限。根据情况,有时这一部分也可省略。

2. 在介绍信专用纸上书写。印刷成册的介绍信专用纸一般由"存根""间缝""本文"三个部分组成。

(1)存根。存根部分由标题、字号、正文、日期四部分构成。标题居中写"介绍信",后用圆括号注明"存根"字样。标题下写字号(即"××介字第×号")。正文留出空格供填写,主要填谁等几人前往某单位联系某事宜。正文右下方填日期。存根不必署名,因为它是仅供本单位必要时查考用的。

(2)间缝。存根与介绍信本文之间有一条虚线,这条虚线上印有"××介字第×号"字样,依照存根部分的有关内容填写。但号码要用大写,如"壹佰陆拾捌号",字要大些,便于裁开后各留一半字迹。在虚线正中要加盖公章。

(3)本文。本文部分由标题、字号、称呼、正文、结尾语和落款六部分构成。第一行居中写标题"介绍信",下面写字号。字号要与存根相同。第三行顶格写称呼,即联系单位或个人姓名,后边加冒号。正文部分填空的内容要与存根部分相同。结尾语用"此致　敬礼"。落款部分写开介绍信的单位或个人的名称,署名下面写日期,单位介绍信一定要加盖公章。

(三)写作要求

1. 要填写持介绍信者的真实姓名、身份,不得冒名顶替。

2. 接洽和联系事项要写得简明扼要,办什么事就写什么事,与此无关的不写。

3. 要经领导过目或在存根上签字,以示慎重负责。

4. 重要的介绍信要留有存根或底稿,以备查考。存根或底稿的内容要和正文完全一致,并由开具介绍信的人认真核对。

5. 书写工整,不得涂改。如果有涂改,涂改处必须加盖公章;否则,对方可以不予接待。

【例文】

介绍信(存根)

××介字第×号

兹介绍__________等____________位同志前往______________________联系______________________事宜。

××××年×月×日

……………………………………介字第　　号……………………………………

介绍信

________:

兹介绍____________________等________________位同志前往你处联系______________________事宜。请接洽。

此致

敬礼

×××××(印章)

××××年×月×日

(有效期:　　天)

二、证明信

(一)概念和作用

证明信是国家行政机关、企事业单位、社会团体或个人出具的,用来证明某人的身份、经历或证明某一事情的真相的专用书信。证明信和介绍信一样,都是从本单位的角度来证明本单位的人和与之有关的事,但介绍信主要是介绍情况,是派人到有关单位商洽工作时所使用的函件,而证明信的作用主要是证明情况,往往是应有关单位的要求出具的函件。常见的证明信有身份证明信、学历证明信、结婚证明信、政治表现证明信和事实真相证明信等。证明信具有凭证作用,在诉讼活动中,可作为证据在法庭上出示。

(二)书写格式

证明信可以由组织出具,也可以由个人出具。证明信一般都要有标题、称呼、正文、结尾语和落款五部分。

1. 标题。在第一行居中以较大字体写“证明信”三个字。

2. 称呼。顶格写收信单位的名称。名称后加冒号。

3. 正文。另起一行,空两格写正文。如果证明的是某个人的历史问题,就要写清人名、时间、地点及所经历的事情;如果证明的是一件事,就要写清参与者的姓名、身份及其在此事件中的地位、作用和事件本身的前因后果。

4. 结尾语。可接着正文或另起一行空两格写上“特此证明”四个字。

5. 落款。在末行右下方写上出具证明的单位名称或证明人姓名,下方写日期,单位出具的证明信要加盖公章。

以个人名义出具的证明信,证明人对所证明的内容要完全负责,除个人签名外,还需由证明人所在单位签署意见并加盖公章,以增强证明信的可靠性和严肃性。

(三)写作要求

1. 要认真负责,实事求是,坚持原则,实话实说,绝不能做虚假证明。

2. 语言要准确,语气要肯定,对所证明的人和事都要写得清清楚楚,要经得起核实。写好后不要涂改。如果确需修改,应在修改完后另抄写一份,力求清楚、整洁。

3. 证明信应留底稿,以备查考。

【例文1】

证明信

××××公司:

×××同志于20××年9月至20××年7月在我单位预算处工作。该同志政治上积极要求进步,爱岗敬业,工作认真负责,业务能力较强,20××年被评为我单位优秀干部。

特此证明。

××建筑公司(印章)

××××年9月1日

【例文2】

证明信

北京市工商银行阜成路储蓄所:

×××同学,女,19岁,是我院20××级学生。该生银行存折丢失,申请挂失,请按有关规定办理。

特此证明。

北京工商大学传播与艺术学院(印章)

××××年10月10日

三、推荐信

(一)概念和作用

推荐信(或称推荐书)是向有关单位或个人推荐人才的专用书信。随着市场经济的发展和人才市场的开放,就业竞争日趋激烈。在这种自由竞争中,人才也同商品一样,需要推销、竞争。推荐信就是解决人才需求问题的一个途径。用人单位可以通过推荐信找到本单位所需的适用人才,竞聘者也可以通过推荐信找到较为理想的单位。供需双方通过推荐信达到相互了解、双向选择的目的。

(二)书写格式

推荐信一般由标题、称谓、正文、结尾语、落款五部分组成。

1. 标题。在首页上方居中的位置标明文种“推荐信”或“推荐书”。

2. 称谓。在标题下一行顶格书写用人单位的名称(须写全称或规范简称),如果写给单位领导,则应根据收信人的身份、地位给予恰当的称谓,在其姓名后加上职务或尊称。

3. 正文。正文主要由推荐理由和推荐语两部分构成。推荐理由着重介绍被推荐者的基本情况,包括知识结构、业务能力、实践经历、工作成绩和基本素质等内容。这是推荐信的核心部分。为了使用人单位对被推荐者有具体的印象,要避免空泛的介绍。例文“推荐信”的介绍就比较具体、实在,能给用人单位留下较好的印象。推荐理由写完后,写推荐语。例如:“为此,本人乐于推荐他/她到贵公司工作”;“该同志符合贵公司所提要求,特此推荐”;“特推荐该同学到贵公司工作,如蒙聘用,不胜感激”等语。

4. 结尾语。结尾语常用的是“此致 敬礼”。如果是熟人之间写推荐信,结尾语可灵活些,如写“顺致 安康”“祝工作顺利”“顺致 商安”“致 好”等语。

5. 落款。落款包括署名和日期。如果是单位推荐信,还需在署名和日期上加盖公章。

(三)写作要求

1. 写推荐信要本着对本人负责、对用人单位负责的精神,实事求是地把被推荐人的基本情况以及之所以要推荐的理由写清楚,肯定优点,指出特长,但不要夸大其词,要以客观公正的态度向对方提供真实的情况。

2. 如果是以个人名义写推荐信,按照国际惯例,要在信的开头部分简要地介绍一下自己的身份,说明自己与被推荐人的关系。一般而言,推荐人的社会地位越高,推荐信的分量就越重。

3. 单位向单位写推荐信,要由主管人签名;底稿留存,以备查考。

【例文】

推荐信

××学院负责同志：

欣闻贵院新闻传播系招聘教师，现推荐我系20××届博士毕业生×××同学前往应聘。×××同学20××年9月考入我系，攻读新闻专业、新闻理论硕士学位。该生政治上积极要求进步，坚决拥护党的方针、政策，组织性、纪律性较强，团结同学，尊敬师长，有良好的政治素质，曾担任校研究生会文体部部长，工作作风踏实，有很强的社会活动能力和组织能力。该生学习刻苦，成绩优良，系统地学习了新闻专业知识，广泛地阅读了法律、经济、社会学等方面的书籍，对建设有中国特色的大众传播学理论有较为深入的研究，具有扎实的理论基础和较强的口头表达能力及写作能力，20××年荣获"光华"奖学金。该同学身体健康，曾作为系篮球队主力队员两次参加校篮球比赛，为系里争得了荣誉。特此推荐。

此致

敬礼

××大学新闻传播系（印章）

20××年×月×日

四、自荐信

（一）概念和作用

自荐信，是指自荐人向用人单位介绍自己的情况以谋求某一职务或岗位的书信，又称自我推销书，它是在灵活的用人机制下，为适应就业竞争需要而出现的应用文体。自荐信能充分表达个人意愿，向用人单位展示自己的才能和特长；用人单位可以通过自荐信了解情况，决定是否给求职者面试的机会，进而决定是否录用。自荐信是求职者在求职的道路上迈出的第一步，同时也是非常关键的一步；它是竞聘者找到理想工作、实现人生价值的桥梁，也是人才市场解决人才需求问题的手段；它是自荐人求职不可缺少的书面文字材料，也是用人单位对其进行考核并做出是否录用的重要依据。

（二）书写格式

自荐信一般由标题、称谓、正文、结尾语、落款、附录六部分组成。

1. 标题。标题可直接标明文种"自荐信"、"自荐书"或"求职书"，位置居中。

2. 称谓。在标题下一行顶格书写用人单位的名称（须用全称或规范简称），如果是写给单位领导，则应根据收信人的身份、地位给予恰当的称谓，在其姓名后加上职务或尊称。

3. 正文。另起一行空两格写,主要内容有:

(1)自荐的缘由,提出竞聘要求。开门见山,首先说明自荐的缘起,即为什么要向该用人单位自荐,是通过何种途径获得该用人单位的招聘信息的。然后,根据用人单位所需和自己所长,提出所要应聘的具体岗位名称和职务,注意不可同时要求多种不相干的职务。这部分内容用语要精要,一语中的,力戒烦冗。例如:"从《信报》上获悉贵单位对天达综合批发市场进行了全面的装修改造,将于 8 月 8 日正式开业,急需有经验、懂市场的管理人员,特来信自荐(求职)。"这样写,既增强了自荐的针对性和目的性,又能体现出自荐人对用人单位的尊重。

(2)自荐人的基本条件,包括姓名、性别、年龄、籍贯、政治面貌、文化程度、职业等要素,要如实写清楚。特别要着重介绍自己的知识结构、业务能力、实践经历、工作成绩、基本素质、兴趣爱好等内容。这一部分是决定求职成败的关键。因此,自荐信要写得既充分又具体。对于所学课程,可以列上几门最主要、有特色的专业课,一些公共课、基础课不必写上。对大学生来说,实践经历包括勤工俭学、课外活动、义务工作、参加各种各样的团体组织、实习经历和实习单位的评价等。这部分内容要写得详细些,写明你在社团中、在活动中做了哪些工作,取得了什么样的成绩。用人单位要通过求职者的这些经历考查其团队精神、组织协调能力等。兴趣爱好可以列上两三项,用人单位可就此观察求职者的工作、生活态度。

在写法上,这部分常是采用"简历"式的写法,将自己在不同时期的工作或学习情况特别是所取得过的成绩反映出来,要注意对自身所具有的才能和专长的展示,即要揭示出才能、专长与所取得成绩之间的因果关系,使之水乳交融地结合起来。通过展示,能够充分反映自荐人胜任某项工作的能力,从而令用人单位信服。如本节例文《自荐信》,作者将自身所具有的才能和专长,以及所取得的主要成绩等做了恰如其分的反映,既有概括表达,又突出了新闻学的重点,针对性较强,基本适应用人单位的需要。

(3)被聘后的打算。这一部分要用简明扼要的语言写明被录用以后应当如何去做。竞聘者应对自己所求职位有一定的了解,并可假设已被聘任,对应聘岗位提出自己的设想、目标及实现的具体措施。目标要客观,有可行性;措施要具体可行,有可操作性。

(4)请求语。请求语用来表明期盼用人单位予以回复的愿望。例如,"我恳切希望能到贵公司发挥所长,请给予我一个机会,热诚地期待您的回复";"倾我所学,为您所用,请给予一个机会";"如能如愿,我当加倍工作,积极进取,为××事业做出新贡献。请贵单位领导予以研究并尽快做出答复"。

4. 结尾语。另起一行空两格写"此致",再转行顶格写"敬礼"。

5. 落款。在结尾语下一行偏右处写上姓名,姓名下面写年、月、日。

6. 附录。一般来说,自荐信后常附有个人履历表、学历证书复印件、奖励证书复

印件、各课成绩表、发表的文章或论文目录等，这是用人单位考察竞聘者的重要依据。此外，还要注明自荐人的通信地址、邮编和电话号码等信息，以便于联系。

(三)写作要求

1. 要实事求是。撰写自荐信，对自荐人的基本情况特别是对其专业特长和主要成绩等的叙写，必须从实际出发，实事求是，有一说一，有二说二，绝不能随意夸大或缩小，也要避免含糊其辞的表述，更不允许凭空编造，无中生有。那种为达到个人目的而弄虚作假的做法，一经查实，将会造成难以挽回的后果，使自荐的目的落空。因此，真诚率直是赢得用人单位好感和信任的支柱。

2. 要突出重点。所谓重点，一般是指能够充分反映自荐人工作能力和工作水平的材料，能够适合用人单位所需要的材料。要着力叙写自荐人表现突出、不同凡响之处，以便用人单位品评，并据以做出抉择。自荐信的目的是让用人单位相信自己的才干能胜任所求职位。因此，要针对所求职位的要求，重点展示自己适合此职位的才干和资格，突出自己的专长和特殊技能，切忌平均用墨，主次不分，盲目罗列优点，展现多方面才能。实践证明，自荐信写得面面俱到，主次不分，篇幅冗长，其结果往往是弄巧成拙，事与愿违，导致求职的失败。

3. 要恰切适度。自荐信是让用人单位了解自己的一种途径，在阐明自己竞聘的有利条件时，既不能曲意逢迎，故作谦虚，也不可自吹自擂，骄傲自大；既要有效地介绍自己，又不致给人以“王婆卖瓜”之嫌。这里有一个尺度的把握问题，要求自荐人费一番心思，仔细揣摩取舍。有的人在自荐信中特别注明自己某项能力不强，这就是过分谦虚了，实际上不写这些并不代表说假话。有的人在自荐信上写道：“我刚刚走入社会，没有工作经验，愿意从事公司任何基层工作。”这也是过分谦虚的表现，会让招聘者认为你什么职位都适合，其实也就是什么职位都不适合。过于自谦不好，过于自誉也让人生厌。要善于将自己的能力和专长通过具体的事实表现出来，而不能囿于单纯的自我评价。在这里，真诚的态度是最重要的。此外，语言上还要注意朴实自然，不要过于华丽。“我希望这样一个人生，它在经历了无数场风雨后成为一道最壮丽的彩虹……请用您的目光告诉我海的方向……”这份自荐信的语言就过于华丽，形容词、修饰语太多，这样的自荐信一般不会打动招聘者。总之，要讲究语言艺术，建议多用动宾结构的句子，既要生动鲜明，又要使人感到诚实可信，分寸把握得恰到好处。这样，不仅能增强自荐的真实感和可信感，而且在自荐人与用人单位之间架起了一座有效沟通的桥梁，从而顺利地实现自荐的目的。

4. 要文字简洁，书写清楚、美观。人力资源主管和公司老板无暇阅读冗长的自荐信。要想给他们留下印象，就必须言简意赅，没有废话。每到招聘的时候，一个企业，尤其是大企业会收到很多份自荐信和简历，工作人员不可能每份都仔细研读，一份自荐信和简历一般只用一分钟就看完了，再长也超不过三分钟。所以，自荐信和

简历要尽量简短,自荐信只要一页纸就足够了。此外,自荐信的文面可手写,也可打印。打印固然清楚、美观,手写也不失为展现自己能写一手工整、规范、漂亮的钢笔字的机会。因字写得好而得到职位的事也是常有的。

【例文】

自荐信

北京××学院负责同志:

我是××大学新闻传播系应届博士毕业生,男,现年 26 岁,愿到贵校新闻传播系从事教学与科研工作。

本人自幼爱好习文弄墨,尽管生于农村,但在父母督促、老师教诲下,自认读书乃人生最高境界,并以读书求学为乐事。20××年考入××大学中文系。大学毕业后,分配至××学院中文系工作,曾任系思想政治辅导员,系主任助理。两年多的工作经历,虽无多大成就,但丰富了人生阅历,增添了社会责任感。20××年考上××大学新闻传播系研究生,攻读新闻专业、新闻理论方向博士学位。

在思想方面,本人不断加强品德修养,始终不忘提高政治觉悟。农民家庭中养成的朴实、勤奋品性,自认将受益终生。十几年的学校教育,在获取知识的同时,也给我开拓、创新的思维方式。家庭与学校的合力作用,使我对党的认识由朴素的受益者、感恩者上升为自觉的拥护者、坚信者。目前,我正在积极努力,向党组织靠拢。

在学习方面,大学本科和研究生就学期间的众多课程使我具有较为宽广的知识面,对从事教师工作有特殊意义的教育学、心理学等课程也是我所喜爱的。本人英语已通过了六级,并能进行电脑操作。

基于上述因素,本人自信能够胜任贵校新闻传播系的教学与科研工作。希望贵校能给我一个做出贡献的机会,我热诚地期待着您的答复。

此致

敬礼

×××

20××年×月×日

思考与练习

1. 介绍信与证明信有什么区别?
2. 推荐信与自荐信有什么区别?
3. 学生在假期中要参加社会实践活动,请自拟活动项目和所去单位名称,代系

办公室为学生开一封介绍信。

4. 选择一个你较理想的工作单位和职位,模拟求职,写一封自荐信。

语文小笑话

运气上门

石油液化气公司运送液化气的车上曾经标着“送气上门”。顾客颇有微词——你送气上门,我们岂不是受你的气了吗?于是改以“运气上门”。“运气”除运送液化气的意思外,还有幸运之义,让人感到愉快。

简历模板

第七章

论 文

第一节 学术论文

一、学术论文的概念

学术论文也称科研论文,简称论文,是指对自然科学和社会科学领域中的学术问题进行研究之后,将其研究成果加以表述和论证的一种理论性很强的议论文体。学术论文是某一学术课题在实验性、理论性或观测性上具有新的科学研究成果或创新见解和知识的科学记录,或是某种已知原理应用于实际中取得新进展的科学总结,用以在学术会议上宣读、交流,或是在学术刊物上发表的文章。

学术论文不同于一般的议论文,它不是仅就某一具体事件或某一社会现象进行议论,发表感想,也有别于科普说明文对某一问题进行说明或议论,而是站在一定的理论高度,系统地剖析、研究自然科学或社会科学中具有学术价值的问题,进而阐明道理。学术论文以议论和说明为主要的表达方式。作者借助判断、推理、证明等逻辑手段,探讨、研究、总结科学领域中的各种问题,通过论文直接表达自己对客观事物的认识,揭示事物的本质和规律。

二、学术论文的作用

(一)学术论文是推动科学进步和生产力发展的重要工具

人类社会总是要不断发展进步的。在社会发展进程中,人们在自然科学领域会有许多新的发现和发明,在社会科学领域也会有大量的革新和创见。这些新的发现、发明和革新、创见常常需要通过学术论文的形式表述出来。同时,在自然科学与社会科学发展的过程中,常常会出现许许多多的矛盾,有些重大的矛盾如果不能获得及时解决,生产力的发展就会受到阻碍,社会也不能迅猛前进,而学术论文正是研究和解决这些矛盾,以推动科学进步和生产力发展的重要工具。

例如,“相对论”的产生就是如此。20世纪以前,统治着整个物理学科的是经典时空论。实践中,这一理论常常和现实产生尖锐的矛盾。20世纪初,由爱因斯坦等人在总结实验的基础上建立和发展了相对论,从而打破了传统的经典时空论,建立了物理学中新的时空观,成为现代物理学的理论基础之一。这一理论的创建对以后物理学科的发展具有重大的推动作用,是20世纪巨大的理论创建之一。

又如,《实践是检验真理的唯一标准》这一著名学术论文批判了在相当一个历史时期中泛滥于我国整个学术界的唯心主义观点,树立了“实践检验真理”这一标准,从而打破了学术界死气沉沉的局面,为改革开放奠定了有力的理论基础。可以说,没有对个人崇拜唯心论的批判,就不会有以后生气勃勃的改革开放局面的出现。

(二)学术论文是反映科研成果、进行国内外学术交流的有效手段

学术论文是科学研究工作的重要组成部分,也是科研成果的有效载体。《礼记·学记》中说:“独学而无友,则孤陋而寡闻。”古人很早就意识到学术交流的重要性,认识到只有在频繁的多层次、多角度的交流中,才能打开眼界,开阔思路,产生新观点、新思想。现代报刊的出现为学术交流提供了良好的条件。大量学术论文通过在各种报刊上、网络上发表,可以使人们及时沟通情况、交流信息,将科学研究不断地推向深入。

(三)学术论文是检验学术研究能力与学术水平高低的重要标志

学术论文是对学术研究成果的总结,也可以全面地、多层次地反映作者的理论水平、实践范围、视角层次、知识积累、研究深度以至写作能力。学术论文成为检验作者学术研究能力与学术水平高低的重要标志。一个人能写出学术水平较高的论文,说明他的专业知识基础较丰厚,学术研究能力较强,而且具有较高的写作水平;反之,则不然。因此,在学术界、科学界、教育界等衡量学术水平的高低或者评定技术职务时,总是以正式发表多少篇学术论文、发表的刊物级别、出版了多少部学术专著作为衡量或评定的主要依据。

三、学术论文的特征

(一)学术性

所谓学术,是指各种系统的、专门的学问。学术论文就是对某一学术领域的专题进行专门而系统的研究与构建的载体。无论是宏观研究还是微观研究,都应注重有关本源、现状、特点、功能、关系的把握,抓住事物的有机联系和本质特点,抽象出带有强烈理论色彩的、具普遍指导意义的规律性的东西,从而使学术论文带有浓厚的学术性。另外,还应考虑形式上的架构,因为内容和形式是对立统一的整体,没有系统的结构与语言形式,也就欠缺学术性的具体表现。

（二）创造性

学术论文应提供新的科技或人文信息，其内容应有所发现、有所发明、有所创造、有所前进，而不是重复、模仿、抄袭前人的研究成果。学术论文的创造性，是指在论文研究的学科范围内，有自己的真知灼见，有自己的独到见解。具体而言，一是提出前人从未提出过的新观点、新理论或发现那些尚未被人认识的客观规律。它可以推翻某一旧理论，提出自己的新理论，如“相对论”对“经典时空论”的推翻；它也可以是一种新的发现或创造，例如，居里夫人经过多年的研究探索，在千百次实验的基础上发现了具有放射性的镭（Ra），她的学术名著《放射性通论》系统地阐述了这一领域的划时代的发现。二是研究的问题前人已进行过大量研究，可以在吸收前人成果的基础上，继续进行探索，以新的材料、新的角度提出自己的观点。三是在与旧说或通说的商榷之中体现自己的创见。

最有价值的学术论文是探索某一学科领域中前人未提出过或没有解决的问题，它常常是“第一次”，这“第一次”就是创造。如果没有创造性，人云亦云，单纯重复别人的观点，就不能称其为学术论文。从这个意义上说，创造性正是学术论文的核心和价值所在。但是，创造不是轻易可以做到的，它需要付出艰辛的劳动。爱迪生曾说：“天才是99%的汗水加上1%的灵感。”这“99%的汗水”形象地说明了从事创造性的科研工作的艰辛。

（三）科学性

学术论文的写作强调科学性、逻辑性，不追求艺术性、形象性和抒情性。这是因为，学术论文以探求客观真理、揭示事物规律为目的。它要求作者从客观实际出发，用观察、调查、实验所掌握的大量有说服力的材料做论据，通过对论题细致、深入的研究和分析，运用逻辑思维加以论证，准确地表达作者的学术观点和主张。科学性是学术论文的生命。从整篇论文来看，论点必须正确、科学、符合客观规律；论据必须真实、典型、有说服力；论证的过程必须严谨、周密、系统，使论点和论据成为一个有机整体。

（四）专业性

学术论文的专业性，一是指内容专业性强，二是指多用专门科学术语。“术业有专攻”，一篇学术论文要对某一学科领域的某一问题进行研究，往往带有明显的专业指向性，就是跨学科的研究，也是以某几个专业为基础的。内容决定形式，专业性的内容必然要求较多地运用某一专业的术语予以表达。例如，法学论文多用法学术语，经济学论文多用经济学术语，等等。因此，学术论文也就形成了自己的语汇系统，有别于新闻语汇、文学语汇、应用文语汇和日常生活语汇等。随着科学的进步和社会的发展，学术论文的专业术语也在不断地丰富和变化。

四、学术论文的种类

从研究的领域来看,学术论文可分为自然科学论文和社会科学论文两大类。

从研究的范围来看,学术论文可分为宏观学术论文和微观学术论文两大类。

从研究的专业内容来看,学术论文可分为经济论文、科技论文、历史学论文、法学论文、医学论文、文学论文、语言学论文等。

从研究和写作的目的来看,可分为目标论文、报刊论文和学业论文。

(一)目标论文

目标论文主要是指各学科领域的专业人员按照上级有关领导部门的要求,根据有关攻关或科研的需要进行科学研究,描述科研成果,提交给科研部门或上级有关部门的学术论文。这种论文要求反映各学科领域的最新研究成果,对促进我国科学事业的发展,加速我国的现代化建设起积极引导作用,其中一些鸿篇巨制甚至能对国家的某个方面发挥重大作用。这类学术论文代表国家在某一学科领域所达到的研究水平,标志着一个国家理论水平的状况。

(二)报刊论文

报刊论文主要是指报刊职员、科研人员或有关人员在报刊上公开发表的论文。报刊论文包括部分可以公开发表的目标论文。报纸、杂志是学术论文的主要载体,一般人阅读的论文主要是报刊论文。

(三)学业论文

学业论文主要指高等学校学生所写的不同级别、不同要求的学术论文,可分为学年论文、毕业论文、学位论文。

1. 学年论文。写作学年论文是高等学校教学过程中的一个环节。大学生学习了两年基础课,并掌握了一定的基本知识以后,在教师的指导下,初步学会运用已有知识进行科学研究后所写的论文就是学年论文。写作这种论文,题目不宜太大,篇幅不宜太长,涉及面不宜过宽,写作的主要目的是为今后写毕业论文打下良好基础。

2. 毕业论文。写作毕业论文是高等学校在教学过程中针对应届毕业生设置的一个重要环节。毕业论文的写作是在教师指导下,由学生独立完成的,目的在于总结学生在校期间的学习成果,培养其具有综合运用所学知识解决实际问题的能力。毕业论文应对某一课题进行较深入的研究,题目可比学年论文大一些,使学生通过写毕业论文,在查找资料、调查研究、设计实验、分析研究等方面得到全面训练。

3. 学位论文。学位论文是作者从事科学研究取得创造性的结果或有了新的见解,并以此为内容撰写而成,作为提出申请授予相应的学位时评审用的学术论文。《中华人民共和国学位条例》第三条规定:“学位分学士、硕士、博士三级。”与这三级相对应的,有学士论文、硕士论文和博士论文。

(1)学士论文。学士论文是本科学生毕业时所写的论文,应能表明作者确已较好地掌握了本门学科的基础理论、专门知识和基本技能,并具有从事科学研究工作或担负专门技术工作的初步能力。学士论文应在教师的指导下,由毕业生本人独立完成;论文应对所研究的课题有一定的心得;用于论文写作的时间一般为两三个月;字数在1万字左右。一般来说,合格的大学毕业论文也就是学士论文。学士论文提交后,有的学校还要求通过论文答辩这一环节。

(2)硕士论文。硕士论文是攻读硕士学位研究生写的论文,应能表明作者确已在本学科上掌握了坚实宽广的基础理论和系统的专门知识,并对所研究课题有新的见解,有从事科学研究工作或独立担负专门技术工作的能力。硕士论文应在导师的指导下,由研究生本人独立完成;论文应有自己的新见解;用于论文写作的时间一般为一年左右;理工科论文的字数一般为2万至3万,管理及人文学科论文的字数一般为3万至4万,其中绪论要求为3 000~5 000字。硕士论文提交后,要通过论文答辩这一环节。

(3)博士论文。博士论文是攻读博士学位研究生撰写的论文,应能表明作者确已在本门学科上掌握了坚实宽广的基础理论和系统深入的专门知识,并具有独立从事科学研究工作的能力,在科学或专门技术上取得了创造性的成果。博士论文应在导师的指导下,由研究生本人独立完成;作者应站在本学科前沿,对本学科提出创造性的见解,对该学科水平的提高做出贡献。博士论文用于准备、写作的时间较长,一般为两年左右;理工科论文的字数一般为6万至8万,管理及人文学科论文的字数一般为8万至10万,其中绪论要求为1万字左右。博士论文提交后,要通过论文答辩这一环节。

五、学术论文的编写格式

国家标准局1987年5月5日发布,1988年1月1日实施的中华人民共和国国家标准GB/T 7713—1987《科学技术报告、学位论文和学术论文的编写格式》规定,学术论文(包括科学技术报告、学位论文)的编写格式包括前置部分、主体部分、附录部分和结尾部分。

(一)前置部分

前置部分包括封面、题名、摘要、关键词、目次页、插图和附表清单、注释表等项目。

1.封面。封面是报告、论文的外表,提供应有的信息并起保护作用。封面不是必不可少的。学术论文如果作为期刊、书或其他出版物的一部分,无须封面;如果作为单行本,则应有封面。封面上可包括分类号、密级、责任者姓名、申请学位级别、专

业名称、工作完成日期等内容。

2. 题名。题名是以最恰当、最简明的词语反映报告、论文中最重要的特定内容的逻辑组合。题名所用的每一词语必须考虑到有助于选定关键词和编制题录、索引等二次文献,可以提供检索的特定实用信息。题名应该避免使用不常见的缩略词、首字母缩写字、字符、代号和公式等。题名一般不宜超过 20 字。报告、论文用作国际交流,应有外文(多用英文)题名。外文题名一般不宜超过 10 个实词。题名在整个报告、论文中不同地方出现时,应完全相同,但眉题可以省略。

如果题名语意未尽,可用副题名补充说明报告、论文中的特定内容。报告、论文分册出版,或是一系列工作分几篇报道,或是分阶段的研究结果,各用不同副题名区别其特定内容。

3. 摘要。摘要是报告、论文的内容不加注释和评论的简短陈述。报告、论文一般均应有摘要,为了国际交流,还应有外文(多用英文)摘要。摘要应具有独立性和自含性,即不阅读报告、论文的全文就能获得必要的信息。摘要中有数据、有结论,是一篇完整的短文,可以独立使用,可以引用。摘要的内容应包含与报告、论文同等量的主要信息,供读者确定有无必要阅读全文,也供文摘等二次文献采用。摘要一般应说明研究工作的目的、实验方法、结果和最终结论等,重点是结果和结论。

中文摘要一般不宜超过 200~300 字,外文摘要不宜超过 250 个实词。如遇特殊需要,字数可略多。除了实在无变通办法可用以外,摘要中不用图、表、化学结构式、非公知公用的符号和术语。报告、论文的摘要可以用另页置于题名页之后。学术论文的摘要一般置于题名和作者之后、正文之前。学位论文为了评审、学术论文为了参加学术会议,可按要求写成变异本式的摘要,不受字数规定的限制。例如,硕士论文可为 500~1 000 字,博士论文可为 1 000~2 000 字,均以能将规定内容阐述清楚为原则。英文摘要与中文摘要的内容应完全一致,在语法、用词上应准确无误。

4. 关键词。关键词是为了文献标引工作,从报告、论文中选出来用以表示全文主题内容信息款目的单词或术语。每篇报告、论文选取 3~8 个词作为关键词,以显著的字符另起一行,排在摘要的左下方。如有可能,尽量用《汉语主题词表》等词表提供的规范词。为便于国际交流,应标注与中文对应的英文关键词。

5. 目次页。长篇报告、论文可以有目次页,短文无须目次页。目次页由报告、论文的篇、章、条、款、项、附录、题录等的序号、名称和页码组成,另页排在序之后。整套报告、论文分卷编制时,每一分卷均应有全部报告、论文内容的目次页。

6. 插图和附表清单。报告、论文中如果图表较多,可以分别列出清单置于目次页之后。图的清单应有序号、图题和页码。表的清单应有序号、表题和页码。

7. 注释表。符号、标志、缩略词、首字母缩写、计量单位、名词、术语等的注释说明汇集表应置于图表清单之后。

（二）主体部分

主体部分的编写格式可由作者自定，一般分章节撰写，每章应另起一页，由引言（或绪论）开始，以结论或讨论结束。主体部分包括绪论、正文、结论、致谢、注释、参考文献等部分。

1. 引言。引言又称绪论，应简要说明研究工作的目的、范围，相关领域的前人工作和知识空白、理论基础，分析、研究设想，研究方法和实验设计，预期结果和意义等。引言应言简意赅，不要与摘要雷同，不要成为摘要的注释。一般教科书中有的知识在引言中不必赘述。

2. 正文。正文也称本论，是报告、论文的核心部分，占主要篇幅，可以包括调查对象、实验和观测方法、仪器设备、材料原料、实验和观测结果、计算方法和编程原理、数据资料、经过加工整理的图表、形成的论点和导出的结论等。由于研究工作涉及的学科、选题、研究方法、工作进程、结果表达方式等有很大的差异，对正文内容不能做统一的规定。但是，必须实事求是，客观真切，根据论题的性质，或正面立论，或批驳不同的论点，或解决某些疑难问题；需要以大量的事实和多角度的、充分的理由，周详地、多层次地论证文章中的全部论点。

正文的展开一般有并列式和掘进式两种。并列式是将主要论题的几个横向性分题逐一加以论述，各部分内容是并列的关系。掘进式是各部分内容有逐层深入的关系。这种深入可以是历史发展性的纵的深入，也可以是问题性质上的深入。在论证过程中，应注意不要转移或偷换论题，不要犯循环论证的毛病。正文部分内容是否充实、论证是否得体，将决定论文质量的高低。

(1)序号。由于正文部分的内容比较丰富，因而常使用序号或小标题，使其眉目清晰。序号可以就全篇报告、论文统一按出现先后顺序编码，长篇报告、论文也可以分章节依序编码。其标注形式应便于互相区别，可以分别为：一、二、三，（一）（二）（三），1. 2. 3，(1)(2)(3)，第一、第二、第三等。另外，报告、论文中的图、表、附注、参考文献、公式、算式等，应一律用阿拉伯数字依序连续编排序号。

(2)图。图有多种，如曲线图、构造图、示意图、图解、框图、流程图、记录图、布置图、地图、照片、图版等。图应具有“自明性”，即只看图、图题和图例，不阅读正文，就可理解图意。图应编排序号。每一图应有简短确切的题名，连同图号置于图下。必要时，应将图上的符号、标记、代码以及实验条件等，用最简练的文字横排于图题下方，作为图例说明。

曲线图的纵横坐标必须标注“量、标准规定符号、单位”。此三者只有在不必要标明（如无量纲等）的情况下方可省略。坐标上标注的量的符号和缩略词必须与正文中的一致。照片图要求主题和主要显示部分的轮廓鲜明，以便制版。如果用放大或缩小的复制品，图必须清晰，反差适中。照片上应该有表示目的物尺寸的标度。

(3)表。表的编排,一般是内容和测试项目由左至右横读,数据依序竖排。表应有自明性。表应编排序号。每一表应有简短确切的题名,连同表号置于表上。必要时,应将表中的符号、标记、代码及需要说明事项,以最简练的文字横排于表题下,作为表注,也可附注于表下。表内附注的序号宜用小号阿拉伯数字并加圆括号置于被标注对象的右上角,例如:×××(1),不宜用星号“ * ”,以免与数学上共轭和物质转移的符号相混。

表的各栏均应标明“量或测试项目、标准规定符号、单位”,只有在无必要标注的情况下方可省略。表中的缩略词和符号必须与正文中的一致。表内同一栏的数字必须上下对齐。表内不宜用“同上”“同左”等类似词,一律填入具体数字或文字。表内“空白”代表未测或无此项,“—”或“…”(因“—”可能与代表阴性反应相混)代表未发现,“0”代表实测结果确为零。如果数据已绘成曲线图,可不再列表。

(4)引文。引文在学术论文中是常见的,如果是原话,必须做到准确无误,一字不差,标点符号也不能随意改动,要加双引号。引文常需注释,以注明出处。加注的方法有夹注、脚注、尾注等。学术论文最常见的是尾注,即在正文之后集中加注。如果篇幅太长,也可采用脚注,即在当页的最下面加注。

3. 结论。报告、论文的结论是经过严密的逻辑推理得出的总体的结论,它是作者研究成果的最终结论,不是正文中各段小结的简单重复。结论应该准确、完整、明确、精练。如果不可能导出应有的结论,也可以没有结论而进行必要的讨论。可以在结论或讨论中提出建议、研究设想、改进意见、尚待解决的问题等。

4. 致谢。可以在正文后对以下方面致谢:国家科学基金、资助研究工作的奖学金基金、合同单位、资助或支持的企业、组织或个人;协助完成研究工作和提供便利条件的组织或个人;在研究工作中提出建议和提供帮助的人;给予转载和引用权的资料、图片、文献、研究思想和设想的所有者;其他应感谢的组织和个人。

5. 注释。生僻词语、引述别人著作等,应加注释。注释应统一编流水序码。文中注释序码和文尾注释序码相同。

6. 参考文献。为了反映论文的科学依据,尊重他人的研究成果,向读者提供有关信息,学术论文的末尾一般都要列出参考文献。这些参考文献是在论文中使用过的,包括正式出版、发表过的专著和文章,非正式出版物则不必列出。所列的参考文献,按照 GB/T 7714—2005《文后参考文献著录规则》的规定执行。应按论文参考或引证的先后顺序排列,不能以文献的重要程度或作者的知名度为排列的顺序标准。参考文献要按主要责任者、题名、其他题名信息(文献类型标志)、其他责任者、版本、出版地、出版者、出版年、引文页码等顺序排列。

（三）附录部分

附录是作为报告、论文主体的补充项目，并不是必需的。下列内容可以作为附录编于报告、论文后，也可以另编成册：①为了整篇报告、论文材料的完整，但编入正文又有损于编排的条理和逻辑性的材料。这一类材料包括比正文更为详尽的信息、研究方法和技术的更深入的叙述，建议可以阅读的参考文献题录，对了解正文内容有用的补充信息等。②由于篇幅过大或取材于复制品而不便于编入正文的材料。例如：不便于编入正文的罕见珍贵资料；对一般读者来说并非必须阅读，但对本专业同行有参考价值的资料；某些重要的原始数据、数学推导、计算程序、框图、结构图、注释、统计表、计算机打印输出件等。附录与正文连续编页码。每一附录均另页起，如果报告、论文分装几册，凡属于某一册的附录应置于各该册正文之后。

（四）结尾部分（必要时）

为了将报告、论文迅速存入电子计算机，可以提供有关的输入数据，可以编排分类索引、著者索引、关键词索引等。

【例文】

从《货殖列传》看司马迁的经济思想

夏京春

摘要：司马迁在《史记·货殖列传》中不仅开创性地写入了经济问题，而且表达了精辟的经济思想，即“五之”说、分工说、奔富说、“素封”说、礼仪说、生意经、“三富”说和商业地理说。司马迁的经济思想突破了先秦以来“重本抑末”的传统观点，主张发展工商业，推崇个人致富，充分肯定了商业活动在发展经济、富国利民上的重大意义，表现了唯物思想的光辉，至今仍有一定的现实意义。

关键词：经济思想　经济史　司马迁

西汉史学家、文学家和思想家司马迁的不朽巨著《史记》，不仅是一部空前巨大的历史著作和卓越的文学作品，而且在经济学方面也具有精辟的见解和开创性的贡献。钱钟书在《管锥编》中说：“当世法国史家深非史之为‘大事记’体者，专载朝政军事，而忽诸民生日用。司马迁传《游侠》，已属破格，然尚以传人为主，此篇（《货殖列传》）则全非‘大事记’、‘人物志’，于新史学不啻手辟鸿蒙矣。”钱先生看到了司马迁在史书中写入经济问题的开创性的贡献。以后我国正史中多数都有《食货志》，政书中的《通典》《通考》都以食货部分列为全书的首部，记载了大量的经济史料。这是与司马迁在史书中写入经济问题的开创性的贡献分不开的。

司马迁生活在封建经济繁荣的汉武帝时期，他的经济思想突破了先秦以来"重本抑末"的传统观点，主张发展工商业，推崇个人致富。在《货殖列传》中，司马迁记载了历史上和西汉以来的社会经济状况和对各种经济措施的评价，记述了春秋以来著名商人的活动，分析并论证了商业活动发生发展的必然性，充分肯定了商业活动在发展经济、富国利民上的重大意义，表现了唯物思想的光辉。本文拟从《货殖列传》入手，分析并探讨一下司马迁卓越的经济思想及其价值。

一、"五之"说

从历史上看，汉代商业在市场商品流通广泛发展的基础上，达到了我国封建社会商业发展的第一个高峰。尽管汉武帝大力发展官营商业，但仍然不能遏止民间自由商业的发展。司马迁描述当时的状况是"天下熙熙，皆为利来；天下攘攘，皆为利往"，这是当时普遍的社会现象。农工商虞无须谁去号令和组织，他们都能自发自愿地"各任其能，竭其力"，"各劝其业，乐其事"，这都是为的"求富益货"；那千千万万的人，"不择老少"，"出不远千里"，不辞劳苦地到处奔波，也都是为的"奔富厚"。这种求富奔富、趋利逐利的活动，"若水之趋下，日夜无休时，不召而自来，不求而民出之"。他认为这既符合"道"，也是极其自然的事情。

对于人民的趋利求富的活动，为政者究竟应当如何对待呢？与司马迁同时代的董仲舒说："夫万民之从利也，如水之走下，不以教化堤防之，不能止也。"他把"万民之从利"看成非常可怕的事情，主张用"教化"去围堵和遏止。司马迁的观点与此不同。他认为，人们追求富裕"逸乐"的生活，"耳目欲极声色之好，口欲穷刍豢之味"是自古已然，即使以精妙的大道理挨门逐户去说教，也是"终不能化"的。面对这种客观情况，司马迁认为应该采取的对策是："善者因之，其次利道之，其次教诲之，其次整齐之，最下者与之争。"这是司马迁对发展工商业问题的总看法，提纲挈领，非常全面。

可以看出，司马迁是有区别地肯定前四种做法的：最好的办法就是顺应自然，即国家不要干预工商业者的自由发展，用今天的话来说，就是放手发展市场经济；其次是因势利导，"疏"而不"堵"，也就是国家的适度干预与调控；再次是进行思想教育工作，也就是抓精神文明；最后是运用法律和行政的手段以规范人们的行为。《太史公自序》说："布衣匹夫之人，不害于政，不妨百姓，取与以时，而息财富，知者有采焉，作《货殖列传》。"可见，"因之"是有前提的。国家让"布衣匹夫之人"，"取与以时，而息财富"，首先是由于他们"不害于政，不妨百姓"。如果他们有"害于政"，有"妨百姓"，就要对他们"整齐之"，"教诲之"。司马迁在实录历史事势发展中似乎已经朦胧看到市场经济与法制的关系、精神文明与物质文明的关系，既要抓物质文明，也要抓精神文明，既要发展市场经济，又要加以适当控制，这是很了不起的。司马迁最不赞成的是最后一种做法——"与之争"，同老百姓对抗，不让老百姓去求富益货和

趋利奔富。这里的“与之争”,是针对汉代实行的禁榷制度和国家官办商业、工业而言的。由于汉武帝残酷打击私商,车船税重,因而私人工商业急剧减少,流通阻塞,广大劳动人民深受其苦。司马迁希望让私人工商业者自由发展,自由竞争,反对汉武帝推行的官工官商制度。“五之”说是司马迁对治理国家的经济问题开出的一剂良方,可以说是“五味俱全”,用心良苦。

二、分工说

司马迁不愧是一位具有清醒的现实主义头脑的历史学家,他不像一般士大夫那样鄙视工商业,而是认为各行各业都有其存在的必要性,“农工商交易之路通,而龟贝金钱刀布之币兴焉”,是符合客观规律的。就当时各地的经济发展来看,已经出现了地区分工的倾向,例如,“秦、夏、梁、鲁好农而重民,三河、宛、陈亦然,加以商贾,齐、赵设智巧,仰机利。燕、代田畜而事蚕”。就是说,已经有农业发达地区、半农半商地区,有商业、手工业发达地区,有畜牧业、蚕丝业发达地区的区别了。司马迁看到了“百道营生,积财如山,贩物求利,贸迁有无”,各种各样的经营能积累像大山一样多的财富,商人们的贩卖活动虽然是为了牟取利润,但他们的往返贩运却起到了沟通有无、调剂余缺的作用。司马迁在概述了各地物产以后指出:这些“皆中国人民所喜好,谣俗被服饮食奉生送死之具也。故待农而食之,虞而出之,工而成之,商而通之”。又说:“《周书》曰:‘农不出则乏其食,工不出则乏其事,商不出则三宝绝,虞不出则财匮少。’财匮少,而山泽不辟矣。此四者,民所衣食之源也。”在这里,司马迁把商业与工业、虞业、农业四者并提,充分肯定了商业在调剂余缺、沟通有无、货币流通、积累财富方面的重要价值,这与当时统治者实行的“重农抑商”的政策是格格不入的。(略)

三、奔富说

在《货殖列传》中,特别引人注意的是,司马迁反复阐述了这样一个重要思想:老百姓向往富裕和追求尽可能好的生活享受,是合乎天理人情的。人活着就需要衣食住行,患贫致富是所有人的追求。司马迁对社会各种各样人物活动的目的有一番精彩的描述。他写道:“壮士在军……不避汤火之难者,为重赏也。其在闾巷少年……不避法禁,走死地如骛者,其实皆为财用耳。今夫赵女郑姬,设形容……奔富厚也。游闲公子……不避猛兽之害,为得味也……医方诸食技术之人,焦神极能,为重糈也。吏士舞文弄法,刻章伪书,不避刀锯之诛者,没于赂遗也。农工商贾畜长,固求富益货也。”社会上各行各业的人,都是为了求富取利。因而,司马迁得出的结论是:“富者,人之情性,所不学而俱欲者也”。然而,统治者却总是标榜自己没有任何的欲望。《礼记·乐记》说:“君子乐得其道,小人乐得其欲。”孔子说:“君子喻(了解、明白)于义,小人喻于利”(《论语·里仁》)似乎是劳动人民唯利是图。司马迁在《货殖列传》中把统治者追逐利益的遮羞布彻底撕了下来,他说:“富者得势益彰,失势则客

无所之,以而不乐,夷狄益甚。谚曰:'千金之子,不死于市。'此非空言也。故曰:'天下熙熙,皆为利来;天下攘攘,皆为利往。'夫千乘之王,万家之侯,百室之君,尚犹患贫,而况匹夫编户之民乎!"司马迁看到了人类这种追求物质的本性,不论是士农工商,还是将军宰相,大家爱财的本性都一样,这就把几百年来统治阶级泼在劳动人民头上的污秽,收起来又向着统治阶级泼了回去。这对于劳动人民是一种有利的维护,而对于统治阶级则是一种有力的揭发和嘲弄。难怪儒家伦理道德观念极为浓重的班固批评司马迁说:"其是非颇缪于圣人:论大道则先黄老而后六经,序游侠则退处士而进奸雄,述货殖则崇势利而羞贱贫,此其所蔽也。"这也从一个侧面指出了司马迁写《史记》所具有的高卓见识和反传统的倾向。(略)

四、"素封"说

司马迁看到了物质财富的占有,决定着人的社会地位,权势和地位总是同财富紧密相连的。《货殖列传》记述了不少这方面的事例。(略)

五、礼仪说

经济地位决定人们的道德观念,物质财富的占有状况决定着人的精神面貌,这也是司马迁的一个重要经济思想。司马迁认为:"礼生于有而废于无。"他赞赏管子的论点:"仓廪实而知礼节,衣食足而知荣辱。"这样就把统治阶级的礼仪道德从天上降到了地上,礼仪道德是由经济地位——富——所决定的。这个观点尽管有些机械,似乎否定了道德对人的制约,但从根本上讲它是对的,是经济决定着人的精神面貌、人的道德,而不是道德决定经济,这符合存在决定意识的唯物主义的反映论。另外,司马迁还指出了所谓道德还有它极其虚伪的一面,它是供财富占有者、供权势者们经常涂用的一种美丽的脂粉。司马迁说:"故君子富,好行其德;小人富,以适其力。渊深而鱼生之,山深而兽往之,人富而仁义附焉。"君子富有了,就能施行恩德;平民富有了,就能好好干活。谁有钱有势,谁就有道德。这里的言辞不无偏激,但它清楚地揭示出了道德对经济的依赖和统治者道德的虚伪性、欺骗性。

六、生意经

司马迁总结了商业活动的若干规律和方法。例如,奇巧取胜说。"夫纤啬筋力,治生之正道也。而富者必用奇胜。"勤俭节约,劳动致富,是生财的正路,但求富的人还必须用奇巧取胜。那种只拉车不看路的人,是愚蠢的。只有善于用智谋,勤于思考的人,才能真正富起来。司马迁说:"富无经业,则货无常主,能者辐辏,不肖者瓦解。"财富的来源并不固定于什么职业,就像货币没有固定的主人一样。善于经营者,能使财富像车子的辐条汇向车轴一样向他集中,不善于经营者,即使原来有一定基础,也会被他搞赔,散失掉。

降低成本说。(略)

贵出贱取说。(略)

择人任时说。(略)

薄利多销说。(略)

此外还有寻根求源说:"长石斗,取上种",要多收购粮食,就得选择良种来供应生产者,以便增加产量;开源节流说:"忍嗜欲,节衣服"等等。这样有理论依据的生意经在司马迁以前还没有见过。今天读起来,对经商处事也是有启发的。

七、"三富"说

司马迁热衷于说富道富,但并不是正邪不分地鼓吹发财致富。他将社会上的富有者分为三类:"本富"、"末富"和"奸富"。"本富"是指从事农业生产而发财致富的人;"末富"是指经商而致富的人;"奸富"则是指那些"弄法犯奸而富"的人。司马迁认为:"本富为上,末富次之,奸富最下。"求富,是人的本性。不论什么人,都不愿意长期处于贫穷之中,只不过在求富的形式和方法上有所不同,但不论以什么方式方法求富,都应以正当劳动,以不损害别人、不损害社会为前提,做到"君子爱财,取之有道"。那些靠作奸欺诈获取财富的人,是为社会所不齿的。司马迁说:"廉吏久,久更富,廉贾归富。"清廉的官吏钱财少些,但官位能做得长,时间长了,就富起来了;不贪心的商人赢利虽然少些,也能富起来。

今天,在我们这个社会里,富也有正邪之分,那些靠侵吞公共财产、盗窃国库、贪赃枉法、走私漏税等非法行为而发不义之财的经济犯罪分子,也是"奸富"。我们的社会主义法律保护一切正当的富,但绝不容许破坏改革、危害社会的"奸富"分子逍遥法外。财富与道德之间,金钱与尊严之间,是应该有也必须有一道壁垒森严的界限的。当财富增长缺乏一种道德自律与约束时,财富对人来说是真正致命的打击与毁灭。所以,"教诲之"的问题也是一件大事,要使人们能够在趋利逐利、发财致富当中不忘"大义"之所在,也就是说,能够自觉地将个人利益与国家利益、社会集体利益正确地结合起来。

八、商业地理说

在《货殖列传》中,司马迁以西汉以前的经济环境为背景,以实业家的活动为主线,分区论述了各地的地理环境、社会风气、经济发展和物产。司马迁认为商业的作用在于流通,尤其是地区流通,所以他特别重视地区之间的往来和都会的商业中心作用。在《货殖列传》中,我们看到,西汉已形成了五大经济区域:

一是关中经济区。(略)

二是三河经济区。(略)

三是燕赵经济区。(略)

四是齐鲁梁宋经济区。(略)

五是楚越经济区。(略)

上述五个经济区域及其商业城市的共同特点是,物产丰富,交通便利,利于商业

往来；各经济区的商业城市都是当时政治、经济、军事、文化的统治中心，又是地主、官僚、富商、高利贷者聚居的地方；商人贩运各地区的土特产品和手工业品，以满足封建官吏、地主、富商等的消费需求。西汉五大经济区的形成和商业城市中商品交换市场的发展，显示了西汉商业是相当兴盛的。司马迁的这些论述为我国商业地理学和商业发展史的构建做出了卓越的贡献。

在《货殖列传》中，司马迁高度赞扬了私人工商业者们的特殊才能，表彰了他们对社会发展所做出的贡献，通过说富论富，鲜明地表达了他的社会政治观点和对社会道德问题的看法。从这里也可以看出他的思想中所含有的某种朴素的唯物的因素。司马迁论货殖已是2 000多年前的事了，与我们今天的商品经济当然不能同日而语。但是，司马迁所提出的观点仍然具有现实意义。

在《史记》中，司马迁的经济思想除了体现在《货殖列传》中，还体现在《平准书》里。这两篇互文相衬，相反相成。因此，仅从《货殖列传》看司马迁的经济思想是不全面的、不完整的，但因为时间和篇幅的关系，《从〈货殖列传〉和〈平准书〉看司马迁的经济思想》这个题目，只好留待以后来做了。

参考文献

[1]司马迁. 史记[M]. 北京：中华书局，1959.
[2]韩兆琦. 史记通论[M]. 桂林：广西师范大学出版社，1996.
[3]王燕南. 中国传统文化名著选读[M]. 西安：西安交通大学出版社，1998.
[4]傅筑夫. 中国经济史论丛[M]. 北京：生活·读书·新知三联书店，1980.
[5]王孝通. 中国商业史[M]. 上海：上海书店，1984.

思考与练习

1. 什么是学术论文？
2. 学术论文的作用主要有哪些？
3. 学术论文的结构包括哪几部分？其各部分在写作上有哪些要求？
4. 如何理解学术论文的学术性？
5. 学术论文的创造性体现在哪几个方面？
6. 怎样做才能保证学术论文的科学性？
7. 如何对学术论文进行分类？
8. 学士论文、硕士论文、博士论文的写作要求有什么不同？
9. 阅读例文《从〈货殖列传〉看司马迁的经济思想》，分析其使用的论据和论点

之间的关系。

10. 到图书馆找一篇你感兴趣的学术论文阅读，并分析其篇章结构。

第二节　毕业论文

论文大全网

一、毕业论文的概念与意义

写作毕业论文（设计）是高等学校教学计划中一个重要的综合性实践环节。毕业论文是应届毕业生为完成学业，综合运用所学专业的基础理论、基本知识和基本技能，所写出的阐述某一专业问题的议论文章。毕业论文是学术论文的一种，学术论文的基本性质和写作要求，毕业论文均应有所体现。

毕业论文的写作既是对高校毕业生学业的全面综合性考核，又是培养学生理论联系实际的学风和锻炼学生独立工作能力的有效手段，其目的是培养学生运用所学基础理论、专业知识和基本技能，分析和解决实际问题及从事科学研究的能力，为学生毕业后继续学习和进行更高层次的研究打下基础。

二、撰写毕业论文的准备工作

撰写毕业论文的准备工作包括选题、选导师、收集资料、观察与实验、确立论点、拟写提纲六个环节。

（一）选题

选题，就是确定毕业论文的主攻方向，即确定论文主要解决的问题或者主要研究的问题。正确地选择题目是撰写毕业论文的第一步。有人认为，题目选好了，论文等于做好了一半，这话虽有些夸大，但也说明了选题的重要性。一般来说，确定选题应从客观需要、客观条件和主观条件三个方面考虑。

从客观需要来说，选题必须符合专业培养目标的要求，体现本专业基本训练的内容，对所学知识有综合运用性质。要抓住社会经济和科技方面的热点、难点和焦点，尽可能反映现代科学技术的发展水平，与当前的生产实际、工程实践、管理实践和科学研究等相结合，要有利于社会和科学文化事业的发展，可选创造性课题、发展性课题和争鸣性课题。创造性课题前人还没有研究过，是开辟新领域的选题，难度大，但对社会发展和科学进步的贡献也大。发展性课题前人已研究过，但还需继续深入探讨，可纠正、补充前人的研究成果。争鸣性课题许多人都曾进行研究，但众说纷纭，可在多种意见的基础上提出自己的新见解，有新的突破。

从客观条件来说，选题时要考虑写作时间、实验设备、资料多少、导师条件等多

方面因素。时间少,要驾驭大题目是不可能的。设备的齐全与否与实验结果的好坏是息息相关的。因此,实验室的条件在很大程度上也决定着理工科学生论文的好坏。此外,资料的多少,导师水平的高低,对某些课题能否顺利完成往往也有很大的影响,应该予以考虑。

从主观条件来说,选题时还应考虑个人的专业特长、兴趣和爱好。兴趣是最好的老师。充分发挥个人的专业特长,就自己感兴趣的课题进行研究,可以收到事半功倍的效果。著名语言学家王力先生曾提出要"小题目作大文章",这也是经验之谈。学生在校期间写作论文,一定要从实际出发,选题不宜过大、过难,要扬长避短,量力而行,既能显示自己真实的水平,又能在教学计划规定的时间内按时完成。

目前,高等院校毕业论文的选题有三种方式:命题与任选相结合、自选题和引导性命题。命题与任选相结合,是先由指导教师拟订课题,经教研室讨论确定后向全体学生公布,由学生任选。对多数学生来说,这是一种合适的办法。少数学习成绩优秀并有一定科研能力的学生,经老师同意后,也可以自己选定题目。对少数缺乏科研能力、不能独立选题的学生,可采用引导性命题的方式。指导教师在了解学生专业课的学习情况、兴趣爱好及所关心的问题的基础上,逐步引导他们确定一个课题,题目一旦确定,不得随意改题。

(二)选导师

毕业论文指导教师的主要任务是帮助学生最后确定课题,指定参考文献、书目,指导制订研究计划,审定论文提纲,指导研究方法,解答疑难,审阅论文,评定论文成绩等。指导教师不负责修改论文。一般来说,以命题与任选相结合的方式选题,命题时会公布指导教师的名单,学生可以根据自己的研究方向来选定。如果是自选题,可以根据平时对教师的了解,向教研室提出,请求某位教师来指导自己的毕业论文写作。

每位教师各有专业,各有所长,他们的三言两语中往往凝结着多年来的研究心血,经他们一点拨,有时甚至会使我们一个朦胧的看法一跃而形成有学术价值的观点。很多写过毕业论文的同学都有这种经验:在写论文的过程中有三个环节特别需要得到教师的指导:一是选题,二是拟写提纲,三是论文修改。抓住这三个关键环节,对论文的写作是很有益处的。

(三)收集资料

充分占有资料是撰写毕业论文的基础。每一篇论文都必须有丰富的、充实有力的论据作为其立论的依据。论文的材料包含两大类:直接材料和间接材料。这些材料均需从大量的调查研究以及大量阅读中获得。

直接材料是从有关研究对象的原始资料中筛选出来的,是论文论点的主要来源和依据。原始资料包括的范围很广，就商业经济论文来说，它包括原始凭证，原始记录，市场销售、仓储库存以及实验的数据，顾客需求及心理反馈资料，经济政策，金融动态，市场行情，统计报表等。

间接材料是前人或当代人有关研究对象的论述。科学研究不仅具有探索性，而且具有继承性。掌握间接材料，搜集别人的有关论述，也是很重要的。我们可以从这些论述中得到启发，借鉴他人研究问题的方法，还可以引用某些经过考证的事实材料作为旁证。但是，在参阅他人的文章时应该以己为主，坚持独立研究，不要被人家的框框束缚，更不要被别人牵着走，否则就只能是重复别人的见解。

收集资料的过程就是知识系统化、思维条理化的过程。在收集资料时，要善于利用图书馆、网络和各种工具书；要掌握查找书刊目录、著者目录、主题目录以及各种文摘报刊的方法；要学会上网检索资料；要了解各种大型工具书，如《辞海》《中国大百科全书》《中国百科年鉴》《全国报刊索引》等的特点和使用方法。

（四）观察与实验

写作文科的毕业论文需要收集各种相关的资料，而写作理工科的论文不只是需要查阅资料，还需要自己动手做实验，进行观察。观察是人们对客观现象进行有计划的、周密细致的知觉过程。实验是在条件控制下进行的观察。观察与实验是进行科学研究的重要方法，是搜集数据、获得感性知识的基本途径，是形成、产生、发展和检验科学理论的实践基础。有人说，观察和实验是独创性的萌芽和基础，这是很有道理的。理工科学生的毕业论文常以毕业设计的形式出现，其课题的内容往往与实验和论证联系在一起，因此，观察与实验显得十分重要。

同做实地调查一样，观察必须做好观察前的准备。所谓观察前的准备，就是先要明确观察目的，目的不明确，就难以确定恰当的观察对象，也就难以取得该课题研究所需要的资料。所谓明确目的，是指要明确该课题在观察中要解决的问题，如观察什么、选择什么样的观察对象、观察的步骤和要点等。在观察过程中，要密切注意细节，抓住现象的变化，详细地做好观察记录。

实验是根据科学研究的需要，人为地控制或模拟客观现象，排除各种干扰，专门研究规律的一种特定实践活动。实验在自然科学领域里运用很广泛，社会科学领域中的某些学科，如教育学，心理学、语言学等也都要用到。实验能够强化研究对象，使其处于极端状态，有利于揭示新的特殊规律。

（五）确立论点

在收集资料和观察与实验的过程中，要对收集的全部资料和数据加以科学的分析、比较、归纳和综合，逐渐丰富、充实或修正自己的见解，从而形成论文的论点。

分析研究资料是一个复杂而艰苦的思考过程，它包含认识的渐进和飞跃，需要精神高度集中的锲而不舍的思考。有时，智慧的火花可能会“突然”迸发出来，

新的创见可能就此产生。因此,应该随时记下每一闪念,不要使其像过眼云烟,稍纵即逝。在分析研究资料的过程中,切忌被其表面现象所迷惑,必须由表及里深入探索,以获得本质的东西。例如,撰写经济学术论文往往需要各种统计数据,如国民生产总值、财政收入等,如何分析研究这些数据大有学问,切不可等闲视之。

一篇论文,有总论点还有分论点。要先确立好总论点,再确立总论点属下的分论点。总论点一经确立,就起着制约、统帅全文的作用,材料的取舍、结构的安排、论证方法的运用、语言的表达都要依照总论点的需要来决定。而总论点的正确性、新颖性和深刻性也是衡量论文有无价值或价值大小的关键。

(六)拟写提纲

提纲是论文写作的设计图,起着疏通思想、安排材料、形成结构的作用。如果写作前对全篇文章缺乏通盘的考虑,就会前后重复,互相脱节,甚至会互相矛盾,特别是篇幅比较长、分论点比较多的论文,更容易产生这种情况。有了提纲就可以使我们在具体写作时做到心中有数,清楚自己应该先写哪些论点,后写哪些论点,以及哪些论点用哪些材料做论据等。

论文的提纲可详可简,简单的提纲只要求概括地提示论文的中心论点及分论点,对如何展开论点不涉及;详细的提纲则要求列出中心论点下的分论点及其有关材料的安排,可以比较清楚地看到全文的梗概。拟订写作提纲,是将自己在阅读和分析研究资料过程中形成的一些想法和新的论点进一步系统化的过程,也是使那些在研究过程中出现的不够肯定和比较模糊的看法得到进一步肯定的过程。论文的写作提纲需要在写作过程中不断修改和完善。

三、毕业论文的结构和编写要求

提纲拟好后,就可以按照提纲拟订的论点组织材料,进入初稿的写作。毕业论文是学术论文的一种,它的结构与学术论文基本一样。

一般来说,各高等院校都统一为毕业生印制了毕业论文封面发给学生,学生可在上面填写题目、系别、专业、班级、姓名、指导教师姓名和完成时间等项目。硕士论文的扉页、摘要,博士论文的扉页、摘要、目录、图题及表题等,都要求用中、英文两种文字给出,中文在前,英文在后。

毕业论文的中文稿必须用白色稿纸单面缮写或打字,外文稿必须用打字;可以用不褪色的复制本。报告、论文宜用 A4(210mm×297mm)标准大小的白纸,应便于阅读、复制和拍摄缩微制品。报告、论文在书写、打字或印刷时,要求纸的四周留足空白边缘,以便装订、复制和读者批注。每一面的上方(天头)和左侧(订口)应分别留边 25mm 以上,下方(地脚)和右侧(切口)应分别留边 20mm 以上。

毕业论文的结构和装订顺序是:封面、标题、目录、摘要、主题词、正文、致谢、注

释、参考文献和封底。左侧装订成册。

撰写毕业论文是一件很严肃的事情,也是一项艰苦的工作。要写出一篇高水平的毕业论文,需要作者站在学科的前沿,占有丰富的材料,并以高屋建瓴之势驾驭全部材料。写作毕业论文不仅是一个文字表达过程,也是一个思想认识不断深化的过程。在不断提炼思想认识、凝练学术观点的过程中,通过修改—写作—再修改,多次反复,一篇优秀的毕业论文才能脱颖而出。

四、毕业论文的答辩

论文答辩是审查论文、考查作者的一种形式。论文答辩小组对论文中不清楚、不详细、不恰当之处,要在答辩会上提出,让作者略做准备后回答,以便进一步了解作者立论的依据以及处理课题的实际能力。论文答辩时,答辩小组提出的问题,只限于论文本身所涉及的学术问题,而不是某一学科领域中全部知识的考查。

(一)答辩的准备

论文提交之后,要抓紧时间准备论文答辩。以下几个问题可作为准备的重点:

1. 为什么选择了这个课题?研究这个课题有何社会价值与理论意义?
2. 对这个课题,前人或别人曾做过哪些研究?其主要成果及观点是什么?
3. 论文提出和解决了什么问题?对前人或别人的研究有何新发展?
4. 论文的基本观点及立论的主要根据是什么?
5. 论文参考了哪些文献?
6. 论文还有哪些应该涉及或解决,但因力所不及而未能展开的问题?
7. 还有哪些问题在论文中未涉及或很少涉及,而在研究过程中确已接触到了并有一定的见解,只是由于与论文内容的中心关联不大而没有写入?

上述这些问题都要很好地思考,经过整理,写成提纲,牢记在脑子里。

(二)答辩时应注意的问题

参加答辩会,要携带论文的底稿和主要资料,以备临时查阅;还要携带笔记本和笔,供记录答辩小组的教师所提出的问题与意见之用。

答辩时表情要放松,注意力要集中。对答辩小组教师的提问,应充满自信地以流畅的语言、肯定的语气来回答。如果对教师所提出的问题没有理解清楚,千万不可贸然回答,可以请他再说一遍,或者把自己对问题的理解说出来,请问是不是这个意思,等得到肯定的答复时再回答。对答辩小组教师提出的疑问,要审慎地回答,有把握的,可以申明理由进行答辩;没把握的,不可辩解。因为教师对这个问题可能有过多年研究,他是有根据地提出这个疑问的。遇到这种情况,可以实事求是地虚心表示,在这段研究过程中还没有搞清楚,今后一定认真研究这个问题。答辩结束时,要对答辩小组的老师表示感谢,然后从容地退场。

答辩之后,作者要认真考虑答辩小组教师提出的意见,总结这次论文写作的经验教训。如有时间和可能,可对论文再次进行修改,并向有关刊物投稿,争取正式发表。

【例文】

有关我国农业经济信息化创新的发展与思考

摘　要:农业经济信息化是人类目前认识到的、农业发展的最高阶段。我国农业经济信息化还处在初级阶段,这就更需要我们各级政府予以高度重视,以期为实现我国农业经济信息化的跨越式发展、解决“三农”问题,寻找出一条新的发展思路。
关键词:农业经济;信息化;发展与思考

一、我国农业经济信息化发展的必要性

本文的农业信息化是指充分运用信息技术的最新成果,促进农业持续稳定发展的过程。它通过信息和知识及时、准确、有效传递的特点,把农业信息及时准确地发送到农民手中,实现农业生产、管理、农产品营销信息化,大幅度地提高农业生产水平经营管理和经营决策。

目前,我国实现农业经济信息化的现实必要性有以下几点:

1. 农业信息化是推动发达国家提升农业产业升级的有效途径。发达国家的信息产业已成为推动农业的主导力量。以美国为例,一方面,政府把对农业的管理决策建立在信息支持的基础上,同时把进行信息引导和提供信息服务作为政府的重要职能;另一方面,农民把信息作为一项生产要素来投入,以信息作为农业生产经营的依据。美国的传统农业实现了高度的信息化,信息产业的就业人数和对国民生产总值的贡献率都已超过一半。

2. 农业信息化是目前认识到的农业发展的最高阶段。当今,我国农村经济结构中非农产业的比重还不高,处在国家和人民用增加资金投入推进农业现代化的进程中,农业的现代化刚刚起步。只有实施农业的信息化,才有可能针对农业所涉及的因素,复杂性、区域性和时空差异性大以及生产稳定性和可控程度低的特点,科学的优化配置现代化的农业生产体系。可以说,信息技术可以渗透到农业的各个环节和农村生活的各个方面。

3. 农业信息化是实现我国农业跨越式发展的最佳平台。所谓跨越式发展,是指我国农村在当前国际国内环境下,不能再按部就班、亦步亦趋地走“原始农业——→古代农业——→现代农业——→信息农业”的常规发展道路,而应该摆脱传统思维模式,实施以农村的信息化互补共进,同步发展的道路,实现跳跃式的发展,这在理论和实践

上都是可以成立的。为此要注意两点:一要立足于中国农村的实际,特别要注意中国农村人口众多和土地经营高度分散的基本现实,处理好市场和政府的关系;二要借鉴发达国家农业信息化的经验教训,特别是有效的信息化运行体制和科学的管理方法,通过农村的农业管理制度创新极大地调动农民的生产积极性,推动农村经济的发展及其农业结构的调整,使农业产业结构优化升级,改善资源配置状况,以达到大幅度提高农业经济效益的目的。

4. 农业信息化能对我国农业经济的发展起到推动作用。一是信息知识能成为农村经济增长的战略性资源。随着农业信息化的不断深入,信息知识的价值将会得到确认和重视,在农业生产流通中,科技知识在利用上发挥巨大的作用,并成为农村经济发展的主要动力源。二是农业信息化可以促进现代农业科技成果的迅速推广和普及。由于农业信息网络的广泛普及和信息技术的大范围培训,使农业信息流和科学技术迅速地推广到千家万户并转化为实实在在生产力。三是农业信息化会促进农业生产结构的提升进步。新兴的低耗、高效的农业生产结构方式将逐步占据主导地位。计算机和现代通信技术为主的信息技术在农业上的广泛应用,将会使传统的农业生产方式得到改造、生产成本大幅度的下降,农业劳动生产率大幅度的提高,成为农村经济长的重要技术基础。

二、我国农业经济信息化发展的可能性

我国发展农业经济信息化应该说已具备了一定的发展条件:

其一,信息产业已为农业信息化发展提供了有力的技术支撑。

其二,国家已为农业信息化发展提供了可靠的制度保证。党的十六大已将农业放在所有产业发展的重要位置,并提出了城乡统筹全面发展的新思路,各个行业包括信息产业,都将农业市场放在未来发展的战略重点位置,准备开发农业信息化资源。

其三,农村经济的发展已使农民有了强烈的信息需求意识。随着我国工业化、城镇化的发展,大批农村剩余劳动力或进城打工,或进城经营第三服务产业。这些年轻的农民会经过新环境的感染,不但提高了自己的商品经营意识,而且理悟到信息化的强大作用,使自己逐渐意识到自己家乡的落后不仅仅是物质的贫穷,更为重要的是知识的贫乏和观念意识的落后。他们会回乡进行思想互动,带动广大农民树立信息化意识,抛弃旧的传统观念和农业经营方式。为农业经济信息化扫清思想意识的障碍。

三、农业经济信息化发展的可操作性

我国农业信息化发展、开发、利用效果并不理想,与发达国家相比还相当落后。结合我国农业信息化的现状,我们应该从以下几个方面入手:

1. 建立三级网络构架模式,创造发展的硬件环境。以“中国三农振兴网”为龙

头，通过“村、乡、县”三级网络构架，互联网络配套完整、高效、直接、互动的网络体系；通过基层信息站各类农资、农业信息的层层收集、汇总、上传和主站、区域总站的及时整理、归纳、反馈等技术手段，有效地解决有效“黄金”信息的“上传下达”问题。

2. 建立“信息化示范县”工程，创造发展的组织环境。合理利用、有效调动和高效整合各行业相关资源，为农业信息化的顺利实施创造有利条件，营造良好的市场氛围，以奠定良好的发展基础。

3. 试办农村信息化教育基地创造发展的软件环境。通过加大农村教育投资，培养一大批知识和实践能力俱佳的掌握计算机和网络技术的人才、农业技术人才、农业管理人才、外语人才和法律人才等各方面高端人才。农民是农业信息的主要利用者，农民素质的提高是增强农民信息意识和使用信息能力的关键。应该充分重视农村的基础教育和职业技术培训，从文化程度和农业生产经营技能上切实提高农民的素质，提高农民的信息意识和利用农业信息网络的能力。

4. 组建农业信息化投资公司创造发展的融资环境。国家应该出台有关文件和政策，允许鼓励各种大型公司，特别是开发公司投资农业信息化发展。创造一切有利条件，特别是制度保障条件，包括免税政策等一切优惠政策，并使投者有利可图，放心投资从事农业经济信息的建设。另外，国家可成立“农业经济信息化股份投资公司”，由政府出资一定比例，私人筹资一定比例，为农业信息化发展创造更好的融资环境。

参考文献

[1]陈述彭.“数字鸿沟”与地球信息科学的对应[N].光明日报,2004-04-02.
[2]李冰.对数字化技术前景的探讨和分析[J].中国科技成果,2004(4).
[3]王夏.当代高技术发展的交叉融合趋势[J].中国科技产业,2003(12).

（选自论文网）

思考与练习

1. 学术论文与毕业论文有何异同？
2. 毕业论文的准备工作包括哪些环节？
3. 毕业论文在选题时应考虑哪些因素？
4. 常见的收集资料的方法有哪些？
5. 理工科学生做毕业设计时应注意哪些问题？

6. 到图书馆借阅一份毕业论文(设计),并分析其立论和结构方式。

7. 就你感兴趣的学术问题,列出 10 个选题,并与同学进行交流。

8. 结合所学专业,选择一个小题目,到图书馆或互联网上收集相关资料,写一篇 3 000 字左右的论文,并向有关刊物投稿。

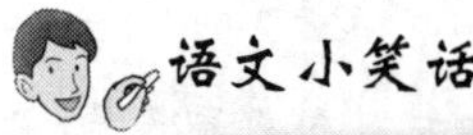

鲁迅的妙批

许广平将她的论文《罗素的话》交鲁迅先生批阅,鲁迅阅后写下这样一段评语:"拟给九十分,其中给你五分(抄工三分,末尾的几句议论二分),其余的八十五分都给罗素。"这段评语批评许广平的论文抄录罗素的话太多,很少有自己的见解,既中肯,又幽默。许广平读后,欣然接受了先生的批评。

论文网

第八章

申　论

第一节　概　说

一、申论的概念

申论是针对特定事实材料展开论述从而表明自己观点、见解的一种考试文体。申论，即“申而论之”，申说并论证，词义源自《论语》。自2000年起，中央、国家机关将申论作为录用公务员的一门必考科目。申论试题要求考生在认真阅读给定资料的基础上，概括出给定资料所反映的主要问题，提出解决问题的对策、建议或方案，写出分析、论证的文章。作为一种应试文体，申论属于应用写作的范畴。它既区别于古代科举考试中要求就给定的题目论证某项政策或对策的策论形式，也有别于以往公务员录用考试中的命题作文形式，而是把阅读理解和应用写作有机地结合起来，形式新颖、灵活，能够更好地测评考生的综合素质。如果说现代公务员制度是中国古代科举考试和西方文官制度结合改造而成的产物，那么，申论则是古代科举考试中的“策论”、现代高考作文和国家行政机关公文等文体相结合的产物。

二、申论的特点

（一）检测性

申论是公务员录用考试的科目之一，检测性是其基本特点。《中华人民共和国公务员法》第二十三条规定：“录用担任一级主任科员以下及其他相当职级层次的公务员，采取公开考试、严格考察、平等竞争、择优录取的办法”；第三十条规定：“公务员录用考试采取笔试和面试等方式进行，考试内容根据公务员应当具备的基本能力和不同职位类别、不同层级机关分别设置。”申论的命题形式模拟公务员日常工作的实际状态和能力要求，一般包括阅读材料、概括内容、提出对策、进行论证等几个方面。通过这样的试卷设计，可以分别考查应试者对给定资料的阅读理解能力、综合

概括能力、提出和解决问题能力以及文字表达能力。显然,这些能力都是与行政机关的工作性质和内容对公务员应具有的知识、素质和能力的要求相一致的。申论具备良好的检测性,才能充分发挥其选拔人才的功能。

(二)模拟性

从申论试卷的设计来看,申论考试是模拟行政机关工作思路、立场、观点、态度、风格等的一种行为。面对社会生活和工作中的各种现象和问题,国家行政机关的公务员经过整理、分析、判断和归纳,在自己的职权范围内总要提出有针对性和可行性的对策和方案,以使问题得到解决。申论的题型正是模拟机关工作中的这种状态而特别设计的。了解和掌握党和国家的大政方针政策,熟悉行政机关工作的基本思路、立场、观点和态度,是申论考试取得好成绩的前提条件。对国家机关行政行为的一般情况,如职能分工、工作方法、办事原则等,没有较深的了解或领会,要想写好申论是根本不可能的。

(三)时效性

时效性是申论命题的效能要求。作为国家大型考试科目,申论考试具有统一思想、引导舆论、把握导向的功能。当前群众普遍关心的社会热点、难点问题常常作为申论材料,供考生进行申说论述。例如,噪声治理、医药安全、网络管理、生产安全、环境治理、农村扶贫、突发性事件应急防御等。这些材料反映的都是政府实际工作中迫切需要解决的重大问题,具有鲜明的时代特征。有些考生不知道如何准备申论考试,其实,关心时事政治,关注热点问题,经常阅读党报党刊,及时掌握国家的新政策、新规定、新举措,就是很有效的备考之道。

(四)针对性

严格来讲,申论考试不是单纯的写作考试,而是基于材料的案例分析。它首先考察的是概括分析能力,其次才是写作能力。换句话说,申论试题本质上是一个大的材料分析题,而不是纯粹的作文题。考生一定要用足够的时间,认真阅读给定资料。在阅读过程中,要先理清材料的逻辑联系,就一个较为复杂的事件,要抓准主要问题,然后把握住给定资料所反映事件的环境和条件。抓准了主要问题,解决问题的方案就有了针对性;搞清给定资料所提供的环境、条件,所提出的解决问题的方案才有可行性。相对于传统的作文来说,申论要求考生摒弃那些套话、大话、空话,要紧密联系政府有关部门的工作实际,深入、客观地分析问题,提出切实可行的对策或方案。针对性是申论考试的基本要求,忽视这个特点,申论写作就会步入歧途。

三、申论的命题形式

从历年申论试卷来看,申论的命题形式一般包括注意事项、给定资料和申论要求三大部分。

(一)注意事项

注意事项是对考试有关事项的说明,给考生答卷提出一些指导性建议。例如,2012年中央、国家机关公务员录用考试申论试卷的“注意事项”有五点:“1. 申论考试与传统的作文考试不同,是分析驾驭材料的能力与表达能力并重的考试。2. 作答参考时限:阅读资料40分钟,作答110分钟。3. 仔细阅读给定的资料,按照后面提出的‘作答要求’依次作答在答题纸指定位置。4. 答题时请认准题号,避免答错位置影响考试成绩。5. 作答时必须使用黑色钢笔或圆珠笔,在答题纸有效区域内作答,超出答题区域的作答无效。”这五点“注意事项”分别对申论考试的特点、作答参考时限、考试步骤、答题位置和作答要求做了说明。

(二)给定资料

给定资料是申论试卷的重要组成部分。因为申论考试主要是考查考生解决实际问题的能力,所以给定的材料内容非常贴近现实工作实际,都是社会上高度关注的政策热点、改革难点和社会热点。材料来源都是面向大众的、已经公开的客观信息,一般选自报纸、电视、网络等大众媒介的报道,有的全文选用,有的经过加工整理。

给定资料的字数每年都有所不同。以中央、国家机关公务员录用考试申论试卷为例,2000年和2001年给定资料的字数在1 500字左右,2002年的2 300多字,2003年至2005年的4 000字左右,2006年的达到8 000多字,逐步加大了对考生分析驾驭材料能力的测试力度。当然,给定资料的字数也不会无限制地增多。由于考试时间的限制,给定资料的字数最后会控制在一个合理的范围之内。

(三)申论要求

申论要求是告诉考生根据给定资料,完成若干写作题目。申论要求的题型每年都有变化,文体类型也有多种,但基本题型主要有以下三个:

1. 概括问题。用不超过200字(或250字)的篇幅,概括出给定资料所反映的主要问题。要求:概括准确,简明扼要。分数为20(或25)分。

2. 提出对策。从政府制定政策的角度,或以政府管理部门的身份,针对给定资料所反映的主要问题,提出解决问题的对策、建议或可行性方案。要求:意见合理,具体可行;条理清楚,语言简明;字数不超过300字(或350字、400字)。分数为30(或40)分。

3. 进行论述。用1 000字(或1 200字、1 500字)左右的篇幅,就给定资料所反映的主要问题和应试者提出的对策建议进行论证,既可全面论证,也可就某一方面重点论证。有时是命题作文,如“评解决我国农村农民问题的两种思路”“关于我市交通拥堵情况的报告”“关于‘减少事故,保障安全’的建议”等,有时是自拟标题作文。表达方式主要是议论、概述和说明。文体主要是议论文。要求:联系实际,观点

明确,内容充实,论述深刻,条理清楚,语言流畅。分数为50(或60)分。

从2000年起至今,申论作为录用公务员的一门考试科目,其命题形式已基本定型。考试大纲一年一制,题型大同小异,稳定中有变。不论是几个题,申论的考察内容是不会变的,所谓"万变不离其宗",目的都是为了录用国家公务员,对考生的阅读理解能力、综合分析能力、提出和解决问题能力以及文字表达能力进行测试。

思考与练习

1. 什么是申论?
2. 申论考试主要测试应试者的哪些能力?
3. 申论的命题形式一般包括哪些部分?各部分的主要内容分别是什么?

第二节　申论的写法

一、申论的解题方法

(一)阅读资料的方法

阅读资料是申论写作最基础的环节。只有认真地读懂、读通全部资料,才能把握资料所反映的问题的性质。考生要想完全驾驭资料,至少要将资料读两遍:阅读第一遍——了解资料内容,最好边看边总结,每看完一段资料,就在草稿纸上写出本段的一句话的总结;阅读第二遍——理清脉络,要由此及彼,由表及里,简单地进行分类,把所有内容相近的段落的编号归为一类;发现某两个段落有因果、对象一致、角度相同等密切的关系,就在草稿纸上把它们的编号用线条连接起来,注明何种关系。

阅读时要有一定速度,但不能"一目十行"。如果资料没有完全读懂,核心问题没有抓住,后面的题目就很难做,所谓"欲速则不达"。

(二)概括问题的方法

用200字左右的篇幅概括给定资料所反映的主要问题。要求答案覆盖全文的主要内容,人物(或单位)、时间、地点、事件、原因、结果等要素都要有所阐述。答题时要分清主次,简明扼要,不冗长,不啰唆,不要囿于细枝末节,一般不直接引用具体事例或数字,也不能跳出材料圈定的内容去旁征博引或随意发挥。要统观全局,高瞻远瞩,从宏观上把握主要问题。什么是主要问题?主要问题就是在文中带有倾向性的问题,它在文中决定或支配着思路的走向和材料的安排。一般来说,概括问题

的结构模式可以包括三个部分:一个总述句+几个分述句+一个结束句。

1. 一个总述句,即用一个判断句高度概括全文的主要问题。句式模型为:“这是一篇关于……的(文种)”或“这些资料主要反映了……的问题”。例如,“这是一篇关于我国玩具市场的调查报告”,“该材料主要反映了中国的世界文化遗产保护问题”等。

2. 几个分述句,即把总述句里涉及的内容具体地表达出来。例如,针对关于我国玩具市场的一篇调查报告,可以这样概括:“调查表明:我国的玩具消费拥有难以估量的发展潜力。家长望子成龙心切,愿意为孩子买更多的玩具。但调查还表明,我国的成人玩具市场基本是一片空白,到目前为止,还未出现专门生产成人玩具的企业,存在巨大的商机。玩具的开发和销售面向成人,是世界玩具业的新热点。”

3. 一个结束句。结束句可以揭示给定资料的意义,其基本句子模型为:“该资料告诉(或揭示、反映)了……道理(或规律、性质)。”结束句要求考生对给定资料有较强的归纳分析能力,能从中引申出一定的道理来。当然,有时候资料中也有现成的语句,这需要考生认真分析和辨别。

(三)提出对策的方法

提出对策是申论考试的重要环节,重点考查考生解决实际问题的能力。考生要针对给定资料反映的问题,模拟题目要求的“身份”,结合相关法律和政策,从不同角度或层面提出对策或方案。以下角度或层面可供提出对策或方案时参考:

1. 从观念、制度、措施三个层面提出解决办法。答题时可这样安排层次:第一,转变……观念,或树立……观念;第二,建立……制度;第三,采取……措施。

2. 从政府、法律、企业或单位和公民个人四个方面来提出对策。答题时可这样安排层次:第一,“政府应当做什么”;第二,“法律应当做些什么”;第三,“企业或单位应当做些什么”;第四,“公民个人应当做些什么”。

3. 针对事件参与的各方提出对策。一个事件的双方或多方各有什么问题,就分别解决什么问题。例如,关于机动车“撞了白撞”的问题,就可以从“人、车、路”三个方面来提出对策:第一,提高路人的安全意识,监督路人的行动(要列举具体办法,如加强交通安全教育,设置交通路口安全监督岗位等)。第二,车主必须尊重路人生命,不能因为法律授权就任意作为,在可能避免的情况下要尽量避免撞人事件发生。第三,路的问题主要靠政府解决。政府要多修路,修好路(也要列举一些具体方法,如拓宽主要街道,在交通要道架设大桥,修地下通道,或严加管理一些事故多发路口等)。

4. 从宏观、微观两个方面来提出解决方案。大处着眼,以科学发展观为指导思想,从国家机关工作人员的角度,为国家利益着想,处理好全局与局部、主要与次要、一般事物与特殊事物、国家利益与个人利益、近期目标与长远目标的关系。小处着手,使对策或方案具有较强的针对性和可操作性。

(四)进行论证的方法

进行论证是申论考试最重要的部分。这部分,字数要求多,答题时间长,分值高,能全面考查和衡量应试者的分析归纳能力、提出和解决问题能力以及言语表达能力。所谓进行论证,最典型的文体就是议论文。有时也要求使用报告、讲话稿、演讲稿等文体。不论要求何种文体,进行论证都要运用充分的论据论证应试者的观点,按照标题、开头、正文和结尾几个部分来谋篇布局。

1. 标题。标题的拟定有很多形式,如范围式、设问式、反问式等,但考虑到追求效率和行政机关的理性化倾向,进行论证的标题以揭示观点为好。例如,"加强党风廉政建设,构建社会主义和谐社会""要从源头上防治腐败""始终把群众利益放在第一位""减少事故,保障安全"等。标题字数不宜过多,要简洁明快,有动感,有力度。

2. 开头。第一段落,用来发起话题,主要是根据给定资料提出问题,为下面的论证提供事实基础。申论最好的开头方式就是开门见山,一开始就高度概括给定资料反映的主要问题,鲜明地提出自己的观点。字数不必多,点到为止。

3. 正文。议论文的三要素是论点、论据和论证。论点是灵魂,论据是血肉,论证是骨骼。论点是解决"要证明什么"的问题,论据是解决"用什么来证明"的问题,论证是解决"怎样进行证明"的问题。议论文的正文就是运用论据论证论点的过程。这个过程可以按照由此及彼、由表象到本质、由微观到宏观、由特殊到一般的方式进行。论述过程中既要摆事实,又要讲道理,事实与道理紧密结合,互相支持,为中心论点服务。论据有事实论据和事理论据两种。申论写作的事实论据主要来自给定资料,事理论据可以从给定资料中来,也可以从中引发。在论证过程中要保持思维的确定性,防止出现偷换论题或转移论题的现象。

从结构上看,正文部分可采用纵横交叉式。有的层次,按照时间的发展顺序或思维的逻辑顺序来表述事实或理论;有的层次,则将事实或理论进行分类表述,各部分之间是平行关系。

从形式上看,正文部分最好采用分条列项的方式。大的层次用大"一、二、三",或"第一、第二、第三",或"首先、其次、再次、最后";小的层次用小"1、2、3",或用"(1)(2)(3)"。序码后面加小标题或段落主旨句。这样做,可以使文章思路清晰,条理分明,也便于阅卷教师抓住重点。

4. 结尾。从逻辑上看,结尾部分要紧承分析问题的步骤,给出解决问题的对策或方案。解决方案既要有总体上的思路,也要列举切实可行的手段或措施,可以按照观念——制度——操作的思路来组织文字,使之既照顾到全局,又照顾到特殊情况,既解决主要问题,又控制次要问题,特别是杜绝新问题。解决问题的方

案要有条理、有层次，涉及相关部门时，方案要体现各司其职、各尽所能、互相合作的精神。

从形式上看，结尾属于文章的收束部分。在最后一段可以对前边提出的观点进行归纳、总结、强调，或提出希望、号召、要求等。

需要指出的是，在应考时，不要把申论要求的概括问题、提出对策和进行论证这三个部分割裂开来，而应当统筹兼顾，前后衔接。概括问题的过程既是熟悉给定资料的过程，也是分析判断的过程，提出对策的过程既是解决问题的过程，也是进行思辨的过程。三个部分应协调统一，相互配合，彼此照应。

二、申论考试前的准备

（一）了解申论考试的特点及发展趋势

《孙子·谋攻》篇中说："知己知彼，百战不殆；不知彼而知己，一胜一负；不知彼，不知己，每战必殆。"意思是说，在军事纷争中，既了解敌人，又了解自己，百战都不会失败；不了解敌人而只了解自己，胜败的可能性各半；既不了解敌人，又不了解自己，那只有每战必败的份儿了。这一则兵法同样适用于广大考生。在报名参加公务员录用考试前，既要有自知之明，知道自己的长处与短处，又要了解申论考试的特点及发展趋势，做到心中有数，有备而来。

根据对历年申论试题的分析，可以看出申论考试的发展趋势是：申论的给定资料更加贴近现实生活，都是全社会高度关注的热点、难点问题，具有很强的可论性。申论的出题角度更加灵活，更接近公务员的实际工作。申论的写作指向性更加鲜明，针对性更强，审题难度降低，答题要求更严。建议考生做一些模拟试题，作答时间和字数都按要求来做，以增加应试经验，提高考试水平。

（二）注重阅读，提高阅读理解能力

申论考试给定资料的阅读量是比较大的，要写好申论文章，平时注重大量的阅读，培养快速理解阅读能力十分重要。针对公务员录用考试，要选择合适的阅读材料：一是党中央、国务院的重要文件，如《中共中央关于完善社会主义市场经济体制若干问题的决定》《中共中央关于加强党的执政能力建设的决定》《中共中央关于制定国民经济和社会发展第十四个五年规划和二〇三五年远景目标的建议》等。二是党报党刊，如《人民日报》《光明日报》《半月谈》《求是》等。三是领导讲话，有些领导针对解决某个实际问题的讲话，就是一篇很好的申论文章。四是申论模拟试卷及其参考答案。通过这些材料的阅读，既了解了党和国家的方针政策，了解了社会热点、焦点问题的发展现状以及针对这些问题的具体解决思路和对策，也熟悉了申论的文体特色和语言风格，培养了阅读理解能力。

(三)掌握辩证思维方法,提高综合分析能力

综合分析能力是申论主要考查的能力之一。不论是概括问题、提出对策、进行论证,还是写建议和讲话稿,综合分析能力都是必须具备的。如果综合能力不强,就不能准确地概括给定资料所反映的主要问题;如果分析能力不强,就必然看不到问题产生的真正原因,提出的对策也将无的放矢。要提高综合分析能力,就必须掌握辩证思维方法。申论的给定资料往往涉及很多内容,其中有主要材料,也有次要材料;有正面材料,也有反面材料;有性质相同的若干个材料,也有性质并不相同的其他材料。掌握了辩证思维的方法,就能够区分主次,合并归类,最后准确地概括出给定资料所反映的主要问题,并提出有针对性和可操作性的对策。

(四)加强应用写作基本功训练,提高文字表达能力

参加申论考试,需要人文社会知识的积累,也需要应用写作的知识和技巧。有些考生,平时很少写文章,考前又不重视练笔,要想在申论考试中取得好成绩是根本不可能的。"冰冻三尺,非一日之寒。"写作是一种能力,非下功夫练习不可。要克服"眼高手低"的毛病,就要勤于动笔。建议从应用写作的表达方式、语体风格、谋篇布局、基本文体等方面入手,加强基本功训练。要重视说明、概括叙述和议论等表达方式的训练。在语言方面,要抛弃"校园体""散文体",少用华丽的辞藻、感叹语,把握好应用文庄重、朴实、简明的语体特色。要熟悉和掌握申论考试中可能涉及的文体结构,可以有选择地做些文体练习,如说明文、议论文、评论、缩写、讲话稿、演讲稿、报告、请示、意见等文体。通过练笔,增强应用写作语感,逐步提高文字表达能力,争取在考场上有好的发挥。

三、申论考试中应注意的事项

(一)注意审题

拿到试卷后,先看一下"注意事项",然后仔细阅读"申论要求"。每年的"申论要求"都会有所变化,因此,看清楚具体要求,明确题目概念是非常重要的。例如,试题要求"概括这则材料所反映的主要问题",回答时就不要用"这则材料反映的主要内容是……"作为开头。概括主要问题和概括主要内容是有区别的。问的是什么就要回答什么,不能把二者混淆。再如,某年的申论要求仅有两个题:第一题是根据给定资料,概述"我国汽车工业的现状和发展趋势";第二题是写一份"关于我市交通拥堵情况的报告"。审题时,考生要有明确的文体意识。第一题应写成经济活动预测报告,以说明、叙述为主要表达方式;第二题则要按照公文报告的格式和要求来写。分析历年申论要求,题型有所变化是肯定的,但暗含的测试能力的目的却是相同的。只要认真审题,仔细领会出题者的意图,应试者就可以随机应变,准确答题。

（二）明确定位

申论是公务员录用考试，试题中往往要求模拟公务员的某种角色，根据给定资料写出文章。例如，“假定你是某职能部门的工作人员”，或“从政府制定政策的角度”，或“作为当地政府派出的事故调查处理的负责人”，或“作为市交通主管部门的负责人”等等。显然，这与传统的作文迥然不同，要求应试者必须明确定位，有较强的角色意识、现场意识，设身处地，为文而文。

（三）合理分配答题时间

关于考试时间的分配问题，在试卷的“注意事项”里提出了一个参考建议：阅读资料 40 分钟，申论写作 110 分钟。每个考生可根据自己的情况灵活掌握，如阅读资料也可用 30 分钟，以使写作申论的时间宽裕些。但阅读资料的时间不能再少了，因为如果没有把握住资料重点就匆忙下笔，后面的题目也不可能写好。

（四）重视字数

申论考试的每个写作题都有字数要求，要严格按照规定的字数答题。字数不能过少，过少表述就会不充分；也不必过多，过多会占用宝贵的考试时间。字数的弹性限制在 10%以内，过多或过少原则上都要扣分，一般每少 50 个字扣 1 分。要注意，标点符号也算字数。所有题目都要作答在答题卡上的指定位置，因为答题卡上的方格便于统计字数。作答在其他位置上的一律无效。

（五）书写工整

虽然考试时间有限，但字迹绝不能潦草，卷面绝不能混乱。字体端正、笔画清晰、修改明确、卷面整洁是语文素质高的表现，会给评卷教师留下良好的印象。字体端正、美观，卷面整洁的加 1 分；反之，字迹潦草、卷面不洁的，减 1 分。3 个错别字扣 1 分，重现的不计；标点错误较多或模糊的扣 1 分。错别字、标点和卷面扣分累积不超过 3 分。所以，下笔前最好先拟定提纲，想好了再写，写的过程中尽量少修改或不修改。如果时间允许可以修改，应该使用修改符号，勾画清楚。要注意行款格式的规范性，做到字体大小适中，笔画粗细合宜，字距行距恰到好处。要正确使用标点符号，并注意标点符号的书写位置。

【例文】

2020 年北京公务员考试申论真题（区级及以上）

注意事项

1. 申论考试是对报考者阅读理解能力、贯彻执行能力、解决问题能力、文字表达能力的测试。

2. 作答参考时限:阅读材料 40 分钟,答卷 110 分钟。

3. 仔细阅读给定材料,按照后面提出的申论要求依次作答。

4. 请在题本、答题纸指定位置填写自己的姓名,座位号,填涂准考证号。

5. 考生可以在题本的空白位置或草稿纸上打草稿,但所有题目都要在答题纸的指定位置作答,未按要求作答的,不得分!

6. 监考人员宣布考试结束时,考生应立即停止作答,将题本、答题纸和草稿纸都留在桌上,待监考人员确认数量无误、允许离开后,方可离开。

严禁折叠申论答题纸!

给定材料

材料一

生活中,同一种类的电池可以在不同产品上使用,既可以用在电视遥控器上,也可以用在闹钟或手电筒上。按照既定的大小和形状生产出来的电池,不管是哪个厂家生产的都能使用,从而确保了同一种类的电池具有互换性。这种能够互换的特性就是标准化。

在我国,标准和标准化的历史源远流长。孟子说"不以规矩,无以成方圆",是古代标准化的经典表述。《史记》记载大禹治水"左准绳、右规矩",都体现了标准规范一致的属性。秦始皇统一度量衡,并实现"车同轨、书同文、行同伦",是历史上以标准化手段治理国家的范例。到了近代,标准化在工业生产领域得到了广泛应用,在工业生产的操作和工作方法、工时定额、培训方法、工资等方面实行了标准化。

随着社会的发展,标准化领域不断扩大,不仅限于生产技术领域,而且延伸到服务领域,渗透到社会的各个方面。无论是生产与服务,还是具体工作和管理工作,建立社会各方面的最佳秩序,都需要符合客观需要和用可能的章程加以约束,以期达到人们预期的目的。这种有利于人类发展的,具有某种特定形式的约束就是标准,这种约束过程就是标准化。具体来说,标准是以科学、技术和实践经验的综合成果为基础的,"是对重复性事物和概念所做的统一规定",是需要共同遵守的准则和依据。标准需要各方面协商并取得一致,由主管机构批准,以特定的形式发布。而标准化则是标准的制订和贯彻的过程,以及标准化原则和方法运用的过程。

材料二

国际标准化组织(ISO)成立于 1947 年,是一个全球性的非政府组织。ISO 的任务是促进全球范围内的标准化及其有关活动,以利于国际间产品与服务的交流,以及在知识、科学、技术和经济活动中发展国际间的相互合作。目前,ISO 已经发布了 17000 多个国际标准,如 ISO 公制螺纹、ISO 的 A4 纸张尺寸和有名的 IS09000 质量管理系列标准。中国于 1978 年加入 ISO,2001 年成立了国家标准化管理委员会,

2008 年正式成为 ISO 的常任理事国。

近年来,党中央、国务院非常重视标准化工作。我国相继出台了《深化标准化工作改革方案》和国家标准化体系建设的发展规划,新修订了标准化法,确立了新型标准体系的法律地位,形成了政府主导制定标准与市场自主制定标准协同发展、协调配套的机制。同时,我国更加积极履行国际标准组织成员义务,派出的专家相继担任 ISO、国际电工委员会(IEC)和国际电信联盟(ITU)三大国际标准组织的领导职务,我国与许多区域标准组织、国家标准化机构都建立了广泛的合作机制,越来越多的中国企业和技术专家深度参与国际标准化活动,我国对国际标准化工作的贡献不断加大。

从国家治理的角度看,标准化是国家治理现代化的重要手段。与刚性的法律法规相比,标准更加具体细致,适用范围更广、制定方法也更灵活。在社会规范体系中,标准存在和发生作用的时空非常广泛,不仅对社会行为所起的作用更加直接,灵活性、针对性更强,而且会通过渗透于日常生活培养人们的行为习惯。某专家表示,应把建立和完善标准体系放在制度建设"最后一公里"的重要位置。对于具有推广价值的改革探索,不但要使之制度化,而且要制定相关标准,增强其可复制性,使"盆景"变成"风景"。而标准所要求的规范性和普适性,也会促使人们科学总结改革经验、深入揭示客观规律,促使改革举措更加成熟、更富成效、更可持续。

材料三

截至目前,北京市已累计发布地方标准 1 750 项,其中京津冀区域协同标准 50 项,初步形成了具有首都特色的地方标准体系。全市累计投入自主创新技术标准制修订补助资金 1.5 亿元,推动企业作为主体,积极主导或参与技术标准创制。围绕新兴产业,在大数据、云计算、物联网、新能源汽车等重点领域,形成了一批国际标准,为全球互联互通做出贡献。

2019 年前三季度,北京市已累计发布地方标准 123 项,为支撑首都城市规划建设和精细化管理、保障安全运行、服务和改善民生发挥了重要作用。其中为坚决打好污染防治攻坚战,发布《电子工业大气污染物排放标准》《加油站油气排放控制和限值》等地方标准,污染物排放控制要求国内最严格,达到国际先进水平。组织开展了一批重点领域标准专项工程,其中《大型公共建筑制冷能耗限额》《数据中心能效监测与评价技术导则》等节能低碳和循环经济专项标准为推进绿色低碳发展、实现可持续发展提供技术支撑。《居家养老服务规范》《食品冷链宅配服务规范》《京津冀旅游直通车服务规范》等服务标准,有力促进了服务业提质增效,增强百姓获得感。

标准化在首都经济社会发展中的作用越来越凸显。某专家指出,要发挥好标准化在推进国家治理体系和治理能力现代化建设中的基础性、引领性、战略性作用,以首善标准加快首都转型发展,全力推进质量强国首善之区建设。

材料四

2019 年 5 月 15 日,一场雷阵雨降临京城,洗刷了多日的雾霾和高温天气,家住北京市 T 区 Z 社区的居民们惊喜地发现,尽管这场阵雨来势汹汹,但不同以往的是,这次小区内并未出现积水。

2019 年 4 月,北京市入选国家第二批海绵城市建设试点城市,海绵城市建设试点区域位于两河片区内,其中的建成区域主要就是我们现在所处的小区。对小区的改造,是希望通过系统的海绵城市工程体系建设,实现"小雨不积水、大雨不内涝、水体不黑臭、热岛有缓解"的海绵城市建设目标。T 区海绵城市建设领导小组办公室负责人对于小区的建设成果如数家珍。据该负责人介绍,目前所有的工程改造都有一套"标准",它就是 T 区正在推行的《T 区海绵城市评价导则》。在建设之初,海绵城市建设标准在国内尚属空白,但是标准化工作是高质量建设的根基。为此,T 区相关部门先后奔赴外地进行调研,组织专家召开座谈会……经过各方的努力,最终有了《评价导则》和《技术导则》两项标准的出台和推广使用。目前,海绵城市试点已在 T 区多个小区、学校、主要道路开展,实施过程中均参照这两项标准建设。该负责人表示,"城市的发展离不开标准化的支撑和引领,要积极推动首都标准化战略实施,让标准化工作在城市建设过程中充分发挥示范引领作用,利用标准化服务北京城市建设"。

材料五

家住北京市 D 区的张先生是簋街美食的铁杆粉丝。近两年,他真切地感受到了簋街上的餐厅在服务方面的可喜变化。"以前去吃饭,菜的味道虽然好,但餐厅的环境和服务却总有不尽如人意的地方。现在不一样了,从餐厅的环境到服务都上了一个档次,我更喜欢去簋街吃饭了。"张先生感受到的可喜变化,得益于北京市地方标准《簋街地区餐饮服务质量标准》的颁布和实施。

类似这样的变化,北京市 D 区还有很多。以某文化休闲街和某美食坊夜市等 3 个特色街为试点,分别制定了经营服务标准,规范政府管理行为、入驻商户经营行为和行业协会中介行为。以全国物业行业首个获得国家级"标准化良好行为企业"称号的 Y 物业管理公司为示范,积极推进全区物业公司标准体系建设,进一步带动物业行业服务水平的提升。

选取最有代表性的地区或行业,通过试点推行标准化工作,正是 D 区积极打造国家级城市公共服务标准化示范区的一个缩影。"虽然紧挨着老皇城,但随着城市现代化建设进程的不断加快,D 区的城市面貌已经发生了巨大变化,城市管理方面的问题也日益突出。示范区的确立,给我们提供了新的天地,也指出了新的发展方向。在加强城市管理、社会管理和推进公共事业发展进程中,我们积极探索服务标

准化建设的新思路、新举措。"该区相关部门负责人表示。很快,"2391"示范区核心建设工程规划正式出台——用两年时间,在公共事业管理、行政管理和城市管理3个方面,重点建设9个示范项目,打造1个D区公共服务新品牌。为此,D区成立了由区长任组长,20个区相关部门主要负责人组成的示范区建设领导小组。同时,还建立示范区建设工作信息通报机制,设立服务标准信息查询、基础数据管理系统,建立国家标准委、市质量监督管理部门、D区政府共同支撑的经费保障机制。目前,D区已形成了6个市政综合监管行业标准及配套技术、管理标准,并在全国同行业中推广应用。

材料六

轨道交通指挥中心(以下简称"轨指中心")接到一项艰巨任务——一次性开通8条线路的AFC系统,实现乘客在全网内"一票通行"。当时8条线路涉及的运营企业、集成商、设备厂家多达30多家,光组织协调就非易事,更别说统一规范、技术标准了。轨指中心牵头完成了一部50余万字、覆盖AFC系统软硬件的技术规范,涉及售检票等各个业务环节,在国内外首创了检测规范和系统技术指标体系。有了标准,还得确保各家企业执行到位,轨指中心又花了三年时间,建成国内第一个自动售检票系统检测中心。在这里,厂商从投标到安装、运营,必须将设备送来检测,任何产品有问题,都是可替代的,确保不受任何厂商的技术牵制。2015年起,北京地铁自主研发AFC系统标准化软件。当时北京地铁AFC系统有来自15个厂家的56款软件,涉及几十种不同的设备模块。研发团队针对所有在用的标准化模块,统一编写业务处理软件,逐一设计模块驱动接口。经过一年多集中攻关,全套AFC标准化系统终于研发成功,北京地铁终于不再"受制于人"。继建成地铁自动售检票(AFC)系统后,又建成覆盖全网AFC系统的监视中心,于2018年初投入使用,全网1.6万台售检票设备实现"智能感知"。正是因为引入标准化建设的理念,北京地铁拥有了不断提升服务的技术基础。从此,地铁服务从"站稳脚跟"步入"腾飞阶段"。

材料七

北京冬奥组委可持续性管理体系的建立,是冬奥筹办工作的重要成果。为做好这项工作,北京冬奥组委建立了专项工作机制,对大型活动可持续性管理体系、环境管理体系、社会责任指南三个国际标准进行了系统整合,会同国内有关专家,编制了《北京冬奥组委可持续性管理体系手册》;通过集中培训、逐一对接、专项研讨等方式,最终形成了北京冬奥组委可持续性管理体系。这项体系创造了多个第一:北京冬奥组委是我国获得大型活动可持续性管理体系第三方认证的规模最大的组织;是奥林匹克历史上第一个把"大型活动可持续性管理体系、环境管理体系、社会责任指南"三个国际标准整合为一体的可持续性管理体系;是第一个覆盖奥运筹办全领域、全范围的可持续性管理体系。北京冬奥组委可持续性管理体系认证标志着北京冬奥组委的筹办工作达到了一个新的水平，标志着中国认证认可的服务领域取得新的扩展。

材料八

近日，在河北Y医院治疗的73岁患者孙大爷高兴地说，一个月前他因病就诊，门诊中发现心脏监测指标有异常，初步检查后就直奔北京A医院，多亏有了京津冀检验结果互认，在Y医院完成的互认项目均未进行二次检查，节约了时间，切实方便了老百姓看病就医。

在Y医院医务部“病例”记录上，像孙大爷这样的受益患者还有很多。在河北Y医院，33项纳入京津冀检验结果互认范围检验项目列表赫然在目，“互认”检验结果的北京医院涉及多家三甲医院。

为贯彻落实京津冀协同发展战略，提高三地医学检验工作标准化、同质化、科学化水平，北京市、天津市和河北省三地卫生部门自2016年起共同开展京津冀地区医疗机构临床检验结果互认工作。截至2019年，三地临床检验结果互认项目已达36个。现在，在纳入京津冀地区临床检验结果互认的411家医疗机构，患者只需要出具互认项目检验报告，就能直接作为诊疗的有效依据。

纳入检验结果互认的36个检验项目是目前临床实验室最为常用、有质量标准、易于标准化且有一定地方互认工作基础的检验项目。为保障医疗质量安全，不同医疗机构间的临床实验室质量和技术要达到同质化标准、检验结果具备可比性。此前，京津冀三地卫生部门成立了京津冀地区检验结果互认工作专家委员会，指导各地开展人员培训、现场检查、结果监控、盲样检测等，并组织专家制定了三家医疗机构临床检验结果互认试点工作的技术指导规范和工作指南。临床检验结果互认不仅方便了患者就医，还减轻了患者负担，降低了医疗费用，提高了医疗资源的使用效率。

材料九

旅游标准化是《首都标准化战略纲要》和《北京市“十二五”时期标准化发展规划》确定的重点工作之一。自全国开展旅游标准化试点工作以来，北京已有多家单位分批次通过国家验收成为全国旅游标准化示范、试点单位。

北京某公园管理科副科长Z说，公园以前也有各种管理规范，但总的来说比较松散，旅游标准化建设使公园的管理体系化了。从长远发展来说，这其实是一项基础性工作。比如，公园内有许多商业经营单位，如何将这些经营单位的管理和服务水平与公园自营单位拉平？因为这些经营单位多是联营或外包的，公园对其控制力有限。旅游标准化建设要求扩大标准覆盖范围——这是评价试点成效的一个重要指标。公园把这些经营单位纳入了标准化工作中，使他们的管理和服务水平有了较大的提升。

北京H饭店管理者也深有体会。饭店副总经理说，标准化工作看似简单，实则

复杂,简单是因为饭店原来就有现成的规章制度,复杂在于搭建标准化体系框架非常烦琐、艰巨。标准化就是将现有的规章制度系统化、体系化。比如,总机是饭店的窗口之一,以前总机接线员没有固定的应答标准,客人打来电话后,接线员回答的内容随意性很大。试点标准化工作后,饭店总机的应答都按标准进行,饭店平时也加强了培训,即使客人的问题比较复杂,员工也能应对自如。

通过几年来的整体推进,北京各试点单位的旅游标准化工作已经深入人心,并逐步内化为实现发展方式转变、规范经营工作的自觉活动。通过标准的宣贯,许多试点单位的员工认识到,标准化不是一时的事,也不是繁文缛节的公文,而是对日常工作流程的梳理和提升,每个员工都可以知道自己干什么、怎么干,进而提升对工作的理解,提高工作效率和满意度。

材料十

75岁以上老年旅游者在报团前需要请成年直系家属签字,旅行社应为包机、包船、旅游专列以及百人以上的老年团配备随团医疗人员,连续乘坐汽车时间不应超过2个小时……国家旅游管理部门出台的《旅行社老年旅游服务规范》(以下简称《规范》),为“银发族”的出行保驾护航。《规范》从“吃住行游购娱”这六大旅游要素出发,结合老年人身心特点,做出了许多“刚性”规定,保证老年游客的旅游体验。

“对于老年旅游,一些地方可能制定了自己的标准,但行业标准一直是缺失的。《规范》可以给各旅行社提供一个参考。虽然《规范》是一部旅游行业的推荐性标准,从法律角度上看,并不具有强制性,而且目前《规范》的普遍实施也有一定难度,但至少它能给市场起到一个引导的作用。如果不符合这些规范,就不应该叫老年旅游产品。”《规范》的主要起草人表示。

材料十一

2017年4月4日,由中国与印度尼西亚企业合作建设的雅加达至万隆高速铁路总承包合同在雅加达签署,从此,作为“一带一路”建设早期收获成果的雅万高铁正式进入全面实施阶段。雅万高铁一期工程全长142公里,最高设计时速350公里。届时,雅加达到万隆的旅途时长将由3个多小时缩短至40分钟。

这是中国高铁首次全系统、全要素、全产业链走出国门,也是中国高铁标准“走出去”第一单,是新时代中国—印尼发展战略对接和务实合作的旗舰项目,也是“一带一路”重要倡议的标志性工程,中国高速铁路正从技术标准、勘察设计、工程施工、装备制造、物资供应到运营管理、人才培训、沿线综合开发等全方位整体走出国门。

“这具有标志性的意义。”某专家在接受专访时指出,现在我国高铁建设能力较强、配套设备也很强,但未来在世界市场上能否更多普及中国高铁,取决于技术的认可和标准的对接;中国企业在“走出去”的过程中,一定要注重在出口设备技术的同时把中国的标准也带出去。同时,该专家表示,不可强行推进中国标准“走出去”,只有在整个产业的生产技术成熟后，甚至已在市场占有了一定份额时，标准的渗透率和冲击率才会变得比较强，标准的落地才会比较顺利。

材料十二

2019年国庆黄金周期间，很多人坐着高铁去全国各地品美食、赏美景。对许多旅客来说，比窗外一闪而过的风景更诱人的，是被网友选入“舌尖上的高铁”的高铁盒饭。与西方“菜生而鲜，食分而餐”的饮食文化相比，中国的菜肴更讲究色、香、味、形、器。即使是一份高铁旅途中享用的盒饭，也要做得有形有色、有滋有味。“好吃的秘密，主要是原料、调料和温度。”主厨孙师傅负责高铁盒饭的配方研发，他介绍说，高铁配餐基地由5位主厨组成的配方研发团队，用事无巨细的标准化操作，保证每一批次的同一种饭菜色香味和营养程度都完全一样。一份份精致搭配的高铁盒饭，浓缩了肉、蛋、菜、米、面、油、调料等各种优质的食材。小到一粒粒白糖、一颗颗花椒，大到一箱箱肉禽蛋，每一件进入“盒饭厨房”的原料，都是来自知名厂家的信得过的食品。食品原材料还要进入专业品控化验中心，进行新鲜度、水分等理化指标的快速检测。盒饭的菜品虽说是“大锅炒”，但也绝不是简单地把食材累加。炒一份菜用1克盐，但是炒100份菜用100克盐可不行，那绝对就咸了。“现在我们研发了20多种菜品，每种菜品都有专门的调料配方，其中有粉末，也有液体……”孙大厨告诉记者，他们生产的餐品全部执行标准投料、标准配方、标准作业，保证食品的质量和味道。

作答要求

问题一：根据给定材料3~9，概括近年来北京市在标准化建设方面开展了哪些工作。(20分)要求：准确全面，语言简练，不超过300字。

问题二：结合给定材料，请谈谈对给定材料3中画线部分的理解。(15分)要求：观点明确，分析合理，不超过250字。

问题三：结合给定材料，请从政府部门的角度，就标准化工作如何助推公共服务质量的提升提出对策建议。(25分)要求：建议合理可行，针对性强，条理清晰，语言简练，不超过400字。

问题四：结合给定材料，围绕“标准化与个性化”这一主题，自拟题目，写一篇文章。(40分)要求：联系实际，观点鲜明、正确，分析深入、合理，语言流畅，字数控制在800~1000字。

思考与练习

1. 概括问题可采用怎样的结构模式？

2. 可以从哪些角度或层面提出对策或方案?
3. 议论文的结构一般分哪几个部分?各部分的写作重点是什么?
4. 为准备申论考试,应选择哪些材料阅读?
5. 申论考试中应注意哪些事项?
6. 上网查找近三年的公务员考试申论真题,选择一套试做,限时 150 分钟。

语文小笑话

品味女人,还是品位女人?

某服装店专售女子服装,门口用大字写了"品味女人"4 个字。店主的意思是穿上本店的服装,便能成为有品位的女人,可是"品位"写成"品味",女人成了"品味"的对象,不三不四,弄巧成拙。

中华人民共和国公务员法

附录一

党政机关公文处理工作条例①

第一章 总 则

第一条 为了适应中国共产党机关和国家行政机关(以下简称党政机关)工作需要,推进党政机关公文处理工作科学化、制度化、规范化,制定本条例。

第二条 本条例适用于各级党政机关公文处理工作。

第三条 党政机关公文是党政机关实施领导、履行职能、处理公务的具有特定效力和规范体式的文书,是传达贯彻党和国家方针政策,公布法规和规章,指导、布置和商洽工作,请示和答复问题,报告、通报和交流情况等的重要工具。

第四条 公文处理工作是指公文拟制、办理、管理等一系列相互关联、衔接有序的工作。

第五条 公文处理工作应当坚持实事求是、准确规范、精简高效、安全保密的原则。

第六条 各级党政机关应当高度重视公文处理工作,加强组织领导,强化队伍建设,设立文秘部门或者由专人负责公文处理工作。

第七条 各级党政机关办公厅(室)主管本机关的公文处理工作,并对下级机关的公文处理工作进行业务指导和督促检查。

第二章 公文种类

第八条 公文种类主要有:

(一)决议。适用于会议讨论通过的重大决策事项。

(二)决定。适用于对重要事项作出决策和部署、奖惩有关单位和人员、变更或者撤销下级机关不适当的决定事项。

(三)命令(令)。适用于公布行政法规和规章、宣布施行重大强制性措施、批准授予和晋升衔级、嘉奖有关单位和人员。

(四)公报。适用于公布重要决定或者重大事项。

(五)公告。适用于向国内外宣布重要事项或者法定事项。

(六)通告。适用于在一定范围内公布应当遵守或者周知的事项。

---

① 中共中央办公厅、国务院办公厅:中办发〔2012〕14 号。

（七）意见。适用于对重要问题提出见解和处理办法。

（八）通知。适用于发布、传达要求下级机关执行和有关单位周知或者执行的事项，批转、转发公文。

（九）通报。适用于表彰先进、批评错误、传达重要精神和告知重要情况。

（十）报告。适用于向上级机关汇报工作、反映情况，回复上级机关的询问。

（十一）请示。适用于向上级机关请求指示、批准。

（十二）批复。适用于答复下级机关请示事项。

（十三）议案。适用于各级人民政府按照法律程序向同级人民代表大会或者人民代表大会常务委员会提请审议事项。

（十四）函。适用于不相隶属机关之间商洽工作、询问和答复问题、请求批准和答复审批事项。

（十五）纪要。适用于记载会议主要情况和议定事项。

第三章　公文格式

第九条　公文一般由份号、密级和保密期限、紧急程度、发文机关标志、发文字号、签发人、标题、主送机关、正文、附件说明、发文机关署名、成文日期、印章、附注、附件、抄送机关、印发机关和印发日期、页码等组成。

（一）份号。公文印制份数的顺序号。涉密公文应当标注份号。

（二）密级和保密期限。公文的秘密等级和保密的期限。涉密公文应当根据涉密程度分别标注“绝密”“机密”“秘密”和保密期限。

（三）紧急程度。公文送达和办理的时限要求。根据紧急程度，紧急公文应当分别标注“特急”“加急”，电报应当分别标注“特提”“特急”“加急”“平急”。

（四）发文机关标志。由发文机关全称或者规范化简称加“文件”二字组成，也可以使用发文机关全称或者规范化简称。联合行文时，发文机关标志可以并用联合发文机关名称，也可以单独用主办机关名称。

（五）发文字号。由发文机关代字、年份、发文顺序号组成。联合行文时，使用主办机关的发文字号。

（六）签发人。上行文应当标注签发人姓名。

（七）标题。由发文机关名称、事由和文种组成。

（八）主送机关。公文的主要受理机关，应当使用机关全称、规范化简称或者同类型机关统称。

（九）正文。公文的主体，用来表述公文的内容。

（十）附件说明。公文附件的顺序号和名称。

（十一）发文机关署名。署发文机关全称或者规范化简称。

（十二）成文日期。署会议通过或者发文机关负责人签发的日期。联合行文时，署最后签发机关负责人签发的日期。

（十三）印章。公文中有发文机关署名的，应当加盖发文机关印章，并与署名机关相符。有特

定发文机关标志的普发性公文和电报可以不加盖印章。

(十四)附注。公文印发传达范围等需要说明的事项。

(十五)附件。公文正文的说明、补充或者参考资料。

(十六)抄送机关。除主送机关外需要执行或者知晓公文内容的其他机关,应当使用机关全称、规范化简称或者同类型机关统称。

(十七)印发机关和印发日期。公文的送印机关和送印日期。

第十条 公文的版式按照《党政机关公文格式》国家标准执行。

第十一条 公文使用的汉字、数字、外文字符、计量单位和标点符号等,按照有关国家标准和规定执行。民族自治地方的公文,可以并用汉字和当地通用的少数民族文字。

第十二条 公文用纸幅面采用国际标准 A4 型。特殊形式的公文用纸幅面,根据实际需要确定。

第四章 行文规则

第十三条 行文应当确有必要,讲求实效,注重针对性和可操作性。

第十四条 行文关系根据隶属关系和职权范围确定。一般不得越级行文,特殊情况需要越级行文的,应当同时抄送被越过的机关。

第十五条 向上级机关行文,应当遵循以下规则:

(一)原则上主送一个上级机关,根据需要同时抄送相关上级机关和同级机关,不抄送下级机关。

(二)党委、政府的部门向上级主管部门请示、报告重大事项,应当经本级党委、政府同意或者授权;属于部门职权范围内的事项应当直接报送上级主管部门。

(三)下级机关的请示事项,如需以本机关名义向上级机关请示,应当提出倾向性意见后上报,不得原文转报上级机关。

(四)请示应当一文一事。不得在报告等非请示性公文中夹带请示事项。

(五)除上级机关负责人直接交办事项外,不得以本机关名义向上级机关负责人报送公文,不得以本机关负责人名义向上级机关报送公文。

(六)受双重领导的机关向一个上级机关行文,必要时抄送另一个上级机关。

第十六条 向下级机关行文,应当遵循以下规则:

(一)主送受理机关,根据需要抄送相关机关。重要行文应当同时抄送发文机关的直接上级机关。

(二)党委、政府的办公厅(室)根据本级党委、政府授权,可以向下级党委、政府行文,其他部门和单位不得向下级党委、政府发布指令性公文或者在公文中向下级党委、政府提出指令性要求。需经政府审批的具体事项,经政府同意后可以由政府职能部门行文,文中须注明已经政府同意。

(三)党委、政府的部门在各自职权范围内可以向下级党委、政府的相关部门行文。

(四)涉及多个部门职权范围内的事务,部门之间未协商一致的,不得向下行文;擅自行文的,上级机关应当责令其纠正或者撤销。

（五）上级机关向受双重领导的下级机关行文，必要时抄送该下级机关的另一个上级机关。

第十七条　同级党政机关、党政机关与其他同级机关必要时可以联合行文。属于党委、政府各自职权范围内的工作，不得联合行文。党委、政府的部门依据职权可以相互行文。部门内设机构除办公厅（室）外不得对外正式行文。

第五章　公文拟制

第十八条　公文拟制包括公文的起草、审核、签发等程序。

第十九条　公文起草应当做到：

（一）符合国家法律法规和党的路线方针政策，完整准确体现发文机关意图，并同现行有关公文相衔接。

（二）一切从实际出发，分析问题实事求是，所提政策措施和办法切实可行。

（三）内容简洁，主题突出，观点鲜明，结构严谨，表述准确，文字精练。

（四）文种正确，格式规范。

（五）深入调查研究，充分进行论证，广泛听取意见。

（六）公文涉及其他地区或者部门职权范围内的事项，起草单位必须征求相关地区或者部门意见，力求达成一致。

（七）机关负责人应当主持、指导重要公文起草工作。

第二十条　公文文稿签发前，应当由发文机关办公厅（室）进行审核。审核的重点是：

（一）行文理由是否充分，行文依据是否准确。

（二）内容是否符合国家法律法规和党的路线方针政策；是否完整准确体现发文机关意图；是否同现行有关公文相衔接；所提政策措施和办法是否切实可行。

（三）涉及有关地区或者部门职权范围内的事项是否经过充分协商并达成一致意见。

（四）文种是否正确，格式是否规范；人名、地名、时间、数字、段落顺序、引文等是否准确；文字、数字、计量单位和标点符号等用法是否规范。

（五）其他内容是否符合公文起草的有关要求。

需要发文机关审议的重要公文文稿，审议前由发文机关办公厅（室）进行初核。

第二十一条　经审核不宜发文的公文文稿，应当退回起草单位并说明理由；符合发文条件但内容需作进一步研究和修改的，由起草单位修改后重新报送。

第二十二条　公文应当经本机关负责人审批签发。重要公文和上行文由机关主要负责人签发。党委、政府的办公厅（室）根据党委、政府授权制发的公文，由受权机关主要负责人签发或者按照有关规定签发。签发人签发公文，应当签署意见、姓名和完整日期；圈阅或者签名的，视为同意。联合发文由所有联署机关的负责人会签。

第六章　公文办理

第二十三条　公文办理包括收文办理、发文办理和整理归档。

第二十四条　收文办理主要程序是：

（一）签收。对收到的公文应当逐件清点，核对无误后签字或者盖章，并注明签收时间。

（二）登记。对公文的主要信息和办理情况应当详细记载。

（三）初审。对收到的公文应当进行初审。初审的重点是：是否应当由本机关办理，是否符合行文规则，文种、格式是否符合要求，涉及其他地区或者部门职权范围内的事项是否已经协商、会签，是否符合公文起草的其他要求。经初审不符合规定的公文，应当及时退回来文单位并说明理由。

（四）承办。阅知性公文应当根据公文内容、要求和工作需要确定范围后分送。批办性公文应当提出拟办意见报本机关负责人批示或者转有关部门办理；需要两个以上部门办理的，应当明确主办部门。紧急公文应当明确办理时限。承办部门对交办的公文应当及时办理，有明确办理时限要求的应当在规定时限内办理完毕。

（五）传阅。根据领导批示和工作需要将公文及时送传阅对象阅知或者批示。办理公文传阅应当随时掌握公文去向，不得漏传、误传、延误。

（六）催办。及时了解掌握公文的办理进展情况，督促承办部门按期办结。紧急公文或者重要公文应当由专人负责催办。

（七）答复。公文的办理结果应当及时答复来文单位，并根据需要告知相关单位。

第二十五条　发文办理主要程序是：

（一）复核。已经发文机关负责人签批的公文，印发前应当对公文的审批手续、内容、文种、格式等进行复核；需作实质性修改的，应当报原签批人复审。

（二）登记。对复核后的公文，应当确定发文字号、分送范围和印制份数并详细记载。

（三）印制。公文印制必须确保质量和时效。涉密公文应当在符合保密要求的场所印制。

（四）核发。公文印制完毕，应当对公文的文字、格式和印刷质量进行检查后分发。

第二十六条　涉密公文应当通过机要交通、邮政机要通信、城市机要文件交换站或者收发件机关机要收发人员进行传递，通过密码电报或者符合国家保密规定的计算机信息系统进行传输。

第二十七条　需要归档的公文及有关材料，应当根据有关档案法律法规以及机关档案管理规定，及时收集齐全、整理归档。两个以上机关联合办理的公文，原件由主办机关归档，相关机关保存复制件。机关负责人兼任其他机关职务的，在履行所兼职务过程中形成的公文，由其兼职机关归档。

第七章　公文管理

第二十八条　各级党政机关应当建立健全本机关公文管理制度，确保管理严格规范，充分发挥公文效用。

第二十九条　党政机关公文由文秘部门或者专人统一管理。设立党委（党组）的县级以上单位应当建立机要保密室和机要阅文室，并按照有关保密规定配备工作人员和必要的安全保密设施设备。

第三十条　公文确定密级前，应当按照拟定的密级先行采取保密措施。确定密级后，应当按照所定密级严格管理。绝密级公文应当由专人管理。公文的密级需要变更或者解除的，由原确定密级的机关或者其上级机关决定。

第三十一条　公文的印发传达范围应当按照发文机关的要求执行；需要变更的，应当经发文

机关批准。涉密公文公开发布前应当履行解密程序。公开发布的时间、形式和渠道，由发文机关确定。经批准公开发布的公文，同发文机关正式印发的公文具有同等效力。

第三十二条　复制、汇编机密级、秘密级公文，应当符合有关规定并经本机关负责人批准。绝密级公文一般不得复制、汇编，确有工作需要的，应当经发文机关或者其上级机关批准。复制、汇编的公文视同原件管理。复制件应当加盖复制机关戳记。翻印件应当注明翻印的机关名称、日期。汇编本的密级按照编入公文的最高密级标注。汇编，确有工作需要的，应当经发文机关或者其上级机关批准。复制、汇编的公文视同原件管理。

复制件应当加盖复制机关戳记。翻印件应当注明翻印的机关名称、日期。汇编本的密级按照编入公文的最高密级标注。

第三十三条　公文的撤销和废止，由发文机关、上级机关或者权力机关根据职权范围和有关法律法规决定。公文被撤销的，视为自始无效；公文被废止的，视为自废止之日起失效。

第三十四条　涉密公文应当按照发文机关的要求和有关规定进行清退或者销毁。

第三十五条　不具备归档和保存价值的公文，经批准后可以销毁。销毁涉密公文必须严格按照有关规定履行审批登记手续，确保不丢失、不漏销。个人不得私自销毁、留存涉密公文。

第三十六条　机关合并时，全部公文应当随之合并管理；机关撤销时，需要归档的公文经整理后按照有关规定移交档案管理部门。

工作人员离岗离职时，所在机关应当督促其将暂存、借用的公文按照有关规定移交、清退。

第三十七条　新设立的机关应当向本级党委、政府的办公厅（室）提出发文立户申请。经审查符合条件的，列为发文单位，机关合并或者撤销时，相应进行调整。

第八章　附　则

第三十八条　党政机关公文含电子公文。电子公文处理工作的具体办法另行制定。

第三十九条　法规、规章方面的公文，依照有关规定处理。外事方面的公文，依照外事主管部门的有关规定处理。

第四十条　其他机关和单位的公文处理工作，可以参照本条例执行。

第四十一条　本条例由中共中央办公厅、国务院办公厅负责解释。

第四十二条　本条例自 2012 年 7 月 1 日起施行。1996 年 5 月 3 日中共中央办公厅发布的《中国共产党机关公文处理条例》和 2000 年 8 月 24 日国务院发布的《国家行政机关公文处理办法》停止执行。

附录二

标点符号用法①

1 范围

本标准规定了现代汉语标点符号的用法。

本标准适用于汉语的书面语(包括汉语和外语混合排版时的汉语部分)。

2 术语和定义

下列术语和定义适用于本文件。

2.1

标点符号 punctuation

辅助文字记录语言的符号,是书面语的有机组成部分,用来表示语句的停顿、语气以及标示某些成分(主要是词语)的特定性质和作用。

注:数学符号、货币符号、校勘符号、辞书符号、注音符号等特殊领域的专门符号不属于标点符号。

2.2

句子 sentence

前后都有较大停顿、带有一定的语气和语调、表达相对完整意义的语言单位。

2.3

复句 complex sentence

由两个或多个在意义上有密切关系的分句组成的语言单位,包括简单复句(内部只有一层语义关系)和多重复句(内容包含多层语义关系)。

2.4

分句 clause

复句内两个或多个前后有停顿、表达相对完整意义、不带有句末语气和语调、有的前面可添加关联词语的语言单位。

2.5

语段 expression

指语言片段,是对各种语言单位(如词、短语、句子、复句等)不做特别区分时的统称。

---

① GB/T 15834—2011,中华人民共和国国家质量监督检验检疫总局 中国国家标准化管理委员会 2011-12-30 发布,2012-06-01 实施。

3　标点符号的种类

3.1　点号

点号的作用是点断,主要表示停顿和语气。分为句末点号和句内点号。

3.1.1　句末点号

用于句末的点号,表示句末停顿和句子的语气。包括句号、问号、叹号。

3.1.2　句内点号

用于句内的点号,表示句内各种不同性质的停顿。包括逗号、顿号、分号、冒号。

3.2　标号

标号的作用是标明,主要标示某些成分(主要是词语)的特定性质和作用。包括引号、括号、破折号、省略号、着重号、连接号、间隔号、书名号、专名号、分隔号。

4　标点符号的定义、形式和用法

4.1　句号

4.1.1　定义

句末点号的一种,主要表示句子的陈述语气。

4.1.2　形式

句号的形式是“。”。

4.1.3　基本用法

4.1.3.1　用于句子末尾,表示陈述语气。使用句号主要根据语段前后有较大停顿、带有陈述语气和语调,并不取决于句子的长短。

示例1:北京是中华人民共和国的首都。

示例2:(甲:咱们走着去吧?)乙:好。

4.1.3.2　有时也可表示较缓和的祈使语气和感叹语气。

示例1:请您稍等一下。

示例2:我不由地感到,这些普通劳动者也同样是很值得尊敬的。

4.2　问号

4.2.1　定义

句末点号的一种,主要表示句子的疑问语气。

4.2.2　形式

问号的形式是“?”。

4.2.3　基本用法

4.2.3.1　用于句子末尾,表示疑问语气(包括反问、设问等疑问类型)。使用问号主要根据语段前后有较大停顿、带有疑问语气和语调,并不取决于句子的长短。

示例1:你怎么还不回家去呢?

示例2:难道这些普通的战士不值得歌颂吗?

示例3:(一个外国人,不远万里来到中国,帮助中国的抗日战争。)这是什么精神?这是国际主义的精神。

4.2.3.2　选择问句中,通常只在最后一个选项的末尾用问号,各个选项之间一般用逗号隔开。当选项较短且选项之间几乎没有停顿时,选项之间可不用逗号。当选项较多或较长,或有意突出每个选项的独立性时,也可每个选项之后都用问号。

示例1:诗中记述的这场战争究竟是真实的历史描述,还是诗人的虚构?

示例2:这是巧合还是有意安排?

示例3:要一个什么样的结尾:现实主义的?传统的?大团圆的?荒诞的?民族形式的?有象征意义的?

示例4:(他看着我的作品称赞了我。)但到底是称赞我什么:是有几处画得好?还是什么都敢画?抑或只是一种对于失败者的无可奈何的安慰?我不得而知。

示例5:这一切都是由客观的条件造成的?还是由行为的惯性造成的?

4.2.3.3 在多个问句连用或表达疑问语气加重时,可叠用问号。通常应先单用,再叠用,最多叠用三个问号。在没有异常强烈的情感表达需要时不宜叠用问号。

示例:这就是你的做法吗?你这个总经理是怎么当的??你怎么竟敢这样欺骗消费者???

4.2.3.4 问号也有标号的用法,即用于句内,表示存疑或不详。

示例1:马致远(1250?—1321),大都人,元代戏曲家、散曲家。

示例2:钟嵘(?—518),颍川长社人,南朝梁代文学批评家。

示例3:出现这样的文字错误,说明作者(编者?校者?)很不认真。

4.3 叹号

4.3.1 定义

句末点号的一种,主要表示句子的感叹语气。

4.3.2 形式

叹号的形式是"!"。

4.3.3 基本用法

4.3.3.1 用于句子末尾,主要表示感叹语气,有时也可表示强烈的祈使语气、反问语气等。使用叹号主要根据语段前后有较大停顿、带有感叹语气和语调或带有强烈的祈使、反问语气和语调,并不取决于句子的长短。

示例1:才一年不见,这孩子都长这么高啦!

示例2:你给我住嘴!

示例3:谁知道他今天是怎么搞的!

4.3.3.2 用于拟声词后,表示声音短促或突然。

示例1:咔嚓!一道闪电划破了夜空。

示例2:咚!咚咚!突然传来一阵急促的敲门声。

4.3.3.3 表示声音巨大或声音不断加大时,可叠用叹号;表达强烈语气时,也可叠用叹号,最多叠用三个叹号。在没有异常强烈的情感表达需要时不宜叠用叹号。

示例1:轰!!在这天崩地塌的声音中,女娲猛然醒来。

示例2:我要揭露!我要控诉!!我要以死抗争!!!

4.3.3.4 当句子包含疑问、感叹两种语气且都比较强烈时(如带有强烈感情的反问句和带有惊愕语气的疑问句),可在问号后再加叹号(问号、叹号各一)。

示例1:这么点困难就能把我们吓倒吗?!

示例2:他连这些最起码的常识都不懂,还敢说自己是高科技人才?!

4.4 逗号

4.4.1 定义

句内点号的一种,表示句子或语段内部的一般性停顿。

4.4.2　形式

逗号的形式是“，”。

4.4.3　基本用法

4.4.3.1　复句内各分句之间的停顿，除了有时用分号（见4.6.3.1），一般都用逗号。

示例1：不是人们的意识决定人们的存在，而是人们的社会存在决定人们的意识。

示例2：学历史使人更明智，学文学使人更聪慧，学数学使人更精细，学考古使人更深沉。

示例3：要是不相信我们的理论能反映现实，要是不相信我们的世界有内在和谐，那就不可能有科学。

4.4.3.2　用于下列各种语法位置：

a）较长的主语之后。

示例1：苏州园林建筑各种门窗的精美设计和雕镂功夫，都令人叹为观止。

b）句首的状语之后。

示例2：在苍茫的大海上，狂风卷集着乌云。

c）较长的宾语之前。

示例3：有的考古工作者认为，南方古猿生存于上新世至更新世的初期和中期。

d）带句内语气词的主语（或其他成分）之后，或带句内语气词的并列成分之间。

示例4：他呢，倒是很乐意地、全神贯注地干起来了。

示例5：（那是个没有月亮的夜晚。）可是整个村子——白房顶啦，白树木啦，雪堆啦，全看得见。

e）较长的主语中间、谓语中间或宾语中间。

示例6：母亲沉痛的诉说，以及亲眼见到的事实，都启发了我幼年时期追求真理的思想。

示例7：那姑娘头戴一顶草帽，身穿一条绿色的裙子，腰间还系着一根橙色的腰带。

示例8：必须懂得，对于文化传统，既不能不分青红皂白统统抛弃，也不能不管精华糟粕全盘继承。

f）前置的谓语之后或后置的状语、定语之前。

示例9：真美啊，这条蜿蜒的林间小路。

示例10：她吃力地站了起来，慢慢地。

示例11：我只是一个人，孤孤单单的。

4.4.3.3　用于下例各种停顿处：

a）复指成分或插说成分前后。

示例1：老张，就是原来的办公室主任，上星期已经调走了。

示例2：车，不用说，当然是头等。

b）语气缓和的感叹语、称谓语或呼唤语之后。

示例3：哎哟，这儿，快给我揉揉。

示例4：大娘，您到哪儿去啊？

示例5：喂，你是哪个单位的？

c）某些序次语（“第”字头、“其”字头及“首先”类序次语）之后。

示例6：为什么许多人都有长不大的感觉呢？原因有三：第一，父母总认为自己比孩子成熟；第二，父母总要以自己的标准来衡量孩子；第三，父母出于爱心而总不想让孩子在成长的过程中走弯路。

示例7：《玄秘塔碑》所以成为书法的范本，不外乎以下几方面的因素：其一，具有楷书点画、构体的典范性；其二，承上启下，成为唐楷的极致；其三，字如其人，爱人及字，柳公权高尚的书品、人品为后人所崇仰。

示例8：下面从三个方面讲讲语言的污染问题：首先，是特殊语言环境中的语言污染问题；其次，是滥用缩略语引起的语言污染问题;再次,是空话和废话引起的语言污染问题。

4.5 顿号

4.5.1 定义

句内点号的一种,表示语段中并列语词之间或某些序次语之后的停顿。

4.5.2 形式

顿号的形式是“、”。

4.5.3 基本用法

4.5.3.1 用于并列词语之间。

示例1:这里有自由、民主、平等、开放的风气和氛围。

示例2:造型科学、技艺精湛、气韵生动,是盛唐石雕的特色。

4.5.3.2 用于需要停顿的重复词语之间。

示例:他几次三番、几次三番地辩解着。

4.5.3.3 用于某些序次语(不带括号的汉字数字或“天干地支”类序次语)之后。

示例1:我准备讲两个问题:一、逻辑学是什么?二、怎样学好逻辑学?

示例2:风格的具体内容主要有以下四点:甲、题材;乙、用字;丙、表达;丁、色彩。

4.5.3.4 相邻或相近两数字连用表示概数通常不用顿号。若相邻两数字连用为缩略形式,宜用顿号。

示例1:飞机在6 000米高空水平飞行时,只能看到两侧八九公里和前方一二十公里范围内的地面。

示例2:这种凶猛的动物常常三五成群地外出觅食和活动。

示例3:农业是国民经济的基础,也是二、三产业的基础。

4.5.3.5 标有引号的并列成分之间、标有书名号的并列成分之间通常不用顿号。若有其他成分插在并列的引号之间或并列的书名号之间(如引语或书名号之后还有括注),宜用顿号。

示例1:“日”“月”构成“明”字。

示例2:店里挂着“顾客就是上帝”“质量就是生命”等横幅。

示例3:《红楼梦》《三国演义》《西游记》《水浒传》,是我国长篇小说的四大名著。

示例4:李白的“白发三千丈”(《秋浦歌》)、“朝如青丝暮成雪”(《将进酒》)都是脍炙人口的诗句。

示例5:办公室里订有《人民日报》(海外版)、《光明日报》和《时代周刊》等报刊。

4.6 分号

4.6.1 定义

句内点号的一种,表示复句内部并列关系分句之间的停顿,以及非并列关系的多重复句中第一层分句之间的停顿。

4.6.2 形式

分号的形式是“;”。

4.6.3 基本用法

4.6.3.1 表示复句内部并列关系的分句(尤其当分句内部还有逗号时)之间的停顿。

示例1:语言文字的学习,就理解方面说,是得到一种知识;就运用方面说,是养成一种习惯。

示例2:内容有分量,尽管文章短小,也是有分量的;内容没有分量,即使写得再长也没有用。

4.6.3.2 表示非并列关系的多重复句中第一层分句(主要是选择、转折等关系)之间的停顿。

示例1:人还没看见,已经先听见歌声了;或者人已经转过山头望不见了,歌声还余音袅袅。

示例2:尽管人民革命的力量在开始时总是弱小的,所以总是受压的;但是由于革命的力量代表历史发展的方向,因此本质上又是不可战胜的。

示例3:不管一个人如何伟大,也总是生活在一定的环境和条件下;因此,个人的见解总难免带有某种局限性。

示例4:昨天夜里下了一场雨,以为可以凉快些;谁知没有凉快下来,反而更热了。

4.6.3.3　用于分项列举的各项之间。

示例:特聘教授的岗位职责为:一、讲授本学科的主干基础课程;二、主持本学科的重大科研项目;三、领导本学科的学术队伍建设;四、带领本学科赶超或保持世界先进水平。

4.7　冒号

4.7.1　定义

句内点号的一种,表示语段中提示下文或总结上文的停顿。

4.7.2　形式

冒号的形式是“:”。

4.7.3　基本用法

4.7.3.1　用于总说性或提示性词语(如“说”“例如”“证明”等)之后,表示提示下文。

示例1:北京紫禁城有四座城门:午门、神武门、东华门和西华门。

示例2:她高兴地说:“咱们去好好庆祝一下吧!”

示例3:小王笑着点了点头:“我就是这么想的。”

示例4:这一事实证明:人能创造环境,环境同样也能创造人。

4.7.3.2　表示总结上文。

示例:张华上了大学,李萍进了技校,我当了工人:我们都有美好的前途。

4.7.3.3　用在需要说明的词语之后,表示注释和说明。

示例1:(本市将举办首届大型书市。)主办单位:市文化局;承办单位:市图书进出口公司;时间:8月15日—20日;地点:市体育馆观众休息厅。

示例2:(做阅读理解题有两个办法。)办法之一:先读题干,再读原文,带着问题有针对性地读课文。办法之二:直接读原文,读完再做题,减少先入为主的干扰。

4.7.3.4　用于书信、讲话稿中称谓语或称呼语之后。

示例1:广平先生:……

示例2:同志们、朋友们:……

4.7.3.5　一个句子内部一般不应套用冒号。在列举式或条文式表述中,如不得不套用冒号时,宜另起段落来显示各个层次。

示例:第十条　遗产按照下列顺序继承:

　　第一顺序:配偶、子女、父母。

　　第二顺序:兄弟姐妹、祖父母、外祖父母。

4.8　引号

4.8.1　定义

标号的一种,标示语段中直接引用的内容或需要特别指出的成分。

4.8.2　形式

引号的形式有双引号““ ””和单引号“‘ ’”两种。左侧的为前引号,右侧的为后引号。

4.8.3 基本用法

4.8.3.1 标示语段中直接引用的内容。

示例:李白诗中就有“白发三千丈”这样极尽夸张的语句。

4.8.3.2 标示需要着重论述或强调的内容。

示例:这里所谓的“文”,并不是指文字,而是指文采。

4.8.3.3 标示语段中具有特殊含义而需要特别指出的成分,如别称、简称、反语等。

示例1:电视被称作“第九艺术”。

示例2:人类学上常把古人化石统称为尼安德特人,简称“尼人”。

示例3:有几个“慈祥”的老板把捡来的菜叶用盐浸浸就算作工友的菜肴。

4.8.3.4 当引号中还需要使用引号时,外面一层用双引号,里面一层用单引号。

示例:他问:“老师,‘七月流火’是什么意思?”

4.8.3.5 独立成段的引文如果只有一段,段首和段尾都用引号;不止一段时,每段开头仅用前引号,只在最后一段末尾用后引号。

示例:我曾在报纸上看到有人这样谈幸福:

“幸福是知道自己喜欢什么和不喜欢什么。……

“幸福是知道自己擅长什么和不擅长什么。……

“幸福是在正确的时间做了正确的选择。……”

4.8.3.6 在书写带月、日的事件、节日或其他特定意义的短语(含简称)时,通常只标引其中的月和日;需要突出和强调该事件或节日本身时,也可连同事件或节日一起标引。

示例1:“5·12”汶川大地震

示例2:“五四”以来的话剧,是我国戏剧中的新形式。

示例3:纪念“五四运动”90周年

4.9 括号

4.9.1 定义

标号的一种,标示语段中的注释内容、补充说明或其他特定意义的语句。

4.9.2 形式

括号的主要形式是圆括号“( )”,其他形式还有方括号“[ ]”、六角括号“〔 〕”和方头括号“【 】”等。

4.9.3 基本用法

4.9.3.1 标示下列各种情况,均用圆括号:

a)标示注释内容或补充说明。

示例1:我校拥有特级教师(含已退休的)17人。

示例2:我们不但善于破坏一个旧世界,我们还将善于建设一个新世界!(热烈鼓掌)

b)标示订正或补加的文字。

示例3:信纸上用稚嫩的字体写着:“阿夷(姨),你好!”。

示例4:该建筑公司负责的建设工程全部达到优良工程(的标准)。

c)标示序次语。

示例5:语言有三个要素:(1)声音;(2)结构;(3)意义。

示例6:思想有三个条件:(一)事理;(二)心理;(三)伦理。

d)标示引语的出处。

示例7:他说得好:“未画之前,不立一格;既画之后,不留一格。”(《板桥集·题画》)

e)标示汉语拼音注音。

示例8:“的(de)”这个字在现代汉语中最常用。

4.9.3.2 标示作者国籍或所属朝代时,可用方括号或六角括号。

示例1:[英]赫胥黎《进化论与伦理学》

示例2:〔唐〕杜甫著

4.9.3.3 报刊标示电讯、报道的开头,可用方头括号。

示例:【新华社南京消息】

4.9.3.4 标示公文发文字号中的发文年份时,可用六角括号。

示例:国发〔2011〕3号文件

4.9.3.5 标示被注释的词语时,可用六角括号或方头括号。

示例1:〔奇观〕奇伟的景象。

示例2:【爱因斯坦】物理学家。生于德国,1933年因受纳粹政权迫害,移居美国。

4.9.3.6 除科技书刊中的数学、逻辑公式外,所有括号(特别是同一形式的括号)应尽量避免套用。必须套用括号时,宜采用不同的括号形式配合使用。

示例:〔茸(róng)毛〕很细很细的毛。

4.10 破折号

4.10.1 定义

标号的一种,标示语段中某些成分的注释、补充说明或语音、意义的变化。

4.10.2 形式

破折号的形式是“——”。

4.10.3 基本用法

4.10.3.1 标示注释内容或补充说明(也可用括号,见4.9.3.1;二者的区别另见B.1.7)。

示例1:一个矮小而结实的日本中年人——内山老板走了过来。

示例2:我一直坚持读书,想借此唤起弟妹对生活的希望——无论环境多么困难。

4.10.3.2 标示插入语(也可用逗号,见4.4.3.3)。

示例:这简直就是——说得不客气点——无耻的勾当!

4.10.3.3 标示总结上文或提示下文(也可用冒号,见4.7.3.1、4.7.3.2)。

示例1:坚强,纯洁,严于律己,客观公正——这一切都难得地集中在一个人身上。

示例2:画家开始娓娓道来——

数年前的一个寒冬,……

4.10.3.4 标示话题的转换。

示例:“好香的干菜,——听到风声了吗?”赵七爷低声说道。

4.10.3.5 标示声音的延长。

示例:“嘎——”传过来一声水禽被惊动的鸣叫。

4.10.3.6 标示话语的中断或间隔。

示例1:“班长他牺——”小马话没说完就大哭起来。

示例2:“亲爱的妈妈,你不知道我多爱您。——还有你,我的孩子!”

4.10.3.7　标示引出对话。

示例:——你长大后想成为科学家吗?

　　——当然想了!

4.10.3.8　标示事项列举分承。

示例:根据研究对象的不同,环境物理学分为以下五个分支学科:

　　——环境声学;

　　——环境光学;

　　——环境热学;

　　——环境电磁学;

　　——环境空气动力学。

4.10.3.9　用于副标题之前。

示例:飞向太平洋

　　——我国新型号运载火箭发射目击记

4.10.3.10　用于引文、注文后,标示作者、出处或注释者。

示例1:先天下之忧而忧,后天下之乐而乐。

——范仲淹

示例2:乐浪海中有倭人,分为百余国。

——《汉书》

示例3:很多人写好信后把信笺折成方胜形,我看大可不必。(方胜,指古代妇女戴的方形首饰,用彩绸等制作,由两个斜方部分叠合而成。——编者注)

4.11　省略号

4.11.1　定义

标号的一种,标示语段中某些内容的省略及意义的断续等。

4.11.2　形式

省略号的形式是"……"。

4.11.3　基本用法

4.11.3.1　标示引文的省略。

示例:我们齐声朗诵起来:"……俱往矣,数风流人物,还看今朝。"

4.11.3.2　标示列举或重复词语的省略。

示例1:对政治的敏感,对生活的敏感,对性格的敏感,……这都是作家必须要有的素质。

示例2:他气得连声说:"好,好……算我没说。"

4.11.3.3　标示语意未尽。

示例1:在人迹罕至的深山密林里,假如突然看见一缕炊烟,……

示例2:你这样干,未免太……!

4.11.3.4　标示说话时断断续续。

示例:她磕磕巴巴地说:"可是……太太……我不知道……你一定是认错了。"

4.11.3.5　标示对话中的沉默不语。

示例:"还没结婚吧?"

　　"……"他飞红了脸,更加忸怩起来。

4.11.3.6　标示特定的成分虚缺。

示例:只要……就……

4.11.3.7　在标示诗行、段落的省略时,可连用两个省略号(即相当于十二连点)。

示例1:从隔壁房间传来缓缓而抑扬顿挫的吟咏声——

床前明月光,疑是地上霜。

…………

示例2:该刊根据工作质量、上稿数量、参与程度等方面的表现,评选出了高校十佳记者站。还根据发稿数量、提供新闻线索情况以及对刊物的关注度等,评选出了十佳通讯员。

…………

4.12　着重号

4.12.1　定义

标号的一种,标示语段中某些重要的或需要指明的文字。

4.12.2　形式

着重号的形式是"."标注在相应文字的下方。

4.12.3　基本用法

4.12.3.1　标示语段中重要的文字。

示例1:诗人需要表现,而不是证明。

示例2:下面对本文的理解,不正确的一项是:……

4.12.3.2　标示语段中需要指明的文字。

示例:下边加点的字,除了在词中的读法外,还有哪些读法?

着急　子弹　强调

4.13　连接号

4.13.1　定义

标号的一种,标示某些相关联成分之间的连接。

4.13.2　形式

连接号的形式有短横线"-"、一字线"—"和浪纹线"~"三种。

4.13.3　基本用法

4.13.3.1　标示下列各种情况,均用短横线:

a)化合物的名称或表格、插图的编号。

示例1:3-戊酮为无色液体,对眼及皮肤有强烈刺激性。

示例2:参见下页表2-8、表2-9。

b)连接号码,包括门牌号码、电话号码,以及用阿拉伯数字表示年月日等。

示例3:安宁里东路26号院3-2-11室

示例4:联系电话:010-88842603

示例5:2011-02-15

c)在复合名词中起连接作用。

示例6:吐鲁番-哈密盆地

d)某些产品的名称和型号。

示例7:WZ-10直升机具有复杂天气和夜间作战的能力。

e)汉语拼音、外来语内部的分合。

示例 8:shuōshuō-xiàoxiào(说说笑笑)

示例 9:盎格鲁-撒克逊人

示例 10:让-雅克·卢梭("让-雅克"为双名)

示例 11:皮埃尔·孟戴斯-弗朗斯("孟戴斯-弗朗斯"为复姓)

4.13.3.2 标示下列各种情况,一般用一字线,有时也可用浪纹线:

a)标示相关项目(如时间、地域等)的起止。

示例 1:沈括(1031—1095),宋朝人。

示例 2:2011 年 2 月 3 日—10 日

示例 3:北京—上海特别旅客快车

b)标示数值范围(由阿拉伯数字或汉字数字构成)的起止。

示例 4:25~30g

示例 5:第五~八课

4.14 间隔号

4.14.1 定义

标号的一种,标示某些相关联成分之间的分界。

4.14.2 形式

间隔号的形式是"·"。

4.14.3 基本用法

4.14.3.1 标示外国人名或少数民族人名内部的分界。

示例 1:克里丝蒂娜·罗塞蒂

示例 2:阿依古丽·买买提

4.14.3.2 标示书名与篇(章、卷)名之间的分界。

示例:《淮南子·本经训》

4.14.3.3 标示词牌、曲牌、诗体名等和题名之间的分界。

示例 1:《沁园春·雪》

示例 2:《天净沙·秋思》

示例 3:《七律·冬云》

4.14.3.4 用在构成标题或栏目名称的并列词语之间。

示例:《天·地·人》

4.14.3.5 以月、日为标志的事件或节日,用汉字数字表示时,只在一、十一和十二月后用间隔号;当直接用阿拉伯数字表示时,月、日之间均用间隔号(半角字符)。

示例 1:"九一八"事变 "五四"运动

示例 2:"一·二八"事变 "一二·九"运动

示例 3:"3·15"消费者权益日 "9·11"恐怖袭击事件

4.15 书名号

4.15.1 定义

标号的一种,标示语段中出现的各种作品的名称。

4.15.2　形式

书名号的形式有双书名号“《　》”和单书名号“〈　〉”两种。

4.15.3　基本用法

4.15.3.1　标示书名、卷名、篇名、刊物名、报纸名、文件名等。

示例1:《红楼梦》(书名)

示例2:《史记·项羽本纪》(卷名)

示例3:《论雷峰塔的倒掉》(篇名)

示例4:《每周关注》(刊物名)

示例5:《人民日报》(报纸名)

示例6:《全国农村工作会议纪要》(文件名)

4.15.3.2　标示电影、电视、音乐、诗歌、雕塑等各类用文字、声音、图像等表现的作品的名称。

示例1:《渔光曲》(电影名)

示例2:《追梦录》(电视剧名)

示例3:《勿忘我》(歌曲名)

示例4:《沁园春·雪》(诗词名)

示例5:《东方欲晓》(雕塑名)

示例6:《光与影》(电视节目名)

示例7:《社会广角镜》(栏目名)

示例8:《庄子研究文献数据库》(光盘名)

示例9:《植物生理学系列挂图》(图片名)

4.15.3.3　标示全中文或中文在名称中占主导地位的软件名。

示例:科研人员正在研制《电脑卫士》杀毒软件。

4.15.3.4　标示作品名的简称。

示例:我读了《念青唐古拉山脉纪行》一文(以下简称《念》),收获很大。

4.15.3.5　当书名号中还需要书名号时,里面一层用单书名号,外面一层用双书名号。

示例:《教育部关于提请审议〈高等教育自学考试试行办法〉的报告》

4.16　专名号

4.16.1　定义

标号的一种,标示古籍和某些文史类著作中出现的特定类专有名词。

4.16.2　形式

专名号的形式是一条直线,标注在相应文字的下方。

4.16.3　基本用法

4.16.3.1　标示古籍、古籍引文或某些文史类著作中出现的专有名词,主要包括人名、地名、国名、民族名、朝代名、年号、宗教名、官署名、组织名等。

示例1:孙坚人马被刘表率军围得水泄不通。(人名)

示例2:于是聚集冀、青、幽、并四州兵马七十多万准备决一死战。(地名)

示例3:当时乌孙及西域各国都向汉派遣了使节。(国名、朝代名)

示例4:从咸宁二年到太康十年,匈奴、鲜卑、乌桓等族人徙居塞内。(年号、民族名)

4.16.3.2　现代汉语文本中的上述专有名词,以及古籍和现代文本中的单位名、官职名、事件名、会

议名、书名等不应使用专名号。必须使用标号标示时,宜使用其他相应标号(如引号、书名号等)。

4.17 分隔号

4.17.1 定义

标号的一种,标示诗行、节拍及某些相关文字的分隔。

4.17.2 形式

分隔号的形式是"/"。

4.17.3 基本用法

4.17.3.1 诗歌接排时分隔诗行(也可使用逗号和分号,见4.4.3.1/4.6.3.1)。

示例:春眠不觉晓/处处闻啼鸟/夜来风雨声/花落知多少。

4.17.3.2 标示诗文中的音节节拍。

示例:横眉/冷对/千夫指,俯首/甘为/孺子牛。

4.17.3.3 分隔供选择或可转换的两项,表示"或"。

示例:动词短语中除了作为主体成分的述语动词之外,还包括述语动词所带的宾语和/或补语。

4.17.3.4 分隔组成一对的两项,表示"和"。

示例1:13/14次特别快车

示例2:羽毛球女双决赛中国组合杜婧/于洋两局完胜韩国名将李孝贞/李敬元。

4.17.3.5 分隔层级或类别。

示例:我国的行政区划分为:省(直辖市、自治区)/省辖市(地级市)/县(县级市、区、自治州)/乡(镇)/村(居委会)。

5 标点符号的位置和书写形式

5.1 横排文稿标点符号的位置和书写形式

5.1.1 句号、逗号、顿号、分号、冒号均置于相应文字之后,占一个字位置,居左下,不出现在一行之首。

5.1.2 问号、叹号均置于相应文字之后,占一个字位置,居左,不出现在一行之首。两个问号(或叹号)叠用时,占一个字位置;三个问号(或叹号)叠用时,占两个字位置;问号和叹号连用时,占一个字位置。

5.1.3 引号、括号、书名号中的两部分标在相应项目的两端,各占一个字位置。其中前一半不出现在一行之末,后一半不出现在一行之首。

5.1.4 破折号标在相应项目之间,占两个字位置,上下居中,不能中间断开分处上行之末和下行之首。

5.1.5 省略号占两个字位置,两个省略号连用时占四个字位置并须单独占一行。省略号不能中间断开分处上行之末和下行之首。

5.1.6 连接号中的短横线比汉字"一"略短,占半个字位置;一字线比汉字"一"略长,占一个字位置;浪纹线占一个字位置。连接号上下居中,不出现在一行之首。

5.1.7 间隔号标在需要隔开的项目之间,占半个字位置,上下居中,不出现在一行之首。

5.1.8 着重号和专名号标在相应文字的下边。

5.1.9 分隔号占半个字位置,不出现在一行之首或一行之末。

5.1.10 标点符号排在一行末尾时,若为全角字符则应占半角字符的宽度(即半个字位置),以使

视觉效果更美观。

5.1.11　在实际编辑出版工作中,为排版美观、方便阅读等需要,或为避免某一小节最后一个汉字转行或出现在另外一页开头等情况(浪费版面及视觉效果差),可适当压缩标点符号所占用的空间。

5.2　竖排文稿标点符号的位置和书写形式

5.2.1　句号、问号、叹号、逗号、顿号、分号和冒号均置于相应文字之下偏右。

5.2.2　破折号、省略号、连接号、间隔号和分隔号置于相应文字之下居中,上下方向排列。

5.2.3　引号改用双引号“﹁”“﹂”和单引号“﹃”“﹄”,括号改用“︵”“︶”,标在相应项目的上下。

5.2.4　竖排文稿中使用浪线式书名号“﹏”,标在相应文字的左侧。

5.2.5　着重号标在相应文字的右侧,专名号标在相应文字的左侧。

5.2.6　横排文稿中关于某些标点不能居行首或行末的要求,同样适用于竖排文稿。

附录 A
(规范性附录)
标点符号用法的补充规则

A.1　句号用法补充规则

图或表的短语式说明文字,中间可用逗号,但末尾不用句号。即使有时说明文字较长,前面的语段已出现句号,最后结尾处仍不用句号。

示例1:行进中的学生方队

示例2:经过治理,本市市容市貌焕然一新。这是某区街道一景

A.2　问号用法补充规则

使用问号应以句子表示疑问语气为依据,而并不根据句子中包含有疑问词。当含有疑问词的语段充当某种句子成分,而句子并不表示疑问语气时,句末不用问号。

示例1:他们的行为举止、审美趣味,甚至读什么书,坐什么车,都在媒体掌握之中。

示例2:谁也不见,什么也不吃,哪儿也不去。

示例3:我也不知道他究竟躲到什么地方去了。

A.3　逗号用法补充规则

用顿号表示较长、较多或较复杂的并列成分之间的停顿时,最后一个成分前可用“以及(及)”进行连接,“以及(及)”之前应用逗号。

示例:压力过大、工作时间过长、作息不规律,以及忽视营养均衡等,均会导致健康状况的下降。

A.4　顿号用法补充规则

A.4.1　表示含有顺序关系的并列各项间的停顿,用顿号,不用逗号。下例解释“对于”一词用法,“人”“事物”“行为”之间有顺序关系(即人和人、人和事物、人和行为、事物和事物、事物和行为、行为和行为等六种对待关系),各项之间应用顿号。

示例:〔对于〕表示人,事物,行为之间的相互对待关系。(误)

〔对于〕表示人、事物、行为之间的相互对待关系。(正)

A.4.2 用阿拉伯数字表示年月日的简写形式时,用短横线连接号,不用顿号。

示例:2010、03、02(误)

2010-03-02(正)

A.5 分号用法补充规则

分项列举的各项有一项或多项已包含句号时,各项的末尾不能再用分号。

示例:本市先后建立起三大农业生产体系:一是建立甘蔗生产服务体系。成立糖业服务公司,主要给农民提供机耕等服务;二是建立蚕桑生产服务体系。……;三是建立热作服务体系。……。(误)

本市先后建立起三大农业生产体系:一是建立甘蔗生产服务体系。成立糖业服务公司,主要给农民提供机耕等服务。二是建立蚕桑生产服务体系。……。三是建立热作服务体系。……。(正)

A.6 冒号用法补充规则

A.6.1 冒号用在提示性话语之后引起下文。表面上类似但实际不是提示性话语的,其后用逗号。

示例1:郦道元《水经注》记载:"沼西际山枕水,有唐叔虞祠。"(提示性话语)

示例2:据《苏州府志》载,苏州城内大小园林有150多座,可算名副其实的园林之城。(非提示性话语)

A.6.2 冒号提示范围无论大小(一句话、几句话甚至几段话),都应与提示性话语保持一致(即在该范围的末尾要用句号点断)。应避免冒号涵盖范围过窄或过宽。

示例:艾滋病有三个传播途径:血液传播,性传播和母婴传播,日常接触是不会传播艾滋病的。(误)

艾滋病有三个传播途径:血液传播,性传播和母婴传播。日常接触是不会传播艾滋病的。(正)

A.6.3 冒号应用在有停顿处,无停顿处不应用冒号。

示例1:他头也不抬,冷冷地问:"你叫什么名字?"(有停顿)

示例2:这事你得拿主意,光说"不知道"怎么行?(无停顿)

A.7 引号用法补充规则

"丛刊""文库""系列""书系"等作为系列著作的选题名,宜用引号标引。当"丛刊"等为选题名的一部分时,放在引号之内,反之则放在引号之外。

示例1:"汉译世界学术名著丛书"

示例2:"中国哲学典籍文库"

示例3:"20世纪心理学通览"丛书

A.8 括号用法补充规则

括号可分为句内括号和句外括号。句内括号用于注释句子里的某些词语,即本身就是句子的一部分,应紧跟在被注释的词语之后。句外括号则用于注释句子、句群或段落,即本身结构独立,不属于前面的句子、句群或段落,应位于所注释语段的句末点号之后。

示例:标点符号是辅助文字记录语言的符号,是书面语的有机组成部分,用来表示语句的停顿、语气以及标示某些成分(主要是词语)的特定性质和作用。(数学符号、货币符号、校勘符号等特殊领域的专门符号不属于标点符号。)

A.9 省略号用法补充规则

A.9.1 不能用多于两个省略号(多于12点)连在一起表示省略。省略号须与多点连续的连珠号相区别(后者主要是用于表示目录中标题和页码对应和连接的专门符号)。

A.9.2　省略号和“等”“等等”“什么的”等词语不能同时使用。在需要读出来的地方用“等”“等等”“什么的”等词语,不用省略号。

示例:含有铁质的食物有猪肝、大豆、油菜、菠菜……等。(误)

含有铁质的食物有猪肝、大豆、油菜、菠菜等。(正)

A.10　着重号用法补充规则

不应使用文字下加直线或波浪线等形式表示着重。文字下加直线为专名号形式(4.16);文字下加浪纹线是特殊书名号(A.13.6)。着重号的形式统一为相应项目下加小圆点。

示例:下面对本文的理解,不正确的一项是(误)

下面对本文的理解,不正确的一项是(正)

A.11　连接号用法补充规则

浪纹线连接号用于标示数值范围时,在不引起歧义的情况下,前一数值附加符号或计量单位可省略。

示例:5公斤~100公斤(正)

5~100公斤(正)

A.12　间隔号用法补充规则

当并列短语构成的标题中已用间隔号隔开时,不应再用“和”类连词。

示例:《水星·火星和金星》(误)

《水星·火星·金星》(正)

A.13　书名号用法补充规则

A.13.1　本能视为作品的课程、课题、奖品奖状、商标、证照、组织机构、会议、活动等名称,不应用书名号。下面均为书名号误用的示例:

示例1:下学期本中心将开设《现代企业财务管理》《市场营销》两门课程。

示例2:明天将召开《关于“两保两挂”的多视觉理论思考》课题立项会。

示例3:本市将向70岁以上(含70岁)老年人颁发《敬老证》。

示例4:本校共获得《最佳印象》《自我审美》《卡拉OK》等六个奖杯。

示例5:《闪光》牌电池经久耐用。

示例6:《文史杂志社》编辑力量比较雄厚。

示例7:本市将召开《全国食用天然色素应用研讨会》。

示例8:本报将于今年暑假举行《墨宝杯》书法大赛。

A.13.2　有的名称应根据指称意义的不同确定是否用书名号。如文艺晚会指一项活动时,不用书名号;而特指一种节目名称时,可用书名号。再如展览作为一种文化传播的组织形式时,不用书名号;特定情况下将某项展览作为一种创作的作品时,可用书名号。

示例1:2008年重阳联欢晚会受到观众的称赞和好评。

示例2:本台将重播《2008年重阳联欢晚会》。

示例3:“雪域明珠——中国西藏文化展”今天隆重开幕。

示例4:《大地飞歌艺术展》是一部大型现代艺术作品。

A.13.3　书名后面表示该作品所属类别的普通名词不标在书名号内。

示例:《我们》杂志

A.13.4　书名有时带有括注。如果括注是书名、篇名等的一部分,应放在书名号之内,反之则应放在书名号之外。

示例1:《琵琶行(并序)》

示例2:《中华人民共和国民事诉讼法(试行)》

示例3:《新政治协商会议筹备会组织条例(草案)》

示例4:《百科知识》(彩图本)

示例5:《人民日报》(海外版)

A.13.5 书名、篇名末尾如有叹号或问号,应放在书名号之内。

示例1:《日记何罪!》

示例2:《如何做到同工又同酬?》

A.13.6 在古籍或某些文史类著作中,为与专名号配合,书名号也可改用浪线式“﹏”,标注在书名下方。这可以看做是特殊的专名号或特殊的书名号。

A.14 分隔号用法补充规则

分隔号又称正斜线号,须与反斜线号“\”相区别(后者主要是用于编写计算机程序的专门符号)。使用分隔号时,紧贴着分隔号的前后通常不用点号。

附录三

出版物上数字用法①

1 范围

本标准规定了出版物上汉字数字和阿拉伯数字的用法。

本标准适用于各类出版物(文艺类出版物和重排古籍除外)。政府和企事业单位公文,以及教育、媒体和公共服务领域的数字用法,也可参照本标准执行。

2 规范性引用文件

下列文件对于本文件的应用是必不可少的。凡是注日期的引用文件,仅注日期的版本适用于本文件。凡是不注日期的引用文件,其最新版本(包括所有的修改单)适用于本文件。

GB/T 7408—2005　数据元和交换格式　信息交换　日期和时间表示法

3 术语和定义

下列术语和定义适用于本文件。

3.1

计量　measuring

将数字用于加、减、乘、除等数学运算。

3.2

编号　numbering

将数字用于为事物命名或排序,但不用于数学运算。

3.3

概数　approximate number

用于模糊计量的数字。

4 数字形式的选用

4.1 选用阿拉伯数字

4.1.1 用于计量的数字

在使用数字进行计量的场合,为达到醒目、易于辨识的效果,应采用阿拉伯数字。

示例 1:—125.03　34.05%　63%~68%　1 : 500　97/108

当数值伴随有计量单位时,如:长度、容积、面积、体积、质量、温度、经纬度、音量、频率等等,特

① GB/T 15835—2011,中华人民共和国国家质量监督检验检疫总局 中国国家标准化管理委员会 2011-07-29 发布,2011-11-01 实施。

别是当计量单位以字母表达时,应采用阿拉伯数字。

示例2:523.56km(523.56千米)　346.87L(346.87升)　5.34m^2(5.34平方米)

567mm^3(567立方毫米)　605g(605克)　100~150kg(100~150千克)

34~39℃(34~39摄氏度)　北纬40°(40度)　120dB(120分贝)

4.1.2 用于编号的数字

在使用数字进行编号的场合,为达到醒目、易于辨识的效果,应采用阿拉伯数字。

示例:电话号码:98888

邮政编码:100871

通信地址:北京市海淀区复兴路11号

电子邮件地址:x186@186.net

网页地址:http://127.0.0.1

汽车号牌:京A00001

公交车号:302路公交车

道路编号:101国道

公文编号:国办发〔1987〕9号

图书编号:ISBN 978-7-80184-224-4

刊物编号:CN11-1399

章节编号:4.1.2

产品型号:PH—3000型计算机

产品序列号:C84XB—JYVFD—P7HC4—6XKRJ—7M6XH

单位注册号:02050214

行政许可登记编号:0684D10004—828

4.1.3 已定型的含阿拉伯数字的词语

现代社会生活中出现的事物、现象、事件,其名称的书写形式中包含阿拉伯数字,已经广泛使用而稳定下来,应采用阿拉伯数字。

示例:3G手机　MP3播放器　G8峰会　维生素B_{12}　97号汽油　“5·27”事件　“12·5”枪击案

4.2 选用汉字数字

4.2.1 非公历纪年

干支纪年、农历月日、历史朝代纪年及其他传统上采用汉字形式的非公历纪年等等,应采用汉字数字。

示例:丙寅年十月十五日　庚辰年八月五日　腊月二十三　正月初五　八月十五中秋

秦文公四十四年　太平天国庚申十年九月二十四日　清咸丰十年九月二十日

藏历阳木龙年八月二十六日　日本庆应三年

4.2.2 概数

数字连用表示的概数、含“几”的概数,应采用汉字数字。

示例:三四个月　一二十个　四十五六岁　五六万套　五六十年前

几千　二十几　一百几十　几万分之一

4.2.3 已定型的含汉字数字的词语

汉语中长期使用已经稳定下来的包含汉字数字形式的词语,应采用汉字数字。

示例:万一　一律　一旦　三叶虫　四书五经　星期五　四氧化三铁　八国联军
七上八下　一心一意　不管三七二十一　一方面　二百五　半斤八两
五省一市　五讲四美　相差十万八千里　八九不离十　白发三千丈
不二法门　二八年华　五四运动　"一·二八"事变　"一二·九"运动

4.3　选用阿拉伯数字与汉字数字均可

如果表达计量或编号所需要用到的数字个数不多,选择汉字数字还是阿拉伯数字在书写的简洁性和辨识的清晰性两方面没有明显差异时,两种形式均可使用。

示例1:17号楼(十七号楼)　3倍(三倍)　第5个工作日(第五个工作日)
100多件(一百多件)　20余次(二十余次)　约300人(约三百人)
40左右(四十左右)　50上下(五十上下)　50多人(五十多人)
第25页(第二十五页)　第8天(第八天)　第4季度(第四季度)
第45份(第四十五份)　共235位同学(共二百三十五位同学)　0.5(零点五)
76岁(七十六岁)　120周年(一百二十周年)　1/3(三分之一)
公元前8世纪(公元前八世纪)　20世纪80年代(二十世纪八十年代)
公元253年(公元二五三年)　1997年7月1日(一九九七年七月一日)
下午4点40分(下午四点四十分)　4个月(四个月)　12天(十二天)

如果要突出简洁醒目的表达效果,应使用阿拉伯数字;如果要突出庄重典雅的表达效果,应使用汉字数字。

示例2:北京时间2008年5月12日14时28分
十一届全国人大一次会议(不写为"11届全国人大1次会议")
六方会谈(不写为"6方会谈")

在同一场合出现的数字,应遵循"同类别同形式"原则来选择数字的书写形式。如果两数字的表达功能类别相同(比如都是表达年月日时间的数字),或者两数字在上下文中所处的层级相同(比如文章目录中同级标题的编号),应选用相同的形式。反之,如果两数字的表达功能不同,或所处层级不同,可以选用不同的形式。

示例3:2008年8月8日　二〇〇八年八月八日(不写为"二〇〇八年8月8日")
第一章　第二章……第十二章(不写为"第一章　第二章……第12章")
第二章的下一级标题可以用阿拉伯数字编号:2.1,2.2,……

应避免相邻的两个阿拉伯数字造成歧义的情况。

示例4:高三3个班　高三三个班　(不写为"高33个班")
第三2班　高三(2)班　(不写为"高32班")

有法律效力的文件、公告文件或财务文件中可同时采用汉字数字和阿拉伯数字。

示例5:2008年4月保险账户结算日利率为万分之一点五七五零(0.015750%)
35.5元(35元5角　三十五元五角　叁拾伍圆伍角)

5　数字形式的使用

5.1　阿拉伯数字的使用

5.1.1　多位数

为便于阅读,四位以上的整数或小数,可采用以下两种方式分节:

——第一种方式:千分撇

整数部分每三位一组,以","分节。小数部分不分节。四位以内的整数可以不分节。

示例1:624,000　　92,300,000　　19,351,235.235767　　1256

——第二种方式:千分空

从小数点起,向左和向右每三位数字一组,组间空四分之一个汉字,即二分之一个阿拉伯数字的位置。四位以内的整数可以不加千分空。

示例2:55 235 367.346 23　　98 235 358.238 368

注:各科学技术领域的多位数分节方式参照 GB 3101—1993 的规定执行。

5.1.2　纯小数

纯小数必须写出小数点前定位的"0",小数点是齐阿拉伯数字底线的实心点"."。

示例:0.46 不写为.46 或0。46

5.1.3　数值范围

在表示数值的范围时,可采用浪纹式连接号"~"或一字线连接号"—"。前后两个数值的附加符号或计量单位相同时,在不造成歧义的情况下,前一个数值的附加符号或计量单位可省略。如果省略数值的附加符号或计量单位会造成歧义,则不应省略。

示例:—36~—8℃　　400—429 页　　100—150kg　　12 500~20 000 元

9 亿~16 亿(不写为 9~16 亿)　　13 万元~17 万元(不写为 13~17 万元)

15%~30%(不写为 15~30%)　　$4.3\times10^6\sim5.7\times10^6$(不写为 $4.3\sim5.7\times10^6$)

5.1.4　年月日

年月日的表达顺序应按照口语中年月日的自然顺序书写。

示例1:2008 年 8 月 8 日　　1997 年 7 月 1 日

"年""月"可按照 GB/T 7408—2005 的 5.2.1.1 中的扩展格式,用"-"替代,但年月日不完整时不能替代。

示例2:2008-8-8　　1997-7-1　　8 月 8 日(不写为 8-8)　　2008 年 8 月(不写为 2008-8)

四位数字表示的年份不应简写为两位数字。

示例3:"1990 年"不写为"90 年"

月和日是一位数时,可在数字前补"0"。

示例4:2008-08-08　　1997-07-01

5.1.5　时分秒

计时方式既可采用 12 小时制,也可采用 24 小时制。

示例1:11 时 40 分(上午 11 时 40 分)　21 时 12 分 36 秒(晚上 9 时 12 分 36 秒)

时分秒的表达顺序应按照口语中时、分、秒的自然顺序书写。

示例2:15 时 40 分　　14 时 12 分 36 秒

"时""分"也可按照 GB/T 7408—2005 的 5.3.1.1 和 5.3.1.2 中的扩展格式,用":"替代。

示例3:15:40　　14:12:36

5.1.6　含有月日的专名

含有月日的专名采用阿拉伯数字表示时,应采用间隔号"·"将月、日分开,并在数字前后加引号。

示例:"3·15"消费者权益日

5.1.7　书写格式

5.1.7.1　字体

出版物中的阿拉伯数字，一般应使用正体二分字身，即占半个汉字位置。

示例：234　　57.236

5.1.7.2　换行

一个用阿拉伯数字书写的数值应在同一行中，避免被断开。

5.1.7.3　竖排文本中的数字方向

竖排文字中的阿拉伯数字按顺时针方向转90度。旋转后要保证同一个词语单位的文字方向相同。

示例：

示例一

雪花牌BCD188型家用电冰箱容量是一百八十八升，功率为一百二十五瓦，市场售价两千零五十元，返修率仅为百分之零点一五。

示例二

海军J12号打捞救生船在太平洋上航行了十三天，于一九九〇年八月六日零时三十分返回基地。

5.2　汉字数字的使用

5.2.1　概数

两个数字连用表示概数时，两数之间不用顿号“、”隔开。

示例：二三米　一两个小时　三五天　一二十个　四十五六岁

5.2.2　年份

年份简写后的数字可以理解为概数时，一般不简写。

示例：“一九七八年”不写为“七八年”

5.2.3　含有月日的专名

含有月日的专名采用汉字数字表示时，如果涉及一月、十一月、十二月，应用间隔号“·”将表示月和日的数字隔开，涉及其他月份时，不用间隔号。

示例：“一·二八”事变　　“一二·九”运动　　五一国际劳动节

5.2.4　大写汉字数字

——大写汉字数字的书写形式

零、壹、贰、叁、肆、伍、陆、柒、捌、玖、拾、佰、仟、万、亿

——大写汉字数字的适用场合

法律文书和财务票据上,应采用大写汉字数字形式记数。

示例:3,504 元(叁仟伍佰零肆圆)　　39,148 元(叁万玖仟壹佰肆拾捌圆)

5.2.5 “零”和“○”

阿拉伯数字“0”有“零”和“○”两种汉字书写形式。一个数字用作计量时,其中“0”的汉字书写形式为“零”,用作编号时,“0”的汉字书写形式为“○”。

示例:“3052(个)”的汉字数字形式为“三千零五十二”(不写为“三千○五十二”)

“95.06”的汉字数字形式为“九十五点零六”(不写为“九十五点○六”)

“公元 2012(年)”的汉字数字形式为“二○一二”(不写为“二零一二”)

5.3 阿拉伯数字与汉字数字同时使用

如果一个数值很大,数值中的“万”“亿”单位可以采用汉字数字,其余部分采用阿拉伯数字。

示例 1:我国 1982 年人口普查人数为 10 亿零 817 万 5 288 人

除上面情况之外的一般数值,不能同时采用阿拉伯数字与汉字数字。

示例 2:108 可以写作“一百零八”,但不应写作“1 百零 8”“一百 08”

4 000 可以写作“四千”,但不应写作“4 千”

附录四

校对符号及其用法①

1 主题内容与适用范围

本标准规定了校对各种排版校样的专用符号及其用法。

本标准适用于中文(包括少数民族文字)各类校样的校对工作。

2 引用标准

GB 9851 印刷技术术语

3 术语

3.1 校对符号(Proofreader's mark)

以特定图形为主要特征的、表达校对要求的符号。

4 校对符号及用法示例

编号	符号形态	符号作用	符号在文中和页边用法示例	说明
一、字符的改动				
1		改　正	提 增高出版物质量。 改革开敌　放	改正的字符较多,圈起来有困难时,可用线在页边画清改正的范围 必须更换的损、坏、污字也用改正符号画出
2		删　除	提高出版物物质质量。	
3		增　补	对 要搞好校工作	增补的字符较多,圈起来有困难时,可用线在页边画清增补的范围

① GB/T 14706—93 国家技术监督局 1993-11-16 批准,1994-07-01 实施。

续表

编号	符号形态	符号作用	符号在文中和页边用法示例	说明
4		改正上下角	16＝42 H_2SO4 尼古拉·费欣 0.25＋0.25＝0.5 举例2×3＝6 X:Y＝1:2	
二、字符方向位置的移动				
5		转　正	字符颠倒要转正。	
6		对　调	认真经验总结。 认真验结经总。	用于相邻的字词 用于隔开的字词
7		接　排	要重视校对工作， 提高出版物质量。	
8		另起段	完成了任务。明年……	
9		转　移	校对工作，提高出 版物质量要重视 "。以上引文均见中文新版《 列宁全集》。 编者　年　月 …… 各位编委：	用于行间附近的转移 用于相邻行首末衔接字符的推移 用于相邻页首末衔接行段的推移
10	或	上下移	序号　名称　数量 01　×××　2	字符上移到缺口左右水平线处 字符下移到箭头所指的短线处

续表

编号	符号形态	符号作用	符号在文中和页边用法示例	说明
11	或	左右移	要重视校对工作，提高出版物质量。 3 4 ·5 6 5 欢呼 歌 唱	字符左移到箭头所指的短线处 字符左移到缺口上下垂直线处 符号画得太小时，要在页边重标
12		排　齐	校对工作非常重要。 必须提高印刷质量，缩短印制周期。 国家标准	
13		排阶梯形	RH2	
14		正　图		符号横线表示水平位置，竖线表示垂直位置，箭头表示上方
		三、字符间空距的改动		
15		加大空距	一、校对程序 校对胶印读物、影印书刊的注意事项：	表示在一定范围内适当加大空距 横式文字画在字头和行头之间
16		减小空距	二、校对程序 校对胶印读物、影印书刊的注意事项：	表示不空或在一定范围内适当减小空距 横式文字画在字头和行头之间
17		空 1 字距 空 1/2 字距 空 1/3 字距 空 1/4 字距	第一章校对职责和方法 1. 责任校对	多个空距相同的，可用引线连出，只标示一个符号

续表

编号	符号形态	符号作用	符号在文中和页边用法示例	说明
18	Y	分　开	Good morning	用于外文
19	△	保　留	认真搞好校对工作。	除在原删除的字符下画△外，并在原删除符号上画两竖线
20	○=	代　替	兰色的程度不同，从淡兰色到深兰色具有多种层次，如天兰色、湖兰色、海兰色、宝兰色……　○=蓝	同页内有两个或多个相同的字符需要改正的，可用符号代替，并在页边注明
21	。。。	说　明	改黑体　第一章　校对的职责	说明或指令性文字不要圈起来，在其字下画圈，表示不作为改正的文字。如说明文字较多时，可在首末各三字下画圈

5　使用要求

5.1　校对校样，必须用色笔（墨水笔、圆珠笔等）书写校对符号和示意改正的字符，但是不能用灰色铅笔书写。

5.2　校样上改正的字符要书写清楚。校改外文，要用印刷体。

5.3　校样中的校对引线要从行间画出。墨色相同的校对引线不可交叉。

附录五

“应用写作”模拟试卷及参考答案

班级________学号________姓名________成绩________

一、填空题(每题1分,共10分)

1. 相对于小说、诗歌、散文、戏剧等文学作品而言,应用文具有直接的________价值。

2. 应用写作的基本要素有____________两个方面。

3. 为了解决实际问题,应用文常常使用的表达方式主要有____________。

4. 好文章是改出来的,具体的修改方法可用____________几个字来概括。

5. 公文的种类,按照行文关系、文件去向,可分为____________。

6. 简报的格式总体上可分为____________几个部分。

7. 公文的标题一般由________________部分组成。

8. 通报适用于表彰先进、__________、传达重要精神和告知重要情况。

9. 请示一般只写一个主送机关,需要同时送其他机关的,应当用_______形式。

10.《中华人民共和国合同法》第39条规定:“_______是当事人为了重复使用而预先拟定,并在订立合同时未与对方协商的条款。”

二、判断题(每题1分,共10分)(在每小题后面,对的打√,错的打×)

1. 会议记录和纪要一样,也是公文。(　　)

2. 向上级机关行文,不可以使用通报。(　　)

3. 每份公文,都必须经过签发这个程序。(　　)

4. 向上级部门请求指示或批准只能用请示。(　　)

5. 当事人订立合同,有书面形式、口头形式和其他形式。(　　)

6. 写总结不一定要按照完成工作的时间先后顺序来写。(　　)

7. 调查报告可以用于向上级机关汇报工作,供领导决策参考。(　　)

8. 在汇报工作、提出建议的工作报告中,可以随带写请示的事项。(　　)

9. 句子内部并列词语之间的停顿,用分号。(　　)

10. 联合行文,要标明各机关的发文字号。(　　)

三、单项选择题(每题1分,共10分)(在空白处写选项英文字母即可)

1. 应用写作形式方面的基本要素一般由________组成。

A. 主旨、材料、结构、表达方式　　B. 结构、语言、表达方式、文面

C. 文面、结构、材料、表达方式

2.《党政机关公文处理工作条例》(中办发〔2012〕14号)第二章规定,公文种类主要有________种。

A. 13　　B. 14　　C. 15

3. 诉讼当事人,不服一审法院的裁定、判决,在规定的期限内向上一级人民法院提出上诉,请求撤销、变更原审判或者请求重新审理的诉讼文书叫________。

A. 起诉书　　B. 上诉书　　C. 再审申请书

4. 公文的成文日期一般以________为准。

A. 写作日期　　B. 印发日期　　C. 负责人签发日期

5. 各级机关主管部门根据国家的法律、法规和政策,针对某一方面的工作或某一事项而提出具体的措施、办法和要求的应用文叫________。

A. 规定　　B. 办法　　C. 规则

6.《民事诉讼法》第147条规定:"当事人不服地方人民法院第一审判决的,有权在判决书送达之日起________日内向上一级人民法院提起上诉。"

A. 7　　B. 10　　C. 15

7. 根据《标点符号用法》(GB/T15834—2011)常用的标号有________种。

A. 7　　B. 10　　C. 17

8. 北京青年报打出广告:"新年购茶有好礼,就到张一元　张一元中国茉莉花茶领导品牌"这则广告词的表现手法是________。

A. 描写式　　B. 悬念式　　C. 请求式

9. 根据有序性原则,规章制度要按照________有条不紊地展开。

A. 项、款、节、章　　B. 节、条、章、项　　C. 章、节、条、款

10. 按照《中华人民共和国宪法》和有关法规文件的规定,县以上的人民代表大会及其常务委员会可以制定________。

A. 行政法规　　B. 行政规章　　C. 法律文件

四、简答题(每题5分,共10分)

1. 写作应用文,为什么要使用规范化的书面语言?

2. 计划与总结在写作目的和内容上有哪些不同之处?

五、根据下列材料,拟写公文标题(每题5分,共10分)

1. 标题:________________________________

各省、自治区、直辖市党委和人民政府,中央和国家机关各部委,解放军各总部、各大单位、各人民团体:

《党政机关公文处理工作条例》已经党中央、国务院同意，现印发给你们，请遵照执行。

中共中央办公厅
国务院办公厅（印章）
2012年4月16日

2. 标题：________________________________

四川省人民政府：

《四川省人民政府关于报送成都市建设统筹城乡教育综合改革试验区第二阶段总体方案（2013—2017年）的函》（川府函〔2012〕318号）收悉。经研究，现函复如下：

一、原则同意《成都市建设统筹城乡教育综合改革试验区第二阶段总体方案（2013—2017年）》。

二、《方案》实施要深入贯彻落实党的十八大精神，贯彻落实《国家中长期教育改革和发展规划纲要（2010—2020年）》，以科学发展观为指导，深化教育领域综合改革，突出城乡统筹、产教融合，进一步聚焦改革重点，找准突破口，加强重点领域和关键环节，创新试验区建设体制机制，在基本公共教育服务体系、现代职业教育体系、高等教育体系和终身教育体系建设等方面积极探索，提升教育服务区域经济社会发展的能力水平，办好人民满意的教育，为全国其他地区提供借鉴和示范。

教育部（印章）
2013年1月10日

六、阅读下文，指出其存在的问题，并提出修改意见。（共20分）

协议书

经×××、×××、×××、×××四人（以下称甲方）与房主×××（以下称乙方）友好协商，乙方同意甲方以9 600元人民币一次性支付租用××××路×号×××室，租期自二〇一二年六月二十五日起至二〇一二年十二月二十五日止，共六个月，并预交600元人民币押金，退房时，如无遗留问题，如数退还。

甲方承诺：

1. 睦邻友好，爱护室内一切设施和家具电器。
2. 不增加所租房内住客人数。
3. 所租房屋用于该四人休息居住之用，不用于其他目的。
4. 按期缴纳居住期间所发生的费用。
5. 如协议期满后需再续约，提前一个月向乙方提出。
6. 如有违约，承担协议金额50%的罚金。
7. 中途如要退房，视同违约。

乙方承诺：

1. 保证甲方入住时家具、电器及其他设施的正常使用。
2. 保证甲方居住期间不再将其中的房屋出租给其他人。
3. 如合同期满后不再续约，提前一个月向甲方提出。
4. 承担房管部门要求的供暖费。

5. 如有违约,承担协议金额50%的罚金。

6. 中途如要退租,视同违约。

附房屋设施:

1. 三组卧室柜,矮柜一个,梳妆台一个,四把椅子,五组转角柜,一个双人床,一个圆桌。小床头柜一个,挂衣架一个。

2. 美的热水器一个,LG窗式空调一个,吸排油烟机一个,煤气灶台一个。

3. 居室每窗一副窗帘。

甲方代表(签字):　　　　　　　　　　　　乙方(签字):

七、应用文写作题(每题15分,共30分)

1. 阅读下文,并以××省外贸局的名义拟写一份复函,要求格式规范,措辞得体。

关于选拔出国人员的函

××省商务厅:

中国轻工业品进出口总公司定于2月底派一贸易小组赴德国进行推销和调研活动。拟请你省轻工业进出口公司派一名熟悉玻璃器皿经营业务并懂德语的高级工程师参加。如同意,请将你省审批的出国人员的批件于元月底以前寄中国轻工业品进出口总公司。

商务部(印章)

××××年×月×日

2. 请按照公文格式,虚拟事由,写一份请示,要求写明请示缘由、目的和要求。

参考答案

一、填空题(每题1分,共10分)

1. 实用　2. 内容和形式　3. 叙述、说明、议论　4. 增、删、改、调　5. 上行文、平行文、下行文　6. 报头、报体、报尾　7. 发文机关名称、事由、文种　8. 批评错误　9. 抄送　10. 格式条款

二、判断题(每题1分,共10分)

1. ×　2. √　3. √　4. ×　5. √　6. √　7. √　8. ×　9. ×　10. ×

三、单项选择题(每题1分,共10分)

1. B　2. C　3. B　4. C　5. B　6. C　7. B　8. C　9. C　10. B

四、简答题(每题5分,共10分)

1. 规范化的书面语言是应用文语言的主要表达形式,也是应用文语言庄重得体的最主要的标志。一般来说,口语比较亲切、活泼,书面语比较庄重、严谨。应用文要体现内容的严肃性,就必须使用规范化的书面语言,而不宜用口语。

2. 计划的写作目的是明确未来一段时期的奋斗目标,增强自觉性,减少盲目性,使各项工作按

部就班地开展。总结的写作目的则是对某一时期的工作进行总的回顾和检查，肯定成绩，找出问题，从中总结出经验教训，用以指导今后的工作。在内容上，计划主要写目标、任务、措施、步骤、要求等；总结则要写基本情况、工作成绩与经验、存在的主要问题和今后的努力方向。

五、根据下列材料，拟写公文标题（每题 5 分，共 10 分）

1. 中共中央办公厅 国务院办公厅关于印发《党政机关公文处理工作条例》的通知

2. 教育部关于同意《成都市建设统筹城乡教育综合改革试验区第二阶段总体方案（2013—2017 年）》的函

六、阅读下文，指出其存在的问题，并提出修改意见。（共 20 分）

1. 标题下面没有当事人名称。标题下面应当写参与协议的双方或多方当事人的单位名称或个人姓名。在名称后面用圆括号标注“以下简称甲方”“以下简称乙方”。

2. “甲方”“乙方”指代不当。原稿将承租人×××等称甲方，房主×××称乙方，这是不对的。按照一般习惯，出租人应为甲方，承租人为乙方。

3. 把租房的地点、租期、租金和押金等内容写进前言部分欠妥。这些内容应写入主体部分的条款。

4. 用“承诺”一词不如用“责任”一词更为确切。有关违约的内容应该单独列为一个大的条款。

5. 没有如发生新问题应如何解决和协议份数及保存的说明。

6. 没有签署日期。

7. “不增加所租房内住客人数”这一句表达的意思不严谨，应明确表示“不得将房屋转租他人”。

8. “按期缴纳居住期间所发生的费用。”究竟有哪些费用，不具体，不明确。可在“费用”前加相应的定语。

9. “如有违约，承担协议金额 50%的罚金。”作为违约条款，这一条写得不明确。“协议金额”指的是租金还是押金？应有明确说法。

10. “居室每窗一副窗帘。”究竟有几个窗户，几副窗帘也不很明确。

11. 在“甲方责任”的条款中，应增加一条：“收到乙方租金和押金后，即将房屋钥匙交给乙方”，以显示甲、乙双方在权利和义务方面的平等性。

12. “爱护室内一切设施和家具电器。”“室内一切设施”和“家具电器”并列欠妥。

13. “所租房屋用于该四人休息居住之用。”这一句很啰唆，应删去“该四人休息”和“之用”。

14. “保证甲方居住期间不再将其中的房屋出租给其他人。”用“其中的”限定“房屋”不是承租方的本意。作为一个整体的“房屋”，可用“该”字来限定。

15. “如协议期满后需再续约”和“如合同期满后不再续约”这两句应采用相同的提法，将“合同期满”改为“协议期满”。

16. “附房屋设施”应为“附件：房屋设施”。“三组卧室柜，矮柜一个，梳妆台一个，四把椅子，五组转角柜，一个双人床，一个圆桌”等句，有的数量词在前，有的数量词在后，改为一致比较好。

17. “吸排油烟机”的“排”字多余，应删去。

18. “租期自二〇一二年六月二十五日起至二〇一二年十二月二十五日止，共六个月。”写年、

月、日时应使用阿拉伯数字。

19. 作为序码的“1、2、3”后面不用顿号，而应用一个小圆点。

20. “……一个双人床，一个圆桌。小床头柜一个，挂衣架一个。”“圆桌”后面的句号使用不当，这句话还没有完，应改为逗号。

七、应用文写作题（每题15分，共30分）

1. 关于选拔出国人员的复函

商务部：

你部《关于选拔出国人员的函》收悉。我们拟派×××高级工程师参加中国轻工业品进出口总公司组织的贸易小组，赴德国进行推销和调研活动。×××高级工程师熟悉玻璃器皿经营业务，并懂德语。我们已将审批×××出国的批件寄往中国轻工业品进出口总公司。

特此函复。

××省商务厅（印章）

××××年×月×日

2. 关于将部分电脑和打印机报废的请示

局领导：

自××××年×月开始，我局更新了计算机系统。在收回的旧设备中，有61台电脑和15台打印机零部件老化，已无法使用，特申请报废处理。

妥否，请批示。

局办公室（印章）

××××年××月××日